Zu diesem Buch

«Rettet die Olympischen Spiele, bevor es zu spät ist», so lautet die Botschaft dieses Buches. Daß in der Olympischen Bewegung nicht alles mit rechten Dingen zugeht, mag mancher bereits geahnt haben, doch die Auswüchse sind in Wirklichkeit skandalöser, als die meisten sich überhaupt vorstellen können. Nachweisbar sind aktive Bestechungen von Kampfrichtern und die Vertuschung von positiven Ergebnissen bei Doping-Tests. Unzweifelhaft sind die massive Beeinflussung von Sportfunktionären und die Manipulation von Wahlen oder sportpolitischen Entscheidungen allein aus wirtschaftlichen Interessen, wobei bis zu seinem Tod Horst Dassler, der ehemalige Adidas-Chef, lange Zeit die Fäden in der Hand hielt. So verwundert es nicht, daß kritische Journalisten mundtot gemacht werden und das Internationale Olympische Komitee (IOC) schon fast Qualitäten einer Geheimloge aufweist.

Mit einem Wort: Es gibt genügend Beweise dafür, daß die hehren Ideale der modernen Spiele sich inzwischen zu einem olympischen Alptraum ausgewachsen haben. Es ist den Herren der Ringe wichtiger, Geld und Macht anzuhäufen, als durch fairen Sport zur Völkerverständigung beizutragen. All dies dokumentiert der englische Sportjournalist Andrew Jennings, prominentester Kritiker des IOC, in diesem fesselnden Report.

Der mit vielen Preisen ausgezeichnete Jennings hat sich in verschiedenen Publikationen weltweit unter anderem mit Themen der Sportpolitik und des internationalen organisierten Verbrechens auseinandergesetzt. Er hat viele Jahre als Enthüllungsjournalist für BBC und anschließend für die Sendung *World In Action* von Granada Television gearbeitet und ist Dozent an der University of Brighton.

Andrew Jennings

Das Olympia-Kartell

Die schäbige Wahrheit hinter den fünf Ringen

Deutsch von Blanca Dahms,
Katharina Förs, Gabriele Gockel
und Sonja Schuhmacher
(Kollektiv Druck-Reif, München)

Rowohlt

Originalausgabe
Lektorat Bernd Gottwald
Veröffentlicht im Rowohlt Taschenbuch Verlag GmbH,
Reinbek bei Hamburg, Juni 1996
Copyright © 1996 by Andrew Jennings/
Rowohlt Taschenbuch Verlag GmbH,
Reinbek bei Hamburg
Umschlaggestaltung Barbara Hanke
Satz Sabon und Frutiger (Linotronic 500)
Printed in Germany
1690-ISBN 3 499 60162 1

Dieses Buch ist Dimitri Krikoriants gewidmet, dem heldenhaften Journalisten, der im April 1993 vor dem Haus seiner Mutter im tschetschenischen Grosnyj erschossen wurde. Dimitri wußte um die Gefahren, als er uns bei den Nachforschungen über die Mafia half. Er tat seine Pflicht als Reporter – und verlor dabei sein Leben. Dimitri war arm, seine Mörder reich, aber Dimitri hat in seinen dreiunddreißig Lebensjahren mehr Glück empfunden, als sie es jemals erleben werden. Wenn ich an Dein mitreißendes Lachen denke, kommen mir immer noch Tränen der Trauer.

Inhalt

Anhang

Danksagung

Einige meiner wichtigsten Informanten wären sehr unglücklich, wenn ich ihnen an dieser Stelle meinen Dank aussprechen würde. Sie haben sowohl ihre finanzielle Sicherheit als auch ihre berufliche Laufbahn aufs Spiel gesetzt, um die Wahrheiten über Olympia ans Licht der Öffentlichkeit zu bringen – und sie wissen, wen ich damit meine und wie sehr ich ihre Hilfe schätze.

Bei der Abfassung dieses Buches habe ich auch von der langen Zusammenarbeit mit Vyv Simson, meinem Mitautor bei *Geld, Macht und Doping* (1992), profitiert. Obwohl er diesmal nicht unmittelbar beteiligt war, sind mir seine Erkenntnisse und Analysen hier erneut zugute gekommen. Vyv war Produzent und Regisseur des Films zu unserem letzten Buch, und ich möchte nicht unerwähnt lassen, daß er 1992 beim New York Television Festival die Goldmedaille für den besten ausländischen Dokumentarfilm gewann.

Mit Einar Odden und Frank Brandsas zusammenarbeiten und an ihren Gedanken teilhaben zu können war ein Glück für mich. Sie haben mich bei den Winterspielen in Lillehammer hinter die Kulissen blicken lassen.

Nach Beendigung der Arbeit schallte ihr gemeinsam gesungenes «Always look on the bright side» in den frühen Morgenstunden durch die Storgata. Viele ihrer Vorschläge sind in dieses Buch eingegangen, und als ich in Barcelona, Paris und Budapest Hilfe brauchte, war immer einer von ihnen zur Stelle.

Auch 1994 in Amerika hatte ich Glück. Jay Coakley von der University of Colorado in Colorado Springs half mir bei meinen Nachforschungen, zeigte mir Unterlagen und Quellen und erklärte mir die Gründe, warum die Wirtschaft den Sport zu einem Geschäft macht. Jay und Nancy borgten mir alles, was ich brauchte – von Pfannen bis hin zu ihrem Auto –, luden mich zu ihrem Thanksgiving-Fest ein und heiterten mich auf, als ich Heimweh bekam. Mein Dank geht auch an Dennis und Danielle, Lynn und Bob, Rebecca und Don und die Bibliotheksangestellten der University of Colorado und beim Olympischen Komitee der USA.

John Hoberman von der University of Texas regte mich dazu an, der Frage nachzugehen, warum Coubertin das IOC gründete, Hitler in den dreißiger Jahren von der olympischen Bewegung unterstützt wurde und diese sich als moralische Organisation bezeichnet. Hoberman gehört zu den originellsten Theoretikern der modernen olympischen Bewegung, und seine Bücher und wissenschaftlichen Abhandlungen waren für mich von entscheidender Bedeutung.

Mathew D. Rose gelang es, zahlreiche Dokumente aus den Stasi-Archiven und Unterlagen der Berlin-2000-Bewerbung zu bekommen; er hat die Unterlagen auch für mich übersetzt und erläutert. Mathews Ratschläge und seine Beteiligung an meiner Arbeit waren von unschätzbarem Wert. Meinen besonderen Dank auch an Annette und Gwyneth Mettendorf für ihre Unterstützung.

Clare Sambrook hat mit scharfem Verstand die endlosen Entwürfe für die einzelnen Kapitel gesichtet, unbedeutende Nebensächlichkeiten gestrichen und auch den Stil des Buches mitgeprägt.

Danken möchte ich außerdem Eric R. Aldin, Dick Angell, Scott Armstrong, Sebastian Balfour, Suzanne Blake, John Blystone, Celia Brackenridge, Maynard Brichford, Patrick Buckley, Pat Butcher, Pat Cheney, Richard Cléroux, Roger Cork, Ross Coulthart, Martin Daly, Nicolai M. Dolgopolow, Inge Eidsvag, Lars Eggertz, Bente Erichsen, Jock Ferguson, Jim Ferstle, Herbert Fischer, Sarasue French, Paul Greengrass, Pat Haggarty, Nick Hayes, Mike Harrigan, Peter Hildreth, Fred Holder, Mark Hollingsworth, Greg Hunter, Mary Hynes, Nikolai Iwanow, Gordon Jaks, Jonathan Jones, Bruce Kidd, Thomas Kistner, Anne Kvadshiem, Phil Liechty, Josep Ibàñez i López, Jackie Malcolm, Sarah Marris, General George Miller, Joan Morris, Dimitry Mosienko, Phil Mushnick, Ulf Nilsson, Trygve Aas Olsen, Tom O'Sullivan, Dick Patrick, Francis Pecino, Jonas Persson, Brendan Pittaway, Dave Postman, Paul Preston, David Prouty, Niklaus Ramseyer, Jaume Reixach, Andrei G. Richter, Virginia Roaf, Cheryl Roberts, Bert Roughton, Norman Sanders, Tony Sainsbury, Frank Sambrook, Gennady Schwets, Cindy Slater, Graham Smith, Mike Spence, Rod Speidel, Doug Stewart, Clarence Stone, Tron Strand, John Sugden, Sue Taylor,

Alan Tomlinson, Mike Turner, Xavier Vinyals I. Capdepon, Matti Virtanen, Eric Wattez, Mathias Werth, Paul Woolwich, Dwight H. Zakus und Jean Ziegler.

Rettet die Olympischen Spiele, bevor es zu spät ist!

Das olympische Jahr – es ist wieder einmal soweit! Ein herzliches Willkommen an die neuen Leser – halten Sie sich fest, einige der folgenden Enthüllungen könnten vielleicht Ihr Weltbild zum Einsturz bringen. Und natürlich auch ein herzliches Willkommen an die alten Freunde: Ich denke, ich werde Sie nicht enttäuschen. Einen Willkommensgruß auch an den Richter in der Schweiz, der mich für mein letztes Buch *Geld, Macht und Doping* in den Knast wandern lassen wollte.

Warum ein neues Buch? Eigentlich hatte ich es gar nicht geplant, erhielt jedoch von Lesern aus der ganzen Welt so zahlreiche erstaunliche Informationen, daß ich die Sache nicht auf sich beruhen lassen konnte. Selbst ich als Enthüllungsjournalist, der bereits in Polizeikorruption und organisiertem Verbrechen herumgestochert hat, hätte mir das niemals träumen lassen: Es gibt Beweise, daß Bestechungsgelder gezahlt werden, um Goldmedaillen zu gewinnen, und daß dieser Skandal auf der höchsten Ebene des olympischen Sports vertuscht wird. Ein Dank an jene Sportfunktionäre, die anonym bleiben müssen, für ihre Hinweise, Berichte, Ratschläge und – am wichtigsten – dafür, daß sie mir ihre Unterlagen zur Verfügung gestellt haben.

Es ist etwas faul im Kern der Olympischen Bewegung. Sie ist reicher als je zuvor und war niemals moralisch so bankrott wie heute. Die Bewegung wird angeführt von einer im verborgenen operierenden Clique vorwiegend alter Männer, die dank der olympischen Gewinne ein Leben in Saus und Braus führen, während sich auf der ganzen Welt junge Frauen und Männer das Geld vom Munde absparen und eisern kämpfen, um sich für die Spiele zu qualifizieren.

Die alten Männer behaupten, die Spiele seien für die Welt da – aber man hat kaum Chancen, Zugang zu ihren Treffen hinter verschlossenen Türen zu bekommen, wo sie die Beute aufteilen, den Baronen der Sportwelt den Rang streitig machen und sich auch gegenseitig bekämpfen.

Sie nennen sich Internationales Olympisches Komitee, werden aber nicht einmal ihrem Namen gerecht. Sie sind eben nicht international – nur gut achtzig Länder besitzen das Privileg, hier vertreten zu sein – nicht einmal die Hälfte derjenigen, die im Länderverzeichnis der Vereinten Nationen aufgeführt sind. Zum Ausgleich dafür haben einige Länder zwei Mitglieder. Selbst aus den armen Ländern werden nur reiche alte Männer gewählt, Leute aus der Mittelschicht und Arbeiter haben keine Chance (vgl. Anhang, S. 297 ff).

Sie sind auch nicht gerade vom olympischen Geist beseelt, denn sie vertuschen Ergebnisse von Dopingtests und spielen das Doping ständig herunter. Sie sind nicht mal ein Komitee. Es handelt sich um eine Ein-Mann-Band: Entscheidungen werden einzig und allein vom Boß der olympischen Bosse getroffen, einem alten Karrierefaschisten, der keine Reue kennt und noch vor etwas mehr als zwanzig Jahren mit erhobenem rechten Arm grüßte, bis sein geliebter Diktator starb und dieser Gruß aus der Mode kam.

Als Kind führte ich über die Olympiaden in Helsinki und Melbourne Tagebücher. Die Spannung bei diesem gigantischen internationalen Multisportfestival habe ich immer genossen, doch heute fällt mir die Begeisterung mit jeder Olympiade schwerer. Während die Stars vor laufender Kamera um den Sieg kämpfen, beschäftigen mich die Fragen: Sind sie gedopt? Haben sie sich für die Teilnahme qualifiziert, indem sie einen Vertrag mit einem Schuhhersteller unterzeichnet haben? Und neuerdings auch: Ist Geld gezahlt worden, um das Ergebnis vorher festzulegen?

Der Enthüllungsjournalismus hat unter anderem die Aufgabe, zu zeigen, daß mit großer Macht ausgestattete Institutionen das eine sagen und insgeheim das Gegenteil tun. Louis Heren, ehemals Ressortleiter für Außenpolitik und später stellvertretender Chefredakteur bei der Londoner *Times*, drängte seine Reporter: «Findet heraus, warum diese verlogenen Schweinehunde lügen.» Genau das habe ich getan. Darüber hinaus habe ich versucht, Wege zu finden, wie die Olympiade reformiert werden könnte. Es ist möglich, wir könnten zurückfinden zu einem ehrlichen, dopingfreien Sport, aber dazu muß jeder sein Scherflein beitragen.

Andrew Jennings
London, im Januar 1996

1 | Unsere Spiele! Wirklich?

Für einen Mann in den Achtzigern hat sich Juan Antonio Samaranch, der Gralshüter der olympischen Moral, gut gehalten. Er muß auf der Rednertribüne warten, doch trotz der feuchten Nachtluft von Atlanta und der heißen Scheinwerfer zeigt er keinerlei Anzeichen von Erschöpfung. Der Gralshüter lächelt, sofern jemand mit so dünnen Lippen überhaupt lächeln kann. Ein kleiner, schlanker, strammer Mann, der nur selten auftaut. Niemals knöpft er seinen konservativen Anzug auf, und es fällt ihm schwer, auf andere zuzugehen und jemanden mit einem kräftigen Händedruck zu begrüßen. Auch jetzt, in der vergnügtesten, wildesten Nacht, bei der Eröffnungsfeier der Olympischen Spiele von Atlanta 1996, kann er sich nicht gehenlassen.

Im Augenblick beherrscht sein Kopf eine Milliarde Bildschirme. Sein Blick wandert unruhig über die Arena. Ist alles an Ort und Stelle? Ist die Flagge bereit? Gebe Gott, daß den Leuten kein Patzer unterläuft, wenn sie gehißt wird. Hat die Band die Hymne noch einmal geprobt? Wird die brennende Fackel rechtzeitig eintreffen? Daß nur der letzte Läufer nicht stolpert. Nichts darf schiefgehen, denn das sind die Jahrhundertspiele, der wichtigste Jahrestag in der Geschichte des Sports. Der Gralshüter hat alle Hindernisse aus dem Weg geräumt, um heute abend die Zügel in der Hand zu halten. Und zu Weihnachten könnte ihm die Gabe winken, um die er gekämpft hat, die größte humanitäre Auszeichnung der Welt. Dann kann er sich zur Ruhe setzen, die Olympische Bewegung hätte ein neues Gesicht bekommen und sein Lebenswerk wäre gerechtfertigt.

Er hat seinen Weg gemacht – durch den blutigen Bürgerkrieg, die grausame Diktatur, die Demokratie, öffentliche Ablehnung und ins Exil –, und er hat sich triumphierend an die Spitze der Olympischen Bewegung hochgearbeitet. Wie lehrreich wäre doch seine Lebensgeschichte. Aber er erzählt sie nicht. Er kann nicht über seine Vergangenheit reden, weil sie mit allen idealistischen Werten, allen moralischen

Tugenden, die heute abend hier verkündet werden, in Konflikt steht. Also zieht sich der Gralshüter erst einmal in den schützenden Schatten zurück, während die Fernsehkamera umschwenkt auf die offiziellen Feierlichkeiten und das großartige Festival, das uns bevorsteht.

Die allerbesten Plätze wurden schon vor Jahren reserviert, lange bevor das Stadion gebaut war, und zwar für die hohen Tiere des IOC und ihre Kollegen aus der VIP-Szene: Staatsoberhäupter, den europäischen Hochadel, aus Washington angereiste Diplomaten und hohe Regierungsbeamte. Diese Würdenträger finden den lauten, testosterongeschwängerten Sport vielleicht ein wenig langweilig, aber heute abend muß man sich einfach hier blicken lassen; sie haben keine andere Wahl, als an der Eröffnung der Spiele in Atlanta teilzunehmen.

Weitere Freikarten gingen an die Wirtschaftskapitäne aus aller Welt, die als Sponsoren für Hunderte von Millionen Dollar die Spiele mit allem Drum und Dran, Logo inbegriffen, gekauft haben. Für die restlichen Plätze – die verlegenen Organisatoren wollen nicht sagen, wie wenige übrig waren, nachdem die Wanderheuschrecken das Feld abgegrast hatten – mußte man bis zu 600 Dollar hinblättern, wenn überhaupt noch Karten zu haben waren. Die gewählten Volksvertreter von Georgia mußten zahlen – durften sich in der Schlange aber ganz vorne anstellen; schließlich hatten sie rund 200 Millionen Dollar Steuergelder in das Sportereignis gepumpt.

Die Menschen, die jenseits der Wüste aus Parkplätzen und den Highways 75 und 85 in der Stadt der Maschinenbauer wohnen, hören den Trubel, aber die einzigen Plätze, die sie sich leisten können, sind die vor dem Fernseher. Diesen Leuten hat man eine Gewinnbeteiligung an den prächtigsten Spielen der Geschichte versprochen. Ob die neuen Arbeitsplätze und die Sportanlagen in ihren Vierteln Wirklichkeit werden, wird sich aber erst noch erweisen.

Zum letztenmal senkt sich die Abenddämmerung über diese nichtssagende Provinzstadt des amerikanischen Südens. Morgen bei Sonnenaufgang wird Atlanta neu geboren sein, und zwar als Mitglied einer höheren Klasse in der Weltgemeinschaft, sagen die Olympia-Promoter vor Ort. Die Geburt findet heute abend bei der Eröffnungszeremonie statt, und hier im flutlichterhellten, nagelneuen 200-Millionen-Dollar-Stadion erwartet uns ein mehrstündiges Fernsehspektakel.[1] Das Menü ist noch geheim, aber wir dürfen einen üppigen Eintopf aus Motiven der weltweiten Verbrüderung und vielleicht auch der Bürgerrechtsbewegung der sechziger Jahre erwarten – in Szene gesetzt von einem der höchstgelobten Unterhaltungskünstler Hollywoods. Das straffe Programm wird so zugeschnitten sein, daß sich die Sequenzen gut zwischen die Werbeblöcke einfügen.

Diese Spiele sind der Höhepunkt eines Jahrhunderts der Träume und Enttäuschungen, des goldenen Ruhms oder der Niederlage für die Athleten. Atlanta muß etwas Besonderes auf die Beine stellen, und die Werbebroschüre der Organisatoren verspricht, ihre Olympiade werde «ein positives materielles und geistiges Erbe hinterlassen».

Vor ihnen liegen sechzehn Tage Goldmedaillensport, wenn auch das Stadion die nächsten acht Tage leer stehen wird. Dann kehren die glücklichen Kartenbesitzer zurück, um den Leichtathletikveranstaltungen der zweiten Woche beizuwohnen, die im Marathonlauf und einer weiteren sinnbefrachteten Abschlußfeier gipfeln. Die Erinnerung daran mag weiterleben. Die Leichtathletik nicht. Nach der Olympiade ist es damit vorbei, das ovale Stadion wird halbiert und zu einem neuen Spielfeld für Profi-Baseball umgebaut. So viel zum «positiven materiellen Erbe».

Auf die Rednertribüne tritt nun der amerikanische Präsident, um mit einer Erklärung von nicht mehr als fünfzehn Worten die Spiele zu eröffnen. Sie wurde von einem mysteriösen Club alter Männer verfaßt, die sich ins beste Hotel Atlantas zurückgezogen haben. Es sind dieselben Männer, die unsere Spiele organisieren. Laut olympischem Protokoll ist die Eröffnung die Pflicht des Staatschefs. In seinem eigenen Land ist er herbeizitiert worden und hat zu tun, was man ihm sagt: Steh auf, sprich, setz dich, sei leise. So schreiben es die olympischen Spielregeln vor.

Aber wer hat die Spielregeln aufgestellt? Ein mit Zweigen des Ölbaums bekränzter Gott auf dem Olymp? Oder das Konsortium multinationaler Sponsoren, die heutzutage die fünf Ringe für sich gepachtet haben? Die Antwort liegt irgendwo dazwischen. Darf ich vorstellen: die Herren der Ringe, das Internationale Olympische Komitee, kurz IOC. Neunundneunzig zutiefst konservative ältere Männer und sieben Alibifrauen (darunter zwei europäische Prinzessinnen), persönlich ausgewählt von ihrem Führer. Das IOC besetzt die Ehrentribüne und gibt sich als Hüter der olympischen Moral aus, während viele seiner Mit-

...eder fröhlich grinsend ansehnliche Gewinne eingesackt haben, die auf Schweizer Bankkonten wandern.

Zweifelsfrei wissen die Berater des US-Präsidenten dies und noch mehr über seine Gastgeber. Aber es ist Wahljahr, die Amerikaner stehen im Bann der Olympiade. Es wäre geradezu verrückt, wenn der Präsident nicht auf der Welle mitreiten würde. Und so muß an diesem Tag ein gewähltes Staatsoberhaupt einen Kniefall vor dem IOC machen, einer geheimnistuerischen, nicht gewählten Elite, die niemandem Rechenschaft schuldig ist.

Nun tritt ein Athlet vor, um einen feierlichen Eid abzulegen: «Im Namen aller Wettkämpfer gelobe ich, daß wir an diesen Olympischen Spielen teilnehmen und die für sie geltenden Regeln respektieren und einhalten, in einem echten Sportgeist, zum Ruhme des Sports und zu Ehren unserer Mannschaften.»[2] Beifälliges Gemurmel wird laut. Der Athlet gehört zur amerikanischen Spitzenklasse; er verkörpert den Idealismus, der angeblich die nächsten zwei Wochen von allen anderen Sportwettkämpfen unterscheidet. Wir haben gerade eine Garantieerklärung an die Welt gehört: Vertraut uns, wir werden nicht schummeln. Keiner der zehntausend Athleten stiehlt sich aus der Arena davon. Steht uns die erste dopingfreie Olympiade bevor?

Das Olympische Komitee bezieht offiziell eine strenge Position zu Drogen im Sport. Sie sind «das Grundübel», aber angeblich ist nach einem dreißigjährigen «Krieg» gegen das Doping der Sieg zum Greifen nahe. An der Spitze des Kreuzzugs stand die ganze Zeit über ein sympathischer Belgier, der keinerlei medizinische Qualifikation, dafür aber einen klangvollen Titel besitzt: Monseigneur le Prince de Merode. Er gehört zu den angesehensten Mitgliedern des Komitees, und auch er sitzt auf der Ehrentribüne in Atlanta. Auch diesmal ist er wieder für die Dopingtests und die Veröffentlichung der Ergebnisse verantwortlich. Einem Prinzen können wir doch gewiß trauen?

Tja... nicht ganz: Bei den letzten amerikanischen Spielen 1984 in Los Angeles hielt das Komitee die Zahl der überführten Missetäter geheim. Die Vermutung drängt sich auf, daß das Täuschungsmanöver durch Gewinnstreben motiviert war. Der Kommerz erreichte einen neuen Höhepunkt. Die fünf Olympischen Ringe waren außerhalb des Stadions kaum zu sehen – es sei denn auf den Produkten der Sponsoren. Es gab eine Zeit, da verdiente das Komitee kaum etwas an den Spielen.

Dann entdeckte man, daß sich der olympische Traum vermarkten ließ. Man konnte ihn verkaufen, in harten Dollars langfristig anlegen, aber nur solange dieser Traum sauber, frisch – und drogenfrei – auf den Markt gebracht wurde.

Ein Dutzend Athleten wurde in Los Angeles des Dopings überführt. Das Komitee mit seinen geheimen Bankkonten konnte diesen Schaden gerade noch hinnehmen, aber mehr nicht. Die Nachricht, daß auch Dopingtests anderer Sportler positiv ausfielen, wurde unterdrückt, bis zehn Jahre später durch Nachforschungen des britischen Fernsehens die Wahrheit ans Licht kam und de Merode ein Geständnis ablegen mußte.

Aber es bleibt alles beim alten: Das olympische Motto *citius, altius, fortius* – schneller, höher, weiter – steht für die stetig wachsende Bonität und die anschwellenden Bankguthaben der IOC-Mitglieder. Aber der Geldberg wächst nur, wenn die große Lüge immer wieder ohne Gewissensbisse aufgetischt wird. Sechs Wochen nachdem le Prince de Merode gezwungen war zuzugeben, daß positive Dopingergebnisse in Los Angeles verschwiegen worden waren, pfuschte sein Chef, der Olympiaführer, erneut. Der Sport in China, so verkündete er, sei «völlig sauber».

Meine Güte. Niemand warnte den Gralshüter, daß sich in eben jenem Augenblick die Dopingprüfer in weißen Kitteln mit irrem Grinsen über ihre blubbernden Reagenzgläser beugten. Sieben Schwimmer, einen Hürdenläufer, einen Radfahrer und zwei Kanuten hatte man ertappt. Die Diät vieler Weltklasseathleten aus Peking besteht aus mit Steroiden gewürzten Nudeln. Keines der Komiteemitglieder dachte an Rücktritt; die Gralshüter besitzen kein Schamgefühl.

Wenn sie offen zu den epidemischen Ausmaßen des Dopings stehen würden, dann würden die Sponsoren den Geldhahn zudrehen und der Wert der Fernsehübertragungsrechte in den Keller sinken. Die Anbieter von Konsumgütern würden sich scheuen, ihre Markennamen mit einem Sport in Verbindung zu bringen, der die Gesundheit ernsthaft gefährdet. Der Alptraumslogan der olympischen Werbetexter könnte lauten: Kauf Coke, zahl mit Visa – zugunsten der gedopten Sportler.

Nicht einmal die Athleten vertrauen dem Olympischen Komitee. Einige Spitzensportler behaupten, die Funktionäre machten Jagd auf sie, während andere goldverdächtige Stars offiziellen Schutz genießen. Man erwähne einen bestimmten Sieger von Barcelona, und man bekommt zu hören, was natürlich nicht bekanntwerden darf: «Ach der, seine Tests sind immer positiv.» Die Sportler wissen etwas, was der Öffentlichkeit verborgen bleibt. Ganz gleich, wie die Laborergebnisse ausfallen, es sind die alten Männer an der Spitze des IOC, die darüber entscheiden, ob die Sportfans erfahren, daß einige ihrer Helden Betrüger sind. Lassen Sie Ihren Blick über die Ehrentribüne schweifen und überlegen Sie, wie aufrichtig die Gralshüter dieses Jahr sein werden.

Nicht weit von ihnen sitzen die Sportbarone, die Präsidenten und Generalsekretäre der sechsundzwanzig internationalen Sportverbände für die Sommerspiele, jene, die das Regiment über die Athleten führen und die Schiedsrichter für die bevorstehenden Wettkämpfe aufstellen. In ihrem eigenen Reich, bei ihren Meisterschaften, über ihre Pokale, ihre Grands Prix üben sie absolute Kontrolle aus. Hier auf der Olympiade schwören sie den Gralshütern offiziell den Treueeid, während sie insgeheim die Rebellion planen. Wie das Komitee selbst reden auch die Barone vom Olympismus: eine Mischung, wie sie feierlich verkünden, aus Sport, Kultur und Humanismus, verpackt in «universelle Grundprinzipien». Daß Raffgier zu diesen Prinzipien gehört, geben sie natürlich nicht zu. Aber uns normalen Sterblichen ist das ziemlich klar. Billy Payne, der Präsident des Organisationskomitees von Atlanta, mußte die Forderung der Barone abwehren, ein Prozent der Einnahmen aus sämtlichen Olympiatickets für sich zu kassieren.

Wieder wird auf dem Podium ein Eid abgelegt: «Im Namen der Kampfrichter und der Funktionäre gelobe ich, daß wir bei diesen Olympischen Spielen vollkommen unparteiisch entscheiden und die für sie geltenden Regeln respektieren und einhalten, im echten Geist des Sports.»

Die Menge applaudiert und niemand lebhafter als ein grauhaariger, gut gebauter Mann auf einem reservierten Platz inmitten der ergrauten Sportbarone, von denen einige die Züge ehemaliger Boxer haben. Es ist Genosse Karl-Heinz Wehr, dieses Jahr wird er sechsundsechzig. Seit zehn Jahren ist er Generalsekretär des internationalen Amateurboxverbands, und ein Leben lang war er Apparatschik des Sowjetblocks. Wehr ist stets darum bemüht, das Vertrauen in die Olympiarichter und ihre Entscheidungen zu stärken.

Wehr weiß von den Schmiergeldern, die vor acht Jahren bei der

Olympiade von Seoul bezahlt wurden, um amerikanischen Boxern die Goldmedaillen zu stehlen. Er weiß, wer die Dollars hingeblättert hat, er kennt die Mittelsmänner, die abgesahnt haben, und die Namen der bestechlichen Ringrichter, und er weiß auch, wieviel sie kassiert haben. Er erinnert sich bestimmt noch an die Boxer, die geprellt wurden. Damals ließ sich Wehr von den Protesten der Olympiafunktionäre aus dem kapitalistischen Amerika nicht beeindrucken. Sie mußten mit ansehen, wie ihre Athleten beraubt wurden und ihr Land auf dem Medaillenspiegel hinter die Sowjetunion und die DDR abrutschte. Einige der Schmiergeldzahler und -empfänger sitzen neben ihm. Alle kommen in den Genuß kostenloser Limousinen mit Chauffeur und der besten Hotels in Atlanta, die von ihren amerikanischen Gastgebern bezahlt werden.

Wehr hütet noch ein weiteres interessantes Geheimnis. Er weiß, welche IOC-Mitglieder die Vertuschung gebilligt haben, die ein Jahr später zusammengeschustert wurde. Schon von Berufs wegen war es seine Aufgabe, dergleichen zu wissen und zu verschleiern. Dreißig Jahre lang gehörte Wehr der ostdeutschen Geheimpolizei, der Stasi, an und hatte den Auftrag, in wichtige Sportgremien vorzudringen. 1989 schrieb er die ganze düstere Geschichte nieder, und seine Berichte wurden an einem absolut sicheren Ort verwahrt – in den Stasi-Archiven von Berlin.

Als seine kommunistischen Vorgesetzten Wehrs Berichte lasen, in denen von Bestechung, Betrug, Wahlschwindel und Vereinnahmung olympischer Prinzipien durch kommerzielle Interessen die Rede war, wußten sie, daß dies alles nicht bekanntwerden durfte. Die Enthüllung der Wahrheit hätte das Aus für die Bewegung bedeuten können, die das kommunistische Regime mit Gold bekränzte.

Die DDR ging zugrunde, Karl-Heinz Wehr und den Olympischen Spielen war dagegen dauerhafter Erfolg beschieden. Wieder einmal, diesmal in Atlanta, liegen die Gesundheit, die Sicherheit und die olympischen Träume junger Boxer in seinen Händen.

Viele der heute abend hier versammelten Olympier führen ein Doppelleben, haben Geheimnisse, die sie nicht preisgeben dürfen. Zum Beispiel der zweite Gralshüter, der neben seinem Chef sitzt: Dr. Kim Un Yong aus Südkorea. Der untersetzte Mann, oft in Begleitung eines bedrohlichen Gefolges von Schwarzgurtträgern, gibt seit zwanzig Jahren im Taekwondo weltweit den Ton an, ohne sich je einer Wahl gestellt zu haben. Zudem ist er in diesem Olympiajahr der erste Vizepräsident des IOC und gilt als aussichtsreicher Kandidat für die Samaranch-Nachfolge.

Er hat sich um die Olympischen Spiele verdient gemacht, so heißt es in den zahllosen Broschüren, Berichten und Pressemitteilungen des IOC und in den Darstellungen einäugiger Experten. Keiner von ihnen kennt Kims wahre Geschichte. Später mehr darüber – doch hier schon mal ein kleiner Vorgeschmack. In den siebziger Jahren befaßte sich der amerikanische Kongreß mit einem Komplott, bei dem offenbar die koreanische Botschaft in Washington und die koreanische CIA mit der Mun-Sekte zusammenarbeiteten. In den Schlagzeilen war von «Korea-Gate» die Rede.

Hartnäckige Nachforschungen brachten eine Verschwörung ans Licht, die darauf abzielte, US-Kongreßabgeordnete zu bestechen; Dr. Kim wurde als Nachrichtenoffizier der Botschaft enttarnt, der unter dem Decknamen «Mickey» Kim operierte. Es hieß, er habe einen amerikanischen Waffenhersteller um Wahlkampfgelder gebeten. Kopien von Schecks, die Kim aus anderen Quellen erhielt, wurden in den Kongreßberichten veröffentlicht.

Wie merkwürdig, daß Kim, der vor kaum zwanzig Jahren nach besten Kräften mit schaurigen Machenschaften versucht hat, das amerikanische Regierungssystem zu untergraben, heute dem Olympischen Komitee vorsteht – eben jenem Komitee, das die Fernsehübertragung der Spiele organisiert und von den Magnaten der amerikanischen Medienwelt umworben wird. Auch Kim Un Yong erlebt heute einen glanzvollen Abend.

Die übrigen IOC-Mitglieder auf der Ehrentribüne sind ein buntgemischter Haufen. In den folgenden Kapiteln werden wir Waffenhändler Seite an Seite mit Aristokraten, Politikern und Geschäftsleuten kennenlernen, aber auch Multimillionäre, einen Unternehmer, der eifrig Regenwald abholzt, ehemalige vom KGB unterstützte Funktionäre, Boris Jelzins Tennistrainer, einen Richter vom Internationalen Gerichtshof, einen Vizepräsidenten von NBC, Opportunisten und andere, die von den Sponsoren bezahlt werden.[3]

Manche von ihnen sind unbescholten. Andere nicht. Manchen geht es um Sport und sportliche Ideale. Anderen geht es mehr um die eigene

Brieftasche. Leider wissen die Sportfans wenig über sie. Die einzelnen Komiteemitglieder ziehen es vor, lieber nicht ins Flutlicht der Stadien zu treten; sie treffen sich unter Ausschluß der Öffentlichkeit, um ihre Meinungsverschiedenheiten auszutragen. Der Grund dafür ist ein weiterer, überaus bemerkenswerter olympischer Eid, den sie bei ihrer Ernennung leisten.

Nachdem sie feierlich gelobt haben, sich keinerlei Einflüssen aus Politik und Wirtschaft zu beugen, schwören sie: «Ich verpflichte mich, der Olympischen Bewegung nach besten Kräften zu dienen sowie alle Bestimmungen der Olympischen Charta *und die Entscheidungen des IOC, gegen die von meiner Seite kein Einspruch zulässig ist,* zu respektieren und für ihre Einhaltung zu sorgen.»

Den ersten Teil des Versprechens zu halten – das Zeugs über die harte Arbeit für den Sport – fällt manchen Mitgliedern ziemlich schwer. Aber gegen das Redeverbot, das jede öffentliche Debatte verhindert, hat niemand etwas einzuwenden. Der Anreiz, solche Zurückhaltung zu üben, ist natürlich die Kohle, und das kommt in den Statuten der Olympischen Spiele klar zum Ausdruck. Die Olympier wollen einem ja immer gern weismachen, die Olympische Charta sei von Dichtern, Philosophen und Altruisten verfaßt worden. In Wahrheit wurde sie von einem Häuflein Juristen ausgearbeitet.

Nach einigen grandiosen Slogans über Sport und Menschenwürde folgen noch mal hundert Seiten, die klarstellen, wessen Interessen das Olympische Komitee tatsächlich dient. Zum Beispiel Artikel 11. Vom Olymp bis in diese Niederungen führt ein weiter Weg: «Die Olympischen Spiele sind das alleinige Eigentum des IOC, das alle diesbezüglichen Rechte innehat, insbesondere und ohne Einschränkung die Rechte bezüglich ihrer Organisation, Nutzung, Rundfunk- und Fernsehübertragung und Wiedergabe in welcher Form auch immer.»

Haben Sie tatsächlich geglaubt, daß die Olympischen Spiele der Welt gehören? Die Olympischen Spiele sind das alleinige Eigentum des IOC. Wenn das Komitee nicht mit allen Wassern gewaschene Juristen beauftragt hätte, die Rechte an dieser Milliarden-Dollar-Übung in globalem Marketing zu sichern, dann könnten die Mitglieder ihre Flüge erster Klasse, ihre Fünf-Sterne-Hotels, ihre von Polizeieskorten flankierten Limousinen und ihre herumscharwenzelnden Hostessen in den Wind schreiben. Aus wär's mit dem bergeweise servierten Belugakaviar, mit den einfallsreichen Spesenabrechnungen und den Freikarten für die erste Reihe von Wimbledon bis zur Olympiade. Die Fans werden überrascht sein, daß viele von ihnen Wimbledon vorziehen.

Die letzten Spiele in Lillehammer besuchten nicht wenige IOC-Mitglieder nur deshalb, um das ihnen garantierte Taschengeld und die Geschenke der Sponsoren zu kassieren, und flogen dann wieder nach Hause. Sie machten sich nicht die Mühe, den Wettkämpfen beizuwohnen. Aber das braucht ja die Öffentlichkeit nicht zu erfahren. Um ganz sicherzugehen, beschäftigen sie Leibwächter, die neugierige Journalisten aus ihren Hotels fernhalten.

Oben auf Tribüne E – das olympische Protokoll ist da sehr präzise – sitzen die Reporter und Kommentatoren. Ihnen stehen hektische Tage bevor; es gilt, Interviews mit Medaillengewinnern auf die Beine zu stellen, Artikel hastig hinzukritzeln, um die Termine einzuhalten, und trotzdem besser zu sein als die Konkurrenz. Leser und Zuschauer fordern eine erschöpfende Sportberichterstattung, und es bleibt kaum Zeit, sich mit den Gralshütern auseinanderzusetzen.

Für Journalisten, die ihre Arbeit ernst nehmen, ist die Olympiade ein harter Brocken. Die Sommerspiele finden nur alle vier Jahre statt, und was sich in der Zwischenzeit in der Bewegung tut, interessiert niemanden so recht. Das Komitee residiert in einer entlegenen Schweizer Stadt, und seine Mitglieder sind in alle Welt zerstreut. Um diesem Übel abzuhelfen, berichtet das Komitee in Tausenden von Presseerklärungen von seinen Erfolgen, und diese kommen, meist ohne redaktionelle Bearbeitung, in die Zeitungen.

Weitere Analysen liefern einige ehrerbietige europäische Reporter bei den großen Tageszeitungen sowie eine Handvoll Journalisten bei den internationalen Presseagenturen. Einige von ihnen haben enge Beziehungen zum Objekt ihrer Berichterstattung. Ein Lohnschreiber von der *Associated Press* saß im Redaktionsausschuß einer Zeitschrift des IOC, die das Komitee für seinen kostspieligen Kongreß in Paris 1994 herausbrachte. Andere Reporter von AP und Reuter gehören den Medienwächtern an – so die merkwürdige Bezeichnung der IOC-Pressestelle. Da geht es sehr gemütlich zu, und diese wohlwollenden Journalisten verderben nicht das Fest, indem sie vertrauliche Dokumente oder Geschichten ausgraben, mit denen sie ihre großzügigen Freunde vor den Kopf stoßen könnten.

Der freie Markt der Olympiaberichterstattung weist noch weitere Mängel auf. Das Komitee belohnt andere Reporter, wenn sie hilfreiche (niemals kontroverse) Berichte für seine Publikationen beisteuern. Nur ein kleines Extra, um das Gehalt aufzubessern, Sie verstehen. Andere kassieren, indem sie Werbetexte für bezahlte Zeitschriftenbeilagen verfassen, in denen Lobeshymnen auf das Komitee und dessen Sponsoren gesungen werden. Die Auftraggeber sehen hier keinerlei moralisches Konfliktpotential – die Leser brauchen es ja nicht zu wissen.

Dann gibt es noch die gut geschmierten Reisen. Die Schreiberlinge, die das größte Vertrauen genießen, fliegen kostenlos zu olympischen Veranstaltungen und werden dort wie Ehrengäste behandelt. Anschließend erscheinen lobhudelnde, beruhigende Artikel in der Presse, und niemand erfährt, wer die Rechnung bezahlt hat.

Nur gelegentlich wirbeln Journalisten, die diesem engeren Kreis nicht angehören, olympischen Staub auf. Dann allerdings ist die Hölle los! Gegendarstellungen und Ausflüchte füllen die Schlagzeilen, die unangenehmen Tatsachen werden verharmlost und heruntergespielt. Das Komitee behauptet, es gäbe nur fünfzehn Journalisten auf der Welt, die in der Lage seien, über das IOC zu berichten.[4] Welch eine Erleichterung und ein schönes Kompliment für uns gewöhnliche Sterbliche!

Viele tausend Reporter werden in Atlanta den Olympiern zum erstenmal begegnen. Sie werden feststellen, daß die Pressekonferenzen von oben gesteuert werden. Fragen, die nichts zur Beweihräucherung des Komitees beitragen, nimmt man einfach nicht zur Kenntnis. «Konstruktive» Anfragen der Freunde werden hingegen ausführlich beantwortet und deren liebenswürdige Artikel am nächsten Tag im Pressecenter verteilt – als Vorbild für die korrekte Form der Berichterstattung.

Von den Medien wird erwartet, daß sie hier in Atlanta eine bestimmte Linie verfolgen, und viele Journalisten werden sich daran halten. Bis die Olympische Flagge eingeholt und für die nächsten Spiele an Sydney weitergereicht wird, will sich das IOC ein Image als Kämpfer für den Weltfrieden aufgebaut haben. Bitte nicht lachen, Obergralshüter Samaranch ist hinter dem Friedensnobelpreis her.

Tatsächlich aber gibt es kein Anzeichen dafür, daß das Komitee auch nur das Geringste für den Weltfrieden getan hat. Das vierzehntägige Treffen junger Männer und Frauen in der olympischen Arena hat noch nie die Politiker ihrer Heimatländer daran gehindert, das Artilleriefeuer zu eröffnen. Es hat auch kaum einen Athleten davon abgehalten, Soldat zu werden. Das Komitee hat eine Vorliebe dafür, Militärdiktatoren Honig ums Maul zu schmieren. Das beste historische Beispiel dafür ist der Enthusiasmus des IOC für die Spiele Adolf Hitlers. Eine Verbindung zwischen den Olympischen Spielen und dem Frieden existiert nur in unseren Köpfen, in unseren Träumen von einer besseren Welt.

Ein wesentliches Hindernis ist die politische Laufbahn des Obergralshüters und IOC-Präsidenten Juan Antonio Samaranch, über die man aus IOC-Publikationen so gut wie nichts erfährt. Seine offizielle Biografie beschränkt sich darauf, daß er Bankier ist, der Kommunalregierung in Barcelona angehörte und Nationalbeauftragter für Leibeserziehung und Sport wurde. Man weiß eigentlich nicht mehr von ihm, als daß er ein kleiner Mann Mitte siebzig mit großem Kopf und herrischem Auftreten ist.

Aber bei näherem Hinsehen zeigt sich, daß die Glanzpunkte seiner Karriere in die Zeit der faschistischen Diktatur General Francisco Francos fallen, des Verbündeten Hitlers und Mussolinis, der bis zu seinem Tod 1975 Spanien tyrannisierte. Samaranch war vierzig Jahre lang ein begeisterter Diener des Franco-Regimes, bis zum bitteren Ende trug er die faschistische Uniform und hob den Arm zum faschistischen Gruß. Freudig erfüllte er seine Pflicht, den Sport zum Ruhme der Militärdiktatur zu lenken und zu präsentieren.

Es nimmt einem den Atem, wie Samaranch, setzt man ihn unter Druck, Franco immer noch verteidigt. Bei der Eröffnungsfeier dieser Olympiade will er sich der Welt als Gralshüter olympischer Ideale präsentieren. Doch viel aufschlußreicher sind die Bilder im Archiv der Wochenschau in Madrid: Samaranch, in faschistischer Uniform, grüßt den Diktator.

Die Olympische Bewegung braucht nichts dringender als genaue Nachforschungen und Reformen, aber davon wird, wenn die Wettkämpfe in diesem Sommer wieder in alle Welt ausgestrahlt werden, keine Rede sein. In Amerika hat NBC eine knappe halbe Milliarde Dollar für die US-Senderechte hingeblättert, und eine solche Investition muß sich auszahlen. Die Rivalen CBS und ABC bemühen sich nach wie vor um die Olympia-TV-Rechte, wahrscheinlich wohl auch andere große Gesellschaften. Ausländische Fernsehanstalten werden sich größtenteils ähnlich unterwürfig verhalten. Sie alle haben viel Geld bezahlt und wollen den olympischen Goldesel nicht schlachten. In Amerika ist 1996 die Wahrheit über Olympia nicht gefragt. In Lillehammer war es anders.

Die norwegischen Medien haben ganze Arbeit geleistet. Die Herren der Ringe wurden unter die Lupe genommen, befragt, ihre Friedenskampagne als hohl und leer entlarvt, ihre Arroganz als unerträglich empfunden. Schließlich kehrte ihnen das Land den Rücken und freute sich an den Wettkämpfen. Die Hüter der olympischen Moral aber sackten ihren Gewinn ein und reisten ab, fest entschlossen, niemals wiederzukehren.

2 | Norwegen sagt nein zu Faschismus, Raffgier und schicken Mänteln – Lillehammer 1994

Die Hüter des Feuers waren in Lillehammer nicht zu übersehen. Unter allen Touristen waren sie am teuersten gekleidet, und zwar in weiße oder dunkelblaue, knielange, wattierte Mäntel mit den Olympischen Ringen auf der Brust und dem Namen des japanischen Herstellers Descente auf der Rückseite – wandelnde Werbetafeln.

Als ich einen dieser Mäntel im Schaufenster des Ladens erblickte, den die betreffende Firma auf der Storgata, der belebten Einkaufsstraße in Lillehammer, vorübergehend angemietet hatte, trat ich ein und gab vor, einen kaufen zu wollen.

«Tut mir leid, Sir», entgegnete der sympathische amerikanische Verkäufer. «Sie sind nicht zu verkaufen. Wir stellen sie nur für IOC-Mitglieder her.»

Ich ließ mich nicht abwimmeln. «Wieviel kostet einer?»

«In der Herstellung kosten sie fast 1500 Dollar, aber sie kämen ein wenig billiger, wenn wir größere Mengen produzieren könnten», sagte er.

«Und Sie haben für jedes IOC-Mitglied einen angefertigt?»

«Ja, Sir.»

«Und vor zwei Jahren in Albertville, da haben die doch auch einen bekommen?»

«Aber ja, Sir», strahlte er, «und in Calgary auch. Vielleicht war es auch in früheren Jahren schon so, aber da habe ich noch nicht für das Unternehmen gearbeitet.»

Das wären drei Mäntel zu 1500 Dollar für jeden der neunzig Gralshüter – ein Gesamtwert von rund 400 000 Dollar! Das ist viermal so viel Geld, wie das Komitee in den achtziger Jahren für die Behindertensport-Bewegung aufgebracht hat.

Das war keine Art, den Obergralshüter willkommen zu heißen. Als er gut eine Woche vor der Eröffnungsfeier auf dem Flughafen von Oslo landete, begrüßte ihn *VG*, die meistverkaufte Zeitung Norwegens. «Juan Antonio Samaranch trifft heute in Norwegen ein», meldete das Blatt auf der Titelseite. «Ihn erwartet eine Meinungsumfrage, die eine ausgemachte Katastrophe für ihn und das IOC bedeutet.» Nur ein Prozent der Norweger hatte einen vollkommen positiven Eindruck von Samaranch, sechs Prozent sahen ihn ziemlich positiv, und fünfundachtzig Prozent zeigten eine negative Haltung. «Das IOC gilt als Versammlung von Karrieremachern, die sich auf roten Teppichen und mit einem Glas Champagner in der Hand am wohlsten fühlen», folgerte *VG*.[1]

Selbst der Organisator der Spiele von Lillehammer, Gerhard Heiberg, der den Ehrgeiz hegte, dem IOC beizutreten, hielt sich mit seiner Kritik nicht zurück. «Die mangelnde Demokratie und das Verfahren, wie die Leute [ins IOC] gewählt werden, sind unwürdig», sagte er.[2] Während die Angriffe tobten, bat Premierministerin Gro Brundtland um Zurückhaltung. «Wir sind es gewohnt, egalitär zu denken», mahnte sie. «Aber wir dürfen nicht vergessen, daß nicht jedermann denselben Hintergrund hat.»[3]

Doch die kritischen Stimmen in den Medien verstummten nicht, und selbst Gott kam zu Wort. «Die Mehrheit des norwegischen Volkes ist sich durchaus bewußt, daß die internationale olympische Organisation von einer Schar alter Männer beherrscht wird, die sich ihre Nachfolger selbst auswählen und an deren Spitze ein alter spanischer Faschist steht», schrieb Pastor Oyvind Segedel aus der kleinen Kirche unweit der Hafjell-Skipiste in seinem Gemeindeblatt. «Den Menschen ist keineswegs entgangen, daß dieser Führer die olympische Organisation benutzt, um sich eines Tages mit dem Friedensnobelpreis zu schmücken.»

Der neue Pressesprecher der Gralshüter, Andrew Napier, der seine Lehrjahre bei dem Zigarettenhersteller Philip Morris und bei Ford Motors absolviert hatte, erwiderte auf die Anwürfe, diese Berichterstattung sei ihm vollkommen fremd. So etwas hätte das IOC «noch in keinem Land erlebt, dem die Olympischen Spiele zugesprochen wurden». Napier behauptete, die *VG*-Umfrage sei «nicht repräsentativ», und vermutete, daß viele der Befragten wahrscheinlich «weder das IOC noch Präsident Samaranch kennen». Auf die Frage, ob Samaranch über die Zeitungsberichte verärgert sei, entgegnete Napier grimmig: «Für den Präsidenten haben die Olympischen Spiele Vorrang.»[4]

Selbst die Sportler waren gegen Samaranch. Fünf Tage nach seiner Ankunft strahlte der norwegische Sender TV-2 ein Interview mit Vegard Ulvang aus, einem der besten Skilangläufer der Welt und beliebtesten Sportler Norwegens. Ulvang hatte bei den Spielen von Albertville zwei Jahre zuvor drei Gold- und zwei Silbermedaillen gewonnen. Er würde bei der Eröffnungszeremonie im Namen aller Teilnehmer den Olympischen Eid leisten. Die Öffentlichkeit brachte ihm gerade damals große Sympathien entgegen, denn die Norweger wußten, daß er um seinen Bruder Ketil trauerte, der seit drei Monaten in der Schneewüste der Finnmark verschollen war.

«Wie stehen Sie dazu, daß der Führer des Internationalen Olympischen Komitees ein ehemaliger Faschist ist?» fragte der Interviewer. Ulvang gab die Meinung der meisten Norweger wieder: «Ich finde das schlecht, und vielleicht ist es der Sportbewegung nicht würdig... Die norwegischen Sportfunktionäre sollten versuchen, etwas dagegen zu tun, und nicht die ganze Zeit ihn und die Olympische Bewegung verteidigen, weil nicht alles, was sie tun, des Sportes würdig ist.»[5]

Die Gralshüter waren entsetzt. Sie hatten die Olympischen Spiele für Berufssportler geöffnet, so daß die Athleten reich werden konnten. Kannten die denn keinen Dank? François Carrard, ein wohlbeleibter Schweizer Anwalt und Direktor des IOC, beschied den Reportern hochnäsig: «Niemand wird gezwungen, an den Olympischen Spielen teilzunehmen. Und wir stellen fest, daß er immer noch mit Freuden bereit ist, teilzunehmen.» Carrard hätte sich an dieser Stelle bremsen sollen, aber er konnte es nicht. Mit seiner nächsten unüberlegten Bemerkung brachte er viele Norweger gegen sich auf. «Er verdankt seinen internationalen Status als weltberühmter Sportler zu einem gewissen Grade den Olympischen Spielen, den Spielen des IOC.»[6]

Es wäre vernünftiger gewesen, das Thema nach Carrards Fauxpas fallenzulassen, aber einer der beiden norwegischen Gralshüter, Olaf Poulsen, forderte albernerweise, Ulvang von den Eröffnungsfeierlichkeiten auszuschließen.[7] Das war natürlich ein gefundenes Fressen für die Boulevardpresse. Die zweitgrößte Zeitung, das *Dagbladet*, rief die Leser auf, anzurufen und ihre Meinung kundzutun. Zehntausend folgten der Aufforderung, und fünfundneunzig Prozent von ihnen sprachen sich für Ulvang aus.[8]

Seine Worte waren bereits um die Welt gegangen, und nun mußte schnellstens etwas getan werden, um den Schaden zu begrenzen. Ulvang wurde zu einer Privatunterredung mit Samaranch und Gerhard Heiberg gebeten. Irritierend war, daß man den Herren von der Presse nach diesem Treffen sagte, Ulvang habe sich bei Samaranch entschuldigt, «aber er hielt an seiner Kritik fest, das IOC sei undemokratisch».[9]

Am selben Tag wurde bekannt, daß einige Gralshüter gedroht hatten, noch vor dem Beginn der Spiele abzureisen. «Sie fragen sich allmählich, ob sie in Norwegen überhaupt willkommen sind», sagte Heiberg.[10] Später bestätigte ein Wortführer des Komitees, daß mehrere Olympier abgereist seien; offenbar hatten sie nur geringes Interesse am olympischen Wintersport.

Samaranch war angesichts der Angriffe so beleidigt und benahm sich den norwegischen Organisatoren gegenüber so kühl, daß König Harald eingriff und, um die Wogen zu glätten, ein intimes Dinner gab, an dem nur er und Königin Sonja, Gerhard Heiberg mit Frau sowie die Samaranchs teilnahmen.[11]

Niemals hatten die Gralshüter ein Gastgeberland so falsch eingeschätzt. Die Norweger glauben an soziale Demokratie, Verantwortung und Offenheit – und sie sind stolz darauf! In Lillehammer fragte ich Jorunn Veiteberg, damals Leiterin der Kulturabteilung beim Staatsfernsehen, warum sich Norwegen mit so großem Engagement um die Spiele beworben habe. «Wir wollten der Welt zeigen, daß ein kleines Land eine gute Olympiade veranstalten kann», erklärte sie, «aber noch wichtiger ist, daß wir der Welt die norwegischen Wertvorstellungen vermitteln wollen.»[12] So viel Idealismus weckt bei den Gralshütern Unbehagen.

Fünf Jahre brutaler Nazibesatzung im Zweiten Weltkrieg haben in Norwegen Narben hinterlassen, aber auch den Heroismus dieser kleinen Nation zum Vorschein gebracht. Die Norweger rebellierten gegen die Invasoren; viele Partisanen waren Veteranen des Kampfes gegen den Faschismus im Spanischen Bürgerkrieg. Als klar wurde, daß die Rolle des Gastgebers der Olympischen Spiele zu übernehmen auch hieß, mit einem IOC-Präsidenten Brot zu teilen, der in diesem Krieg für den Sieg des Faschismus gefochten hatte, und mit Leuten Tee zu trinken, denen die Demokratie zuwider war, erhitzten sich norwegische Gemüter. Bei der Olympiade 1994 war eine Konfrontation nicht zu vermeiden.

«Dem norwegischen Volk sind soziale Gerechtigkeit, Gleichheit, ein ordentlicher Lebensstandard und demokratische Ideale sehr wichtig», erklärt Inge Eidsvag, ein führender Olympia-Experte und Rektor des humanitären Nansen Instituts in Lillehammer. «Das IOC repräsentiert eine Kultur, die uns seltsam erscheint und im Gegensatz zu den Grundwerten Norwegens steht.»

Haben die Hüter der olympischen Moral das verstanden? Haben sie eine Vorstellung davon, warum sie den Norwegern gegen den Strich gehen? Der staatliche Rundfunksender beauftragte mich damit, eine Antwort auf diese Fragen zu suchen. Also machte ich mich auf den Weg in jenes Hotel von Lillehammer, hoch oben auf dem Berg über der Stadt, wo das Komitee und zwei Vertreter aus dem internationalen Pressekorps residierten. An diesem Nachmittag war der Himmel blau, und die Sonne schien, also rechnete ich nicht damit, im Haus jemanden anzutreffen, während draußen auf den Pisten die besten Skisportler ihrer Generation ihr Können und ihren Mut bewiesen.

Auf einem Sofa im Foyer fand ich zwei schläfrige Gralshüter. Einer von ihnen war Augustin Carlos Arroyo, ein eleganter ehemaliger Diplomat. Als Erwiderung auf eine Frage, die ich nicht gestellt hatte, erzählte er, sein Vater sei zweimal Präsident von Ecuador gewesen, ein Cousin von ihm nur einmal. Neben ihm saß der fünfundsiebzigjährige Kevin O'Flannagan aus Irland, der seit achtzehn Jahren zum Kreis der Olympier gehört. O'Flannagan hatte eine Zeitung auf den Knien, und sobald ich mich vorgestellt hatte, zog er sie schützend vor sein Gesicht – wie ein Ehebrecher, der mit seiner Sekretärin ertappt worden ist.

Über die Seiten gebeugt, fragte ich ihn, wie er zu den Beschwerden der Norweger über das IOC stehe. «Ich bin nicht bereit, mit Ihnen zu sprechen», entgegnete O'Flannagan kurz angebunden. «Ich finde die Menschen in Norwegen einfach großartig, und ich halte das alles für übertrieben, das ist doch nur eine kleine Minderheit.» Und er verschwand wieder hinter seiner Zeitung.

Nun wandte ich mich Arroyo zu. Ob er das IOC für demokratisch halte? «Das meine ich wohl», erwiderte er enthusiastisch. «Und es wird immer demokratischer.» Verlangten die Norweger zuviel von den IOC-Mitgliedern? Da konnte Arroyo zustimmen. «Wissen Sie, man kann nicht jedem alles geben. Nehmen Sie zum Beispiel General Motors. Die verteilen ihre Autos nicht an alle Leute. Wollen Sie behaupten, die wären nicht demokratisch, weil sie nicht die ganze Bevölkerung der Vereinigten Staaten...» Auf diese verschrobene Erklärung konnte ich nur fragen: «Verstehen Sie das etwa unter Demokratie? Jedem ein Auto zu geben?» Aber Arroyo kam nicht mehr mit. «Das haben Sie gesagt. Genau das haben Sie gesagt. Daß man jedem alles geben sollte. Genau das haben Sie gesagt.»[13]

Am liebsten hätte ich den Einundsiebzigjährigen gefragt, ob er glaube, daß seine geistigen Fähigkeiten der Aufgabe, den Weltsport zu lenken, noch bis zu seinem 75. Lebensjahr gewachsen sein würden – in diesem Alter soll er laut Plan in den Ruhestand treten –, aber es wäre unhöflich gewesen, sich über den Leidenden lustig zu machen.

Dem Himmel sei Dank, daß Herr Arroyo, Dr. O'Flannagan und ihre olympischen Kollegen nicht Big Otto Jespersen über den Weg gelaufen sind. In eine Art totes Schaf gekleidet, mit Sonnenbrille und Fernfahrermütze, trat der Komiker Big Otto jeden Abend im staatlichen Fernsehen auf, parodierte Interviews und blödelte vor der Kamera herum. Die Norweger waren davon sehr angetan, doch was sie wirklich zum Schreien fanden, war Ottos Button. Während der Spiele fand eine Kampagne gegen Schikanen in der Schule statt, und die Schüler wurden aufgefordert, einen Button mit dem Slogan «Drangsalier meinen Kumpel nicht» zu tragen.

Big Otto verulkte eben diesen Slogan und trug ihn auf einem gut tellergroßen Button Abend für Abend bei seinen Fernsehauftritten während der Olympiade. In der Mitte befand sich ein Bild des IOC-Präsidenten Samaranch.

Alle modernen Sportereignisse haben Maskottchen – ein Einfall, den wir Marketingschwindlern verdanken, die uns für triviale Andenken Geld aus der Tasche ziehen. Die Norweger entschieden sich für zwei blonde, blauäugige Knirpse namens Haakon und Kristin – ein kostspieliges Vergnügen. 1984, bei der ersten, erfolglosen Bewerbung Lillehammers um die Olympischen Spiele, kam Pedro Ramirez Vazquez, ein führender, einflußreicher Gralshüter, mit seinem Sohn Javier, angeblich Designer von Beruf, nach Norwegen. Törichterweise überschlugen sich die Organisatoren fast, um Vazquez gnädig zu stimmen, und baten den jungen Javier, ihr Maskottchen zu entwerfen.

Als die Norweger seinen albernen Haakon endlich zu Gesicht bekamen, war die Erregung groß. Die Historiker stöhnten, weil er als Wikinger zurechtgemacht war, während der echte Prinz Haakon einige Jahrhunderte später gelebt hatte. Ein Designer höhnte über den «Peter

Pan mit Wikingerhelm», ein anderer meinte «etwas weniger Mickey Mouse und etwas mehr Norweger» wären angebracht gewesen. Eine Rettungsaktion wurde angeleiert; den Organisatoren von Lillehammer zufolge hatte Vazquez junior 5500 Dollar erhalten, und es kostete weitere 250 000 Dollar, die Sache zu vollenden.[14]

Die Statuten des Olympischen Komitees sehen vor, neben den Spielen ein Kulturprogramm zu veranstalten. Das dient der Imagepflege – aber es ist nicht dazu gedacht, dem Komitee einen Spiegel vorzuhalten. Die ursprüngliche Produktionsleiterin Bente Erichsen plante ein Seminar über die denkwürdige Problematik, daß während der Besatzung alte nordische Symbole von den Nazis gestohlen worden waren und wie schwierig es war, sie nach dem Krieg wieder zu verwenden. Sie erinnert sich an ein Treffen mit Gerhard Heiberg, der ihr mitteilte: «Wir hatten eine Ausschußbesprechung. Das Seminar über den Nationalsozialismus ist aus dem Kulturprogramm gestrichen worden.» Erichsen sagte, sie verstünde ihn nicht.

«Es muß raus», wiederholte er.

«Ich bin es nicht gewohnt, Befehle entgegenzunehmen», erwiderte sie.

«Die Deutschen wollen das Seminar über den Nationalsozialismus nicht», sagte Heiberg. Damit war das Gespräch beendet. Er ist inzwischen in die Reihen der Gralshüter aufgenommen worden. Erichsen legte ihr Amt später nieder.[15]

Die Spiele waren ein großer kommerzieller Erfolg, so wurde uns von IOC-Mitglied Richard Pound versichert; er teilte der Presse mit, Lillehammer habe Rekordeinnahmen gebracht. «Nun steht fest», prahlte Pound, «daß nicht nur die ganz großen Länder finanziell erfolgreiche Spiele ausrichten können.»[16] Er vergaß jene traditionsreiche olympische Disziplin zu erwähnen, die darin besteht, Steuerzahler zu schröpfen, damit das Komitee den Gewinn einstreichen kann. Die Bürger Norwegens beglichen eine Rechnung von etwa einer halben Milliarde Dollar, während die Gralshüter vierzig Prozent der Einnahmen von den TV-Rechten und noch einen schönen Batzen aus dem Verkauf von Olympia-Lizenzen einsackten.

Die Freunde des Komitees strichen nicht nur ihren Anteil am Gewinn der Spiele ein, sie bemühten sich auch nach Kräften, die norwegische Landschaft zu entstellen. Lillehammer wurde mit Schandflecken wie

«Die Olympischen Spiele bevorzugen Visa» verunstaltet, die einem selbst aus größerer Entfernung ins Auge stachen. Das war mehr als ein Slogan; es war eine Tatsache und ein Alptraum für die ausländischen Medien. Fernsehreporter ohne Visa, dieses überall bevorzugte Plastikkärtchen, schleppten taschenweise Bargeld an, um die Satellitenübertragung ihrer Aufnahmen in die Heimat zu bezahlen. In einem frechen Fernsehspot von American Express, das sich geweigert hatte, die Spiele zu sponsern, hieß es: «Wenn Sie nach Norwegen reisen, brauchen Sie einen Paß, aber kein Visa.» Pound, stets auf Gold aus, attackierte das Unternehmen daraufhin als «Parasiten».

Mitten auf der Storgata, mit Blick auf den Mjösa-See, stand eine Eisskulptur, umgeben von flackernden Kerzen. Sie erinnerte uns täglich an die Kinder, denen es an den nötigen Kalorien fehlt, um Sport treiben zu können. Es war das Mahnmal der Olympia-Hilfe von Lillehammer, die Geld für Sarajevo, die Olympiastadt von 1984, sammelte. Später wurden die Hilfszahlungen auf Eritrea, Beirut, Guatemala und Afghanistan ausgeweitet.

Die Gralshüter hatten ebenfalls Hilfsleistungen nach Bosnien geschickt, und Samaranch schlachtete unentwegt die Tragödie «seines geliebten» Sarajevo aus, wo er seine ersten Winterspiele geleitet hatte. Als die öffentliche Debatte über die undemokratische Haltung des Komitees erstarb, widerfuhr Juan und seinen Gefolgsleuten sogleich das nächste Mißgeschick.

Der norwegische Eisschnelläufer Olav Koss hatte in Albertville über 1500 Meter Gold und über 10000 Silber gewonnen. Nun trat der Medizinstudent in der Viking-Eishalle in Hamar, am anderen Ende des Mjösa-Sees, an. Bei seinem ersten Rennen über 5000 Meter stellte er einen Weltrekord auf, und Norwegen bejubelte die erste Goldmedaille. Dann gelang ihm das gleiche noch einmal über 1500 Meter. Würde er sich auch die letzte der Eisschnellauf-Medaillen holen? Er schaffte es! Koss fegte nur so durch die 10000 Meter, und sein dritter Weltrekord bei diesen Spielen lag phänomenale dreizehn Sekunden unter seiner vorherigen Bestzeit.

Das Preisgeld, das die Regierung für die norwegischen Medaillengewinner ausgesetzt hatte, stiftete Koss der Olympia-Hilfe von Lillehammer. Die Gralshüter versprachen großspurig, auf die Spenden der Athleten noch einmal dieselbe Summe draufzulegen. Das klang gut. Doch dann las man das Kleingedruckte und stellte fest, daß das IOC nur jenes Fünftel des Geldes dazugeben wollte, das an Bosnien ging. Zum Teufel mit Eritrea und all den anderen.

Stein Wellumstad, der Leiter der kirchlichen Hilfsorganisation Kirkens Nödhjelp, vermutete, daß das IOC für Sarajevo spenden wolle, «weil man dort Friedhöfe mit Kreuzen sehen kann. Aber in Afrika sieht niemand die Gräber.»

In den Wochen vor den Spielen hatte Samaranch einen olympischen Waffenstillstand verkündet, der auf einem absichtlichen Mißverständnis der Waffenruhe während der antiken Spiele in Griechenland beruhte. Der friedliebende Radovan Karadžić von den bosnischen Serben sprang in die Bresche und unterstützte das Anliegen des Olympiers. «Wir sind mit Samaranch übereingekommen, einen olympischen Waffenstillstand zu wahren, der ein erster Schritt zu einem langfristigen Frieden sein kann», sagte der von den Vereinten Nationen als Kriegsverbrecher Angeklagte, dessen Artilleristen mit dem Abwurf einer Granate auf den Marktplatz von Sarajevo achtundsechzig Menschen töteten.[17] Ein kurzer Waffenstillstand folgte – aber erst unter Androhung von NATO-Luftangriffen.

In der ersten Woche der Spiele besuchte Samaranch mit einigen Begleitern Sarajevo. Offenbar hatte man alle Fernsehkameraleute der Welt von dem Privatbesuch bei den Belagerten informiert. Die Olympier kamen mittwochs am Spätvormittag an, fanden sich zum Fototermin vor dem zerstörten Olympiastadion ein und reisten am Nachmittag in aller Eile wieder ab. «Wir sind nicht hingefahren, um Schlagzeilen zu machen», behauptete Direktor Carrard.[18] Es fällt jedoch schwer, sich andere Gründe vorzustellen. Nur die Sponsoren hatten etwas davon. Samaranch präsentierte vor laufender Kamera seinen Mantel mit dem auffälligen Label, und Descente gewann Gold für Mitgefühl. Wenn die Sarajevo-Touristen etwas Sinnvolles hätten tun wollen, so hätten sie ihre 1500-Dollar-Mäntel den frierenden Bosniern schenken können.

Die norwegischen Medien hatten sich nicht täuschen lassen. «Manche bezeichnen seine kleine ‹Pauschalreise› als Werbetrick», kommentierte das *Dagbladet*. «Wir bedauern, daß das IOC seinen bescheidenen Beitrag dort leistet, wo er am meisten auffällt.»[19] Die Weigerung des

Komitees, auch Regionen zu helfen, in denen es nicht von Reportern wimmelt, war nicht in Vergessenheit geraten.

Die Tageszeitung *Arbeiderbladet* brachte einen Cartoon, der zeigt, wie Samaranch mit einer olympischen Fackel auf das bereits brennende Sarajevo zuläuft. Die ausländische Presse hieb in dieselbe Kerbe: «Carrard sagte, die IOC-Delegation sei gerührt über die Geste der Bosnier, die Pullover für die Besucher stricken wollen», schrieb der Londoner *Daily Telegraph*. «Aber in einer Stadt, in der so große Armut herrscht, führt die Vorstellung, dringend benötigtes Material an die umworbensten Sportfunktionäre der Welt zu verschwenden, den Zweck der Übung ad absurdum.»[20]

Unfähig, zu begreifen, warum er die Norweger vor den Kopf stieß, wenn er auch nur den Mund aufmachte, blieb Samaranch hartnäckig. Bei der Abschlußfeier sagte er: «Wir wollen hoffen, daß sich dieser Waffenstillstand – zu dem wir mit unseren sehr begrenzten Möglichkeiten ein wenig beitragen konnten – in einen dauerhaften Frieden wandelt.» Niemandem, der über Sarajevo halbwegs Bescheid wußte, blieb verborgen, daß es sich hier um eine offenkundige Anmaßung handelte.

In Lillehammer 1994 wurden vielen Menschen die Augen geöffnet. Die Norweger bewiesen, daß es möglich ist, auch ohne die Gralshüter großartige Spiele zu veranstalten. Der Erfolg der Olympiade – und sie war ein Erfolg – ging auf die Sportler, die norwegischen Organisatoren und vor allem auf die Norweger selbst zurück, die eine wahrhaft olympische Gesinnung bewiesen. Sie übernahmen freiwillig die weniger glanzvollen Aufgaben, jubelten ihren Rivalen fair zu und spendeten großzügig für weniger reiche Länder.

Und doch waren ihre Anstrengungen vergebens. Die norwegischen IOC-Mitglieder fuhren noch im selben Jahr zum Jubiläumskongreß des Komitees anläßlich des hundertjährigen Bestehens nach Paris und hielten den Mund, da sich Samaranch eine Debatte über demokratische Reformen verbat. Alle Proteste, alle Enthüllungen waren vergessen. Die Gralshüter richteten ihren Blick fest auf Atlanta, wo ihnen, wie sie hofften, ärgerliche Nachforschungen seitens der Medien erspart bleiben würden.

3 Alte Freunde und gute Nazis halten zusammen

Seine Exzellenz, der Marqués de Samaranch (mit dem Titel wurde er von König Juan Carlos bedacht),[1] ist ein einsamer alternder Mann. Die meisten seiner alten Freunde aus der *franquista* hat er verloren. Sie teilten seine Geheimnisse und unterstützten seine Ambitionen, aber nur wenige haben miterlebt, wie er zum Obergralshüter der fünf Ringe ernannt wurde. Es war nicht leicht gewesen. Sie hatten einen Staat regiert, und von einem Tag auf den anderen hatte man sie als alte Faschisten entlarvt und aus Amt und Würden gejagt. Vierzig Jahre lang hatten sie ordentliche Wahlen verhindern können, und dann hatte eine Sintflut von Wählerstimmen die Kameraden fortgespült und in den Ruhestand oder, in Samaranchs Fall, ins Exil befördert.

Sie waren Kameraden, auf die man sich verlassen konnte. Für ihre Überzeugungen hatten sie auf dem Schlachtfeld gekämpft, und als die Demokratie unterlag, gehörte ihnen Spanien. Nicht daß sie es ganz ohne die Hilfe ihrer Freunde in Berlin und Rom geschafft hätten. Hitlers Spiele, die Olympiade von 1936, inspirierte eine Generation faschistischer Jugendlicher, die für den Krieg trainierte. Drei Jahre später wurde Barcelona bombardiert, bis sich die Stadt, zerstört und gebrochen, der Rebellenarmee von Generalissimo Francisco Franco ergab.[2]

Der junge Samaranch trug nach besten Kräften zu diesem Sieg bei; als Aktiver bei der faschistischen Jugendorganisation,[3] der aus der Regierungsarmee desertiert war,[4] hieß er die im Stechschritt marschierenden Helden freudig willkommen. Was sie wohl tun würden? Niemand hatte je miterlebt, wie eine faschistische Armee ein Land stürmt.[5] Die Scharfrichter nahmen sich als erstes den Fußballclub CF Barcelona vor, für sechs Millionen Katalanen immer ein Symbol ihres Nationalstolzes – und ihrer Rivalität mit den Spaniern aus Madrid und deren Club Real. Der CF Barcelona wurde von Dissidenten gesäubert.[6]

Der künftige Gralshüter des Weltsports war Anhänger von Espagnol, dem zweiten rivalisierenden Fußballclub in der Stadt. Schon allein der Name war ein Signal für die Mitläufer des Madrider Regimes. Die Frage für Samaranch war, wie er die Aufmerksamkeit der führenden Blauhemden auf sich lenken sollte, jener aus den Schlupfwinkeln gekrochenen Kommissare der faschistischen Falange, der einzigen und nunmehr allmächtigen Partei.

Samaranch suchte sich eine Nische, in der er glänzen konnte. 1951 hatte er durch das Textilunternehmen seines Vaters genug Geld gemacht, um als Sportfunktionär aktiv zu werden.[7] Er war maßgeblich an der Organisation der Rollhockey-Weltmeisterschaft in Barcelona beteiligt, aus der Spanien als Sieger hervorging. In olympischen Kreisen hat dies seither häufig für Heiterkeit gesorgt – Rollhockey ist wohl kaum ein Weltsport –, doch für ein Land, das wegen seiner Treue zu den vor kurzem besiegten Nazis geächtet wurde, war die Weltmeisterschaft ein gewitzter Schachzug.

Der Erfolg im Rollhockey mochte einem IOC-Anwärter dienlich sein, aber er trug nichts zur Linderung der bitteren Armut bei, unter der die breite Bevölkerung während Francos Diktatur litt. Die Armee schlug 1951 einen Volksaufstand nieder, und Samaranch wurde in den Akten der Geheimpolizei zum erstenmal erwähnt: als enthusiastischer Streikbrecher.

Er hoffte, das würde für eine Ernennung in den Stadtrat reichen (Wahlen waren nicht erlaubt), aber die Blauhemden hatten noch Vorbehalte. Sie regten sich über seine «vielen und wechselnden Freundinnen» auf. Samaranch ließ sich nicht entmutigen, krempelte die blauen Hemdsärmel hoch und organisierte ein Sportfestival in Barcelona. Es klappte. Diesmal gaben die Spürhunde nach: «Dieser Mann genießt in der Welt des Sports großes Prestige.»

Die Blauhemden zogen sich zur Beratung zurück, und Samaranch wurde Stadtrat und Sonderbeauftragter für den Sport. Er boxte sich in der regionalen Falange den Weg nach oben frei, war bald den Blauhemden in Madrid direkt unterstellt und unterzeichnete seine Briefe wie ein guter Faschist: «Ich grüße Sie mit erhobenem Arm.»

Zehn Jahre lang hob Samaranch den Arm Richtung Madrid, und Ende 1966 bekam er die Aufgabe, sich zum Ruhme des Regimes um den Nationalsport zu kümmern.[8] Nun war er zumindest ein kleiner «Führer» geworden.[9]

Unter der neuen Führung ging es auf den Sportplätzen Spaniens lustig zu. Franco behauptete, einen Kreuzzug gegen den Kommunismus zu führen. Einer seiner erstaunlichen Siege bestand darin, daß die roten Trikots der Fußballnationalmannschaft dem regierungstreuen Blau weichen mußten. Den Fans wurde kostenlose Unterhaltung geboten: Vor jedem Spiel hoben die Fußballer den rechten Arm zum faschistischen Gruß, während das ganze Stadion die faschistische Hymne «Cara al Sol» – «Blickt zur Sonne» – anstimmte und dann «Viva Franco!» brüllte. Die Anwesenheit von Uniformierten und Geheimpolizisten auf den Zuschauerrängen garantierte die Einhaltung der Spielregeln.

Die Blauhemden verboten jede Kritik an ihren für den Sport zuständigen Brüdern: Samaranch bekam eine gute Presse. Und die Massen bekamen noch mehr Fußball.[10] Im spanischen Fernsehen wurden mehr Spiele übertragen als in jedem anderen europäischen Land, und am ersten Mai, an dem Unruhen zu befürchten waren, wurde als Beruhigungsmittel für die Arbeiter rund um die Uhr brasilianischer Fußball ausgestrahlt.

Die Blauhemden hatten auch im spanischen Olympischen Komitee die Fäden in der Hand, und 1968 führte Samaranch die Sportler nach Mexiko. Die Ermahnung, die er ihnen mit auf den Weg gab, klang wie nazideutsche Propaganda: Die Athleten sollten der Welt zeigen, daß «wir Spanier eine immer männlichere und potentere Rasse werden».[11] Männlich waren sie ja vielleicht, aber Medaillen brachten sie nicht nach Hause. Spanien ging bei diesen Spielen leer aus. Wenige Monate später erklärte Samaranch: «Wir sind auf dem richtigen Weg.»

Aber da erlag er einem Irrtum. Nach vier Jahren setzte ihn das Regime ab, und er zog als Vollzeitpolitiker in Francos Pseudoparlament ein, wo er die nicht gewählte katalonische Regionalregierung lenkte.[12] Bis zum Tod des Diktators 1975 bezeichnete sich Samaranch als «hundertprozentigen Franco-Anhänger».

Ungeachtet des erklärten Engagements für den Sport und der Freude an durchtrainierten jungen Männerkörpern erreichte der Faschismus nichts für den spanischen Sport. Während die Blauhemden regierten, fanden sechs Olympiaden statt. Dabei gewannen die Spanier eine Gold-, zwei Silber- und eine Bronzemedaille, vor allem in Sportarten, die der Armee oder den Reichen vorbehalten waren. Kleinere Länder wie Finnland, Neuseeland oder Irland schnitten besser ab.

Nach der Entlassung von Samaranch und seinen Leuten brachten die spanischen Olympia-Teilnehmer bessere Leistungen. Bei den nächsten fünf Sommerspielen gewannen sie sechzehnmal Gold, fünfzehnmal Silber und achtmal Bronze. Francos Sportfunktionären war es nicht gelungen, eine Nation von Sportlern zu schaffen, die dringend benötigten Sportanlagen zu bauen oder den Respekt der Presse und der Konkurrenten zu gewinnen. So sah das Schulzeugnis des Mannes aus, der an die Spitze des Weltsports gelangen würde.

Samaranch bemühte sich jahrelang um seine Aufnahme ins Olympische Komitee, indem er ungebetene Briefe an dessen Präsidenten Avery Brundage schrieb. In einem davon pries er die «Intelligenz, den Fleiß und die Liebe zur olympischen Idee» des Amerikaners, in einem anderen versprach er: «Ich werde mich voll und ganz einsetzen, um Ihre Person und Ihre hervorragende Arbeit zu unterstützen.» [13]

Samaranch und seine aus der High-Society stammende Frau Bibis luden Mrs. Brundage in ihr Sommerhaus an der Küste ein, [14] und dank der Rechtstendenzen des Amerikaners entstand eine wahre Kameradschaft zwischen den beiden Männern. Die Jahresversammlung des IOC fand 1965 in Madrid statt, und General Franco wohnte der Eröffnung bei. [15] Die Gralshüter des Sports scheuten sich nicht, einem Mann die Hand zu schütteln, der beim Frühstück die Todesurteile seiner Gegner unterschrieb.

Brundage ließ sich auch nicht durch einen Hinweis beeindrucken, sein junger Falangistenfreund sei in eine Intrige verwickelt, bei der es darum ging, 100 Millionen Dollar auf Auslandskonten zu verschieben, was einen Verstoß gegen die Währungsgesetze Spaniens bedeutete. [16] Im Jahre 1966 wurde Samaranch Mitglied des Komitees. [17]

Anders als seine alten Nazifreunde war Samaranch politisch schlau genug, um zu wissen, daß die Tage von Francos Polizeistaat gezählt waren. Im einzigen Land Europas ohne freie Wahlen, eine freie Presse oder freien Sport fühlte man sich ins Zeitalter der Diktatoren zurückversetzt, von denen man 1945 befreit worden war. Diese politische Anomalie würde mit dem Tod des alten Generalissimo in sich zusammenbrechen. Es war Zeit, das sinkende Schiff zu verlassen. Wo würde Samaranch eine neue Heimat für seine überholten autoritären Ansichten finden?

Brundage beherrschte das Olympische Komitee. Er wählte die neuen

Mitglieder aus, traf willkürlich die wichtigen Entscheidungen und gab ungern Macht ab. Samaranch fühlte sich ganz in seinem Element, als er aus dem versteinerten Spanien Francos in die unwandelbare Welt der Gralshüter wechselte. Seine politische Haltung mag seine Ernennung entscheidend beeinflußt haben. Zwei Jahre zuvor war Karl Ritter von Halt gestorben, der letzte einer Reihe alter Nazis und Faschisten, die in den dreißiger Jahren ins Komitee gekommen waren.[18]

In seinen drei Jahrzehnten als treuer Diener des Faschismus hatte sich Samaranch eine besondere Sprache angeeignet. Alle Institutionen Spaniens – die Monarchie, die Politik, die Kirche, die Industrie und ihre Arbeiter – hatte man zu sklavischem Gehorsam gezwungen. Der Diktator und seine Sprachrohre nannten das «heilige Einheit».

Dieses Wort hat Samaranch zum olympischen Jargon beigesteuert. Er beschwört oftmals die «Einheit» der Olympischen Bewegung und bejubelt die «heilige Einheit» des Komitees, der internationalen Sportbarone und der Nationalen Olympischen Komitees in aller Welt – samt und sonders natürlich unter seiner Führung. Seit anderthalb Jahrzehnten ist in der Welt des Sports niemand auf die Idee gekommen, Samaranchs «heilige Einheit» zu hinterfragen; man ahnt ja nicht, daß der Begriff aus der verschlüsselten Sprache des totalitären Staates stammt, dem er so treu gedient hat.

Samaranch stellte fest, daß sich die Treueschwüre auf das Olympische Komitee kaum vom Leben in der Heimat unterschieden. Die Glorifizierung des Begründers der modernen Olympischen Spiele, des französischen Barons Pierre de Coubertin, erinnerte an die rituellen Jubelrufe für den glanzvollen und gütigen Führer Franco. Und unverfänglicher war das Ganze außerdem. Der Baron war längst tot, kaum jemand las seine gesammelten Werke, und er ließ sich (wie die Bibel und Karl Marx) zu jeder Gelegenheit passend interpretieren. Das würde sich als wahrer Segen erweisen, sobald die Schwarzhändler das Ruder der Olympischen Spiele übernahmen.

Der Baron war das Kind unruhiger Zeiten. 1870, als er sieben Jahre alt war, erklärte Frankreich Deutschland den Krieg. Auf die militärische Demütigung folgte eine kurze Besatzung. Ein Jahr später erlebten Paris und die Nation das Trauma einer Revolution. Radikale, Sozialisten und die Besitzlosen eroberten die Hauptstadt, und als man sie wieder verjagte, wurden 25 000 Menschen getötet. Zum erstenmal war die selbstzufriedene Herrscherkaste Europas mit dem Klassenkampf konfrontiert.

Coubertin war ein kleiner, geistig reger Mann, ein Intellektueller, der von Erziehung und Sport fasziniert war. Hinter seinen funkelnden Augen und seinem imposanten Schnurrbart steckte ein Verstand, der mit diesen neuen Dilemmas von politischem Fortschritt und Stabilität haderte. Coubertin war kein Reaktionär, hatte aber die Wertvorstellungen eines Aristokraten mit Privatvermögen und Landbesitz.

Auf seinen Reisen nach Großbritannien und Amerika studierte er den Sport an den Schulen und Hochschulen der Elite. So, wie er dort betrieben wurde, meinte Coubertin, sei der Sport eine positive Kraft, die die verfeindeten Klassen versöhnen könne. Er beschloß, ein großes internationales Sportfestival zu schaffen. Es gab ein Vorbild, das seit fünfzehn Jahrhunderten im Keller der Geschichte moderte – das konnte man abstauben, aufpolieren und als neue Philosophie des fairen Wettbewerbs und des Sportsgeists darstellen. Coubertin würde als Hebamme bei der Geburt der modernen Olympischen Spiele helfen.

Und so geschah es im Rahmen einer glanzvollen Versammlung für die Eltern an der Sorbonne im Sommer 1894. Coubertin forderte eine «weltumspannende» Bewegung, doch die einzigen einfachen Menschen, die an diesem Tag in Erscheinung traten, waren die Kellner, die Türsteher und die Stallknechte, die sich um Pferde und Kutschen kümmerten. Sein Nachfahre Geoffroy de Navacelle schildert Coubertins Streifzüge durch seine Ländereien in der Normandie, wo er «das Mahl der Bauern in ihren Hütten teilte. Er schätzte ihre Schlichtheit und ihren gesunden Menschenverstand».[19] Mag sein, aber er berief sie nicht zur Mitwirkung in sein Internationales Olympisches Komitee.

Unter den ersten fünfzehn Mitgliedern waren fünf europäische Aristokraten und zwei Generäle; die übrigen zählten zum wohlhabenden Bürgertum. Zwischen 1894 und der Jahrhundertwende gewann Coubertin zehn weitere Prinzen, Herzöge und Barone für seine Idee. Und bis zum Jahr 1914 erklärten sich gnädigerweise noch weitere fünfunddreißig feine Pinkel bereit, die Spiele fürs Volk zu organisieren. Zu ihnen gehörte Coubertins Nachfolger als Präsident des Komitees, der Belgier Henri de Baillet-Latour, ein Herzog versteht sich.

Die PR-Manager der Spiele in Atlanta wollen auf die Spiele in Athen vor hundert Jahren und sogar die griechischen Spiele der Antike zurückgreifen – und wahrscheinlich wird man nach Parallelen suchen. Hoffentlich findet man keine. Die alte Olympiade war ein Wettbewerb der Oberschicht, die für den Krieg trainierte. Die Arbeit wurde von Sklaven erledigt, Frauen waren ausgeschlossen, und die Athleten kämpften manchmal bis zum Tod.[20]

Bei den antiken Spielen drehte sich alles um große, kräftige Männer, schöne Männer, heroische Männer; Coubertin griff die Botschaft auf und kämpfte darum, Frauen von seinen neuen Spielen fernzuhalten. Sein Aufruf an die Jugend der Welt war nur für männliche Ohren bestimmt.

Diese Ideologie erreichte ihren Höhepunkt in den dreißiger Jahren, als Hitlers Panzerfabriken Nachtschichten einlegten, um die Nachfrage zu decken. Der Weltkrieg stand bevor, aber 1936 amüsierte sich das IOC großartig, denn in Berlin wurden die Mitglieder festlich bewirtet und mit Geschenken überschüttet – sofern sie keine Juden waren.

Vor seiner Machtergreifung tat Hitler die Spiele als «eine Erfindung von Juden und Freimaurern» ab.[21] Was die Freimaurer betraf, lag er nicht ganz falsch. Avery Brundage war z. B. ein ranghohes Logenmitglied.[22]

Der Führer wurde weich, als er den Propagandawert der Spiele erkannte. Coubertin war kein Nazi, aber auch seine Bewegung glorifizierte den körperlich perfekten, lilienweißen Mann. Hitlers Annäherungsversuche hätten das IOC alarmieren sollen; statt dessen entwickelte sich eine innige Beziehung. Das Komitee setzte sich für den Gastgeber ein und sah weg, als die Nazis jüdische Sportler zunächst aus den Sportvereinen, dann aus der Olympia-Mannschaft ausschlossen.

«Das Komitee war über die schlechte Behandlung der Juden zutiefst beunruhigt», erklärte Lord Aberdare, einer der drei britischen IOC-Gewaltigen, «aber die Mitglieder beschlossen, sich nicht in politische und andere Kontroversen hineinziehen zu lassen».[23] Dieselben Gründe, im IOC-Originalton, würde man Jahre später wieder hören, als die Spiele an die repressiven Regierungen in Mexiko, der Sowjetunion und Südkorea vergeben wurden. Dreißig Jahre später, Anfang der sechziger Jahre, ließ sich Aberdare ohne Scheu mit zwei alten Nazis und einem Exminister Mussolinis fotografieren, die nach wie vor dem Komitee angehörten.[24]

Die Verteidiger des IOC taten ihr Bestes, um die Beziehung zwischen dem Nazismus und den Spielen in ein günstiges Licht zu rücken. Zum Beispiel wird immer wieder auf die Freundschaft zwischen dem Afroamerikaner und mehrfachen Goldmedaillengewinner Jesse Owens und dem blonden deutschen Weitspringer Lutz Long verwiesen. «Die olympische Wirklichkeit macht die totalitäre Ideologie zunichte», behauptet ein PR-Mann,[25] als wären die beiden Weltanschauungen polare Gegensätze und nicht erschreckend ähnlich.

Niemand fand es beunruhigend, daß sich die Deutschen bei ihrer Sportvorführung im Rahmen der Spiele von 1936 für das Segelfliegen entschieden, einen Sport, der bald eine Rolle bei deutschen Invasionen spielen würde.[26] Das Komitee stellte seine Spiele bedenkenlos der nationalsozialistischen Kriegsmaschine zur Verfügung und erteilte der deutschen Marine sogar eine Lizenz für die fünf Ringe. Die Gralshüter wurden mit schweren Goldketten bedacht, und die im Olympia-Jahr rekrutierten Besatzungen der U-Boote verzierten ihre Kommandotürme mit dem Symbol der fünf verflochtenen Ringe.[27] (Vgl. S. 319)

Avery Brundage hatte gegen den mutigen Widerstand jener, die er als «die jüdische Lobby» abtat, durchgesetzt, eine amerikanische Mannschaft nach Berlin zu bringen. Anschließend schrieb er, die Spiele hätten zu «internationalem Frieden und Harmonie» beigetragen.[28] Die nächste Olympiade von 1940 vergab man an Tokio, doch Japan sollte bald in das Achsenbündnis der Nazis eintreten. Der Krieg setzte dem Spiel ein Ende.

Der «Erfolg» der Berliner Spiele und der weltweite Konflikt, der darauf folgte, beseitigte den größten Rivalen des IOC. Die internationale Arbeiterbewegung, die Coubertin und seine adligen Freunde in den neunziger Jahren des vorigen Jahrhunderts erschreckt hatte, war enorm gewachsen. Die Arbeiter verachteten die «bürgerliche» Olympiade und schufen ihre eigenen, viel größeren und wahrhaft weltumspannenden Sportfeste.[29] Die Arbeiterspiele waren für alle offen – sogar für Frauen! Hier hatte die Teilnahme wirklich einen höheren Stellenwert als Siege und Rekorde.

1925, ein Jahr nach der Pariser Olympiade, nahmen 150 000 Sportbegeisterte an der ersten Arbeiterolympiade in Frankfurt teil. Sechs Jahre später kamen 100 000 Arbeiterathleten zum nächsten Fest nach Wien. Auch 1936 versammelten sie sich wieder, diesmal in Barcelona, zu den ersten antifaschistischen Spielen, aber die wurden abgesagt, als

Franco gegen die spanische Regierung ins Feld zog. Als echte Konkurrenzveranstaltung zum IOC waren die Arbeiterspiele tot. Das IOC kam 1948 zu den ersten Nachkriegsspielen nach Großbritannien. Während sich die Londoner Gastgeber ihres heldenhaften Kampfes gegen das Böse rühmen konnten, war unter den Komiteemitgliedern auch der von Hitler nominierte General Walter von Reichenau, der die Sechste Armee befehligt und 1941 in Kiew «ein gewaltiges Massaker unter den Juden» angeordnet hatte, wie ein Historiker schreibt. Er hatte Glück. Von Reichenau, ein Gralshüter des olympischen Idealismus, starb noch vor dem Kriegsverbrechertribunal.[30]

Die IOC-Mitglieder ignorierten kritische Stimmen. Mitglieder des reformierten italienischen Olympischen Komitees protestierten erfolglos dagegen, daß ihr Land durch drei Adlige vertreten wurde, die samt und sonders Mussolinis faschistischer Partei angehört hatten.[31] Sie blieben. Alle drei zusammengerechnet, betätigten sie sich siebzig Jahre lang als Hüter der olympischen Idee.

Bei der Tagung des Komitees im Jahre 1951 protestierten holländische und belgische Mitglieder gegen das Erscheinen des Deutschen Karl Ritter von Halt, der der NSDAP und der SA angehört hatte. Ähnliche Vorwürfe wurden gegen den Herzog von Mecklenburg-Schwerin erhoben. Avery Brundage, der künftige Obergralshüter, verteidigte von Halt, den er «un parfait gentleman» nannte, und IOC-Präsident Sigfrid Edström beendete die Diskussion mit den Worten: «Das sind alte Freunde, die wir heute begrüßen.»[32] Mecklenburg hielt sich bis 1950, also dreißig Jahre lang, im Komitee.

Von Halt schlug sich noch besser. Obwohl ihm die Norweger 1952 das Visum für die Einreise zu den Winterspielen in Oslo verweigerten, wurde er ins Führungsgremium des Komitees gewählt und schied 1964 nach fünfunddreißig IOC-Jahren aus. Während das übrige Europa nach dem Krieg – mit unterschiedlichem Engagement – versuchte, die alten Nazis und Faschisten loszuwerden, bot ihnen das IOC einen angenehmen Altersruhesitz.

4 | Sex in Tokio, Tod in Mexiko, und Horst macht Karrieren

Die Japaner ließen sich nicht lumpen, als es darum ging, die Olympiade 1964 an Land zu ziehen. Nach genauer Taxierung des Olympischen Komitees gaben sie den Mitgliedern alles, was sie brauchten – nämlich Mädchen: große, kleine, samt und sonders hübsch und gut durchtrainiert, als ob sie Höchstleistungen im Finale der Sex-Olympiade erbringen müßten. Die IOC-Mitglieder wurden bis zur Erschöpfung verführt. Beobachter dieses Festivals der Triebe war der in Tokio ansässige Journalist Eric Aldin, der 1958 während des Komiteebesuchs in der Stadt ein hochrangiges Mitglied interviewt hatte.[1] Auf seine Frage hin, wie denn die Chancen für Tokio stünden, die Olympiade 1964 auszurichten, wurde er gebeten, sein Tonbandgerät abzuschalten.

Tokio würde den Sieg davontragen, verriet der Funktionär – doch sei seine Aussage natürlich streng vertraulich. Dann offenbarte der Mann lachend, daß jedem der zu Besuch weilenden Moralwächter eine Begleiterin zugewiesen sei – die meisten von ihnen Sprachenstudentinnen –, die ihm jeden Wunsch von den Augen ablese. Diese Annehmlichkeit werde gerne und ausgiebig genutzt, doch stünden jenen Mitgliedern, die danach immer noch nicht genug hätten, auch gewerbliche Damen zur Verfügung.

In der Nähe des zukünftigen Stadiongeländes, so enthüllte der Mann, sei eigens für das Komitee ein Fünf-Sterne-Hotel reserviert, das einen ganz einzigartigen Service biete: elegante Prostituierte, die den Olympiern und ihren Freunden von der ausländischen Presse gratis zu Diensten seien. Aldins Recherchen bestätigten das – allerdings behauptet er, als professioneller Journalist habe er sich unter einem Vorwand wieder entfernt.

«Die waren wirklich erstklassig», erzählte er mir, «unheimlich schön, kultiviert und intelligent – keine Straßenmädchen, sondern die Crème de la crème, das Beste, was die Stadt zu bieten hatte.»

Dann ging es weiter nach Mexiko, wo das Amüsement ein abruptes Ende fand. Wenn das IOC sich überhaupt noch an Mexiko erinnert, dann an Bob Beamons sensationellen Weitsprung von 8,90 Meter, der den vorigen Weltrekord um rund sechzig Zentimeter übertraf.[2] Aber in den aufpolierten Publikationen, die das IOC in Buch- oder Zeitschriftenform massenweise verbreitet, fehlt jegliche Erwähnung des größten Massakers, das je anläßlich einer Olympiade begangen wurde.[3] An die dreihundert Studenten wurden in Mexico City erschossen, weitere zwölfhundert verletzt. Woher rührte der kollektive Gedächtnisschwund? Anders als bei den Spielen von München 1972, als elf Israelis bei einem Überfall palästinensischer Terroristen starben, waren die Mörder von Mexiko Freunde des IOC und gehörten der Regierung an.

Bei den Opfern handelte es sich um junge Männer und Frauen, die ihrer Empörung über Korruption und Unterschlagung öffentlicher Gelder für ein Spektakel Luft machten, das einzig und allein zur Imagepflege eines brutalen Schreckensregimes diente. Die Proteste hatten bereits einen Monat vor den Spielen begonnen; 10000 Soldaten stürmten das – übrigens gegenüber dem Olympiastadion gelegene – Universitätsgelände und verhafteten Professoren und Studenten, sogar manche Eltern. Und eine Woche darauf feuerte ein Sonderkommando in einem weiteren Campus Tausende von Salven ab.

Zehn Tage vor der Eröffnung der Spiele[4] kamen die Studenten zu einer friedlichen Kundgebung auf der Plaza de Tlatelolco zusammen. Als sie sich auf den Heimweg machen wollten, begann die Metzelei. «Innerhalb weniger Minuten wurde die flüchtende Menge von Maschinengewehren und Gewehrschüssen niedergemäht», berichtete ein britischer Journalist. Durch den Abwurf von Handgranaten aus einem Hubschrauber stieg die Anzahl der Toten drastisch. Mexiko City war für die Olympischen Spiele gesäubert.

«Wir haben mit den mexikanischen Behörden gesprochen», berichtete Avery Brundage, der damalige IOC-Präsident, «und uns wurde versichert, daß nichts mehr dem friedlichen Einlauf der olympischen Fackel ins Stadion im Wege steht... wie auch den folgenden Wettkämpfen nicht.»[5] Der Pressesekretär des mexikanischen Präsidenten tat das Massaker als «interne Angelegenheit der Mexikaner» ab.[6]

Die mexikanische Regierung behauptete steif und fest, es habe nur 35 Tote gegeben. General José de Jesus Clark, Mitglied im IOC-Exekutivkomitee, erklärte seinen Kollegen, in Mexiko kämen täglich mehr

Menschen bei Verkehrsunfällen ums Leben, als an jenem Abend auf dem Platz erschossen worden seien.[7] Wozu also der ganze Wirbel? Schließlich sei doch eine Machtdemonstration genau das gewesen, was das Komitee verlangt habe, oder etwa nicht? Womöglich hatte er damit vollkommen recht. «Brundage hatte den Präsidenten Diaz Ordez gewarnt: Sollte es an den olympischen Sportstätten Demonstrationen geben, würden die Spiele abgeblasen», schrieb sein Nachfolger im Präsidentenamt des IOC, Lord Killanin, in seinen Memoiren. «Die Strategie, die die Regierung auf jenem Platz verfolgte, gewährleistete, daß es dazu nicht kommen würde.»

Weder die Armee noch das IOC konnten jedoch Tommie Smith, dem sensationellen schwarzen Sprinter aus den USA, Einhalt gebieten. Er lief den Weltrekord über 200 Meter, gefolgt von dem Australier Peter Norman; die Bronzemedaille gewann ein weiterer schwarzer Amerikaner, John Carlos.

Smith und Carlos nahmen ihre hart erarbeiteten Plätze auf dem Siegertreppchen barfuß ein, als Ausdruck ihrer Solidarität mit den Millionen schwarzer Amerikaner, die in ihrer Heimat ums nackte Überleben kämpften. Während die amerikanische Nationalhymne gespielt wurde, hielten sie den Kopf geneigt und reckten die geballten Fäuste, die in schwarzen Handschuhen steckten, in die Luft. Peter Norman gesellte sich mit einer Plakette, auf der Bürgerrechte für alle gefordert wurden, zu seinen Freunden. Sowohl im IOC als auch im Olympischen Komitee der Vereinigten Staaten herrschte Entsetzen; die Sportler hatten es gewagt, Politik in die Spiele hineinzutragen! Noch ehe man sie aus dem olympischen Dorf warf, erklärte John Carlos der Presse: «19,8 Sekunden lang sind wir die größten Sportler Amerikas; danach werden wir in unserem Land wieder als Tiere betrachtet.»[8]

Die Bilder ihres friedlichen Protests gingen um die Welt – lediglich im offiziellen Olympiabericht des Nationalen Olympischen Komitees der Vereinigten Staaten wurde der Vorfall nicht einmal einer Erwähnung für wert befunden.[9] Zur Erinnerung an Mexiko wählte man das Bild eines Kindes und eines Vogels mit dem Text: «Die Friedenstaube und die vielen lachenden Kinder waren fröhliche Symbole der Olympiade in Mexiko City. In beidem spiegelte sich auch das friedliche Gesicht dieser stolzen Nation wider.»

Präsident Brundage mißbilligte den mutigen Protest als «häßliche

Demonstration einiger Neger gegen die amerikanische Flagge», der seiner Meinung nach nichts mit Sport zu tun und «in den Annalen genausowenig wie die Schüsse zu suchen» habe.[10] Die Hüter der Moral konnten zwar ehemalige Nazis tolerieren, doch junge Schwarze, die auf ihre Bürgerrechte pochten? Nun, das ging dann doch zu weit.

Den Sportlern fehlte Disziplin, und Samaranch war der richtige Mann, um sie ihnen beizubringen. Bei der IOC-Tagung in Mexiko wurde er zum Protokollchef ernannt, und den Überschwang der Schlußzeremonie betrachtete er mit Befremden. Es war «eine fröhliche, ausgelassene Veranstaltung, bei der Teilnehmer aus allen Ländern gut gelaunt und zwanglos zusammenkamen und sich amüsierten, jawohl amüsierten», berichtete ein britischer Journalist, «während die alten Männer vom IOC angesichts der allgemeinen Heiterkeit stur zu Boden blickten und ihr Mißfallen daran durch Stirnrunzeln zum Ausdruck brachten.»[11]

Samaranch setzte diesem Treiben ein Ende. Seine protokollarischen Vorschriften für die Teilnehmer der Winterspiele von Sapporo, vier Jahre darauf verfaßt, rochen stark nach dem faschistisch kontrollierten spanischen Sport: «Von allen Teilnehmern ist strikte, doch freiwillige Disziplin einzuhalten. Sämtliche Sportler sind zu einem korrekten Gang angehalten», so befahl der Mann, der in seiner Heimat noch mit ausgestrecktem Arm grüßte. «Den Athleten ist nicht gestattet, mit Taschentüchern, Fahnen, Wimpeln usw. zu winken. Es ist verboten, die Reihen im Stadion zu durchbrechen, aus welchem Grunde auch immer. Sämtliche Sportler haben bis zum Ende der Zeremonie auf ihren Plätzen zu bleiben.»[12]

Samaranchs übereifriges Engagement für vierzig Jahre Diktatur erwies sich bei Spaniens Übergang zur Demokratie nur als peinliches Hindernis. «Ich traf eine der wichtigsten Entscheidungen meines Lebens, als ich merkte, daß meine öffentliche Rolle in Spanien beendet war», erläuterte Samaranch später in seinem vielleicht einzigen ehrlichen Interview, «nicht nur in politischer Hinsicht, sondern auch gesellschaftlich».[13]

Zu diesem Zeitpunkt hatte er allerdings seine Versicherung schon in der Tasche: Obwohl ihm ein Botschafterposten in Wien angeboten wurde, verlangte er – und erhielt – seine Entsendung nach Moskau. Nur wenige verstanden, warum er so hartnäckig darauf bestand, sich in dieser tristen kommunistischen Hochburg niederzulassen.

Nachdem Brundage 1972 in den Ruhestand gegangen war, brauchte Samaranch einen neuen Gönner. Wer konnte ihn nun an die Spitze der Olympischen Bewegung bugsieren? Es war kein Sportfunktionär, nicht einmal ein IOC-Mitglied: Der Mann, der die Macht dazu besaß, beherrschte inzwischen die Sportbekleidungsmärkte der Welt. Horst Dassler, Firmenchef von Adidas, hatte nie die Muße besessen, sich um eine Mitgliedschaft im IOC zu bewerben; er war viel zu sehr damit beschäftigt, das Komitee aus vorsichtiger Distanz zu lenken.

«Sieger tragen Adidas», so verkündete der Werbespruch der Firma in Presse und Fernsehen. Wieder und wieder diese Schuhe mit den drei Streifen auf dem Siegerpodest. Seit Melbourne 1952 stand Dassler mit seiner schwarzen Geldtasche hinter den Tribünen.

Er kam, sah und lernte, und er konnte in die Zukunft blicken. Es war geradezu lächerlich, wie sehr der Sport unterbewertet wurde – er verkaufte sich schlicht zu billig. Dassler nahm die Chefs der verarmten internationalen Sportverbände aufs Korn und half ihnen bei der Schaffung neuer Wettkämpfe und Meisterschaften. Er überzeugte Sponsoren, sich an Fußball, Leichtathletik und Schwimmen anzukoppeln. Aus den Verwaltungsriegen wählte er Männer aus, die seinen Plänen positiv gesonnen waren, und setzte sie an die Spitze ihrer jeweiligen Sportverbände. Allmählich arbeitete er sich bis zu den IOC-Mitgliedern vor, unterstützte sie mit Sportartikeln für ihr jeweiliges Land und sicherte sich so ihre Loyalität.

Mit der Zeit genügte ein Wort von Dassler, um jemandem die Tür zur Mitgliedschaft im IOC zu öffnen – oder sie ein für allemal vor ihm zuzuschlagen. Die meisten der Sportbarone von seinen Gnaden sitzen, jetzt mit enormen, manchmal sogar geheimen finanziellen Polstern ausgestattet, immer noch auf ihrem Posten, völlig unbehelligt von Wahlen oder Kritik. Nach Dasslers überraschendem Tod im Jahre 1987 sind seine Erben bis heute im Besitz der lukrativen Marketingrechte für die Olympischen Spiele.

Dassler, der Große Manipulator, setzte ein Team von kleineren Manipulatoren seiner Firma ein, in olympischen Kreisen als die sportpolitische Gruppe bei Adidas bekannt, geliebt und teilweise auch gefürchtet.

«Niemand sonst besaß ein solches politisches Gespür für den Sport wie Horst Dassler. Letztlich war so gut wie jede Sportorganisation mit ihm befaßt», so erinnert sich Christian Janette.[14] «Er zog die Fäden hinter den Kulissen. Es gab Leute, die speziell für ihn arbeiteten: Bei jedem sportpolitischen Treffen waren Adidas-Vertreter anwesend.»

Janette, einer der Organisatoren der Olympischen Spiele von München, wurde seinerzeit von Dassler rekrutiert. Unwissentlich wurde er zum Bindeglied zwischen den beiden ehrgeizigsten Männern des Sports. «1974 erfuhr Samaranch, daß ich für Horst Dassler arbeitete, und erklärte mir sein Interesse, ihn kennenzulernen. Daher lud er uns nach Barcelona ein», sagte mir Janette in seiner Straßburger Wohnung. «Zu jener Zeit war er Präsident im Regionalrat von Katalonien. Wir verbrachten zwei oder drei Tage dort, und dann ging es los. Ich merkte damals schon, daß Samaranch gern Präsident werden wollte. Horst mochte ihn, und später wurden sie gute Freunde.»

Schon seit den sechziger Jahren hatte Dassler mit dem Ostblock Geschäfte gemacht. Er kannte all die Leute, auf die Samaranch von seinem Moskauer Exil aus unbedingt Einfluß nehmen wollte. Und die saßen nicht im Außenministerium; nein, die richtigen Leute waren die Funktionäre, die mit der Organisation der bevorstehenden Olympiade von 1980 betraut waren und mittlerweile den Boden unter den Füßen verloren hatten. Die meisten Moskauer Bürokraten waren angesichts der endlosen Forderungen des IOC und der Sportbarone heillos damit überfordert, ein so komplexes internationales Ereignis wie die Olympischen Spiele auf die Beine zu stellen.

Da fügte es sich gut, daß Samaranch, eines der ranghöchsten Komiteemitglieder, in der Stadt weilte und seine Hilfe anbot. Und er bekam Rückendeckung von Dassler. «Er half den Russen mit Sponsorenverträgen und trug damit erheblich zum Erfolg der Spiele bei», erklärt Janette. «Die Russen wußten, wie sehr er sich für sie eingesetzt hatte, und sie haben es ihm nie vergessen.»

Während Samaranch und Dassler den Russen halfen, in die Gänge zu kommen, räumten die Russen ihrerseits für die Olympiade in Moskau gründlich auf. Die Hauptstadt wurde von all jenen gesäubert, die die bevorstehende Demonstration sowjetischer Harmonie stören könnten. Führende Dissidenten wie Anatoli Schtscharanski und Alexander Ginsburg mußten sich gar Schauprozessen unterwerfen.

Gesundheitliche Gründe zwangen den Nachfolger von Avery Brundage, den Anglo-Iren Lord Killanin, ein Mitglied des britischen Hochadels, nach nur achtjähriger Amtszeit zum Rücktritt. In Moskau sollte nun ein neuer IOC-Präsident gewählt werden. Samaranch begann,

seine Claims abzustecken. Dabei spielte wiederum Dassler eine entscheidende Rolle: Er konnte aus allen Sektionen der Bewegung Stimmen zusammentragen: aus dem Ostblock, Lateinamerika und aus Süd-
ostasien – und das tat er auch. Am Vorabend der Moskauer Spiele
wurde Samaranch im ersten Wahlgang gewählt.

Der neue Olympia-Präsident war «ein Mann, wie er aus einem leeren
Taxi auftauchen könnte», berichtete die Londoner *Times*, «ein Mann,
der das Franco-Regime überlebt und erster Botschafter in der Sowjetunion wird, muß eine ganz außergewöhnliche geistige Flexibilität besitzen. Er ist ehrgeizig, und er stellt weiterhin für alle Menschen alles
dar.» [15]

Was nicht so ganz stimmte. Als in Spanien 1977 die Pressezensur
aufgehoben wurde, brachte eine katalanische Zeitschrift [16] eine Kurz-
biografie des ehemaligen Jungführers. Auch hier beschrieb man ihn als
«Chamäleon», doch wurde hinzugefügt: «...auch wenn er seine Ver-
wandlungen geschickterweise in langsamen Schritten vollzogen hat, so
ist es ihm doch nicht gelungen, die Öffentlichkeit zu täuschen.» Dies
mochte vielleicht für Barcelona gelten, doch die übrige olympische
Welt hat Samaranch gehörig hinters Licht geführt. [17]

Christian Janette verfolgte aufmerksam, wie sich die Partnerschaft
zwischen dem eben ernannten Obersten Gralshüter und dem Großen
Manipulator entwickelte. «Ich glaube, nach seiner Wahl zum Präsidenten hat Samaranch keinen Schritt mehr unternommen, ohne Horst
Dassler um Rat zu fragen», mutmaßt Janette. «Vermutlich wollte er
das IOC auf dieselbe Weise führen wie Horst Dassler Adidas.»

Im folgenden Jahrzehnt hatte es allerdings häufig den Anschein, als
führe Adidas das IOC.

5 | Hereinspaziert und mitgemacht, Ideale zu verkaufen – TOP-Deal in Lausanne 1985

Immer hereinspaziert, die Herrschaften! Willkommen beim internationalen Olympia-Basar! Hier gibt es Schokoriegel, eigenhändig von Coubertin geweiht! Junk food mit Moral! Aufgepaßt und mitgemacht, im Olympia-Basar gibt's alles für jeden Bedarf! Holen Sie sich bei den Geldleihern ein mit fünf Ringen geschmücktes Stück Plastik und füllen Sie Ihre Einkaufskörbe!

Samaranch erklärt die Unabhängigkeit der Olympischen Bewegung und gibt gleichzeitig so gut wie jeder Ware, die eine Provision verspricht, seinen Segen. Hochprozentiger Schnaps, koffeinhaltige Zuckerlimonade (von der Doping-Polizei verboten), steroidfreies Rindfleisch (von den Sportlern verschmäht), Yuppie-Telefone, todschicke Uhren, Freizeitkleidung – und für drunter passende BHs und Slips –, Computer, Fernsehgeräte, sogar Spazierstöcke für die Gebrechlichen; von allem gibt es in Hülle und Fülle – es ist einfach atemberaubend![1]

Versuchen Sie nur zu entkommen – es wird Ihnen nicht gelingen! Schalten Sie mal Ihren Fernseher ein – auf sämtlichen amerikanischen Sendern läuft Olympia-*Wheel-of-fortune* und Olympia-*Jeopardy*. Sie wollen alles hinter sich lassen? Auch das gelingt Ihnen mit einem Fünf-Ringe-Produkt. Setzen Sie die alleinseligmachende Sonnenbrille auf, trinken Sie ein gesegnetes Bier, schlucken Sie die einzig sanktionierte Schmerztablette.

Das taugt alles nichts? Sie wollen ganz weg? Dann nehmen Sie die olympische Straße nach draußen; betanken Sie Ihren «offiziellen Privatwagen oder Laster der Olympiade 1996» mit Sponsorenbenzin – aber beeilen Sie sich, noch sind einige «Sonderanfertigungen» von Buick auf dem Markt! Sind Sie gut bei Kasse? Dann legen Sie sich doch einen BMW zu, «das offizielle Olympia-Auto aus Deutschland».

Was, den Schlitten können Sie sich nicht leisten? Dann steigen Sie doch in die mit olympischen Weihen ausgestattete U-Bahn zum Flughafen, buchen Sie beim offiziell genehmigten Reisebüro, fliegen Sie mit der empfohlenen Fluglinie und versichern Sie die Reise bei den ratifizierten Versicherungsmaklern. Sollten Sie keinen Sport mögen, so können Sie zwar die Spiele umgehen, dem weltweiten Olympia-Basar aber entkommen Sie nicht.

Das alles war die Erfindung eines Schuhfabrikanten aus Bayern, des Großen Manipulators, des Drahtziehers hinter den Ringen, Horst Dassler von Adidas. Und es ging alles so schnell und reibungslos, daß es schon seit Jahren geplant gewesen sein muß. Dassler hatte den neuen olympischen Präsidenten fabriziert, und nun war es an der Zeit, daß seine Investition sich auszahlte. In dem Jahr, als Samaranch zum Herrn und Meister der Ringe auserkoren wurde, verfaßte Dassler einen Artikel für das IOC-Journal. Da war er, der neue weise Mann der Olympiade, und Coubertin war endgültig tot und begraben, als der Supermacher die neuen Regeln festlegte. Der heilige olympische Glaubenssatz vom gesunden Geist im gesunden Körper gehöre über Bord geworfen, verkündete Dassler. Seine Empfehlung? «Ein Spatz in der Hand ist besser als die Taube auf dem Dach.»

Wie um alles in der Welt war das nur zu verstehen? Ganz einfach: Die Olympischen Spiele sollten meistbietend versteigert werden. Was das Komitee betraf, so sollte es «eine aus Vertretern des Sports und der Wirtschaft zusammengesetzte Institution»[2] werden. So erstaunlich es klingen mag – die Gralshüter hatten nichts dagegen einzuwenden, daß er die Spiele zur Ware machte. Warum auch? Es war ja genug für alle da. In der Tat so viel, daß es keine Rolle spielte, daß Dassler, inzwischen der größte Prozentemacher, von dem Basar Millionen für seine neue Marketingfirma mit Sitz in der Schweiz abzweigte. Schließlich leitete er ja die Auktion – und strich dafür eine satte Kommission ein.

Das Produkt war perfekt. Die Olympischen Ringe, bei Milliarden von Menschen ein Begriff, symbolisierten eine zwar etwas schwer faßbare, doch im Prinzip durchaus ehrenwerte Veranstaltung. Und war der Rest der Welt noch so kaputt, die Spiele standen für das Gute, sie waren moralisch und gaben einem alle vier Jahre das Gefühl geistiger Erneuerung. Potentielle Kunden vertrauten darauf; und das verlieh den Ringen einen Wert, als könne man sie auf die Bank bringen. Dassler sah das ganz große Geld auf sich zukommen: Er brauchte nur die Weltrechte an eine Handvoll der größten Mitspieler zu verkaufen – Coca-Cola, Visa, Kodak, Panasonic und Konsorten. Jeder große Konzern konnte mit einem dicken Scheck zugunsten der Schweizer Bankkonten von Dassler und Samaranch einen erklecklichen Anteil an den Spielen erwerben. Damit war auch der ganze Idealismus zum Handelsartikel verkommen.

Und die Profite konnten sich sehen lassen. Stuart F. Cross, Vizepräsident für Konzernmarketing und Direktor für internationale Sportbeziehungen bei Coca-Cola, erklärt es so: «Die Stärke des Markenzeichens Coca-Cola, verknüpft mit der Kraft des Olympia-Images, stellt eine Verbindung voller Dynamik dar.» Unterm Strich bedeutet das: «Das allgemeine Interesse an der Olympiade und die entsprechenden Zuschauerzahlen erlauben es uns, diese schlagkräftigen Markenbezeichnungen in Produktverkaufszahlen umzusetzen», schnurrt Cross.[3]

Samaranch beeilte sich, den Weg in die neue Welt der Olympischen Spiele zu weisen. Als Daimler-Benz dreißig Mercedes-Karossen zum exklusiven Gebrauch der IOC-Bosse stiftete, gurgelte er: «Partner wie Daimler-Benz tragen eine Menge zur Umsetzung der Ziele und Ideale der Olympischen Bewegung in der ganzen Welt bei.» Und noch ehe ihn jemand um einen Beweis für diese These bitten konnte, setzte Samaranch noch eins drauf: «Gemeinsam bilden die Olympischen Ringe und der Mercedesstern eine unschlagbare Verbindung.»[4]

Zu welchem Zweck? Und was hatte diese «unschlagbare Verbindung» den Sportlern zu bieten? Die Partner forderten hohe Zuschauerzahlen für ihre Werbung. Wahrhaft aufregender Sport bedeutet neue Rekorde, und neue Rekorde bedeuten Doping als Schmiermittel. Ach, und dieses unzeitgemäße Verbot für Profisportler mußte auch endlich verschwinden. Es war höchste Zeit für ein weiteres Treffen.

Im Herbst 1981, ein Jahr nach Samaranchs Amtsantritt, wurden bei einem Kongreß der olympischen Familie – wie er sie zu bezeichnen beliebt – im deutschen Kurort Baden-Baden die Verträge abgeschlossen. Man traf sich im Kasino und wohnte in Brenners Parkhotel, «sicherlich eines der entzückendsten klassischen Hotels Europas», wie sich IOC-Mitglied Dick Pound erinnerte.[5] Die Delegierten kamen angeflogen, allerdings nicht, um die Zukunft des Amateursports zu diskutieren, sondern um die Entscheidungen ihres großen Vorsitzenden abzusegnen.

Der Kongreß war geknebelt, den Mitgliedern des Exekutivkomitees wurde verboten, ihre persönliche Meinung auszusprechen. Wie würde das Komitee abstimmen? Für die Mitglieder war schon gesorgt: Erstmals wurden ihre Spesen aus IOC-Mitteln bezahlt, und ihnen winkte ein paradiesisches Leben, wenn sie das olympische Erstgeburtsrecht erst verhökert hatten. Die Entscheidung war leicht: Die Olympische Charta wurde zur Charta der Promoter.

Manch einer befürchtete, daß die Zulassung von Profisportlern den Geist der Spiele zunichte machen würde. Samaranch versprach: «Ich möchte ganz deutlich machen, daß die Teilnahme von erklärten Profis unerwünscht ist.» Doch er hatte ihnen bereits Tür und Tor geöffnet, und an jeder weiteren Olympiade nahmen mehr Profisportler teil. Die Sponsoren brauchten eine ständig höhere Dosis an Rekorden.

Es war ein Kinderspiel, das Komitee, welches ja Besitzer der Spiele ist, und die Sportbarone, die die Regeln für die Sportler festlegen, zu kaufen. Damit blieben nur noch unbedeutende Außenposten rund um die Erde übrig, mit denen es fertigzuwerden galt – die Nationalen Olympischen Komitees nämlich, die die Teilnehmer stellen. Davon gibt es in jedem Lande eines, von der kleinen British Olympic Association angefangen über das mächtige USOC bis hin zum wohlhabenden CONI in Italien. So groß ihre Macht im eigenen Land sein mag, so gering ist ihr Einfluß im IOC. Sie haben nur eine Funktion zu erfüllen: Athleten zu liefern. Sie kleiden sie hübsch ein in die Uniform eines Sponsors – nicht selten Adidas – und statten sie bei den Spielen vor laufender Kamera mit mustergültigen Freizeitartikeln aus.

Sie sagten ja und amen zu Dasslers großem Geschäft, und viele taten es deshalb, weil Mario Raña auch dafür war. Inzwischen gehört Mario selbst dem Komitee an, doch war eine zehnjährige Offensive vonnöten, um beim IOC die Tür einzutreten. Mario Vazquez Raña, seines Zeichens Millionär, womöglich sogar Milliardär, mexikanischer Presse- und Fernsehmogul, außerdem erklärter Freund des olympischen Fußvolks – niemand kann je erklären, warum er beim IOC so unbeliebt ist, aber viele Mitglieder fühlen sich durch ihn, nun ja, etwas aus der Ruhe gebracht. Es heißt, Mario stehe Ablehnung oder gar Angriffen gleichgültig gegenüber, solange nur im selben Atemzug erwähnt werde, wie reich und daher einflußreich er sei.

Mario ist so freundlich und erstattet allen, die sich sonst eine Teilnahme an seinen Treffen nicht leisten können, die Reisekosten, damit sie für die Ausweitung seines – wie er es nennt – Mandats stimmen. Kaum jemand kann sich erinnern, wie lange er schon Präsident der wirklich vollkommen unwichtigen Vereinigung der Nationalen Olympischen Komitees ist. Dieser Dachverband ist das verkörperte olympische Vakuum; er hat keinerlei Befugnisse, keine Ziele und – außer dem, was Mario in den Topf wirft – auch kein Geld. Daher hat auch kein Mensch außerhalb der olympischen Quasselgremien je davon gehört. Aber er verschafft Mario einen tollen Titel und den nassauernden Olympiafunktionären weitere Reisen und Tagungen.

Aber Mario kann auch organisieren: Dassler wußte, daß er das Fußvolk auf Linie bringen würde. Viele hatten in ihren Heimatländern Finanzierungsprogramme aufgezogen und verkauften die Ringe an einheimische Firmen. Das mißfiel den großen Mitspielern – den sogenannten Partnern – doch sehr. Sie verlangten die weltweiten Exklusivrechte für ihre jeweilige Produktsorte. Coca-Cola weigerte sich, voll zu zahlen, solange Pepsi einzelne Länderteams sponserte. Visa wollte nicht mehr mitspielen, wenn American Express auch mit von der Partie war. Die kleinen Komitees durften zwar zu Hause die Ringe weiterhin verkaufen, aber nur, wenn ihre Kundschaft keine Konkurrenz zu den ganz Großen darstellte. Im Gegenzug bekamen sie ein Stück von der weltweiten Beute ab. Das war die Botschaft, mit der Dasslers Hausierer sich auf den Weg machten. Und wer ging mit? Mario Vazquez Raña.

Erstes Ziel waren die lateinamerikanischen Olympiakomitees. Nachdem Mario ein Wörtchen mit ihnen geredet hatte, unterschrieben sie brav. Großbritannien, die USA, Deutschland und Japan zu überzeugen dauerte etwas länger. Außerdem holten diese Länder Sonderkonditionen heraus, die Dasslers Profite in den ersten Jahren doch etwas schmälerten.

Um sie zu kaufen, fehlte es ihm am nötigen Kapital, und so ging er insgeheim eine Partnerschaft mit Dentsu ein, der größten Werbeagentur der Welt. Dentsu ist in Japan der Marktführer, und viele Zeitungen, Zeitschriften und Fernsehsender üben lieber Selbstzensur, als Beiträge zu bringen, die den Interessen von Dentsu zuwiderlaufen. Diesen japanischen Partner gelüstete es nach einem Anteil am weltweiten Sportmarkt, und sie bezahlten gut für 49 Prozent der Aktien an Dasslers in Luzern ansässiger Firma International Sport and Leisure. Was hatte Dassler aber Dentsu im Gegenzug zu bieten? Seine intimen Beziehungen zur Olympischen Bewegung.

Sie nannten ihr Marketingprogramm großspurig TOP – The Olympic Programme. Nun war Dassler der oberste Boß im Sportmarketing.

Er hatte bereits die Rechte an der Fußballweltmeisterschaft an Land gezogen – beziehungsweise deren brasilianischen Haupteigner João Havelange, ebenfalls IOC-Mitglied – und stand kurz vor dem Kauf der internationalen Leichtathletik – sprich deren Hüter Primo Nebiolo.

Dasslers Konkurrenten, die nie eine Chance bekommen hatten, sich im Rennen um die olympische Goldgrube zu beteiligen, fühlten sich düpiert. Er jedoch wiegelte alle Bedenken ab: «Was ich mache, ist das Beste für die Olympische Bewegung», sagte er. «Ich stecke in keinem Interessenkonflikt, welcher Art auch immer.»

Im Mai 1985 unterzeichneten Samaranch und Dassler den TOP-Deal in Lausanne. Dem IOC eröffneten sie ihre Entscheidung einen Monat später bei einer Tagung in Berlin. Einige Mitglieder waren nicht glücklich damit, und sie bemängelten, daß sie den Vertrag – der Dassler zwanzig Prozent aus sämtlichen Rechten auf die Ringe zusicherte – nicht vor seiner Unterzeichnung zu Gesicht bekommen hatten. Warum hatte diese Firma, von der sie noch nie etwas gehört hatten, in ihrem Komitee so großen Einfluß? Und worum handelte es sich bei der ISL, wer war ihr Besitzer? Das sei geheim, wurde ihnen beschieden. Nur wenige hatten Einwände, die Mehrheit nahm den Vertrag an.

Doch bald schon sollten sie einige Forderungen ihrer anspruchsvollen neuen Bettgenossen kennenlernen. Dassler rief einen speziellen VIP-Service für TOP-Sponsoren ins Leben, der den Sponsoren Privilegien zuteilte, die zuvor ausschließlich IOC-Mitgliedern vorbehalten gewesen waren. Zur Olympiade 1988 fand die erste große Marketingkampagne statt, als die Sponsoren zu den Wettbewerben 6300 Gäste nach Calgary einluden und weitere 10000 nach Seoul. Die Geldgeber tummelten sich nicht länger vor den Toren; nun saßen sie auf den besten Plätzen.

Wer würde über das Geld bestimmen? Das Komitee hatte bereits einen kleinen Ableger, die Kommission für die olympische Solidarität, die einen Teil der Einkünfte aus olympischen Fernsehrechten und Eintrittsgeldern verteilte. Samaranch übernahm die Leitung und ernannte Mario Vazquez Raña zu seinem Stellvertreter. Dadurch war die Verteilung der Gelder auf wunderbare Weise abgekartet. Sie kungelten untereinander aus, welche der kleinen Komitees in Marios Club eine milde Gabe für das Training der Sportler, für Trainer und für Sportanlagen in ihren Heimatländern erhalten sollten. Seit Mitte der achtziger Jahre hat das Duo rund 100 Millionen Dollar auf diese Weise verteilt.

Als Direktor der Solidarität beauftragte Samaranch einen verläßlichen alten Freund aus Franco-Zeiten, der sich im IOC-Hauptquartier in Lausanne um die Zahlen kümmern sollte. Interessanterweise bekleidet Señor Anselmo Lopez noch ein zweites Amt: Er ist gleichzeitig Schatzmeister von Marios Club der Kleinen. Jetzt wissen Sie, was es heißt, wenn alles in der olympischen Familie bleibt; es gibt also keinerlei Interessenkonflikte – nur die heilige Einigkeit bei allem, was man tut.

Eine der größten Legenden des IOC lautet, Samaranch habe das Komitee vor dem drohenden Bankrott bewahrt. Dick Pound, der die Machenschaften des Komitees zur Aneignung von Steuergeldern überwacht, erklärte 1992: «Vor weniger als zehn Jahren konnte man noch getrost behaupten, das IOC lebe von der Hand in den Mund und habe keine größeren Rücklagen vorzuweisen.»[6] Gewieft, dieser Dick! Vielleicht hat er es auch nur vergessen. Samaranchs Vorgänger, Lord Killanin, weiß in seinen Memoiren ganz anderes zu berichten. Als er 1972 Brundages Nachfolge antrat, hatte das Komitee zwei Millionen Dollar auf der Bank. Bei seinem Rücktritt acht Jahre später waren es schon 45 Millionen.[7]

Bald besaß das IOC mehr Geld, als es ausgeben konnte. Reisen, Galaveranstaltungen und Prominentenessen ließen sich allein aus den Zinsen bestreiten – und dennoch war noch immer viel Bargeld im Umlauf. In welcher Höhe? Der Japaner Masaji Kiyokawa hielt seine IOC-Kollegen an, Stillschweigen über ihren Überschuß von 75 Millionen Dollar zu wahren.[8] Doch allmählich breitete sich bei den Kleinen Mißtrauen aus. Sie rackerten sich ab, um ihre Sportler für die einträglichen Spiele auszurüsten. Schwamm denn das IOC jetzt nicht förmlich in Geld, konnte es ihnen nicht etwas mehr unter die Arme greifen? Das große Komitee sah Ärger auf sich zukommen. Insgeheim stempelte es die kleinen Komitees als «geldgierig» ab und beschloß einen Nachrichtenstopp bezüglich seiner Geldberge in der Schweiz.

Anfang der neunziger Jahre verfügte das IOC über rund 150 Millionen Dollar, und da etliche Dienstleistungen entweder von Sponsoren oder von Lokal- oder Regionalbehörden in der Schweiz bereitgestellt werden, müßten seine laufenden Kosten eigentlich sinken. Statt dessen steigen sie Jahr für Jahr. Und was wirklich mit ihren Gewinnen aus den einzelnen Spielen geschieht, ist ein Geheimnis der Olympier. Wenn sie nichts zu verbergen hätten, würden sie doch gerne Einblick in ihre Bücher gewähren und ihre Kontoauszüge, Quittungen und Bewirtungsbelege offenlegen. Unter dem derzeitigen Regime ist das jedoch undenkbar.

6 | Das Leben ist hart

Sollte sich eines Tages das IOC mit seinen überbezahlten, aber unterbeschäftigten Apparatschiks – puff! – einfach in Luft auflösen, wir würden es gar nicht merken. Sind sie es doch, die bei der Olympiade am meisten nehmen und am wenigsten geben. Einmal alle paar Jahre treten sie zusammen, um eine Stadt zur Durchführung der Spiele auszuwählen. Danach – nichts mehr. Die eigentliche Arbeit machen die Organisatoren in Atlanta, und fortgesetzt wird sie in Nagano, Sydney und Salt Lake City. Um die Lücken in ihren Terminkalendern zu füllen, fliegen sie erster Klasse von einer unterwürfigen Bewerberstadt zur nächsten. Sie tischen gratis gewaltige Gelage auf und verschenken Reisen oder andere Aufmerksamkeiten. Manche Angehörige der olympischen Familie nutzen ihre Position zum Geschäftemachen aus, lassen sich bestechen oder tauschen Stimmen gegen Sex.

Die Bewerberstädte katzbuckeln auf jede nur erdenkliche Art, um die Mehrheit des Komitees für sich zu gewinnen. Rund fünfzig Stimmen brauchen sie, um Weltruhm für ihre Stadt zu erlangen. Weil niemand es wagt, die IOC-Mitglieder vor den Kopf zu stoßen, werden sie als große Götter des Olymp gefeiert, als Hüter der moralischen Werte im Sport und – wie es die Olympische Charta vorschreibt – als Verteidiger universeller und fundamentaler ethischer Prinzipien. Ihr Echo finden diese Chorgesänge bei Sponsoren, Freunden bei der Presse und weniger bedeutenden Olympiafunktionären auf der ganzen Welt.

Bei meinen Recherchen zur Olympischen Bewegung fiel mir auf, daß viele von ihnen selbst kein Wort von dem glauben, was sie sagen. «Bitte zitieren Sie mich nicht, aber...» war der stets wiederkehrende Refrain bei Funktionären, die sich einerseits wünschten, daß die Wahrheit ans Licht käme, andererseits aber um ihren Posten fürchteten. Einer, der kein Blatt vor den Mund nahm, war David Pickup, Generaldirektor des Britischen Sportrates. Er tat öffentlich seine Meinung über das IOC kund: «Die genießen traditionsgemäß dasselbe Privileg wie Prostituierte – Machtausübung ohne Verantwortung.»[1] So unhöflich und grob seine Aussage war – sie trifft voll ins Schwarze.

Die internationale Olympische Bewegung ist so angelegt, daß alle Autorität in den Händen des Komitees liegt. Die über hundert Mitglieder sind weder den Sportlern, den Sportverbänden noch den Fans, noch den Nationalen Olympischen Komitees in aller Welt rechenschaftspflichtig. Weil sie nicht von ihren Heimatländern delegiert werden, können sie auch nicht für ihre willkürlichen Entscheidungen zur Verantwortung gezogen werden, und zwar nirgends. Um sich örtlichen Flakgewittern zu entziehen, beharren sie auf ihrem Status als Abgesandte des IOC in ihrem eigenen Land.

Einer der Mythen des IOC ist es, es rekrutiere nur die Besten und die Klügsten aus der internationalen Welt des Sports. In Wahrheit sucht sich Samaranch solche neuen Mitglieder, die ihm keinen Ärger machen. Er nominiert sie, und das Komitee stimmt blind zu. Die Mitglieder des Exekutivkomitees verkneifen sich jeden Widerspruch. Manche haben Ambitionen, seine Nachfolge anzutreten; sie fürchten, wenn sie sich querlegen, könnten sie an den Rand gedrängt werden und ihre Unterstützung verlieren.

Und worüber reden sie bei ihren jährlichen Zusammenkünften? Das dürfen wir nicht erfahren. Alle IOC-Tagungen finden unter Ausschluß der Öffentlichkeit statt, danach folgt eine nichtssagende Pressekonferenz, bei der alle entscheidenden Fragen abgeblockt werden. Wir dürfen nicht an der Debatte über die Zukunft unserer Spiele teilhaben. Sie treffen die Entscheidungen, und die Athleten und die Fans erfahren sie dann aus der Zeitung.

Und was heißt eigentlich olympische Familie? Es sind die Familien der IOC-Mitglieder! Manche Sitze im Komitee sind erblich; so hockte zum Beispiel die amerikanische Familie Garland 46 Jahre ununterbrochen auf dem begehrten Stuhl, noch übertroffen von der spanischen Güell-Dynastie mit 63 Jahren. Die Grimaldis aus Monaco gehören dem Komitee schon seit drei Generationen an, bis zum heutigen Fürsten Albert. Wenn er eines Tages zurücktritt, wird die Familie seit 130 Jahren vertreten gewesen sein. Der Peruaner Eduardo Dibos reichte nach vierzig geschlagenen Jahren seinen Stuhl an der Bankettafel an seinen Sohn Ivan weiter, der genauso an sämtlichen Ausschweifungen teilnimmt und jede sich bietende Gelegenheit zum Geschäftemachen nutzt.

Noch neu im Kreise der Erlauchten ist die Herrscherdynastie Al-Sabah aus Kuwait. Nach dem Tod von Scheich Fahd, der während der Invasion durch die Irakis 1990 ums Leben kam – Saddam Husseins Sohn Uday ist übrigens Präsident des irakischen Olympischen Komitees –, trat sein Sohn Ahmad die Nachfolge an. Ferner hält Prinz Faisal Fahd Abdul Aziz aus der saudischen Herrscherfamilie die Quote der Adligen hoch, deren Anwesenheit bei Komiteeveranstaltungen, nun, sagen wir, zumindest unausgeglichen ist.

Doch sogar beim IOC hat die Vetternwirtschaft ihre Grenzen. Während seine Wahl zum nächsten Präsidenten noch in der Schwebe hing, verleugnete Avery Brundage die Existenz seiner beiden Söhne, die ihm seine heimliche Geliebte Anfang der fünfziger Jahre geboren hatte.[2] Mit Sicherheit hätte das Eingeständnis, zwei außereheliche Kinder zu haben, seine Wahl zum Obersten Moralhüter torpediert.

Die olympische Familie ist eine Domäne der Männer. Bis 1981, als Dassler und Samaranch um Sponsoren und deren weibliche Kundschaft buhlen gingen, waren Frauen ausgeschlossen. Nun fand man plötzlich zwei Exemplare geeignet.

Eine typische IOC-Frau mit anstrengendem Beruf, in dem sie sich behaupten muß, und eigenem Palast, den sie sauberhalten muß, ist die Marquise de Marino, Prinzessin Nora von Liechtenstein. Sie ist ein hervorragendes Beispiel für die harten Regeln bei der Auswahl – vor ihr saß ihr Vater, Prinzregent Franz-Joseph, im Komitee. Nun verlangen die Statuten des IOC allerdings von seinen Mitgliedern, im jeweiligen Heimatland ansässig zu sein. Das jedoch ist bei ihr nicht der Fall. Die olympischen Interessen von Liechtenstein werden, durch mehrere Bergketten und zwei Länder getrennt, in einem Madrider Vorort vertreten.

Nach wie vor gehört sie zu einer seltenen Spezies im Komitee. Seit der Ernennung von zwei Frauen vor 15 Jahren hat Samaranch weitere 76 Männer, doch nur sechs Frauen ins IOC berufen. In Atlanta werden 99 IOC-Männer erwartet – und nur sieben Frauen. Und wer ist schuld daran? Die wohlhabende Flor Isava Fonseca aus Venezuela erklärt es so: «Seit meiner Wahl im Jahr 1981 wurden nur sieben Frauen ins IOC berufen», sagt sie, «trotz der bekannten Bemühungen von Präsident Samaranch, Frauen in den Sportverbänden für das Amt zu begeistern.»[3]

Trotz der großen Veränderungen in der Welt haben die alten Apparatschiks aus dem Osten überlebt; der Rumäne Alexandru Siperco und Schagdarjaw Magwan aus der Mongolei werden bestimmt noch zur Jahrtausendwende im IOC sitzen. Samaranch hat den russischen Präsidenten Boris Jelzin förmlich angebettelt, um den altgedienten Genossen Witali Smirnow behalten zu dürfen. Der gerissene Moskowiter, ein getreuer Verbündeter des alten Blauhemds aus den frühen siebziger Jahren, hat sich der neuen politischen Ordnung gut angepaßt, indem er der Firma Adidas, als deren Stern im Sinken begriffen war, den Laufpaß gab und den Verlockungen von Reebok erlag.[4] Nur zwei der alten kommunistischen Funktionäre sind fort, das heißt, sie mußten Platz für Samaranchs Kandidaten schaffen.

Am seidenen Faden hängen die sportlichen Geschicke des Ivan Slavkov. Einen Tag stellt ihn die neue bulgarische Regierung unter Hausarrest, am nächsten Tag darf er wieder zu irgendeinem IOC-Kongreß reisen. Ihm wird die Unterschlagung von Olympiageldern sowie illegaler Waffenhandel zur Last gelegt. Letzteres wurde mir von einem Olympiafunktionär bestätigt, der Slavkovs Angebot einer Partie Uzi-Maschinenpistolen ablehnte.

Außerdem gibt es noch die innigen Freundschaften mit den Partnerfirmen: Charles Mukora aus Kenia und Jean-Claude Killy aus Frankreich sind in ihrer Heimat jeweils Chef von Coca-Cola. Weitere Mitglieder, die bei Konzernen auf der Gehaltsliste stehen, sind Richard Carrion aus Puerto Rico, Direktor von Visa International in Lateinamerika, und der Israeli Alex Gilady, Vizepräsident der Abteilung Sport bei NBC, der heute noch aktiv an den Vertragsverhandlungen der Fernsehgesellschaft mit dem IOC teilnimmt.

Ein leiser Hoffnungsschimmer schleicht sich ein durch die Ernennung des ukrainischen Sprinters Waleri Borsow, der in München zweimal Gold holte. Das IOC wartete nur 22 Jahre mit seiner Ernennung. Das ist vergleichsweise zügig, wenn man bedenkt, daß der Holländer Anton Geesink schon 1964 in Tokio die Welt des Sports überraschte, als er ausgerechnet den Japanern die Medaille im offenen Judo abrang — und dann 23 Jahre auf seine Qualifizierung für das Komitee warten mußte.

Wie alt und abgeschlafft sie auch sein mögen, die IOC-Mitglieder spielen immer noch olympische Spielchen. Aus ihrer Sicht kassieren sie immer Gold. Eine wesentliche Stütze von Samaranchs Strategie ist eine Anzahl von 20 Kommissionen, eigens zu dem Zweck eingerichtet, die Mitglieder zu beschäftigen.

Samaranch ernennt die Vorsitzenden, keiner von ihnen widerspricht ihm je, und dann wirft er ihre Berichte in den Papierkorb. Für jeden gibt es etwas, je nach Begabung: eine Kommission für Finanzen (die zählt die Millionen), für Presse und Fernsehen (um die Berichterstattung in den Medien zu manipulieren), für Kultur und für olympische Solidarität, für die Verwaltung der olympischen Museen, für Umweltfragen. Eine befaßt sich ausschließlich mit dem Thema Coubertin, und eine schließlich sammelt Briefmarken.

Eine der beliebtesten Einrichtungen trägt den längsten Namen im Verzeichnis des Komitees und bietet Ferien in der Sommersonne mit gleichzeitiger Manipulation von Kopf und Körper leicht zu beeinflussender junger Leute. Sie nennt sich Kommission für die Internationale olympische Akademie und olympische Bildung. Sie verschickt ihre Studenten nach Griechenland, um etwas über Coubertin, den Olympismus und die heilige Einigkeit zu lernen. Das Budget dafür wird aus Mitteln abgezweigt, von denen eigentlich Sportbekleidung für den barfüßigen Nachwuchs in den Entwicklungsländern angeschafft werden sollte.

Wo bleibt bei alledem eigentlich noch Zeit für den Sport? Der steht in Lausanne ganz unten auf der Prioritätenliste. Samaranch hat eine Athletenkommission eingesetzt und behauptet, ihre Vorschläge schlügen zu Buche, ihr Rat wird jedoch oft überhört, vor allem ihre beständige Forderung, bei Doping ein lebenslängliches Teilnahmeverbot auszusprechen. Der Präsident will im Gegenteil die Strafe von vier auf zwei Jahre herabsetzen. Die Athleten haben kein Mitspracherecht im Olympischen Komitee und keine Macht in ihrem Sport.

Vollends zur Farce wird die Tätigkeit des IOC durch den Olympischen Orden. Früher einmal las sich die Liste der damit Ausgezeichneten wie ein Olympia-Finale; da gab es Gold und Silber. Verliehen wurde in der Reihenfolge ihrer Wichtigkeit: Gold an Olympia-Vorsitzende im Ruhestand, Silber an Bonzen aus den Sportverbänden und Bronze an Athleten und kleine, emsige (und vermutlich ehrenamtliche) Sportfunktionäre. Für die Stars, die die eigentliche Arbeit machten – und von den Sportfans heiß geliebt wurden – fiel am wenigsten ab.

Al Oerter, der zwischen 1956 und 1968 bei den Spielen viermal in Folge die Goldmedaille im Diskuswerfen gewann, wurde mit Bronze abgespeist. Den unübertrefflichen Jesse Owens fertigte man mit Silber ab. Der natürlich weit wichtigere Mario Vazquez Raña besitzt den Orden in Silber und Gold; sein Bruder Olegario, führende Gestalt bei der Internationalen Schützenunion und inzwischen selbst im IOC, hat auch schon einen.

Samaranch verleiht einfach jedem eine Medaille, mit dem er Geschäfte machen will – oder dem er Zucker in den Hintern blasen will. Eine andere Logik läßt sich hinter seinen Entscheidungen nicht erkennen. Die Listen seiner Ordensträger lesen sich wie ein Geflecht aus Geschäftsbeziehungen, Schmiergeldern und gelegentlich einmal der Anerkennung eines guten Menschen.

Gold erhielten zum Beispiel der spanische König Juan Carlos (im Austausch gegen den begehrten Marqués-Titel?), der malaysische König (unerklärlich), die indische Premierministerin Indira Gandhi (als einflußreiche Politikerin der Dritten Welt), der Papst (seines großen Gefolges wegen), Boris Jelzin (um Unterstützung für Witali Smirnow zu erhalten), der ehemalige DDR-Staatschef Erich Honecker (ein Despotenkollege), der rumänische Tyrann Nicolae Ceauşescu (Despot), der bulgarische Diktator Tudor Schiwkow (Despot) und der französische Präsident Mitterrand (um ihm zu schmeicheln).

Der einzige wirklich sinnvolle Preis war das Gold für den japanischen Immobilien- und Sonstwas-Milliardär Yoshiaki Tsutsumi, der dem Komitee einmal zehn Millionen Dollar Trinkgeld gab. Oder vielleicht noch einer: Silber ging an Manfred Ewald, der das staatliche Dopingsystem der DDR beaufsichtigte.

Während seine neuen Partner ihn mit Schecks geradezu überschütten, hat Samaranch das Problem, die peinliche Wahrheit zu vertuschen: Das Komitee käme – wenn es überhaupt benötigt würde – mit ein, zwei Büroangestellten und einem Faxgerät prima aus.

Doch das reicht natürlich nicht: Wer würde schon eine Organisation ernst nehmen, die nur zwei Angestellte beschäftigt? Die nicht einmal genügend Leute hätte, um die Sitze in all den geschenkten Autos in Beschlag zu nehmen? Also baut man weitere Verwaltungsanbauten an das Château de Vidy in Lausanne, kauft weitere Schreibtische, installiert weitere Computermonitore, bucht weitere Mietwagen, Flüge, Seminare, Konferenzen und Fototermine mit irgendwem, der an einem Tag mit flauer Nachrichtenlage vielleicht in Feuerland eine kleine Schlagzeile rausschinden könnte.

Dazu noch eine aufgeblähte Gehaltsliste: Samaranch umgibt sich mit einem ausufernden bürokratischen Wasserkopf. Da gibt es den Generaldirektor François Carrard, unterstützt von einem Generalsekretär sowie von Direktoren für Internes Management, Finanzen, Marketing, Rechtsfragen, Computer, Sport, Medizin, Informationen, Pressedienst und natürlich für olympische Solidarität, alle jeweils mit eigenem Spesenkonto, persönlichen Assistenten, Sekretärinnen, Telefonen, Faxanschlüssen, Harddisks, Floppydisks, Laptops und gepackten Flugtaschen ausgestattet.

Wenn all dies über Nacht verschwinden würde, bliebe dennoch eine kolossale Geldverschwendung zurück, mit der wir fertig werden müßten.

Es ist Samaranchs Lieblingskind, das Olympiamuseum, das er immer weiter trieb und betrieb, selbst als sich die Baukosten von den veranschlagten 20 Millionen Dollar mehr als verdreifachten. Die unvorhergesehenen Kosten für diesen maßlosen Klotz am Bein haben das IOC noch tiefer in die Arme seiner Partner getrieben. Dasslers Leute überredeten eine Menge Sponsoren, jeweils eine Million Dollar zur Unterstützung des Baus zu spendieren.

So hat das Museum den längsten Namen der Welt, auf eine für jedermann sichtbare Marmorwand gepreßt. Er ist so lang, daß man ihn eigentlich in Kapitel gliedern müßte. Also: Willkommen im Olympiamuseum der Asahi-Brauereien, der Sapporo-Brauereien, der Kirin-Brauerei und des Suntory-Whisky. Betreten Sie das Olympiamuseum von Hitachi, der Feuer- und Seeversicherung Dowa, von Coca-Cola, Daimler-Benz und Mitsubishi. Jetzt haben Sie die Ausscheidungsrunde erreicht, saugen Sie noch mal die Lungen voll und... kommen Sie ins Olympiamuseum von Kodak, Korea Times, Seiko, Adidas, Fujitsu, IBM, Toshiba, Bertelsmann, John Hancock und Japan Airlines. Es gibt noch ein paar Dutzend mehr Sponsoren. Und weil das noch nicht reichte, mußte man zur Fertigstellung des Gebäudes noch den Solidaritätsfonds plündern. Wieder gab es weniger für die Sportler in den armen Bittstellerländern.

Und ist man erst mal drin, was findet man dort? Eine oberflächliche, keimfreie Auswahl olympischer Memorabilien, zweitklassige Sportkunst und jede Menge teure Videomonitore, die so typisch sind für die Welt von Samaranch: nur protzige Zurschaustellung, keine Substanz. Der Besuch des Museums ist kaum den Preis für eine Busfahrkarte nach Lausanne wert, und das ist auch dem IOC kein Geheimnis, das die New Yorker Werbebranche geködert hat, um es attraktiver darzustellen.[5] Als das nicht klappte, griff Samaranch auf einen anderen Trick zurück, die Journaille zu bestechen.

Einige Zeit nach der Eröffnung des Museums leitete der Kunstredakteur der Londoner *Times* sein wöchentliches Tagebuch mit folgendem Satz ein: «Ich dachte immer, mir wären alle Tricks, Listen, Maschen, Reklamegags, Verzerrungen, Verführungs- und simplen Bestechungsversuche bekannt, mit denen Journalisten dazu bewegt werden sollen, Schmeichelhaftes von sich zu geben.» Dann fuhr er fort: «Aber diese Woche ist mir ein ganz raffinierter neuer Kniff begegnet.» In seinem Briefkasten hatte er einen Rundbrief des PR-Managers des Museums gefunden, der Journalisten, die «das Olympiamuseum in gutem Licht darstellen», mit stattlichen Bargeldpreisen winkte. Den Lesern wurde nahegelegt, nach Lohnschreibern Ausschau zu halten, die bereit waren, ihre Seele an Samaranch zu verkaufen.[6]

Inoffiziell geben manche IOC-Mitglieder durchaus zu, daß Samaranchs hochtechnologische Spinnerei ihre Geldressourcen um astronomische Summen schmälert. Schon die Eröffnung im Juni 1993 war eine Pleite. Einige Reporter erkundigten sich, warum es keine Ausstellung zum Thema Doping im Sport gebe. Primo Nebiolo brachte den früheren italienischen Ministerpräsidenten Giulio Andreotti als Gast mit. Zwei Jahre zuvor hatte Samaranch ihm noch den Olympischen Orden in Gold verliehen. Während dieses Buch in die Fertigstellung geht, steht Andreotti der Prozeß wegen Mitgliedschaft in der Mafia und Verschwörung zum Mord bevor. Ob ihn das Komitee im Falle seiner Verurteilung wohl bitten wird, den Orden zurückzugeben?

Doch an jenem Tag gab es wichtigere Probleme. Die erschienenen Journalisten wußten über Samaranchs ruhmreiche Vergangenheit bei den Blauhemden Bescheid. Aber er duldet keine Diskussionen zu diesem Thema, und sein Propagandateam hatte ein geheimes Anweisungspapier erhalten mit Hinweisen, wie sie Fragen ausweichen konnten.[7] Die am meisten gefürchtete Frage – übrigens auf Seite 2 der Informa-

tionsschrift – lautete: «Warum stellt das Museum nicht die Faschisten-
uniform von Präsident Samaranch aus?» Da war es endlich, das
schlimme Wort mit F. Aber eine direkte Antwort fiel ihnen nicht ein!
Der einzige Vorschlag war, das Thema zu wechseln und die Diskussion
auf Ben Johnson zu lenken.

Unter den Ausstellungsstücken befindet sich eines, das Samaranch
höchstpersönlich ausgesucht hat. Gegen Ende des Jahres 1993 erwarb
er die Replik einer Statue von Arno Breker, Hitlers Lieblingsbildhauer,
der 1936 das Berliner Olympiastadion mit faschistischer Kunst ge-
schmückt hatte.

7 | Spione, Lügen und wie man eine Prinzessin mundtot macht[1]

Der weitläufige Verwaltungskomplex in der Normannenstraße im Osten Berlins hat noch immer keine neuen Mieter gefunden. Doch obgleich die Funktionäre des ehemaligen Ministeriums für Staatssicherheit auf die Straße gesetzt wurden, hat sich im Keller der Gebäude nichts verändert. Hier lagern nach wie vor Millionen vertraulicher Akten, die von der Geheimpolizei über drei Jahrzehnte zusammengetragenen Ergebnisse unermüdlicher Spionage gegen das eigene Volk, die westlichen Nachbarn – und die Olympische Bewegung.

Stellen wir uns einmal vor, jemand, den das schlechte Gewissen plagt, geht mitten in der Nacht durch die Gänge. Vielleicht wird er dann seltsame Stimmen hören, die durch die Lüftungsschächte aus der Tiefe dringen. «Lies mich», raunt die Akte über die Methoden der Bestechungsbarone, Goldmedaillen zu verteilen. «Nein, nein, mich zuerst!» raschelt ein anderer Papierstoß. «Ich kann dir erzählen, wie wir in Samaranchs Auftrag diese englische Prinzessin fertiggemacht haben.» Aus einem anderen Regal ertönt ein verärgertes Grunzen: «Und ich zeig euch, wie die Olympier Wahlen manipulieren.»

In der ehemaligen DDR befand sich in diesem Haus eines der Spionagezentren des kalten Krieges. Hier warten noch heute Tonnen von Akten darauf, gelesen, erfaßt und der Öffentlichkeit zugänglich gemacht zu werden. Einfach eines von vielen Archiven stalinistischer Willkür? So einfach ist es nicht; diese Akten offenbaren eine etwas andere Wahrheit. «Na gut, vielleicht waren wir wirklich oft die Bösen», schniefen sie, «aber lest doch erst mal die häßlichen Sachen, die wir über die Obersten Moralwächter ausgegraben haben. Waren wir wirklich schlechter als die?»

Die Genossen aus der DDR zeigten bei ihrer letzten Olympiade hervorragende Leistungen. Als in Seoul die Medaillen gezählt wurden, hatte das kleine Land mit seinen 17 Millionen Einwohnern das große Amerika abgehängt und drängelte sich Schulter an Schulter mit seinem mächtigen Bruder, der Sowjetunion. Dann fiel die Berliner Mauer, und jedermann ging davon aus, daß ihre Funktionäre aus dem Weltsport verschwinden würden.

Weit gefehlt; vielleicht gibt es kein Zentralkomitee mehr, aber ein paar alte Apparatschiks schlemmen nach wie vor an den Vorstandstischen der internationalen Sportverbände. Eine der größten olympischen Sportarten wird von einem hochdekorierten Helden dieser tückischen Zeiten geleitet, und seine Geheimakten flehen geradezu darum, gelesen zu werden.

Im Olympiajahr 1996 wird Karl-Heinz Wehr sechsundsechzig Jahre alt. Oberst der aufgelösten Nationalen Volksarmee der DDR im Ruhestand, heißt es zwar in seinem Rentenbescheid, doch hat er kaum als Soldat gearbeitet. Dafür war Genosse Wehr viel zu wichtig.

Die olympische Arena war das Schlachtfeld, auf dem die Kapitalisten gedemütigt werden konnten. Um im Sportkrieg Siege zu erringen, lag es ja eigentlich auf der Hand, die Sportler mit Dopingmitteln zu versorgen, aber Wehrs Führungsoffiziere befaßten sich mit einer subtileren Kunst – der Manipulation der Sportbarone und damit der Verbände, die den Sport beherrschten. Das war der Weg zu den Goldmedaillen. Wehr mit seiner Entschlossenheit und Loyalität war genau der richtige Mann, eines der Sportimperien zu infiltrieren. Damit einher ging eine zweite Aufgabe – für die Stasi zu arbeiten.

Die Stasi terrorisierte die Bürger im eigenen Land und spionierte und intrigierte im Ausland. Sämtliche Sportfunktionäre mußten nach Auslandsreisen Bericht erstatten, und die fähigeren unter ihnen wurden als Informanten unter Vertrag genommen. Ihre Berichte füllten endlose Regale in den Kellern der Staatssicherheit. Manche Akten enthielten das Wissen, das die Nation in die Lage versetzte, Goldmedaillen zu gewinnen, Dopingskandale aufzudecken und ihre Kandidaten in den internationalen Sportverbänden zu fördern. Viele enthalten nur wahllos Tips und Klatsch, aber gelegentlich handelt es sich bei den Informationen um vernichtende, geheime Fakten, an deren Veröffentlichung dem IOC keinesfalls gelegen sein kann.

Dreißig Jahre vor der Olympiade in Atlanta wurde Karl-Heinz Wehr rekrutiert. Im gleichmacherischen Arbeiterparadies der DDR wurde er ein echter Geheimpolizist mit Sonderprivilegien. Man gab ihm den Decknamen *Möwe* und eine Registriernummer, HA I 627/60.

1972 kam er zur Münchner Olympiade – als Manager des DDR-Boxteams und um gleichzeitig zu verhindern, daß Sportler zum Feind überliefen. Die Akten, die sie über ihn anlegten, offenbaren tiefe Dankbarkeit für die wertvollen Informationen, die er heimbrachte. «Bei Gen. Wehr handelt es sich um ein langjähriges zuverlässiges und treues Mitglied der Partei», steht in einem Führungszeugnis. «Seine politische Zuverlässigkeit hat er in sehr komplizierten Situationen der DDR sowie in der internationalen Sportbewegung im Ausland unter Beweis gestellt.»

Noch vor den Spielen von Los Angeles waren die Führungsoffiziere höchst zufrieden mit ihrer Möwe. Wehr hatte sich bewährt: Inzwischen war er Vizepräsident des internationalen Amateurboxverbands. Er wurde mit dem IOC-Orden, allerdings nur in Bronze, geehrt.

1986 zog sich der Amerikaner Don Hull vom Posten des Präsidenten des internationalen Amateurboxverbands zurück. Wer sollte seine Nachfolge antreten?

Professor Anwar Chowdhry war ein führendes Mitglied in Horst Dasslers Team von Manipulatoren, der legendären, nicht mehr existenten sportpolitischen Gruppe von Adidas, die im IOC und in den olympischen Sportverbänden durch Wahlmanipulationen Vorsitzende durchboxte, die ihre Firma mit Aufträgen bedachten.

Chowdhry war verantwortlich für den Sport in Asien, für Boxen und für Interventionen in den Verbänden, insbesondere bei den Schwimmern. Adidas bezahlte ihn gut.

Gerüchte besagten, daß Chowdhry, bereits Generalsekretär im Amateurboxverband, Ambitionen auf die Präsidentschaft hegte, so daß er, der kapitalistische Intrigant, mit Wehr, dem kommunistischen Spion, eine Übereinkunft traf: Wenn Wehr die Wahlen so manipulierte, daß Chowdhry das Rennen machte, dann dürfte der Spitzel zum neuen Generalsekretär aufsteigen und die Leitung der Buchhaltung übernehmen. Und genau das kam den Führungsoffizieren in der DDR gut zupaß: Sollte Chowdhry doch ruhig durch die Welt reisen – «Willkommen, Herr Präsident, Ihr Wagen wartet, Herr Präsident» – und das Fußvolk in den abgelegensten nationalen Boxverbänden so lange beschmusen, bis sie Adidas-Artikel anzogen. Die Stasi sah es lieber, wenn ihr Mann die Akten, das Geld und die Regeln kontrollierte.

Die Präsidentenwahl fand 1986 in Bangkok statt. Jeder frühere

Funktionär kann einem von Gerüchten erzählen, irgendeine menschen-
freundliche Seele habe das Geld aufgebracht, mit dem verläßliche Wähler aus Afrika, Asien und Südamerika eingeflogen wurden. Auch erfährt man, daß ein koreanischer Millionär zugunsten von Chowdhrys
Wahlsieg Geld und «Gastfreundschaft» stiftete.[2] Wehr setzte Listen
mit Kandidatenempfehlungen in Umlauf, Chowdhry wurde zum Präsidenten gewählt, und der Spion folgte ihm ins höchste Funktionärsamt
im Boxsport.

Die DDR-Leute hatten einen bemerkenswerten Sieg errungen. In
einer surreal anmutenden Allianz mit einem koreanischen Kapitalisten,
einem dubiosen Professor und den Spitzeln von Adidas hatten sie die
beiden obersten Posten und damit die Kontrolle über den internationalen Amateurboxsport errungen. Währenddessen überschüttete die
Stasi die Amateurboxmagazine förmlich mit Zuschüssen, um überwältigende Reportagen aus dem Ostblock zu präsentieren. Die «Boxmei-
sterschaft der Sportkomitees befreundeter Armeen» interessierte sicher
jeden Leser brennend. Karl-Heinz Wehr bekam eine Silbermedaille.
Aber er sollte sie sich erst noch verdienen.

Später enthüllten Berichte einer mehr und mehr deprimierten Möwe,
daß Chowdhry sich jeglicher Kontrolle entzog. Er reiste um die Welt,
schwelgte im größten Luxus, plünderte hemmungslos sein Spesenkonto und heckte mit dem Adidas-Team Pläne aus, wie man weitere
Wahlen in der olympischen Familie manipulieren könnte. Aber er
drückte sich um schwierige Entscheidungen und die profane Arbeit bei
der Organisation des Verbands. Diese Sorgen überließ er dem verbisse-
nen Wehr.

Persönlich gab sich Wehr keinerlei Illusionen über seinen Präsidenten hin. Seine Stasi-Berichte quellen über vor Schilderungen, wie
Chowdhry mit seiner Macht, seinen Kontakten und den Schmiergeldern aus dem Olympiasport prahlte. Mehr noch erfuhr Wehr in Rumänien, das er zu Gesprächen mit Boxfunktionären besuchte. Sein
Gastgeber, Genosse Oberst Tudor Stanica, stand im Dienste der ge-
fürchteten rumänischen Geheimpolizei Securitate und leitete den Boxsport in Rumänien.

«Bei meinem Besuch in Rumänien [...] kam es auch zu Gesprächen
über die Person Chowdhrys. Die rumänischen Sportfunktionäre [...]
hatten zu dem Pakistani keine positive Einschätzung», zwitscherte die
Möwe.

Wehr berichtete, als Stanicas pakistanische Gastgeber herausbekamen, daß er der Vizepräsident des rumänischen Boxverbandes war, hätten sie ihn gefragt, ob er Präsident Chowdhry kenne. Stanica bejahte das. Dann fragten sie, ob es in diesem Sport keinen geeigneteren Präsidentschaftskandidaten gebe. Wehr fuhr fort: «Die pakistanische Seite erklärte [...] daß als erster Schritt Chowdhry der Professorentitel abzunehmen sei, da er kein Professor, sondern ein ganz gewöhnlicher Lehrer an der Universität gewesen ist. Er war früher eine unbedeutende Person, die angeblich mit Schlüsselanhängern u. a. Kleinkram Handel und Wandel betrieben habe und die sich nur durch Korruption hochgedient habe.»

Falls das stimmte, war es eine gute Nachricht. Ein korrupter Sportbaron ließe sich sicher einfacher lenken als ein ehrlicher. Doch da hatten sie sich gründlich getäuscht. Chowdhry war unkontrollierbar – außer von Adidas und Samaranch.

Nachdem der Gefolgsmann von Adidas nun Vorsitzender des gesamten olympischen Boxsports geworden war, festigte das Unternehmen den Griff. Horst Dassler hatte bei seinem Firmensitz im elsässischen Landersheim ein Luxushotel samt Restaurant errichtet. Das war genau der richtige Ort, um Sportfunktionäre zu bezirzen, und es wurde zur zweiten Heimat des Boxchefs. Wehrs Berichte beweisen, daß Chowdhry auch häufig bei den Planungssitzungen der sportpolitischen Gruppe Adidas anwesend war.

Innerhalb der geschlossenen Welt der Funktionäre und der Herren von der Presse war allgemein bekannt, daß Adidas den Boxverband in der Hand hatte. Niemand beschwerte sich darüber – man wagte es nicht. Denn etliche von ihnen hielten sich nur durch Dasslers Geld und seine Beziehungen an der Macht, an oberster Stelle Samaranch.

In der olympischen Familie herrschte eitel Sonnenschein – bis Horst Dassler im Frühjahr 1987 in seinem fünfundfünfzigsten Lebensjahr unerwartet an Krebs starb. Sein Verlust für die Führungsclique des Sports war unermeßlich. Die Präsidenten von seinen Gnaden gerieten ins Schwimmen. Desgleichen seine Manipulationsmaschine, die sportpolitische Gruppe Adidas. Es verstrichen acht Monate, ehe sie wieder in Landersheim zusammenkam, um neue Pläne zu schmieden.

Nach Wehrs Worten fürchteten die Manipulatoren, ihren Einfluß in der internationalen Judo-Föderation zu verlieren, und beschlossen,

Heinz Kempa aus der DDR zu unterstützen, «damit er bei den Wahlen in zwei Jahren in der Funktion des Generalsekretärs verbleibt, obwohl die Situation im Vorstand dieser Föderation völlig verfahren ist.» (Gemeint war vermutlich, daß sie selbst die Kontrolle darüber verloren hatten.)

In seinen Berichten erwähnte Wehr auch, daß Samaranch nach einer Krankheit von seinen Ärzten den Rat bekommen hatte, sich zu schonen. Es muß eine ernste Sache gewesen sein, denn Wehr berichtete: «Seine Frau [fordert] seinen sofortigen Rücktritt von der Funktion des IOC-Präsidenten.»

Adidas kannte den Weg ja bereits, schließlich hatte das Unternehmen Samaranch an die Macht gebracht. Ob es nun auch die Wahl seines Nachfolgers samt aller dafür notwendigen Schritte unter seine Kontrolle bringen konnte? «Die sportpolitische Gruppe Adidas hat sich mit der Situation beschäftigt und mehrere Stunden über den zu wählenden Nachfolger von Samaranch diskutiert», schrieb unser Mann. Die Manipulatoren legten drei Kandidaten für die Nachfolge fest: den Australier Kevan Gosper, den Kanadier Dick Pound und zu guter Letzt den Amerikaner Robert Helmick.

Doch Samaranchs Gesundheitszustand schien sich zu bessern, und das Adidas-Team richtete sein Engagement auf andere Wahlen. Schließlich stand mal wieder eine Abstimmung an: Wer sollte die Winterspiele 1994 durchführen? Der IOC-Präsident war für Sofia, also unterstützte Adidas die Bulgaren ebenfalls. Doch als das IOC zur Wahl schritt, erhielt Sofia nur peinliche siebzehn Stimmen und schied damit bereits in der ersten Runde aus. Dann verabschiedete sich Anchorage, und in der Ausscheidungsrunde konnte Lillehammer Ostersund ausstechen. Chowdhry erklärte später: «Sofia hat gegen Lillehammer verloren, weil Samaranch vierundzwanzig Stunden vor der Abstimmung seine Meinung änderte.» Ob jemand den Obersten Gralshüter daran erinnert hatte, daß Lillehammer ihm den Nobelpreis bringen konnte?

Die düpierten Adidas-Manipulatoren wollten wissen, wie die einzelnen IOC-Mitglieder in ihrer geheimen Wahl gestimmt hatten, und aus Wehrs Notizen geht hervor, daß ihnen tatsächlich Einblick in die Wahlunterlagen gewährt wurde. Er konnte nach Hause berichten, daß das DDR-Mitglied Günter Heinze für Sofia gestimmt hatte – «dafür habe Adidas einen konkreten Kontrollbeweis», schrieb er. Doch wie war Adidas an die Beweise gelangt?

Chowdhry juckte die Nase. Sie führte ihn in Richtung Lausanne. Bot sich da nicht eine Gelegenheit? Wer sollte nun, nach Dasslers Ableben, mit Samaranch Intrigen schmieden? Wer würde die Listen der zu Befördernden und der Hinzurichtenden oder die Nachricht, welche Wahlmanipulation vonnöten war, von den olympischen Höhen herunterbringen? Wer war dazu besser geeignet als er selbst? Chowdhry erzählte Wehr schadenfroh, er werde jetzt «auch von Samaranch hofiert».

Die Möwe warnte ihren Führungsoffizier: «Chowdhry [hat] einen nicht zu unterschätzenden Einfluß im IOC», und führte einige Beispiele auf. So erinnerte sich Wehr an ein Beisammensein mit Chowdhry, bei dem dieser in Lausanne anrief, um Samaranchs Wünsche zu erkunden. Die Frage war nämlich, ob die Kubaner die Olympiade in Seoul boykottieren würden. Chowdhry solle «sehr schnell observieren, was es hinsichtlich der Teilnahme von Kuba an den Olympischen Spielen für eine Auffassung beim Vertreter Kubas [...] gab», lautete die Antwort. Wer sollte der neue Abgesandte Taiwans im IOC werden? Es wurde Dr. Ching-Kuo Wu – ein hoher Funktionär im Boxen –, und lange vor der öffentlichen Bekanntmachung dieser Entscheidung prahlte Chowdhry vor Wehr, «daß er maßgeblich daran beteiligt ist.»

Doch Chowdhry verlangte es nach noch mehr Einfluß, und Wehr durchschaute sein Spiel. Warum nicht mit Samaranch zusammenarbeiten, um die Stärken des Adidas-Teams für Lausanne fruchtbar zu machen? Sie würden von der Firma bezahlt – aber insgeheim für den Obersten Gralshüter arbeiten. Wenn Chowdhry seinen Willen bekäme, so berichtete Wehr, würde er das Team «im Interesse des IOC» leiten.

In der Öffentlichkeit genießt Samaranch es sehr, mit Königlichen Hoheiten zu verkehren, doch hinter ihrem Rücken übt er auf die zynischste Art und Weise Verrat an ihnen. Erst berief er die britische Prinzessin Anne ins IOC, um das Komitee mit einer Royalty zu schmücken. Dann – als es schon zu spät war – merkte er, daß sie ihm nicht lag. Sie war keine Königliche Hoheit, wie er sie sich erträumte. Sie weigert sich, ständig Geschenke anzunehmen, verpaßt olympische Eröffnungszeremonien, weil ihr die Arbeit für benachteiligte Kinder wichtiger ist, und – noch schlimmer – stimmt gegen seine IOC-Kandidaten.

All das hätte er ja vielleicht noch hinnehmen können – bis sie ganz unschuldig drohte, seine Macht über die Sportverbände zu unterminieren. Karl-Heinz Wehr sah zu, machte mit und schrieb dann alles für seine Führungsoffiziere auf.

Prinzessin Anne war in den achtziger Jahren Vorsitzende der Internationalen Reiterlichen Vereinigung und hatte Anspruch auf einen Sitz im Sommersportverband, der einen Teil der Einnahmen aus den Spielen ausschüttet. Die Regentschaft über den Verband führt seit seiner Gründung Anfang der achtziger Jahre Primo Nebiolo, Präsident des Internationalen Leichtathletikverbands und der unbeliebteste unter den Sportbaronen.

Dem größten olympischen Sportverband war Nebiolo in einem recht zweifelhaften Manöver vom geschickt taktierenden Dassler aufgezwungen worden. Als der damalige Präsident Neuwahlen anstrebte, wurde Nebiolo als sein Gegenkandidat aufgestellt. Hinter den Kulissen kaufte Dassler Stimmen für Nebiolo, und nach Ablauf der Nominierungsfrist warnte Dassler den Amtsinhaber, daß er bei der Wahl eine Schlappe erleiden würde. Dieser geriet in Panik und nahm seine Kandidatur zurück. Nun war Nebiolo der einzige Anwärter, eine Abstimmung war nicht nötig, und als der Leichtathletikverband eines schönen Tages im Jahr 1981 erwachte, mußte er feststellen, daß der ungewählte Nebiolo am Ruder saß. Und da sitzt er bis heute, schreckt geschickt jede Opposition ab – oder kauft sie sich. Dassler bekam die Marketingrechte für die Leichtathletik-Weltmeisterschaften.

Zum Großteil bezieht Nebiolo seine Macht aus einem geheimen Schmiergeldfonds, den er von den Organisatoren der Olympiade in Seoul erpreßt hat. Schlau, wie er ist, setzte er für das Leichtathletikfinale in Seoul Zeiten fest, nach denen die Endkämpfe im amerikanischen Fernsehen in den frühen Morgenstunden gesendet worden wären. Die NBC, die 300 Millionen Dollar für die amerikanischen Exklusivrechte geboten hatte, war erschüttert: Das Publikum würde nicht die ganze Nacht lang wach bleiben, um die Wettkämpfe zu sehen, und die Ergebnisse würden dann in der Morgenzeitung stehen. Eine Wiederholung der Videoaufzeichnungen am nächsten Tag würde bei weitem nicht so viele Zuschauer anlocken – und vor allem nicht so viele Werbekunden. Der Wert der Spiele hätte kaum tiefer sinken können. Die Koreaner gerieten in Panik. Wie konnten sie die Zeiten für die Finals verschieben? Nebiolo trieb geschlagene drei Jahre lang seine Spielchen mit ihnen, bis ihre Verzweiflung so groß war, daß sie die Überweisung von

20 Millionen Dollar auf ein von ihm kontrolliertes Bankkonto in Monaco veranlaßten.[3] Erst dann wurden die Zeiten für das Finale geändert.

Nebiolo ist rücksichtslos und lüstern – 1995 trieb er eine Interviewerin im schwedischen Fernsehen in die Enge, indem er zu wissen verlangte, mit wie vielen Männern sie schon im Bett gewesen sei. Er bringt nichts als Schande über seinen Sport. Seine Behauptungen, in Dopingfällen scharf durchzugreifen, stoßen überall auf Skepsis. In den achtziger Jahren beschuldigten ihn italienische Sportfunktionäre, er sei mitverantwortlich für das Doping in der Nationalmannschaft, und Dopingkontrolleure in aller Welt behaupten, er schiebe die Bekanntgabe positiver Ergebnisse bewußt auf die lange Bank, ja versuche sogar, sie zu unterdrücken, weil dies ein schlechtes Licht auf die Leichtathletik werfen könnte.

Als Lausanne befürchtete, daß die Fachverbände einen größeren Anteil an den Olympiaprofiten verlangen könnten, traf der Oberste Gralshüter eine Übereinkunft mit Nebiolo: Wenn er die Verbände bei der Stange halte, winke ihm ein Sitz im IOC. Nebiolo war einverstanden und kaufte die Verbände. Obwohl seine Sportart bei den Olympischen Spielen die größte Geldmaschine war, wollte er selbstlos seinem Verband den fettesten Anteil versagen und das Geld aus Lausanne zu gleichen Teilen zwischen allen Sportverbänden, unabhängig von ihrer Größe, aufteilen. Viele waren natürlich begeistert, und Nebiolo konnte den Verlust verschmerzen, wuchsen doch die Erträge aus der Leichtathletik beständig.

Dennoch wurden die Verbandspräsidenten mit Nebiolo und seiner großspurigen Art nicht recht warm. Die Gelegenheit, ihn loszuwerden, bot sich 1989. Nebiolo steckte in Schwierigkeiten: Zwar hatte er achtzehn Monate zuvor eine Medaillenschiebung knapp überlebt, die von seinen eigenen Funktionären bei seiner Leichtathletik-Weltmeisterschaft in Italien inszeniert worden war, doch hatte ihn der Skandal verletzbar gemacht.

Bei einem Kongreß im Frühjahr des Jahres in Barcelona verlangten diverse Fachverbandspräsidenten seinen Sturz; Nebiolos Wiederwahl stand an, und seine Gegner brauchten eine Zweidrittelmehrheit, um die Wahl so lange hinauszuzögern, bis sie einen geeigneten Gegenkandidaten gefunden hätten. Schließlich gelang ihnen dies mit achtzehn gegen sieben Stimmen. Nebiolo, der bei der Tagung den Vorsitz führte, erklärte daraufhin kurzerhand, dies sei nicht die erforderliche Mehrheit.

In der nun folgenden hitzigen Debatte meldete sich auch Prinzessin Anne zu Wort: «Wie kommt es, daß sich der Vorsitz hartnäckig weigert, den Willen der Versammlung anzuerkennen? Worüber reden wir eigentlich noch? Warum wackelt hier der Schwanz mit dem Hund?»[4] Trotz Nebiolos hektischer Einwände einigte man sich darauf, sechs Monate später in Budapest einen neuen Vorsitzenden zu wählen. Hinter den Kulissen wurde schon der Plan zur Rettung Nebiolos zusammengezimmert. Der Architekt hieß Samaranch.

Binnen weniger Monate lagen sie sich ordentlich in den Haaren. Die Verbündeten von Prinzessin Anne verbreiteten die Nachricht, sie werde gegen Nebiolo antreten, wenn sie genügend Präsidenten auf ihrer Seite wüßte. Zwei (einer davon ein IOC-Kollege) versuchten, für ihre Unterstützung zu werben. Aber sie standen auf verlorenem Posten, denn ihre Gegner bildeten ein unschlagbares Bündnis – die geballte Kraft von Stasi und Adidas, und die Fäden hielt Lausanne in der Hand. Chowdhry plauderte Wehr gegenüber aus, er habe einen Brief von Samaranch erhalten, er möge ihm behilflich sein, die Wahl in Budapest zu fälschen. Später legte Chowdhry persönlich Wehr die Regeln dar, nach denen die Mitglieder des Boxverbands abstimmen sollten. Sie würden lieber für den «einäugigen statt für den blinden Kandidaten stimmen». Die Prinzessin war dem Geheimabkommen mit Lausanne gegenüber blind und mußte abgeblockt werden.

«Bei einer offenen Abstimmung», so berichtete Wehr, «werde die AIBA [Internationaler Amateurboxverband] sich der Mehrheit der Internationalen Sportföderationen anschließen, und diese Mehrheit war vor Beginn der Tagung nicht für Nebiolo.» Eine höchst erstaunliche Offenbarung. Einige Sportverbandspräsidenten waren also bereit, ihre Athleten zu hintergehen – solange sie nicht erwischt wurden.

Und wem würden die anderen Herren des Sports ihre Unterstützung geben? Wehr zufolge hatte sich die Judo-Föderation (die vermutlich wieder unter dem Einfluß von Adidas stand) gemeinsam mit einigen anderen, nicht namentlich genannten Präsidenten von Sommersportverbänden einverstanden erklärt, gegen die Prinzessin zu stimmen – doch standen sie innerhalb ihrer Fachverbände unter Druck, Nebiolo abzuschütteln, und konnten ihn nur insgeheim unterstützen.

Die britische Boulevardpresse schnappte Gerüchte auf, nach denen Samaranch und Nebiolo Intrigen gegen die Prinzessin schmiedeten, deren unprätentiöses Engagement für gute Zwecke ihr große Zuneigung seitens der britischen Presse eingetragen hatte. Die Botschaft der Volkszeitungen lautete: Macht keinen Mist mit unserer Prinzessin! «Nebiolo, dessen verschwenderischer Gebrauch von After-shave und anderen Wirkstoffen, wie man hört, Geschäftsbesprechungen in engen Räumen um Stunden verkürzt», so donnerte die Londoner *Daily Mail*, «ist der meistgehaßte Mann im Sport.»[5]

Kurz vor der Wahl in Budapest verkündete Chowdhry, ihn hindere eine anderweitige Verpflichtung an der Teilnahme, und er schickte Wehr an seiner Stelle. Am Vorabend der Entscheidung traf sich der Stasi-Spitzel mit dem Adidas-Team zum abschließenden Kuhhandel. Wehr versprach, für Nebiolo und gegen die Prinzessin zu stimmen, bat allerdings um einen Gefallen. Ob man nicht versuchen könne, «Einfluß auf Chowdhry zu nehmen, daß er endlich bei der AIBA seine Finanzabrechnung für 1988 vornimmt, da es international in dieser Frage bereits erhebliche Diskussionen gibt»? Damit verlangte er nicht zuviel. Das Adidas-Team versprach, die Beschwerde an Chowdhry weiterzuleiten, ohne die Quelle zu offenbaren.

Wehr enthüllt nicht, welche Wünsche sich die anderen Sportverbandsvorsitzenden erfüllen ließen, doch die von Lausanne gesteuerte Kampagne zahlte sich aus. Die Prinzessin wurde gewarnt, daß Funktionäre, die sich öffentlich gegen Nebiolo aussprachen, ihn bei der geheimen Abstimmung doch unterstützen würden. Daraufhin nahm sie von ihrer Kandidatur Abstand. Doch selbst ohne eigenen Kandidaten bestanden Nebiolos verbliebene Gegner weiterhin auf einer Abstimmung, und nach den vorangegangenen Intrigen wurde er mit 19 zu 6 Stimmen wiedergewählt. Zynisch teilte Samaranch der Presse mit, das Ergebnis – das inszeniert worden war, um eines der Mitglieder seines Komitees zu unterminieren – sei ein «großer Triumph für die Einigkeit im Sport».[6]

Samaranch gab bekannt, vermutlich werde er sich 1993 nach den Spielen im heimatlichen Barcelona in den Ruhestand begeben. Doch es war nur ein Schachzug, mit dem er seine Rivalen um die olympische Macht zwang, Farbe zu bekennen, damit er sie zurechtstutzen konnte. Das Adidas-Team, nun ohne die Führung Dasslers, fiel prompt darauf herein und fing an, seinem Kandidaten eine stabile Machtbasis zu verschaffen. Peinlicherweise unterstützten die Handlanger von Adidas einen Mann, der zwar den notwendigen Ehrgeiz besaß, dem jedoch jegliches Urteilsvermögen fehlte.

Robert Helmick stammte aus der Kornkammer von Iowa und hatte seinen Aufstieg durch die Politik der Schwimmsportverbände gemacht. Mittlerweile war er an einer Anwaltspraxis in Des Moines beteiligt, wo ihn sein Seniorpartner als «kreativen Kopf» lobte, und wurde richtig reich. Helmick managte bei der Münchner Olympiade das Wasserballteam der USA. In einem Interview verkündete er später ganz unverhohlen: «Ich merkte, daß ich unter Wasser schubsen und drängeln konnte und manchmal nicht dabei erwischt wurde.»[7]

1991 erwischte die amerikanische Presse Helmick dabei, wie er Hunderttausende Dollars an Beratungshonoraren von Firmen eintrieb, die mit der Olympischen Bewegung ins Geschäft kommen wollten. Das IOC stellte Ermittlungen an, aber Helmick wurde nicht zur Last gelegt, seine Position genutzt zu haben, um auf irgend jemand im Olympischen Komitee der USA Einfluß auszuüben; niemals war von Betrug die Rede. Dennoch legte er seine hohen Ämter in Amerika und Lausanne nieder und verschwand wieder in den Kornfeldern, wo er nun weiterhin Geld wie Heu macht und damit droht, jeden anzuzeigen, der es am nötigen Respekt für seine olympische Laufbahn fehlen läßt.[8]

Auf seinem Weg nach oben war Helmick auch Horst Dassler begegnet. Gerade zu der Zeit, als Helmick erst zum Generalsekretär und dann zum Präsidenten des Internationalen Schwimmverbandes aufstieg, wollte Adidas seiner neuen Tochterfirma für Bademoden namens Arena auf die Sprünge helfen.

Mitte der achtziger Jahre übernahm Helmick den Vorsitz des Nationalen Olympischen Komitees der Vereinigten Staaten, und bald hatte Adidas den Vertrag zur Ausstattung der US-Athleten bei den Spielen in der Tasche. Helmick behauptet, alles wäre schon vor seinem Amtsantritt verhandelt worden. Doch seine Zeit im Internationalen Schwimmverband war abgelaufen. Dessen Regeln verlangten nämlich einen Wechsel im Vorstand, und Wehr berichtete, daß Chowdhry bei den Spielen in Seoul dem Adidas-Kandidaten Mustapha Larfaoui aus Algerien den Weg bereitete. Larfaoui wurde zum Präsidenten des Schwimmverbands gewählt und ist nun Mitglied des Olympischen Komitees.

Helmick wurde 1985 ins IOC berufen und erklärte 1989 seine Kandidatur für das Exekutivkomitee. Von dem, was dann passierte, gibt es zwei Versionen – eine von Helmick selbst und eine von Karl-Heinz Wehr. «Eine weitere Aktion, die derzeitig von der sportpolitischen

Gruppe der Firma Adidas gestartet wird», berichtete Wehr seinen Führungsoffizieren, «besteht darin, den Präsidenten des NOK der USA, Helmick, bei der nächsten IOC-Sitzung als Mitglied der Exekutive des IOC wählen zu lassen. (…) Die Weichen sind bereits so gestellt, daß Helmick als Mitglied der IOC-Exekutive gewählt wird (…).» Als ob dies nicht schon erstaunlich genug gewesen wäre, deutete Chowdhry noch viel verblüffendere Dinge an. Die Adidas-Manipulatoren hielten Ende Mai 1989 in Landersheim eine Tagung ab, um den Ablauf der Wahl zu deichseln, und Wehr notierte: «Eingeladen zur Beratung dieser Gruppe war auch Robert Helmick, Präsident des Nationalen Olympischen Komitees der USA.»

Adidas schien verzweifelt zu versuchen, Helmick ins Exekutivkomitee zu hieven; ohne diesen hohen Rang konnte er offenbar keine ernsthafte Bewerbung um die Nachfolge Samaranchs lancieren. «Es war […] die Ursache, warum Helmick nach Landersheim eingeladen wurde», beobachtete Wehr. Chowdhry verriet ihm auch, daß die Manipulatoren bereits Nachforschungen anstellten, wie die IOC-Mitglieder vermutlich abstimmen würden.

Wehr konnte berichten: «Die Wahlen zu den Gremien des Internationalen Olympischen Komitees [wurden] in der Weise abgeschlossen, wie sie von Prof. Chowdhry seit langer Zeit vorausgesagt wurden. […] der erst kurze Zeit im Internationalen Olympischen Komitee tätige Präsident des USA-NOK Bob Helmick wurde zum Exekutivkomitee-Mitglied gewählt.»

Es scheint, als habe Helmick dem Adidas-Team seine Dankbarkeit bewiesen. Wehr fügte nämlich noch hinzu: «Chowdhry hat mir in einem Telex aus Puerto Rico mitgeteilt, daß die von der sportpolitischen Gruppe Adidas gemanagte Wahl in der erwarteten Weise durchgeführt wurde. Bob Helmick habe ihm persönlich für die große Unterstützung bei der Wahl in die IOC-Exekutive gedankt.»

Der ehemalige amerikanische Sportfunktionär selbst behauptet, Wehr habe das Geschehen in Landersheim vollkommen falsch gedeutet: «Ich habe zu keinem Zeitpunkt den Eindruck gehabt, daß das Unternehmen Adidas oder dessen Vertreter ‹erpicht› darauf waren, daß ich für irgendeinen Posten gewählt würde! Wir hatten ein mehr oder weniger gespanntes Verhältnis.» Was also hat sich im Mai 1989 zwischen ihm und den Adidas-Leuten abgespielt? «Ich wurde eingeladen, im Mai 1989 in Landersheim vorbeizuschauen, um mit anderen bei der

Gelegenheit über verschiedene sportorganisatorische Themen zu diskutieren. Sie deuteten an, daß ich Informationen erhalten könnte, die für die Kandidatur von Atlanta und Salt Lake City hilfreich wären. [...] Sie waren immer stolz darauf gewesen, daß sie und Horst Dassler viel für die Wahl Samaranchs zum IOC-Präsidenten getan hatten», sagt Helmick. «Als sie mir anboten, mir bei der Wahl behilflich zu sein, sah ich darin lediglich ein Zeichen dafür, daß meine Wahl sicher war. Ihr Angebot erschien mir eigentlich überflüssig, da allgemein bekannt war, daß Samaranch meine Kandidatur unterstützte.»

Wie reagierte Helmick? «Ich hörte nur zu. Ich hatte den Eindruck, sie wollten mir deutlich machen, daß sie bei dieser Sache ihre Hände im Spiel hatten, die aber ohnehin schon so gut wie gelaufen war. Ich dankte Ihnen für Ihre Einschätzung der verschiedenen Entscheidungsträger im internationalen Sport. Soweit ich weiß, hatte das Treffen keinerlei Folgen. Ich habe nichts dergleichen gehört. Deshalb kann von einem ‹Erfolg des Treffens› keine Rede sein.»

Ich fragte Helmick auch nach seiner Meinung über Chowdhry: «Ich kannte Mr. Chowdhry von geselligen Anlässen bei internationalen Sporttreffen», erwiderte Helmick. «Ich hatte nie Gelegenheit, mir eine Meinung über Mr. Chowdhry zu bilden.»[9]

8 Eine Goldmedaille kann man kaufen – Seoul 1988[1]

Wenn Karl-Heinz Wehr in der Normannenstraße an jenem Gebäude vorbeigeht, das vor Geheimnissen überquillt, steigt gewiß Furcht in ihm auf. Panik muß ihn ergreifen, wenn er daran denkt, daß dort noch immer seine Berichte über die Olympiade in Seoul aufbewahrt werden. Wehr hat seine Enthüllungen in den Monaten nach den Spielen von 1988 in der festen Überzeugung dort abgelegt, daß sie niemals von feindlichen Augen gelesen würden.

Wenn nur die Mauer noch stünde, wenn es ihm nur gelungen wäre, die entscheidenden Seiten in den Reißwolf zu stecken, bevor die Westdeutschen mit ihren neuen Schlössern, neuen Wächtern und neuen Beamten kamen, um die Akten zu katalogisieren und für neugierige Journalisten zu öffnen.

Inzwischen sind ein paar Jahre vergangen, und einige seiner Akten sind bereits geöffnet worden. Aber die Wahrheit über die Bestechungen und deren konsequente Vertuschung sind bis jetzt nicht publik gemacht worden. Wehr kann unbekümmert weiterspazieren. Bald wird er nach Atlanta reisen. Gute Zeiten werden anbrechen. Die Amerikaner hatten ja keinen Schimmer, was wirklich vor sich ging.

Das Team junger amerikanischer Boxer, das zu den Spielen nach Seoul reiste, rechnete mit starken Gegnern – und hoffte, sie zu besiegen. Was sie jedoch nicht wußten: Einige von ihnen konnten gar nicht gewinnen – so geschickt ihre Beinarbeit, so schnell ihre Hände, so mutig sie selbst auch im Kampf sein mochten. Gegen Punkt- und Ringrichter, die sich hatten bestechen lassen, konnten sie einfach nicht an.

Als ein Boxer nach dem anderen in diesem olympischen Ring um seinen Sieg gebracht wurde, waren viele im Boxsport überzeugt, daß die Punktrichter gekauft worden waren. Normalerweise kann man so etwas nicht beweisen. Niemand fertigt über derartige Machenschaften einen Bericht an.

Doch diesmal war es anders. Die ganze Verschwörung war von Wehr minutiös aufgezeichnet, Akten waren angelegt worden. Alle Einzelheiten sind nachzulesen, von dem Betrug selbst bis hin zu den Absprachen zur Vermeidung einer Enthüllung. Es existiert eine Liste derer, die bezahlten, und der Mittelsmänner, die sich den Großteil der Bestechungsgelder selbst unter den Nagel rissen. Diese Geheimdokumente machen außerdem deutlich, daß mindestens einem IOC-Mitglied – möglicherweise aber mehreren – der Vorgang in vollem Umfang bekannt war.

Wenn man Karl-Heinz Wehr Glauben schenken kann, riß ein koreanischer Multimillionär die Führung des Internationalen Amateurboxverbandes an sich, kaufte Medaillen für sein Nationalteam und verwies Amerika in der Medaillentabelle auf den dritten Platz hinter die beiden führenden Länder des sowjetischen Blocks.

Die Koreaner waren der Ansicht, sie seien vier Jahre zuvor beim olympischen Boxturnier in Los Angeles übers Ohr gehauen worden, und hatten mit dem Finger auf ihre amerikanischen Gastgeber gezeigt. Vor der Abreise aus Los Angeles hielt der Präsident ihres Boxverbandes, der Multimillionär Seung-Youn Kim – wegen der Munitionsfabrik, die seine Familie besitzt, auch «Dynamit»-Kim genannt – eine kurze olympische Moralpredigt. «Wir haben erfahren, was Heimvorteil bedeutet», erklärte er. «Im Jahre 1988 werden Sie darüber vielleicht noch mehr erfahren.»[2]

Wegen der Zwistigkeiten in Los Angeles plante der Internationale Amateurboxverband einen außerordentlichen Wettkampf im Jahr der Spiele, um seine Punkt- und Ringrichter auf die Probe zu stellen. Doch die Koreaner vereitelten das Vorhaben. «Sämtliche Schiedsrichter für die Olympiade waren im März 1988 in Seoul», teilte mir ein Funktionär des Boxverbandes mit. «Sie wurden großzügig bewirtet, erhielten Geschenke, man lud sie in Nachtclubs ein – jeder Wunsch wurde ihnen von den Augen abgelesen. Doch als dann die Spiele näherrückten, erwarteten die Koreaner eine Gegenleistung. Chowdhry versprach ihnen Goldmedaillen. Selbst Wehr machte sich Sorgen.»

Ich habe eines dieser Geschenke in Händen gehalten: eine goldene Krone, verziert mit einem Jadestein, die sich in einem Glasgehäuse mit der Aufschrift «Seung-Youn Kim, koreanische Amateurboxervereinigung» befand. Mindestens einhundert Funktionäre des Boxsports erhielten dieses Geschenk. «Die Gastfreundschaft war phänomenal», meinte der Ringrichter Keith Walker aus Neuseeland. «Man kann das interpretieren, wie man will.»

Als Anfang September nach und nach die Mitglieder der olympischen Familie in Seoul eintrafen, gab es für den Boxsport erfreuliche Nachrichten. Einer der Funktionäre des Verbandes, Generalmajor Francis Nyangweso aus Uganda, hatte den Aufstieg ins Olympische Komitee geschafft. Neben ihm gab es noch zwei weitere: Dr. Ching-Kuo Wu aus Taiwan und Paul Wallwork aus Westsamoa. Was immer sich auch beim Turnier in Seoul anbahnte, es gab nun mindestens drei IOC-Mitglieder, die Insiderwissen über die Schwächen von Chowdhry und Teilen seiner Gang hatten.

In den nächsten Wochen sank die olympische Moral auf ihren Tiefpunkt. Das Turnier war eine solche Katastrophe, daß selbst der Geheimagent Karl-Heinz Wehr einen ganzen Monat brauchte, um sich zu erholen, bevor er seinen Führungsoffizieren in Ostberlin Bericht erstatten konnte. So viel war schiefgelaufen, alles war so unglaublich korrupt, daß Wehrs Berichte sich wiederholen, weil er offenbar Mühe hatte zu begreifen, daß sein Sport von Gangstern gekidnappt worden war. Natürlich zählte Wehr sich selbst nicht dazu. Sicher, gegen ein paar Betrügereien, um seinen politischen Verbündeten Medaillen zu verschaffen, hatte er nichts einzuwenden. Aber was die Koreaner da gemacht hatten, war doch ziemlich plump.

Mit Erstaunen stellte er fest, daß die Koreaner ihn bei einem Spiel geschlagen hatten, von dem er glaubte, der sowjetische Block beherrsche es aus dem Effeff – die Manipulation. «Wir hatten uns geeinigt, alle Kampfrichter im Olympic-Family-Town-Hotel unterzubringen, um die Einflußnahme des koreanischen Verbandes einzuengen», berichtete Wehr. «Um unsere Maßnahme zu verstärken, teilten wir den Wohnungen der Kampfrichter jeweils zwei Mitglieder der Kampfrichterkommission zu, um so eine ständige Kontrolle ausüben zu können. [...] Bei der Anreise in Seoul aber wurden durch den Organisator unsere Listen nicht beachtet, die Richter im wesentlichen nach den Vorstellungen der Koreaner zusammengelegt und so unsere Vorstellungen zunichte gemacht.»

Wehr wäre vielleicht in der Lage gewesen, mit den von den Koreanern verursachten Problemen fertig zu werden – mit der Unterstützung

Chowdhrys. Doch der war wie immer mit gewinnträchtigeren Dingen beschäftigt und mischte sich in die Angelegenheiten anderer Verbände. «...vor allem in der ersten Woche [war er] bei vielen internationalen Kongressen und [hat] versucht, dort die Linie Adidas durchzusetzen», berichtete Wehr, der sich nun allein den Kopf über die organisatorischen Probleme zerbrechen konnte.

Als Mitte September die Spiele begannen, stellte Wehr fest, daß sich einige Kampfrichter in den ersten Turnierkämpfen alles erlauben konnten und Boxern zum Sieg verhalfen, die klar und deutlich unterlegen waren, ohne daß die Funktionäre eingeschritten wären. Also griff er selbst ein, um das Schlimmste zu verhindern – und plötzlich riß der Strom der Geschenke seitens der Koreaner ab. «In den ersten Tagen des Aufenthaltes in Korea konnte ich mich relativ frei bewegen», schrieb Wehr. Später «hat es nicht an Versuchen gefehlt, mich in irgendeiner Weise zu korrumpieren oder zu beeinflussen. [...] Die Südkoreaner haben mehrfach versucht, mich davon zu überzeugen, getroffene Entscheidungen gegen Kampfrichter, denen sie offensichtlich zugetan waren, rückgängig zu machen. Man muß einschätzen, daß trotz der eingeleiteten Maßnahmen wir nicht verhindern konnten, daß sich immer wieder Kampfrichter fanden, in den Kampfgerichten bei den südkoreanischen Boxern, die den Südkoreaner bar jeder Vernunft zum Sieger erklärten.»

Wehr ging auch weiterhin gegen die schlimmsten Boxrichter vor – und brachte seine Gastgeber damit in Rage. «Mit welcher Brutalität die koreanische Seite versuchte, den Beschluß über den Ausschluß von Kampfrichtern rückgängig zu machen, läßt sich schlecht wiedergeben», klagte er. «Tagelang wurde ich in meinem Büro, in der Halle und im Hotelzimmer von Koreanern belagert, die den Auftrag hatten, mich zu beeinflussen, die Entscheidung zurückzunehmen.» Für den Fall, daß das nichts fruchtete, versuchten sie es gleichzeitig mit Morddrohungen.

Aber der Druck wirkte. Das erste Opfer war Anthony Hembrick. Er war eigentlich rechtzeitig zu seinem Kampf eingetroffen, wußte aber nicht, daß die Koreaner die Zeitplanung verändert hatten: Nach Ansicht des Ringrichters war er ein paar Minuten zu spät dran – und wurde mit Disqualifikation bestraft. Daraufhin bedrängten die amerikanischen Funktionäre das Berufungskomitee, welches mit zwei zu zwei Stimmen für die Durchführung des Kampfes votierte. Aber es kam dennoch nicht dazu: Der Vorsitzende Taieb Houichi aus Tunesien stimmte gegen Hembrick. Die Amerikaner wandten sich nun an Chowdhry und Wehr. «Wir appellierten an ihre sportliche Fairneß, ihren Sportsgeist und die olympische Solidarität», erzählt Paul Konnor.[3] Offensichtlich war das nicht ironisch gemeint.

Robert Helmick, Präsident des Olympischen Komitees der USA, bat Samaranch, bei Chowdhry zu intervenieren, «für den Geist der Spiele in die Bresche zu springen».[4] Mit seinen intimen Kenntnissen über das, was Samaranch Chowdhry und Adidas schuldig war, muß Helmick aber bereits geahnt haben, daß ein derartiger Protest sinnlos war.

Die Affäre Hembrick machte kaum Schlagzeilen. Der nächste Skandal hingegen war das wohl kriminellste Sportereignis, das jemals im Fernsehen verfolgt werden konnte. Der Bantamgewichtler Alexander Hristow aus Bulgarien und der Koreaner Byun Jong-il schlugen sich über drei Runden, und der neuseeländische Ringrichter Keith Walker verwarnte den Koreaner zweimal, weil er seinen Kopf als Sturmbock eingesetzt hatte. Das kostete ihn den Sieg.

Doch während nun der Bulgare seinen Sieg feierte, kletterten koreanische Boxfunktionäre in den Ring und begannen, Schläge auszuteilen. «Lee Hong Soo, der Chefcoach, sowie ein weiterer Trainer drängten Walker in eine Ecke und schlugen auf ihn ein, bis andere Ringrichter ihm zu Hilfe eilten», berichtete die *New York Times*.[5]

Und Walker erzählte mit gepreßter Stimme: «Die koreanischen Trainer traten und schlugen auf mich ein und rissen mir die Haare aus. Ihr Chefcoach boxte mir in den Rücken.» Ein Sicherheitsbeamter warf seinen Blazer weg, sprang in den Ring und trommelte mit den Fäusten auf Walker ein, während ein Kollege von ihm versuchte, ihn zu treten. Funktionäre schleuderten Klappstühle in den Ring. Als Walker bleich vor Schrecken zum Flughafen fuhr, um so schnell wie möglich nach Hause zu fliegen, setzte sich Byun in den Ring, um eine geschlagene Stunde und sieben Minuten lang schweigend zu protestieren.

Wer trug die Schuld an dieser Ausschreitung? Und was in aller Welt war aus dem Olympia-Slogan «Harmonie und Fortschritt» geworden? Wehr verwies ohne Zögern auf den Präsidenten des koreanischen Amateurboxverbandes: «S. Way Kim [gemeint ist Seung-Youn Kim] [...] hat außerordentlich viel materielle Mittel für die Vorbereitung seiner Boxer investiert und wollte diese finanziellen Mittel in Form von Medaillen amortisiert sehen.»

Die Funktionäre von Wehrs Verband waren nicht viel besser. Das Exekutivkomitee beschäftigte sich hinter den Kulissen mit dem Skandal. Aus seinen geheimen Protokollen geht hervor, daß Chowdhry den Bulgaren Emil Jetschew, der am Ring gestanden hatte, fragte, ob er die Randalierer nennen könne. Jetschew antwortete, er fühle sich dazu nicht in der Lage, er sei gerade mit dem Ausfüllen der Punktliste beschäftigt gewesen und habe nichts gesehen.

Aber es sollte noch schlimmer kommen. Heute ist Roy Jones IBF-Weltmeister im Halbschwergewicht, damals kam er als Halbweltergewichtsboxer und als eine der größten Medaillenhoffnungen der USA nach Seoul. Zwei Verschwörungen waren im Gange: Die Koreaner wollten Gold sehen, und der sowjetische Block wollte verhindern, daß die USA Medaillen bekamen. Gemeinsam zwangen sie Roy Jones in die Knie.

Er sollte gegen den Koreaner Park Si Hun antreten, der auf seinem Weg zum Finale außergewöhnlich viel Glück gehabt hatte. Skeptiker sprachen statt von einer Glückssträhne aber lieber von einer Reihe parteiischer Entscheidungen. Park gewann seinen ersten Kampf, als sich Abdalla Ramadan aus dem Sudan in der zweiten Runde nach zwei Tiefschlägen zusammenkrümmte.

Parks zweiter Gegner war einer der Favoriten, Torsten Schmidts aus der DDR. Die meisten Beobachter glaubten, Schmidts habe gewonnen, doch die Punktrichter entschieden sich für Park. Später machte Wehr in Berlin den Koreanern und dem Bulgaren Emil Jetschew, dem Vorsitzenden der für die Überwachung der Schiedsrichter verantwortlichen Kommission, Vorwürfe: Der Bulgare habe seine Genossen im Stich gelassen. Wehrs Kommentar dazu: «Es wurde deutlich, daß Jetschew, offensichtlich auch unter Druck, an gar keiner Veränderung interessiert war.»

Dann kämpfte Park gegen den Italiener Vincenzo Nardiello, der nach der zweiten Runde allen fünf Punktrichtern zufolge vorne lag. Zwei gaben ihm auch für die dritte Runde den Zuschlag. Die anderen drei fanden, Park habe die Schlußrunde so überwältigend hoch gewonnen, daß sie ihn zum Sieger kürten. Nardiello fiel auf die Knie und bearbeitete den Boden mit seinen Fäusten. Dann sprang er aus dem Ring und schrie die Punktrichter an, bis seine Trainer ihn wegzerrten.

Auf diese Weise also war Park Si Hun ins Finale gekommen. Der Korrespondent der *Boxing News* kriegte alles aus nächster Nähe mit: «Park war zwar größer, aber der Amerikaner übertraf ihn an Schnelligkeit, Treffsicherheit und Geschicklichkeit. Im Gegensatz zu vielen seiner Mitstreiter war der Koreaner kein brutaler Schläger, aber er wirkte verbissen wie ein Arbeitstier, als er vergeblich hinter Jones herjagte, der mit langen, weit ausholenden Linkshaken Punkte sammelte.

Als es in die dritte Runde ging, schien Jones zwei Runden Vorsprung und, falls nicht noch eine Katastrophe passierte, den Sieg in der Tasche zu haben. Gleich zu Beginn der Runde landete er eine schöne linke Gerade und sammelte nach Belieben Punkte, als Park, ein zweiundzwanzigjähriger Universitätsstudent, in die Offensive ging. Als der Schlußgong ertönte, marschierte Jones mit zum Sieg erhobenen Armen im Ring herum und wurde von dem vorwiegend koreanischen Publikum ausgebuht. Scheinbar stand außer Frage, wer gewonnen hatte.»[6]

Und so lautete auch das Urteil von Saut Gwadjawa aus der UdSSR und Sandor Pajar aus Ungarn. Beide erklärten Jones mit 65 zu 60 Punkten zum Sieger über Park. Die drei anderen Punktrichter aber hatten wohl einen ganz anderen Kampf gesehen. Der Marokkaner Hiouad El Arbi und Alberto Duran aus Uruguay entschieden mit 59 zu 58 Punkten für Park; Bob Kasule aus Uganda bewertete den Kampf 59 zu 59, mit Vorteil für Park.

Das aber stand in geradezu lächerlichem Ausmaß im Widerspruch zu den Anzeigen auf dem NBC-Computer. Roy Jones landete sechsundachtzig Treffer und der Koreaner nur zweiunddreißig. Noch verheerender aber war die Durchschnittszahl der Treffer in den einzelnen Runden. Park konnte 10,4 für sich verbuchen, während Roy auf 28 kam. «Ich dachte, ich hätte ihn so überwältigend geschlagen, daß mir niemand den Sieg streitig machen könnte», sagte Jones mit Bedauern. «Unglücklicherweise war das aber doch der Fall.»

Nach dem Kampf wurde Chowdhry von wütenden Amerikanern belagert. Der Trainer Ken Adams brüllte: «Sie wollen es doch nicht etwa wagen, den Koreaner zum Sieger zu erklären!» Und die westeuropäischen Funktionäre schlossen sich dem an und bezeichneten Parks Sieg als «kriminell», «eine Schande» und «schockierend».

Der marokkanische Punktrichter El Arbi zauberte rasch eine Entschuldigung aus dem Ärmel und erklärte einem französischen Journalisten, er habe für den Koreaner gestimmt, weil er glaubte, Jones würde ein 5 zu 0 erzielen, und dadurch hätte sich möglicherweise das parteiische Publikum provoziert gefühlt. Dann fügte er hinzu: «Es war schrecklich. Der Amerikaner gewann mühelos, so mühelos, daß ich ein 4 zu 1 erreichen wollte, um das Gastgeberland nicht vor den Kopf zu stoßen.»[7]

Fünfzigtausend Koreaner riefen beim staatlichen Fernsehsender an, um gegen die Art und Weise zu protestieren, wie sie die Goldmedaillen «gewonnen» hatten, und sogar Park selbst erklärte Jones zum Sieger, als er bei der feierlichen Verleihung der Medaillen Jones um die Hüfte packte und hochhob. Park gab später gegenüber dem *Korea Herald* zu, daß Jones ihn geschlagen habe.

Der einzige, der überzeugt war, daß Park die Goldmedaille verdient hatte, war «Dynamit»-Kim, der steif und fest behauptete: «Die heutige Entscheidung ist sehr, sehr fair gewesen. Von einem Skandal kann gar nicht die Rede sein. Ich verstehe einfach nicht, warum die Ausländer solche Vorurteile gegenüber den Koreanern haben.»[8]

Die Gangster hatten jetzt schon zwei Siege gegen die Amerikaner in der Tasche. Aber es gab noch eine letzte Gelegenheit, einem amerikanischen Boxer die Medaille zu klauen. Die *Boxing News* deckte auf, was da vor sich ging. «Der Ringrichter, der für den gutbezahlten Posten auserkoren war, das prestigeträchtige Finale im Superschwergewicht zu beaufsichtigen, war kein anderer als Gustav Baumgartl aus der DDR, der den Erwartungen seiner Herren voll und ganz entsprach und den Amerikaner Riddick Bowe niedermachte.

Die einzige Chance des Gegners von Bowe, des Kanadiers Lennox Lewis, bestand darin, daß er den Amerikaner schnell k. o. schlagen würde. In der zweiten Runde wurde Lewis rasch müde, bezog Prügel und sah aus, als würde er schlappmachen. Aber der Ringrichter aus der DDR fand immer wieder eine Ausrede, einzugreifen, behinderte Bowe durch ungerechtfertigte Verweise, störte seinen Rhythmus und lenkte ihn so vom Kampf ab.

Sobald Bowe als Folge davon einen Schlag einstecken mußte, was ihn aber nicht beeinträchtigte, trat der dritte Mann dazwischen.»[9] Der Ringrichter Baumgartl packte die Gelegenheit beim Schopfe, erklärte den Kampf für beendet und Lewis zum Sieger.

Beide Männer hatten einen guten Kampf geliefert, doch Bowe hatte das Nachsehen. Damit belief sich die Gesamtzahl der amerikanischen Goldmedaillen auf sechsunddreißig, die der ostdeutschen auf siebenunddreißig. Wären Roy Jones und Riddick Bowe nicht um ihren Sieg gebracht worden, hätten die USA die Ostdeutschen überholt – obwohl sie immer noch weit hinter der UdSSR mit ihren fünfundfünfzig Goldmedaillen gelegen hätten.

Die Welt des Boxsports verlangte, daß hinsichtlich der Skandale in Seoul etwas unternommen wurde, und man versprach eine Untersuchung der Vorfälle – das hieß zunächst ein Treffen hochrangiger Funktionäre in Frankfurt. Doch es war eine Farce. Emil Jetschew, der zum Verhalten seiner Punktrichter Stellung nehmen sollte, kam zu spät. Laut den geheimen Aufzeichnungen des Treffens wurde dem Amerikaner Paul Konnor, der den Kampf Jones gegen Park zur Sprache brachte, von dem Australier Arthur Tunstall – Inhaber des Ordens des British Empire – mitgeteilt, «daß die Fehler der Verantwortlichen in Seoul nicht überbewertet werden dürfen. In Los Angeles hat es ähnliche Vorfälle gegeben. Und alles in allem war das Resultat von Seoul nicht schlecht.» In der Öffentlichkeit verkündete der Verband, nach einem zweiten Treffen, das in Nairobi im folgenden Frühjahr geplant sei, würden harte disziplinarische Maßnahmen ergriffen.

Wehr fuhr nach Berlin zurück und berichtete seinen Führungsoffizieren, das Treffen in Nairobi sei reine Zeitverschwendung.

Von den Ereignissen in Nairobi existieren zwei Versionen. Die Lügengeschichte, die die Öffentlichkeit hinters Licht führen sollte, wurde in der Verbandszeitschrift *World Boxing News* unter der irreführenden Überschrift «Amateurboxverband Kenias war Gastgeber einer wichtigen Tagung des Internationalen Verbandes vom 13. bis 20. März 1989» veröffentlicht.[10] Was war schiefgelaufen in Seoul? Scheinbar nicht allzuviel: nur «Meinungsverschiedenheiten» über die Bewertung der Boxkämpfe.

Die Botschaft, die der internationale Boxsport schlucken sollte, lautete: Einige Kampfrichter waren ein bißchen gedankenlos – mehr nicht. Chowdhry und Wehr erklärten öffentlich: «Wir können es nicht hinnehmen, daß die Anstrengungen sowohl der Sportler als auch ihrer Trainer gedankenlos zunichte gemacht werden.» Doch das war reine Erfindung, und die Funktionäre wußten es. Eine kleine Clique – eine Handvoll Spitzenfunktionäre des Amateurboxverbandes – hatte eine Verschwörung angezettelt, um die Wahrheit vor der Welt und mehreren Dutzend Funktionärskollegen auf der Tagung zu verheimlichen.

Chowdhry verbrachte einen Großteil der Zeit hinter verschlossenen Türen in seiner Suite im Intercontinental Hotel. Die Verschwörer gesellten sich zu ihm, um einen Kompromiß auszuhecken. Den geheimen Aufzeichnungen zufolge vertrat IOC-Mitglied Nyangweso aus Uganda die Ansicht, daß eine Strafe nur dann sinnvoll sei, wenn sie einen «pädagogischen Effekt» habe. Der Tunesier Taieb Houichi spielte den Skandal herunter, und ein marokkanischer Funktionär sprach sich dafür aus, Nachsicht zu üben. Doch selbst diese geheimen Berichte geben nicht die Wahrheit wieder.

Glücklicherweise hielt wenigstens Wehr fest, was sich tatsächlich abgespielt hatte. Seine zwei Seiten füllenden Enthüllungen in seinem Stasi-Bericht, die auf den 29. März 1989 datiert sind, bergen allerhand Sprengstoff. Wehr nennt die schuldigen Funktionäre beim Namen und führt auch die Summen auf, die sie einkassierten und mit denen sie den olympischen Sport pervertierten.

Wehr warnte seine Führungsoffiziere: «Über das, was ich jetzt berichte, gibt es in keinem offiziellen Dokument eine Information, lediglich Vizepräsident Günter Heinze vom DTSB (IOC-Mitglied der DDR) wurde mündlich über folgendes in Kenntnis gesetzt.» Mindestens ein Wächter über die olympische Wahrheit wußte also, daß Medaillen gekauft worden waren.

Wie war Roy Jones um seinen Sieg gebracht worden? Wehr entdeckte, daß die Punktrichter mehr als nur «gedankenlos» gewesen waren. Die Akten liegen anonymisiert vor, aber einige Namen schimmern noch durch. Wir werden sie X, Y und Z nennen.

Wehr berichtete klipp und klar: «Bei der Diskussion zum Strafmaß wurde bekannt, daß ‹X› vom koreanischen Veranstalter 10 000 Dollar erhalten hat, von denen er 300 Dollar an drei afrikanische Kampfrichter auszahlte, mit der Bitte, auf jeden Fall die Koreaner als Sieger zu bringen.

‹Y›, vom Kontinentalbüro Südamerikas, hat 5000 Dollar erhalten, davon an zwei Kampfrichter jeweils 500 Dollar mit der Weisung ausgezahlt, auf alle Fälle die koreanischen Boxer als Sieger zu bringen.»

Ein Vertreter Afrikas im Exekutivkomitee – wir nennen ihn ‹Z› – «[verfügte] über eidesstattliche Erklärungen seines Kampfrichters, der ausgesagt hat, daß er 300 Dollar mit der genannten Weisung von ‹X› erhalten hatte.»

So war es also: Ranghohe Funktionäre hatten sich für die Manipulation der Medaillenvergabe bezahlen lassen. Trotz der Streichungen ist es nicht schwer, herauszufinden, wer die Bestechungsgelder für die Punkt- und Ringrichter in die Waschanlage steckte. Es waren samt und sonders hochrangige Mitglieder des Amateurboxverbandes.

Wehrs Berichte lesen sich wie das Protokoll der geheimen Sitzung einer Verbrecherbande, die den Sieger von Vegas im vorhinein festlegen, um bei den Wetten abzukassieren. Es handelte sich um führende Mitglieder der olympischen Familie, die einen Eid darauf geschworen hatten, «in echtem Sportsgeist» die Regeln einzuhalten. Nun hatten sie die tiefste Krise des olympischen Sports heraufbeschworen.

Laut Wehr gaben die Koreaner zu, die Bestechungsgelder bezahlt zu haben. So stand man vor einer simplen Alternative: die korrupten Funktionäre lebenslänglich zu sperren – und der Welt die Gründe darzulegen – oder das Ganze zu vertuschen. Welchen Weg würde man einschlagen? Würde die Führung des Amateurboxsports einen tiefen olympischen Atemzug tun, alles zugeben und in ihrem Verband aufräumen? Natürlich nicht. Die Gangster besetzten für sich den ersten Platz und wiesen den Athleten und dem ganzen Sport den letzten zu.

Fünf Verantwortliche wurden für zwei Jahre gesperrt. Zu ihnen gehörten Bob Kasule aus Uganda, Hiouad El Arbi aus Marokko und Alberto Duran aus Uruguay, die in den Roy-Jones-Skandal verwickelt waren. Um aber die Öffentlichkeit zu verwirren, wurde auch Sandor Pajar aus Ungarn bestraft, der für Roy Jones gestimmt hatte.

Weitere dreizehn Boxrichter wurden von der nächsten Weltmeisterschaft ausgeschlossen, und unter ihnen befand sich auch Saut Gwadjawa aus der Sowjetunion, der ebenfalls für Roy Jones gestimmt hatte. Die beiden ehrlichen Punktrichter des Jones-Kampfes erfuhren somit die gleiche Behandlung wie die Betrüger! Man hatte beschlossen, die Augen vor der Korruption zu verschließen, und beschränkte sich lediglich darauf, den Koreanern für ein Jahr die Ausrichtung internationaler Wettkämpfe zu untersagen und sechs ihrer unbedeutenden Funktionäre für achtzehn Monate vom Dienst zu suspendieren.

Bei seiner Rückkehr nach Berlin fühlte sich Wehr vielleicht etwas gefährdet. «Ich bin mir nicht sicher, ob die Person, die von diesem Vorkommnis Kenntnis hat, auf Dauer den Mund halten wird. An den Diskussionen zu diesem Vorhaben waren nur Chowdhry und ich beteiligt. Mit wem Chowdhry noch verhandelt hat, weiß ich nicht. Auf jeden Fall ist dieser Kompromiß eingegangen worden, zu dem Vizepräsident (IOC-Mitglied Günter Heinze) die Auffassung vertrat, daß ich mich richtig verhalten habe, weil man einen solchen Skandal nicht riskieren konnte.»

Das taten sie auch nicht. Die Barone des Boxsports hatten Bestechungsgelder einkassiert und dies vertuscht, um den Ruf des Ostblocks und ihres von Adidas bezahlten Präsidenten zu schützen. Trat wenigstens das Olympische Komitee der Vereinigten Staaten für seine Sportler ein? Aber nicht doch! Vielmehr gestattete es Karl-Heinz Wehr, seine Lügen in der Monatszeitschrift des Komitees zu verbreiten. Jahrelang hatten sich die olympischen Bürokraten der USA mit Dollars gemästet, die die Öffentlichkeit zur Verfügung gestellt hatte, um in der Sportarena die Kommunisten zu besiegen. Und nun gaben sie dem Feind eine Plattform, um sich über sie lustig zu machen.

In der Juli-Ausgabe 1989 von *The Olympian*, der Zeitschrift des US-amerikanischen Olympischen Komitees, erschien ein irreführender Artikel von Wehr, in dem er den Diebstahl von Seoul entschuldigte. Den Lesern wurde nicht mitgeteilt, daß der Artikel aus dem von der Stasi finanzierten Blatt *European Boxing* übernommen worden war und sozusagen direkt aus der osteuropäischen Presse kam.

Für die wenigen, die Bescheid wußten, war es die reinste Komödie. Den Lesern wurde versichert, daß Chowdhry sein Bestes getan habe, um ein großartiges Turnier auf die Beine zu stellen. Warum also war in Seoul alles so schrecklich schiefgelaufen? Warum weinte Roy Jones, nachdem er den manipulierten Kampf verloren hatte? Wehr speiste die Amerikaner mit einer dürftigen Erklärung ab: Einige Kämpfe, an denen Koreaner beteiligt waren, «stimmten nicht mit den Prinzipien des modernen Amateurboxsports überein.» Und dann machte er dunkle Andeutungen über die Bestechungen – «bei den Kampfrichtern zeigte sich eine Diskrepanz zwischen ihren tatsächlichen Fähigkeiten und der Art und Weise, wie sie bestimmte Kämpfe bewerteten» –, doch niemand ging der Sache nach.[11]

Als Chowdhry und Wehr dann Atlanta einen Besuch abstatteten, erfuhren sie vom Bewerbungsteam für die Spiele 1996 besorgniserregende Neuigkeiten. Das US-Außenministerium hatte angedeutet, Wehr stehe in dem Verdacht, Stasi-Agent zu sein. Aber niemand zerbrach sich deswegen den Kopf. Und zu Hause in Berlin lachte man sich eins ins Fäustchen.

Doch in der DDR war die Party bald vorbei. Am 9. Dezember 1989, einen Monat nach dem Fall der Berliner Mauer, hatte Wehr ein bewegendes Abschiedsgespräch mit seinem Chef, Oberstleutnant Radeke. Seine letzte Frage lautete, ob die Stasi dafür garantieren könne, daß seine Akten geheimgehalten wurden. Radeke sicherte ihm dies zu. Seine schmutzigen Geschäfte würden nicht ans Licht kommen.

Der Amateurboxverband überstand die Woge der Umwälzungen, die den alten Ostblock überschwemmte, schadlos. Chowdhry und Wehr sind im Amt geblieben – der eine als Präsident, der andere als Generalsekretär –, und auch die Betrüger, die in den Stasi-Akten namentlich genannt werden, sind immer noch auf ihrem Posten. Sie werden auch in Atlanta zusehen, wie Hoffnungen auf eine Medaille zunichte gemacht werden, während die Boxer ihre Gesundheit aufs Spiel setzen. Die drei IOC-Mitglieder Francis Nyangweso, Dr. Ching Kuo Wu und Paul Wallwork sind offenbar völlig zufrieden, und Samaranch war hoch erfreut, Chowdhry 1992 den Olympischen Orden verleihen zu können. Er lobte ihn für seinen «Respekt vor den Regeln» und pries ihn als «glühenden Verfechter des Fair play».

9 | Mickey Kim, Oberster Gralshüter im Wartestand[1]

Einen Rattenschwanz von Schwarzgurt-Lehrern hinter sich herziehend, schreitet die untersetzte Gestalt freundlich lächelnd zwischen den Grüppchen olympischer Abgeordneter hindurch, die während des Olympischen Kongresses eine Kaffeepause machen. Kim Un Yong hat gute Gründe, freundlich zu sein: Sein Sport, das Taekwondo, hat den Sprung in die olympischen Disziplinen geschafft und wird im Jahr 2000 in Sydney sein Debüt als Goldmedaillensport geben. Zwanzig Jahre schmutziger Tricks – und Gott weiß wie viele Schmiergelder – haben sich schließlich ausgezahlt.

Kim lächelt aber nicht nur des Taekwondo wegen. Heute feiert er einen ganz persönlichen Triumph. Er ist der einzige Anwärter auf den Thron Samaranchs, der einem olympischen Sportverband vorsteht. Wenn es nach Atlanta geht, wird er als Stellvertreter des Alten fungieren und zur Übernahme bereitstehen. Danach hängt alles von den IOC-Mitgliedern ab – also strahlt er jeden an, der als Wähler in Frage kommt, seine Verbündeten, seine Kollegen unter den Sportbaronen.

Wie der gegenwärtige Oberste Gralshüter des olympischen Idealismus hat auch Kim eine Biografie, über die er sich lieber ausschweigt. In den verstaubten Akten der amerikanischen Geheimdienste finden sich Enthüllungen über einen Mickey Kim, die an Schäbigkeit nichts zu wünschen übriglassen – ein ausgesprochen cleverer Spitzel. Könnte dies derselbe wohlwollende Sportfunktionär Kim Un Yong sein, der ins Herz der Olympischen Bewegung befördert wurde? Ja, genauso ist es, wenn man auch in seiner offiziellen IOC-Biografie nirgendwo auf den Namen «Mickey» stößt. Vielleicht ist er ihm aus dem Gedächtnis entschwunden wie Samaranch seine faschistische Vergangenheit.

Politik auf koreanische Art ist ein schmutziges Geschäft, und Mickey Kim hat sein Leben lang bis zu den Ohren dringesteckt. Er hat den Krieg, Staatsstreiche und Diktaturen überlebt. Und ein korruptes System nach dem anderen hat Verwendung für ihn gehabt: Jeder blutrünstige General, der die Macht an sich riß, konnte auf seine Loyalität zählen. Das Militär erkannte in den fünfziger Jahren, was in ihm steckte, und schickte ihn auf die Universität von El Paso in Texas. Die College-Unterlagen bestätigen seine Behauptung, einen Universitätsabschluß gemacht zu haben, nicht. Er kehrte nach Seoul zurück, um sich zum professionellen Geheimdienstagenten ausbilden zu lassen. Und er sollte – wie Samaranch – langfristig den Sport im Dienste grausamer Diktatoren manipulieren.

Kims erster Chef, General Park, kam 1961 durch einen Militärputsch an die Macht. Um Andersdenkende zu unterdrücken und jegliche Forderungen nach Demokratie abzublocken, gründete Park den koreanischen Geheimdienst KCIA, der sowohl Spionage im Ausland betrieb, als auch im Land selbst auf die grausamste Weise Repressionen ausübte. Der General berief Mickey Kim zum persönlichen Assistenten des Chefspions. Kim machte sich gut und wurde deshalb ins Protokollbüro des Premierministers versetzt – ein guter Beobachterposten für einen zuverlässigen Spitzel.

«Park war so paranoid, daß er eigens jemanden als Wachhund brauchte», erzählte mir ein ehemaliger koreanischer Diplomat[2], «damit er alles mitkriegte, was um ihn herum passiert.» Und es sollte eine Menge passieren. Kongreßanhörungen in den siebziger Jahren über die koreanische Geheimdiensttätigkeit in den Vereinigten Staaten, bei denen Mickey Kim mehrmals erwähnt wird, ergaben, daß General Park und seine jungen Offiziere Korea wie ein Militär-Straflager regierten. Die KCIA war sein «mächtiges Vollzugsorgan», das jede Opposition im Keim erstickte.

Der erste Vollzug auf internationaler Ebene fand statt, als ein Team von KCIA-Agenten und Taekwondo-Lehrern über dreißig koreanische Dissidenten in der Bundesrepublik Deutschland kidnappte, sie nach Korea verschleppte, alle folterte und drei von ihnen erhängte. Mickey Kim, der aufstrebende KCIA-Agent, hielt sich in jenem Jahr, als Diplomat getarnt, in Europa auf und begleitete den neuen koreanischen Botschafter zu einer Audienz bei Queen Elizabeth im Buckingham Palast.[3]

Mickey Kim war ständig auf Achse. Einer Versetzung zur koreanischen Botschaft in Washington im Jahre 1963 und von dort zur koreanischen Vertretung bei der UNO in New York folgte eine Zeit an der Botschaft in London. «Das ist doch merkwürdig», meinte ein ehemaliger koreanischer Diplomat zu mir.[2] «Kim arbeitete ja nicht für das Außenministerium, also muß er für die KCIA dort gewesen sein. Normalerweise tut ein Diplomat in verschiedenen Ländern Dienst und kehrt dann nach Hause zurück, um sich wieder mit der Politik der Regierung vertraut zu machen. Ich nehme an, daß er in London Kollegen, koreanische Geschäftsleute, Studenten und natürlich Dissidenten beobachtet hat.»

Weitere Beförderungen standen an. Er wurde nach Hause zurückbeordert und zum stellvertretenden Chef der Leibgarde des Präsidenten ernannt, ein Posten, der mehr als nur den reinen Personenschutz beinhaltete. Park befehligte ein eigenes Team von Spitzeln, die nur ihm ergeben waren, und Kim wurde eine spezielle Aufgabe anvertraut. Drei Jahrzehnte lang war er in Amerika und anderswo freiberuflich als Diplomat tätig, arbeitete mit örtlichen Abteilungen des koreanischen CIA zusammen, wurde als Mitglied einer Verschwörung enttarnt, die das Ziel hatte, Bestechungsgelder zu zahlen und zu erpressen, und deklamierte mit Vorliebe die Ideale des olympischen Sports. Er muß für jeden Wochentag einen anderen Hut gehabt haben.

Den US-Kongreß bestechen! schrie General Park, aufgebracht über die Anweisungen aus dem Weißen Haus, die amerikanischen Truppen in Korea zu reduzieren.[4] Nur der Kongreß konnte dies verhindern, also mußte er gekauft werden. Die Korruption wurde von der koreanischen Botschaft in Washington aus gelenkt. Korrupte Politiker auf dem Capitol Hill sackten ganze Bündel von Scheinen aus einem eine Million Dollar schweren Schmiergeldtopf ein, und weitere Bestechungsgelder kamen von einem korrupten koreanischen Geschäftsmann, der mit der KCIA gemeinsame Sache machte.

Die Botschaft wies Mickey Kim an, mit Reverend San Myung Mun (1995 als unerwünschte Person aus Großbritannien ausgewiesen) zusammenzuarbeiten, dessen Mun-Sekte amerikanische Eltern in Angst und Schrecken versetzte. Sie glaubten, die Anhänger dieser Sekte würden ihre Kinder entführen und in Zombies verwandeln, die darauf programmiert waren, Gelder für Muns Wirtschaftsimperium zu sammeln. Es war die übliche Mischung aus Religion, Bankgeschäften und der

Produktion von Granatwerfern, Maschinengewehren und Flugabwehrwaffen.

Kim fühlte sich wohl in der Führungsspitze der Mun-Sekte: Sie unterstützte General Park, machte Deals mit der KCIA und verwandte ein gut Teil ihres Vermögens darauf, in der amerikanischen Politik mitzumischen. Außerdem profitierte er von einer dubiosen Tarnorganisation mit dem harmlos klingenden Namen «Stiftung für die Kultur und Freiheit Koreas».

Das FBI kassierte deren Bücher ein, als es über die von der Botschaft initiierte Bestechungsaffäre stolperte. Wer stand auf der Geschenkliste der Kulturstiftung? Mickey Kim natürlich. Hier war nun der Beweis, daß Mickey Kim tatsächlich ein sehr hochrangiger Spion war. In den Berichten der Stiftung befand sich eine Notiz: «Geschenk [100 Dollar] an einen wichtigen koreanischen Regierungsbeamten, den stellvertretenden Direktor Kim Un Yong (koreanischer Geheimdienst) zum Tode seiner Mutter.»[5]

Die amerikanische Presse schlachtete eine weitere Gaunerei von Mickey Kim aus, die vom Kongreßausschuß für Internationale Beziehungen entdeckt worden war. Er hatte versucht, Colt Industries, dem Unternehmen, das die koreanische Armee mit Gewehren versorgte, einen Beitrag zu General Parks korrupter Wahlkampagne von 1971 abzupressen. Die Anwälte des Unternehmens rieten Colt, sich zu weigern – und Mickey Kim wurde vor die Tür gesetzt.[6]

Als der Skandal in Washington bekannt wurde, verließ Kim die Stadt. Er tauchte am wenig bekannten Maryville College in St. Louis wieder auf und wurde – über Nacht – als «Dr.» Kim Un Yong wiedergeboren, laut den Professoren von Maryville «ein Vorbild, was das Engagement für das geistige, diplomatische und kulturelle Leben der Republik Korea betrifft.»[7] Hatte Kim für diesen Ehrentitel Geld hingelegt? «Ich weiß davon nichts», erklärte mir die ehemalige Präsidentin des College Harriet Switzer schnippisch.

Der gute Doktor wurde nun zu General Park zitiert, um neue Instruktionen entgegenzunehmen. Er hatte sein eigenes Image aufgebessert – nun sollte er auch etwas für das in Verruf geratene Regime tun. Sorgen Sie zur Abwechslung mal für ein paar nette Schlagzeilen, lautete die Anweisung. Mit welchen Mitteln? Indem teure Werbefachleute in New York beauftragt wurden? Mit der Freilassung politischer Gefangener?

Mit freien Wahlen? All das kam nicht in Frage, was also könnte sonst noch zum Erfolg führen? Ach, ja! Da haben wir doch etwas, das schon bei Hitler funktioniert hat, und auch Samaranch tat sein möglichstes, um die Herrschaft General Francos auf diese Weise im besten Licht erstrahlen zu lassen: Der Tyrann zauberte aus seiner Schublade den staatlich geförderten Sport hervor. Im Handumdrehen erschien Mickey Kim in neuem Gewande als angesehener Sportfunktionär. General Park drängte Kim dem Olympischen Komitee auf, stattete ihn zusätzlich zu seinem Instant-Doktor mit ein paar weiteren Ehrentiteln aus – und übertrug ihm eine Aufgabe.

Taekwondo gab es damals nur in Korea. Wenn es Mickey Kim gelingen würde, es zu einer internationalen Disziplin zu machen, würde auch das Regime an Ansehen gewinnen, und das könnte vielleicht ein Sprungbrett für größere Vorhaben sein. Leider wurde Taekwondo bereits von einem Mann beherrscht, der sich der Diktatur nicht beugen wollte.

General Choi Hong Hi war eine Nervensäge, ein Offizier der Armee, der sein Leben dem Studium der asiatischen Kampfsportarten gewidmet hatte. In den fünfziger Jahren hatte er das Taekwondo entwickelt, er war der Erfinder des Namens und der Kampftechnik selbst. Und er konnte schon bald eine ganze Reihe von Niederlassungen in aller Welt vorweisen. Aber er wollte nichts mit General Park zu tun haben – und auch nicht mit Mickey Kim. Sie strebten einen internationalen Sportverband an, Choi aber hatte einfach Spaß an diesem Sport. Und die anderen, geheimen Pläne gefielen ihm gar nicht.

«Park wollte Zugriff auf den Weltverband», erklärt Choi. «Er hatte erkannt, daß er ihn als Stütze seiner Diktatur benutzen konnte.»[8] Als Choi sich weigerte, das Taekwondo dem KCIA zu übergeben, drohte man ihm mit Gefängnis. Er floh nach Kanada und nahm seinen Weltverband mit. Daheim in Korea setzte Park seine Familie als Geiseln fest.

Dann trat Kim auf den Plan, gründete einen Konkurrenzverband und übernahm selbst die Präsidentschaft. Bei der Gründungsversammlung wurde Kim ermächtigt, alle Funktionäre selbst zu ernennen – und Taekwondo wurde zum Instrument des Regimes in Seoul. Kims Version dieser Disziplin wurde weltweit als edle Kunst verkauft – und insgeheim dazu benutzt, die Macht General Parks zu zementieren.

Koreanische Dissidenten, die das Regime in Seoul durch ihre Kampagnen gegen die brutale Herrschaft in Verlegenheit brachten, wurden von einem Bündnis aus Spitzeln und Terrorexperten der asiatischen Kampfsportarten verfolgt. «Als Diplomaten getarnte Geheimdienstagenten wurden überall eingeschleust, und Taekwondo-Lehrer wurden ins Ausland geschickt, um Schulen zu gründen», berichtet ein ehemaliger koreanischer Diplomat. «Sie dienten später als Stützpunkte. Die KCIA flog ein und bediente sich dieser Leute und ihrer Kenntnisse über die örtlichen Gegebenheiten.»

Als im Mai 1973 der Anführer der koreanischen Opposition Kim Dae Jung in San Francisco eine Rede halten wollte, tauchten zehn Taekwondo-Experten mit einem KCIA-Beamten an der Spitze auf, um die Versammlung zu sprengen. Die Polizei vereitelte ihren Plan. Drei Monate später unternahm die Truppe einen erneuten Versuch, entführte Kim Dae Jung in Tokio und brachte ihn nach Seoul, wo er für fünf Jahre ins Gefängnis gesteckt wurde.

Die Repressionen in Südkorea und der staatlich geförderte Terrorismus im Ausland brachten dem Regime negative Schlagzeilen ein, gefährdeten die ausländische Unterstützung und die Verträge der koreanischen Ausbeutungsbetriebe. Wie konnte man das Geschäft ein bißchen anheizen? Korea brauchte die Olympischen Spiele. Die Nazis hatten 1936 die Spiele in ihrem Sinne benutzt, die Mexikaner hatten 1968 denselben Trick angewandt, und die Sowjets saßen für 1980 in den Startlöchern. Die KCIA ließ ihren ganzen Charme spielen und machte sich daran, die olympische Familie zu hofieren.

Waffen und Sex waren das Geheimrezept, um ihre Liebe zu gewinnen. Seoul bewarb sich erfolgreich um die Weltmeisterschaften im Sportschießen 1978 und zeigte, daß es in der Lage war, einen großen Wettkampf auszurichten und die Funktionäre zufriedenzustellen.

«Für jeden, der danach verlangte», – oder auch nicht – «standen Mädchen zur Verfügung. Als einer der Funktionäre spätabends die Tür zu seinem Schlafzimmer öffnete, fand er eine strahlende Hosteß vor», erinnert sich ein britischer Sportfunktionär. «Dummerweise sagte er nicht nein, sondern entledigte sich ihrer, indem er erklärte, er habe in einer halben Stunde einen Termin mit einem Kollegen. Dreißig Minuten später klopfte es an der Tür – und zwei Mädchen standen da! Buchstäblich alles wurde feilgeboten. Bei meiner Abreise sah ich am Flughafen Leute mit Videorekordern, Radios, ja sogar Kühlschränken.»

Nun saß alles in den Startlöchern, um die Bewerbung für die Olympiade 1988 in Gang zu setzen. Doch dann wurde General Park bei einem Dinner vom Chef seines Geheimdienstes ermordet, weil er den wahnwitzigen Befehl erteilt hatte, in der im Süden gelegenen Stadt Pusan auf 30 000 aufständische Arbeiter zu schießen. Innerhalb weniger Wochen saß General Chun Doo Hwan an den Hebeln der Macht, unterstützt von dem korrupten Oberbefehlshaber der Garnison in Seoul, General Roh Tae Woo. Das Gemetzel nahm kein Ende. Im Mai 1981 schoß die Armee in der Innenstadt von Kwangju auf Demonstranten, die eine demokratische Verfassung forderten. Die Regierung behauptete, nur 200 Menschen seien dabei umgekommen, während die Bewohner von Tausenden sprachen. Das brachte weitere negative Schlagzeilen: Je mehr Dissidenten niedergeschossen wurden, um so dringender brauchten die Generäle dieses einzigartige Fest des Friedens.

Warum auch sollten sie die Olympiade nicht bekommen? Ein Vierteljahrhundert lang hatte eine Junta nach der anderen Marionetten der Regierung nach Lausanne entsandt, wo sie mit offenen Armen empfangen wurden. Es waren die großen Olympier Koreas, jene Männer, deren persönliche Integrität den Maßstab setzte für die Bewerbung der KCIA um die Spiele 1988.

Lee Ki-Poong, ein altgedienter Mitarbeiter der ersten Nachkriegsdiktatur, wurde 1955 erstes südkoreanisches IOC-Mitglied, verschwand wenige Jahre später aber schon wieder von der Bildfläche. In der Geschichtsschreibung des IOC gibt es keinerlei Hinweis auf die Gründe — sie wären auch zu peinlich. «Lee Ki-Poong, seine Frau und seine beiden Söhne wurden tot aufgefunden. Sie hatten gemeinsam Selbstmord durch Erschießen begangen», berichtete *Associated Press* im April 1960.[9] «Lee, der umstrittene und desavouierte designierte Vizepräsident, war das Hauptangriffsziel regierungsfeindlicher Demonstrationen, die durch Vorwürfe ausgelöst wurden, Lees haushoher Sieg am 15. März sei Ergebnis einer massiven Wahlfälschung gewesen.» Mit seiner übereifrigen Manipulation hatte Lee die Militärjunta zu Fall gebracht. Nun hatte er keine Freunde mehr.

Trotz seines Betrugs wurde Lee in der üblichen Weise aus dem IOC verabschiedet. Präsident Avery Brundage klagte: «Es ist ein Verlust für das IOC, dessen Mitglieder ihn trotz der wenigen Begegnungen schätzengelernt haben.»[10]

Das nächste Regime schickte einen neuen Kandidaten, Dr. Lee Sang-Beck, «ein Handlanger der Junta, Marionette des koreanischen Geheimdienstes, des Kontrollmechanismus von General Park», wie sich ein ehemaliger koreanischer Regierungsbeamter ausdrückte. Lee Sang-Beck starb nur zwei Jahre nach seinem Eintritt ins IOC, und an seiner Statt kam nun Chang Key-Young, der ein ganzes Jahrzehnt blieb.

Chang war viel zu sehr mit dunklen Finanzgeschäften und der Leitung seines eigenen Zeitungsimperiums beschäftigt, um sich im Olympischen Komitee einen Namen zu machen – außer als Betrüger. Brundage-Nachfolger Lord Killanin erinnerte sich daran, wie Chang einmal einen seiner Lakaien zu ihm nach Lausanne schickte. «Dieser Botschafter verkündete, er wisse, daß ich Probleme hätte, meine Rechnungen zu begleichen (was nicht der Fall war, wie ich ihm versicherte), und Mr. Chang habe ein Geschenk für mich», schrieb Killanin in seinen Memoiren. «Er hielt mir einen Umschlag hin, den ich jedoch nicht annahm. ‹Ach›, sagte er wie beiläufig, ‹es sind doch nur tausend Dollar!›»[11]

Als Chang 1977 starb, bekam Korea augenblicklich ein neues IOC-Mitglied namens Kim Taik Soo, von dem ein Koreaspezialist meinte, er habe sich «meines Wissens vor dem Militärputsch auf keinem Gebiet sonderlich hervorgetan, auch nicht im Sport. Aber er war ein fanatischer Anhänger General Parks.» Das Regime verschaffte ihm mehrere Posten im Sport, doch er starb ebenfalls, ohne etwas zur Olympischen Bewegung beigetragen zu haben.

Die Generäle sorgten auch diesmal für raschen Ersatz. Park Chong Kyu trat 1984 ins IOC ein, und Samaranch lobte ihn als Staatsmann mit bahnbrechenden Leistungen in politischer Wissenschaft und internationaler Diplomatie.[12] Doch wie sahen diese bahnbrechenden Leistungen tatsächlich aus? Parks einzige Leistung auf internationalem Parkett war seine Rolle im KoreaGate-Skandal. Im Mai 1974 wurde John Nidecker, einem Sonderberater Präsident Nixons, auf dem Weg zum Flughafen von Seoul ein Umschlag mit 10000 Dollar in die Hand gedrückt. Nidecker schickte ihn umgehend an den großzügigen Absender zurück, dessen Name auf dem Umschlag stand: Park Chong Kyu.[13]

Park Chong Kyu bot nicht nur Bestechungsgelder an – er schickte auch seine Truppen aus, um welche einzutreiben. Mitglieder des Untersuchungsausschusses des US-Kongresses berichteten, als Mickey Kim der Firma Colt Industries Gelder für den Wahlkampf abpressen wollte, habe er auf Befehl des staatsmännischen Park Chong Kyu gehandelt.

Wie kam der zukünftige Olympier Mr. Park dazu, Mitarbeitern des Weißen Hauses Bestechungsgelder zuzuschieben und sich um Schmiergelder zu bemühen? Es gehörte zu seinen Aufgaben. Park Chong Kyu war Chef der Leibwache von General Park und wurde mir von einem ehemaligen CIA-Experten in Seoul als «mörderischer und sehr gefährlicher Mann» beschrieben – «der größte Verbrecher Koreas.»[14]

Als Park Chong Kyu nach nur fünfzehnmonatiger Amtszeit im IOC an Krebs starb, verlieh ihm Samaranch postum den Olympischen Orden. Und bei der Bestimmung seines Nachfolgers fiel dann 1986 die Wahl auf Parks Stellvertreter in der Leibwache des Präsidenten, den zuverlässigen Diener mehrerer brutaler, faschistischer Regimes, Dr. Mickey Kim Un Yong.

Die Olympiade 1988 zu bekommen war ein leichtes Spiel. Die Koreaner im IOC müssen ihren undurchsichtigen Kollegen Tips gegeben haben, wie man am besten Stimmen sammelt. «Seoul schenkte jedem IOC-Mitglied, unbeachtet von der Öffentlichkeit, zwei Rückflüge erster Klasse», erinnert sich Peter Ueberroth, der Leiter des Organisationskomitees der Spiele in Los Angeles.[15] «Und es war ein leichtes, die Tickets gegen Bargeld einzutauschen, was auch viele taten.» Womit konnte man noch Einfluß auf die Olympier nehmen? Fünf Stewardessen von Korean Air und drei Miss Koreas bildeten die Speerspitze des koreanischen Bewerbungsteams für die Abstimmung in Baden-Baden 1981. «Sie waren anmutig, attraktiv und enthusiastisch», erinnert sich Mickey Kim.[16]

Was immer nötig war, wurde getan, und Seoul siegte mit zweiundfünfzig zu siebenundzwanzig Stimmen haushoch über seinen einzigen Rivalen, das japanische Nagoya. Wo bar gezahlte Bestechungsgelder und hübsche Frauen nicht ausreichten, half Horst Dassler weiter. Korea war für Adidas einer der wichtigsten Kunden, und Dassler machte es zu seinem Geschäft, die Bewerbung zu unterstützen. Dassler wurde später reichlich entlohnt – Seoul beauftragte ihn damit, Merchandising, Lizenzierungen und Sponsoring der Spiele zu übernehmen.

Mickey Kim war bei der Zusammenkunft des IOC alles andere als gelassen. Um alle bei Laune zu halten, war er abwechselnd damit beschäftigt, sein Geschwätz über «die Olympische Bewegung, [die] für eine friedlichere Welt steht», zu verbreiten und seine gewalttätige

Bande zu organisieren. Es kursierten Gerüchte, General Choi, der Mann, den er aus dem koreanischen Taekwondo hinauskatapultiert hatte, befinde sich auf dem Kriegspfad und werde vielleicht in Baden-Baden auftauchen, um eine Demonstration gegen die Olympiade in Seoul auf die Beine zu stellen. «Ich beauftragte fünf Taekwondo-Lehrer, sich bereit zu halten», berichtet Mickey.[17]

Bei der Wahl des Komitees zur Organisierung der Spiele kamen noch weitere seiner olympischen Werte zum Vorschein. «Bürokraten, das Militär, die Polizei, Geheimdienstagenten, Sportfunktionäre, die Presse, der Rundfunk, Diplomaten und sogar Geschäftsleute» standen auf Mickeys Liste[18].

Das Regime ging ganz eigene Wege. Als im Oktober 1986 die Asienspiele eröffnet wurden, die als Trockenübung für die Olympiade gedacht waren, inhaftierten Polizei und Militär eine viertel Million Koreaner, um Samaranch und andere Gäste vor peinlichen Demonstrationen für Demokratie zu bewahren.[19] Doch das Volk wehrte sich: Innerhalb weniger Wochen kam es in der Hauptstadt zu den größten Protesten, die es jemals gegeben hatte. Die Diktatur schickte 70 000 Polizisten und Soldaten auf die Straßen, aber trotz der zahlreichen Erschießungen, trotz des Einsatzes von Tränengas und Gummiknüppeln – diesmal reichte das Aufgebot nicht.

Die Proteste setzten sich bis 1987 fort, und da es bis zur Olympiade nur noch ein gutes Jahr war, erfand Präsident Chun seine eigene Version des olympischen Waffenstillstands. Das Volk wollte eine Verfassungsänderung: Chun lehnte sie ab. Das Volk wollte, daß er Gespräche mit der Opposition führte: Chun weigerte sich. Keine Veränderungen, betonte Chun immer wieder, vor dem Ende der Olympischen Spiele. In Wirklichkeit wollte er bis an sein eigenes Ende an der Macht bleiben.

Das Volk verlangte nach Demokratie und einem Ende der Korruption, der Militärdiktatur, der Folter und Repression und setzte seine ganze Hoffnung auf die Wahlen, die für jenes Jahr geplant waren. Die Aussicht darauf versetzte Chun und seine Herrscherclique jedoch in Panik, und außerhalb Koreas schien er nur einen Anhänger zu haben – IOC-Präsident Samaranch. Im Jahre 1987 schrieb Samaranch zweimal privat an Chun und drängte ihn, die Wahlen bis nach der Olympiade zu verschieben.[20]

Die Demonstrationen gingen weiter. Chun gab nach und verkündete, sein Nachfolger werde General Roh Tae Woo, einer seiner größten Bewunderer und Präsident des Organisationskomitees für die Spiele in Seoul. Die Aufstände verschärften sich. Als Roh seine Chancen, an die Macht zu gelangen, dahinschwinden sah, übernahm er kurzerhand ein paar Forderungen der Opposition und verkündete stolz, es werde Wahlen und verschiedene Reformen geben.

Am Ende des Jahres gewann Roh siebenunddreißig Prozent der Stimmen und wurde zum designierten Präsidenten erklärt. Die Diktatur würde zur Olympiade ein anderes Gesicht haben. Die Demonstrationen nahmen ab, aber der Polizeistaat arbeitete weiter, immer im Einsatz für das Festival des Friedens. Und wieder einmal wurde Seoul von angeblichen Kriminellen, politischen Dissidenten, ja sogar Bettlern und Blinden gesäubert.

Während der Olympiade waren in fast ganz Seoul politische Demonstrationen verboten. Der neue Präsident Roh, der diesen Erlaß durch die Präsenz von annähernd 90 000 Soldaten bekräftigte, erklärte die Stadt zur «Friedenszone».[21] Samaranch zeichnete ihn am Ende der Olympiade mit dem Olympischen Orden in Gold aus und lobte Roh als «die eigentliche geistige Kraft hinter den Spielen.»[22]

1990 ernannte Roh Mickey Kim zum Wanderbotschafter mit besonderen Aufgaben.[23] Im Oktober 1995 gestand Roh im koreanischen Fernsehen unter Tränen, in seiner kurzen Amtszeit als Präsident 650 Millionen Dollar als Schmiergeld von koreanischen Geschäftsleuten kassiert zu haben. «Ich bin bereit, meine Strafe anzunehmen», sagte er, als man ihn ins Gefängnis führte. Sein Mentor und Vorgänger General Chun wurde drei Wochen später wegen der Verbrechen inhaftiert, die er während seiner Herrschaft begangen hatte.

KoreaGate war bald vergessen, genauso wie der schillernde Ruhm von «Mickey» Kim. Doch der war nicht aufzuhalten. Ein Jahr, bevor er mit seinen im Schatten agierenden Schlägertypen nach Baden-Baden aufbrach, um über den Gastgeber für die Olympiade 1988 abzustimmen, hatte Kim seinem internationalen Taekwondo-Verband die offizielle Anerkennung durch das IOC verschafft.

Wie aber war er ins IOC gekommen? Ein Mitglied des Exekutivkomitees berichtete mir: «Welches Thema auch immer aufkam, Kim sagte zu jedem ja, also bot man ihm an, Mitglied zu werden.» Kim muß auch zu Samaranch ziemlich oft ja gesagt haben. Beim IOC-Kongreß in Lausanne im Jahre 1986 wurde Kim ein Herr der Ringe.[24] Neun Tage später übernahm er die Kontrolle über den gesamten Weltsport – den olympischen wie den nicht-olympischen –, indem er die Präsidentschaft in der GAISF erlangte, der Generalversammlung der internationalen Sportverbände. Einen derartig rasanten Aufstieg hatte es bisher noch in keiner Karriere eines Sportpolitikers gegeben. Aber das war längst nicht alles: Es dauerte nur zwei Jahre, dann bugsierte Samaranch Mickey in das Exekutivkomitee des IOC.

Inzwischen ist Mickey Kim eine anerkannte Größe des internationalen Sports. Mit der Macht, die er innerhalb der Sportverbände und im IOC genießt, stützt er Samaranchs «Einheit» des Sports. Mickey erhält Ehrentitel von den Regierungen Belgiens, Frankreichs und Spaniens, und Samaranch preist ihn als seinen «wichtigsten Mitarbeiter».

Es war ein langer, mühsamer Aufstieg aus der Spitzel-Gosse zu olympischen Höhen. Wenn Mickey jetzt Samaranch ansieht, sein Alter und seine Krankheiten registriert, beginnt er zu träumen: «Werde ich der nächste olympische Präsident?»

10 Schwarze Gürtel und schmutziges Geld – Taekwondo wird olympisch

Wie stolz werden die jungen Taekwondokämpfer sein, wenn sie im Jahr 2000 in Sydney zum erstenmal auf der Matte stehen und um ihre ersten Olympiamedaillen kämpfen. Mit noch größerem Vergnügen wird jedoch Mickey Kim sie betrachten. Die Welt wird Athleten erblicken, die entschlossen sind, ihrem Land, ihrem Sport und dem olympischen Idealismus Ehre zu machen. Mickey Kim aber hört die Kasse klingeln: Dollars, D-Mark und englische Pfund. Jeder Sportler, jeder Kampfrichter und jeder Funktionär mußte ihm Gebühren für das Privileg bezahlen, an den Jahrtausendspielen teilzunehmen. Ein rauschendes olympisches Fest ist angesagt, und Mickeys Monopol ist von IOC-Präsident Samaranch und den Nationalen Olympischen Komitees abgesegnet.

Sich die Exklusivrechte am olympischen Taekwondo zu sichern war ein schmutziges Geschäft gewesen. Etwa Dreiviertel aller Taekwondo-Wettkämpfer in aller Welt wurden von den Spielen ausgeschlossen; ein rivalisierender Sport wurde übel zugerichtet und ins olympische Abseits befördert. Die Regeln und Praktiken von Kims Welt-Taekwondo-Verband sprechen der Olympischen Charta Hohn, was von erfahrenen IOC-Mitgliedern hinter vorgehaltener Hand bestätigt wird. Sie glauben, daß sein Verband mit illegalen Praktiken in der koreanischen Politik zu tun hat, und vermuten, daß er ihn als privaten Geheimdienst nutzt, und zwar mit Unterstützung olympischer Sportfunktionäre. Dennoch gewähren sie Mickeys Taekwondo Freiheiten, die kein anderer Sport der Welt genießt. Die Kunst des Tretens und Schlagens erlebte ihr olympisches Debüt als Vorführwettbewerb in Seoul. Jedes Gastgeberland durfte – bis zu den Spielen von Atlanta – seinen eigenen Sport vorführen, und niemand hatte etwas dagegen, als sich die Koreaner für Taekwondo entschieden. Bei der Eröffnungszeremonie traten tausend Wettkämpfer an. Die Koreaner holten sich alle Titel für Männer – abgesehen vom Endkampf im Schwergewicht. Und obwohl Samaranch sich sogar die Mühe machte, die Medaillen persönlich zu verleihen, sah der Rest der Welt einen Lokalsport, der von Lokalathleten und ihren Schiedsrichtern dominiert wurde und im olympischen Programm fehl am Platz war.

Das hätte das Ende von Mickeys Plänen sein können, seine Kämpfer in die Spiele zu führen, aber Samaranch gab ihm noch eine Chance. In Barcelona 1992 wurde – was völlig unüblich war – Taekwondo ein zweites Mal als Vorführwettbewerb zugelassen. Mickey hatte seine Lehren aus Seoul gezogen und ließ einen Großteil seiner besten Kämpfer zu Hause. Die Medaillen gingen in alle Welt, und Taekwondo war seinem Ziel einen Schritt näher gekommen.

In Barcelona wurde aber nicht nur auf der Matte gekämpft. In der ungestörten Atmosphäre der IOC-Tagung versetzte Mickey dem einzigen anderen Sport, der ihm gefährlich werden konnte, einen vernichtenden Schlag. Kampfsportarten – Fechten, Boxen und Judo – waren bei den Spielen bereits gut vertreten. Wenn es noch Raum für eine weitere gab, dann mußte es das überaus populäre Karate sein. Drei Jahre bevor Kim 1973 seinen kleinen, vom KCIA gesponserten Welt-Taekwondo-Verband gründete, rief Jacques Delcourt aus Paris die World Union of Karatedo Organizations – WUKO – ins Leben. Karate hatte den langen Marsch zu den Olympischen Spielen angetreten.

Anfang der achtziger Jahre bemühte sich Delcourt beim IOC um offizielle Anerkennung. Aber zu diesem Zeitpunkt hatte Mickey Kim, der inzwischen Sitz und Stimme in einem von Samaranchs IOC-Ausschüssen hatte, in Lausanne bereits Einfluß gewonnen und die Anerkennung seines Taekwondo-Verbands erreicht. Er hatte einen Vorsprung erzielt, wurde aber noch immer von einem größeren, angesehenen Rivalen bedroht. Was dann dem Karatesport geschah, hat mehr mit dem Handbuch für Spione zu tun als mit der Olympischen Charta.

Die Bewerbung der WUKO wurde plötzlich von einem anderen Karateverband in Frage gestellt, dem Internationalen Traditionellen Karateverband – ITKF –, einer kleinen Gruppe von Puristen mit wenigen tausend Mitgliedern, viele von ihnen professionelle Ausbilder, die ihre eigene Version des Sports praktizierten.[1] Sie hatten in nur sechs Ländern Niederlassungen, die WUKO dagegen in fünfundachtzig.

Samaranch verwandelte sich prompt in den großen Demokraten, der sich salbungsvoll um Minderheiten bemüht. Das IOC werde die Anerkennung verweigern, wenn sich die gigantische WUKO nicht mit ihrer kleinen, feindseligen Verwandten vereinigte. Beide Verbände kamen

1983 in Kairo zusammen und unterzeichneten ein Abkommen – das der kleinere Verband alsbald in Stücke riß.

Delcourt kämpfte weiter, und das Anliegen des Karateverbands wurde bei der IOC-Session von 1985 in Ostberlin gehört. Wahrscheinlich wäre nichts dabei herausgekommen, wenn Louis Guirandou-N'Diaye, das IOC-Mitglied der Elfenbeinküste, nicht überraschend interveniert hätte.[2] Als Besitzer des Karate-Schwarzgurts, vierter Dan, setzte er sich für die WUKO ein. Er kannte den Hintergrund der Karatekriege. Der kleine Verband, so erklärte er, sei eigene Wege gegangen, nachdem es ihm nicht gelungen war, den großen zu vereinnahmen. Schlimmer noch, er hatte die UN-Regelungen über sportliche Kontakte zu Südafrika mißachtet. N'Diaye drängte, die WUKO anzuerkennen, und die IOC-Mitglieder stimmten zu. Sie bekräftigten auch seinen Standpunkt, eine Vereinigung der beiden Karateverbände sei für die olympische Zukunft des Sports nicht ausschlaggebend.

Samaranch mußte sich mit der Anerkennung abfinden – aber er deckte weitere Manöver, um die WUKO zu zerrütten. Besprechungen wurden einberufen, Briefe verschickt, die einen Zusammenschluß empfahlen, obwohl sich das IOC N'Diayes Argumentation angeschlossen hatte. Die Auseinandersetzung dauerte bis Ende der achtziger Jahre fort, und Delcourt sagt, sein Verband werde vom IOC verfolgt. Er hat recht: Plötzlich verhärtete sich die Haltung der IOC-Führung in Lausanne, und man verlangte erneut einen Zusammenschluß. In seiner Verzweiflung bat Delcourt Mario Vazquez Raña, zwischen WUKO und ITKF zu vermitteln. Weitere Abkommen wurden unterzeichnet, aber die ITKF rückte nicht von ihrer Meinung ab.

Delcourt fuhr 1990 nach Belgrad und legte seinen Fall noch einmal dem IOC-Exekutivkomitee vor. Man versprach ihm eine detaillierte Untersuchung – bereitete aber heimlich das Leichentuch für die WUKO vor. Ein Jahr später folgte die schroffe Aufforderung des Exekutivkomitees, dem Mickey Kim mittlerweile angehörte, die WUKO solle mit jenem anderen winzigen Karateverband fusionieren, andernfalls werde sie aus der Olympischen Bewegung ausgeschlossen.

Der entscheidende Schlag folgte am Vorabend der Spiele von Barcelona. Während die Fans den Olympia-Slogan «Freunde fürs Leben» sangen, sorgte Samaranch hinter den Kulissen für einen Todesfall in der Familie. Der Status der WUKO stand nicht einmal auf der Tagesordnung der IOC-Session, und so ahnten nur wenige Mitglieder, daß sie im Begriff waren, 40 Millionen Sportler aus ihrer Bewegung zu verbannen.

Delcourt sagt, er habe nicht gewußt, daß die Zukunft des Karate erörtert werden sollte. Die Hinrichtung dauerte nur drei Minuten. Samaranch legte einen Bericht vor, in dem behauptet wurde, der Streit zwischen beiden Verbänden füge «dem Karatesport insgesamt Schaden» zu, und empfahl, der WUKO die IOC-Anerkennung wieder zu entziehen. Zu ihrer Schande gehorchten die Mitglieder, und die WUKO, nach eigenen Angaben mit 152 nationalen Niederlassungen der zehntgrößte Sportverband der Welt, wurde ins Nichts gestoßen. Kims Version von Taekwondo war nun klarer Spitzenreiter im Rennen um Olympia.

Delcourt war außer sich; er verurteilte die parteiische Entscheidung als «Stalinistischen Prozeß» und fordert das Recht, mit einem Anwalt vor dem IOC zu erscheinen. Er sagt, Samaranch habe durchblicken lassen, daß man in diesem Fall der WUKO die Anerkennung für alle Zeiten verweigern werde, Delcourt solle den Fall ruhig seinen Rechtsexperten übergeben, das würde zehn Jahre dauern und Millionen kosten.

«Korruption und Erpressung», rief Delcourt und fügte hinzu: «Es geht das Gerücht, daß die Sache ein Komplott zwischen Samaranch und seinem Freund Kim ist. Karate ist weltweit zehn- bis zwanzigmal wichtiger als Taekwondo und sollte zuerst zu den Olympischen Spielen zugelassen werden; das paßt aber Kim mit seinen schmutzigen Geschäften nicht in den Kram. Ein IOC-Mitglied hat mir gesagt: ‹Kim wird von Samaranch protegiert, niemand kann ihm etwas anhaben.›»

Diese Erfahrung hat auch General Choi gemacht. Der im Exil lebende Vater des Taekwondo und Chef des Internationalen Taekwondo-Verbands fuhr 1984 nach Lausanne, um auf Samaranch einzuwirken. Er reiste in Begleitung von Chuck Seref, einem führenden amerikanischen Taekwondo-Lehrer, der als achter Dan die damals höchste von einem Nichtasiaten errungene Auszeichnung erhalten hatte. Der große Mann hat mit dem General die Welt bereist. «1968 bin ich ihm zum erstenmal begegnet. Er wurde von allen, die mit dem Sport zu tun haben, wie ein Gott verehrt», erinnert sich Seref. Nur nicht von Samaranch. «Als wir mit Samaranch sprachen, versicherte er uns: ‹Taekwondo wird nie ein olympischer Medaillensport werden, wenn die ITF und die WTF sich nicht zusammenschließen – und sei es nur für die Spiele.›

Der General sagte, er habe sich um Verhandlungen bemüht, weil ihm die Anerkennung des Taekwondo wichtiger war, als sich persönlich zu behaupten, und Samaranch meinte, es sei eine ‹phantastische Idee›. Unmittelbar nach dem Gespräch schickten wir Briefe an die WTF und baten um einen Dialog. Sie haben nicht geantwortet.»

Statt dessen reagierten Spione. «Die KCIA nahm mit allen unseren koreanischen Ausbildern weltweit Kontakt auf, vielleicht zwanzig oder dreißig, vielleicht auch mehr, und setzte sie unter Druck, Kims Verband beizutreten», berichtet Seref. «Dann wurden unsere Taekwondo-Schulen unter Druck gesetzt. Hier in Denver eröffnete die WTF eine Konkurrenzschule nur fünf Blocks von einer Schule entfernt, die von einem meiner besten Ausbilder geleitet wird. Einer seiner Schüler ging hin und fragte, warum macht ihr hier auf, so nah bei einer ITF-Schule, und der Mann antwortete, er handle auf Anweisung. Viele Lehrer kamen, eröffneten Schulen, verloren Geld, schädigten die bestehenden Schulen und zogen dann weiter.»

Choi gab nicht auf, aber Mickey Kim wußte jetzt Samaranch hinter sich. Lausanne plapperte Kims Angebot nach, Chois Mitglieder dürften seinem Verband beitreten – wenn sie wollten. Es war ein typischer Dreh der Olympier: Dem großen Karateverband war nahegelegt worden, sich mit dem kleinen zu vereinigen, sonst würde er aus der Olympischen Bewegung ausgeschlossen. Und nun sagte man Chois älterer und größerer Gruppe, sie sollte ihren Verband auflösen und dem kleineren, jüngeren KCIA-Ableger beitreten.

Einige Monate vor der Taekwondo-Premiere in Seoul schrieb Choi an Samaranch und bat ihn, sich Mickey Kims Sportverband einmal näher anzusehen.[3] «Die WTF wird von Politikern und koreanischen CIA-Beamten kontrolliert statt von Taekwondo-Funktionären», behauptete der General, «und seine Satzung sieht vor, daß der Sitz des Verbands auf jeden Fall in Seoul bleibt. Er ist nichts anderes als eine Quasi-Regierungsorganisation Südkoreas und kein internationaler Sportverband.»

Die Frage war außerdem, ob sie überhaupt den echten Sport praktizierten. Sie setzen «beliebige Taekwondo-, Karate-, Judo-, Kung-Fu- oder Hapkido-Lehrer» ein, so Choi, und sie vereinfachen die komplizierten Bewegungen zu einem Vollkontakt-Sparringwettkampf, der sich für olympische Kämpfe und Fernsehberichterstattung eignet.

Im Fernsehen würden auch die Sitzungen von Kims Verband recht unterhaltsam und lustig wirken. Etwa sechzig Delegierte versammelten sich im Oktober 1989 in Seoul, wo sie angeblich 30 Millionen Mitglieder vertraten.[4] Vor dem Büro des Verbands waren Beschimpfungen wie «Schlampe» und «Scheißkerl» zu hören, als die Frau eines Delegierten mit einem von Kims Funktionären aneinandergeriet. Bei der Versammlung selbst ging die Komödie weiter. Kim erklärte den Anwesenden, sie bräuchten «Sendungsbewußtsein», und wurde prompt ohne Gegenstimmen im Präsidentenamt bestätigt. Die meisten Funktionäre erhoben sich, um ihm zu applaudieren, und Kim dankte ihnen für ihr Vertrauen.

Dann ging die Tagung reibungslos zu einer Vorführung jener Art von Spontandemokratie über, die Spielregeln überflüssig macht. Eigentlich hätten durch geheime Abstimmung sechs Vizepräsidenten, ein Generalsekretär, ein Schatzmeister, zweiundzwanzig Komiteemitglieder und ein Buchprüfer gewählt werden müssen. Was für eine Zeitverschwendung für vielbeschäftigte Männer!

Ein ägyptisches Mitglied sprang auf und drängte, Mickey Kim freie Hand zu geben, damit er all diese Funktionäre selbst auswählen könne – ein Vorschlag, der sofort von drei seiner Kollegen unterstützt wurde. Kim bat die Delegierten, ihm die Befugnis zu übertragen, alle Funktionäre zu ernennen. Fünfzig der Anwesenden stimmten dafür, und Kim erhielt damit sämtliche Vollmachten. Sieben Europäer stimmten dagegen, und vier Delegierte enthielten sich.

Mickey Kim besitzt einen Goldesel. Das beginnt schon bei den Anfängern, die sich für den Sport interessieren. Trainieren und lernen kann nur, wer Unterricht bei einem professionellen Lehrer nimmt. Sang Lee, der frühere Chef von Mickey Kims Niederlassung in den USA, leitet eine Schule in Colorado Springs, wo er für einen dreijährigen Schwarzgurtkurs 2365 Dollar berechnet. Wenn die Schüler in Raten zahlen wollen, landen wir bei 2880 Dollar.

Sportler, die für Olympia trainieren wollen, müssen noch mehr hinblättern. Mickey hat zweierlei Methoden, Geld einzuziehen. Seine WTF in Seoul hat ihren Sitz im Kukkiwon-Gebäude. Aber Kukkiwon ist auch der Name einer eigenen Organisation – und die bringt viel Geld. Die entscheidenden Bescheinigungen für die Teilnahme an der Olympiade muß man nämlich von der WTF kaufen – sofern man Mitglied ist – oder aber als Nichtmitglied vom Kukkiwon. Bezahle bei Mickey und hoffe auf Gold. Bezahlst du nicht, kannst du daheim bleiben und dir den Sport im Fernsehen ansehen.

Das Kukkiwon-System wurde unmittelbar vor den Spielen in Barcelona von dem amerikanischen Großmeister Sang Kyu Shim angeprangert. Er entlarvte die WTF als «ein gewinnbringendes Unternehmen, das quasi Konzessionen vergibt und Hunderttausende Dollars an Prüfungsgebühren allein von den Schwarzgurtanwärtern aus den USA einstreicht.» Der Großmeister überlegte: «Man fragt sich, was mit dem Geld geschieht.»[5]

Er veröffentlichte seine Kritik mit einer Karikatur: Eine Registrierkasse, auf der Kukkiwon steht, schluckt die Dollars. Abschließend bemerkte er, die WTF gleiche einem «überholten sozialistischen Wirtschaftssystem – gigantisch und einheitlich, aber monopolistisch, ineffizient, unflexibel und erstarrt.»

Andere bezeichnen den Verband als korrupt. Immer wieder ist zu hören, Taekwondo-Titel seien käuflich zu erwerben. Ein Dutzend Meisterausbilder in Georgia erklärten 1994, das Kukkiwon verkaufe Zertifikate an unqualifizierte Wettkämpfer. Dies wurde von Großmeister Chung Eun Kim in der *Taekwondo Times* bestätigt. Nach seiner Schätzung gehen für Titelzertifikate bis zu einer Million Dollar jährlich allein aus Amerika an das Kukkiwon in Seoul.[6] «Mir kommt es so vor, als wollten die WTF-Führer alle Macht und alle finanziellen Vorteile für Südkorea einheimsen», sagt Chung.

Das Kukkiwon kennt zwei Gebührenebenen für die Zeugnisse: Ende der achtziger Jahre mußten Ausländer bis zu fünfmal soviel bezahlen wie Koreaner. Ein Meister, der mit Kim gebrochen hat, bezeichnet das als finanzielle Ausbeutung. Dieses Monopol dürfte Korea Einnahmen von bis zu 30 Millionen Dollar pro Jahr sichern.

Taekwondo-Experten, die mit dem Innenleben des Kukkiwon vertraut sind, sagen, daß Kim und viele seiner Funktionäre kein Gehalt vom WTF beziehen. «Sie haben ihr eigenes Geld aus irgendwelchen Quellen», erklärte mir einer von ihnen.

Wenn das IOC Mickey erlaubt, in allen üblichen Gewichtsklassen bei den Spielen von Sydney im Jahr 2000 Wettkämpfe zu veranstalten, könnten sechzehn Goldmedaillen errungen werden. Zyniker sehen voraus, daß koreanische WTF-Mitglieder, beurteilt von koreanischen

WTF-Kampfrichtern, alle Medaillen einheimsen werden, so daß Korea ungeahnte Höhen auf der Medaillentabelle erklimmt und Mickey Kim in der Heimat als Held gefeiert wird.

Im Ausland wird schon in eigenen Reihen der Ruf laut, Kim solle zurücktreten. Bei einer Debatte auf der Tagung der Meister, die in der *Taekwondo Times* veröffentlicht wurde, bemerkte einer der führenden Ausbilder Amerikas höflich: «Dr. Kim ist ein ausgezeichneter Manager, aber ein echter ausgebildeter Taekwondo-Meister ist er nicht.»[7]

Das war eine höfliche Formulierung. Der achtzigjährige General Choi, der den Sport erdacht hat, bereist heute noch die Welt und hält Seminare, die auf seinem fünfzehnbändigen Lehrbuch basieren. Könnte Mickey Kim das auch? «Er hat noch nie auf einer Matte auch nur gerungen», sagt Chuck Seref abfällig. Ich habe in Großbritannien und Amerika mit Taekwondo-Meistern gesprochen, die derselben Meinung sind. Kim wurde vor über zwanzig Jahren von einem korrupten Militärregime in sein Amt eingesetzt – weil er ein zuverlässiger Spion war –, und die jetzige Regierung hält ihm die Treue.

Nach der zweiten Taekwondo-Vorführung in Barcelona setzte Mickey Kim seine Kampagne um die Olympischen Spiele im New Yorker Madison Square Garden fort. Neun IOC-Mitglieder folgten der Einladung zur elften Weltmeisterschaft. Und dann ging's weiter nach Paris, wo das IOC im September 1994 beschloß, Kims Taekwondo-Stil bei den Spielen von Sydney zuzulassen.

Rein menschlich ist Mickey Kim im IOC nicht sonderlich beliebt. Ein Mitglied des Exekutivkomitees sagte mir: «Ich glaube, er ist eine Mischung aus Gangster und Spion. Es wird viel darüber gemunkelt, daß er Chef der koreanischen CIA ist. Auf jeden Fall hat er mit Geheimdienstleuten trainiert. Er ist ziemlich undurchsichtig – und sehr ehrgeizig. Er hat dieses Netzwerk des Taekwondo aufgebaut, das von der koreanischen Regierung voll und ganz unterstützt wird, das ist seine Aufgabe. Außerdem ist er ein Aufschneider und ein Schläger. Er ist alles, was man Menschen aus diesem Teil der Welt, die in Machtpositionen sitzen, zutraut.»[8]

Zumindest ein Mitglied des Exekutivkomitees scheint über Kims Spionagevergangenheit Bescheid zu wissen. Eine nicht näher erläuterte Fußnote in Dick Pounds Bericht über den politischen Hintergrund der

Olympiade von Seoul verweist kühn auf den KoreaGate-Skandal von Washington in den siebziger Jahren und die «illegalen Aktivitäten der KCIA».

Kim will nicht sagen, ob er um das höchste Amt im IOC kandidieren wird – aber das tut niemand. Ende 1994 bemerkte er: «Ich glaube, es ist an der Zeit, daß die Hegemonie der westlichen Welt im IOC beendet wird.»[9]

Samaranch hat keine Zweifel an Mickeys Verband und seiner Version des Taekwondo. Er sagte, daß in diesem Sport «Prinzipien [gelten], die denen nahekommen, ja, man könnte sagen, mit denen verschmelzen, die Baron de Coubertin vertrat.»[10]

11 | Keine Lady, keine Stimme: Anmache und Erpressung in der Bewerbungsarena

Nach dreistündiger Reise von Stockholm Richtung Nordwesten verlangsamt der Zug seine Fahrt. Über den Baumwipfeln lugt die Sprungschanze des Wintersportzentrums Lugnet hervor. Langlaufloipen und Biathlonpfade winden sich durch die Landschaft und verschwinden in den Kiefernwäldern. Jeden Winter füllen sie sich mit Skifahrern; alle kommen sie hierher – von den internationalen Stars bis zu den einheimischen Sportfans. Fast die Hälfte des Jahres dreht sich in Schweden alles um den Schnee, die Menschen strömen hinaus in die Natur, um Wintersport zu treiben. Der große Lauf von Vasa ist ihr größter Wettkampf im Skilanglauf, das Eishockey ist inzwischen praktisch genauso populär wie Fußball, und seit es Winterspiele gibt, haben die Schweden Medaillen säckeweise nach Hause getragen. Sie gehören zu den begeistertsten Wettkämpfern, aber wie es scheint, werden sie niemals die Gelegenheit bekommen, die Spiele auszurichten.

Der Zug hält: Wir befinden uns in der kleinen Stadt Falun, einst Kandidat für den olympischen Ruhm. «Ich habe die besten Jahre meines Lebens mit der Kampagne für die Winterspiele verbracht», berichtet Lars Eggertz, der schwedische Politiker und Geschäftsmann, der zwei Bewerbungen hintereinander organisierte. «Versprechungen, Händeschütteln, all das, sicher. Aber leider glaubten wir zu sehr an Ehrlichkeit und Fair play.» Eggertz und sein Team bewarben sich ab Ende der siebziger Jahre bis 1986, als sie ihre schlimmste Niederlage erlitten – in ihrer Ehre gekränkt, ausgenutzt und schließlich fallengelassen von einer Olympischen Bewegung, die, wie sie erkannten, wohl nicht immer frei von Korruption war.[1] Also willkommen in Falun, dem Friedhof der olympischen Träume Schwedens!

Die Art und Weise, wie Seoul und Los Angeles die Spiele ergattert hatten, war im Vergleich zu den folgenden Kampagnen geradezu harmlos gewesen. Denn danach stieg der Wert der Fernsehrechte enorm, Horst Dasslers Team hatte den Preis für die Ringe in die Höhe getrieben, und das war überaus verlockend für die Städte in der ganzen Welt. Sie fielen der Illusion zum Opfer, daß die Spiele sich selbst finanzierten – ohne Steuergelder. Zwei Wochen lang könnten sie zum Nabel der Welt werden und noch über Jahre hinaus von den verbliebenen Sportanlagen profitieren. Man mußte nur das olympische Spiel spielen, die IOC-Mitglieder anstacheln, sie fürstlich bewirten und mit Gastgeschenken überhäufen, bis man etwa fünfzig Stimmen in der Tasche hatte. So sieht heutzutage die Bewerbung um die Olympiade aus: Am Ende zahlen die Gewinner einen hohen Preis für die Spiele, und die Verlierer verschwinden unmittelbar nach der Abstimmung wieder von der Bildfläche, benutzt, mißbraucht und voll von herben Erinnerungen.

Die Bewerbungen um die Olympiade werden zunehmend von Privatorganisationen oder unabhängigen Regierungsstellen durchgeführt, und die Rechnungen, Quittungen, die Geheimkorrespondenz, die Berichte über Verhandlungen und offenkundige Korruption bleiben für immer vor der Öffentlichkeit verborgen. Das paßt dem IOC ausgesprochen gut, weiß es doch nur zu genau, was viele seiner Mitglieder in den Bewerberstädten alles anstellen.

Was würde passieren, wenn die Wertvorstellungen der Schweden mit denen der Herren von Lausanne kollidierten?

Ganz im Gegensatz zur Geheimniskrämerei des Olympischen Komitees glauben die Schweden an Offenheit; für sie ist dies eine Absicherung gegen Korruption. Im Keller des Archivs von Falun[2] liegen die sorgfältig abgelegten Trümmer der olympischen Träume der Stadt aufbewahrt. Broschüren, Einladungen, Sitzordnungen für Bankette, Hotelrechnungen, Bettelbriefe von IOC-Mitgliedern, mit dem Vermerk «Vertraulich» versehene Briefe aus der ganzen Welt, Protokolle von Gesprächen, die nicht für die Veröffentlichung bestimmt sind – all die Dinge, die die Olympier vor uns geheimhalten wollen. Lars Eggertz deutete auf die Regale und zog sich dann mit einem Lächeln zurück.

Die Schweden bewarben sich in den sechziger Jahren zweimal, in den Siebzigern wieder zweimal und stellten dann für die Olympiade 1984 noch einmal eine Kampagne auf die Beine. Würden sie nun endlich den Sieg davontragen? Nachdem sie sich in langen Winternächten in die Pläne vertieft hatten, tischten sie ein neues, billiges Modell auf, mit dem sich auch kleine Länder eine Olympiade leisten konnten. Die sportlichen Ereignisse auf vier Städte zu verteilen und bereits vorhandene

Sportstätten zu nutzen war sehr schwedisch, sehr vernünftig und sehr praktisch – und von keinerlei Interesse für das IOC, welches Sarajevo und dem Scheckbuch der jugoslawischen Regierung den Zuschlag für die Spiele gab. Die Schweden mit ihrer Olympiade neuen Zuschnitts erhielten nur zehn Stimmen.

Doch Schweden fing sich rasch wieder und bewarb sich auch für die Winterspiele 1988. Åre, in den Bergen im Norden gelegen, sollte die Wettbewerbe in den Alpindisziplinen ausrichten, alles andere sollte in Falun stattfinden. Man beeilte sich, um Vorbereitungen für die Abstimmung in Baden-Baden im Jahre 1981 zu treffen. Das langjährige IOC-Mitglied Raymond Gafner und seine Frau wurden während eines fünftägigen Besuchs verhätschelt und verwöhnt, und Lars Eggertz und sein Team unternahmen ausgedehnte Reisen, um IOC-Mitglieder in ihrem Sinne zu beeinflussen. Doch wieder fiel die Abstimmung zu ihren Ungunsten aus, aber erst bei einer Stichwahl, bei der der Favorit Calgary achtundvierzig und die Schweden immerhin einunddreißig Stimmen bekamen. Nachdem sie abgereist waren, schickte ihnen die Olympische Bewegung jede Menge Versprechungen hinterher. Und in den Archiven von Falun landeten unverlangte Briefe von IOC-Mitgliedern, die eine weitere Bewerbung anregten. Auch Samaranch ermutigte sie, es noch einmal zu versuchen, und der Kanadier James Worrall drängte: «Ich bin mir sicher, daß Ihnen beim nächstenmal Erfolg beschieden ist.» Der Chef des Welt-Fußballs João Havelange versprach sogar: «Ich werde Sie voll und ganz unterstützen.»

Die Schweden fielen darauf herein. Lausanne ermutigte sie, dem Slogan «Es ist Zeit für Schweden» Glauben zu schenken: Sie dachten, sie würden 1992 die Spiele bekommen. Ihre Regierung legte die überaus wichtige Garantie für die Finanzierung auf den Tisch, und das Falun-Team machte sich ans Werk. Ein paar Jahre lang schienen einige mit dem Paß in der Hand zu leben. Sie zeigten sich bei jeder olympischen Tagung, jeder Versammlung eines Sportverbandes und verteilten bescheidene Geschenke und informative Broschüren.

Waren sie nicht die idealen Kandidaten? Hatten sie nicht ihre Pflicht erfüllt? Schweden war Gründungsmitglied des IOC und hatte bei bisherigen Winterspielen fast neunzig Medaillen gewonnen. Stockholm hatte die ausgesprochen erfolgreichen Sommerspiele 1912 ausgerichtet; 1956 war es für Melbourne eingesprungen und übernahm die Reitwettkämpfe, die dort nicht ausgetragen werden konnten. Die Schweden hatten fünf fehlgeschlagene Bewerbungen hinter sich – war da ein weiterer Mißerfolg nicht praktisch ausgeschlossen?

König Carl Gustaf verkündete bei den Spielen in Sarajevo offiziell die neuerliche Bewerbung Faluns, und das Team wurde durch den einflußreichen Marc Hodler, Präsident des Internationalen Skiverbandes und Mitglied des IOC-Exekutivkomitees, ermutigt: Diesmal, so versprach er ihnen, sei nun wirklich Schweden an der Reihe. Also machte sich Lars Eggertz' Team auf, um zu werben. Die Visastempel häuften sich: Wenn die Vereinigung der Nationalen Olympischen Komitees unter Mario Vazquez Raña darauf bestand, in Seoul zusammenzukommen, würde eben ein höflicher Funktionär aus Falun dorthin reisen, um gewissenhaft den Etat und die Liste der Sportanlagen des Bewerbungsteams vorzulegen. Und auch als sich die afrikanischen Olympier in Addis Abeba trafen, waren die Schweden da und gratulierten ihnen zu ihrem Idealismus.

Dasselbe geschah in Taipeh, Bangkok und Mexico City, in Lissabon, Budapest und Bahrein. Es gab so viele Gruppen und Grüppchen, die man bei Laune halten mußte, so viele aufgeblasene Makler der olympischen Macht mußten daran erinnert werden, wie bedeutend sie waren. Dreißig Monate lang Paßkontrollen, Hotelzimmer und Jetlags, und doch immer nur teelöffelweise Andeutungen, kollegiales Schulterklopfen und Hinweise, daß die olympischen Träume Schwedens wahr würden, wenn sie im Oktober 1986 zur Abstimmung nach Lausanne führen.

Das Falun-Team war immerhin schlau genug, zu berücksichtigen, daß Samaranch und seine Olympier es lieben, mit königlichen Hoheiten zu verkehren, und so wurden König Carl Gustaf und Königin Silvia sowie Prinz Bertil und Prinzessin Lilian während der Sommerspiele nach Los Angeles geschickt, um eine Falun-Ausstellung im Hotel Biltmore mit ihrer Anwesenheit zu beehren. Es schien zu funktionieren. Samaranch ließ sich mit ihnen fotografieren und setzte sein berühmtes Lächeln auf, das vielversprechend wirkte.

Wenn die schwedische Königsfamilie über die heimlichen Beratungen des IOC Bescheid gewußt hätte, wäre sie wahrscheinlich mit der nächsten Maschine zurückgeflogen. Anfang des vorhergehenden Jahres hatte Samaranchs Exekutivkomitee beschlossen, so viele Städte wie möglich zu einer Bewerbung für die Spiele 1992 zu animieren.[3] Ein weltweites lebhaftes Interesse, die Spiele auszurichten, würde die TV-Sender anstacheln, höhere Summen für die Übertragungsrechte zu bieten.

Weitere schriftliche Zusicherungen landeten in den Archiven. «Ich glaube fest, daß 1992 das Jahr der Winterolympiade in Falun sein wird», säuselte das jugoslawische IOC-Mitglied Boris Bakrac. «Wenn nicht – gibt es überhaupt keine Gerechtigkeit mehr... Schweden hat es verdient, 1992 Gastgeberland zu sein.» Und auch Samaranch stimmte wieder ein und schwärmte den Funktionären aus Falun vor: «Sie genießen sehr große Unterstützung durch die königliche Familie» – was er offenbar für einen Pluspunkt bei der Bewerbung hielt.

Hinter der distinguierten Wichtigtuerei des Olympischen Komitees lauerten im Schatten die Parasiten. Die Rekordzahl von dreizehn Städten bemühte sich um die Winter- und Sommerspiele von 1992, und allesamt waren sie empfänglich für aggressive Propagandisten, die behaupteten, sie hätten Einfluß auf Samaranch und könnten die IOC-Mitglieder gleich blockweise für sich gewinnen. Beratet euch mit uns, flüsterten sie ihnen zu, ihr seid keine Insider, wir kennen das Labyrinth von Lausanne, ihr nicht. Ihr braucht uns nur Geld zu geben, dann bekommt ihr die Spiele.

Dick Angell war Mitglied des Teams aus Anchorage in Alaska, das seinen ersten Bewerbungsversuch für die Winterspiele unternahm. 1985 hofierte er die Sportbarone bei einem Treffen in Amsterdam. Die Amerikaner haben gute Aussichten, lautete die vertrauliche Botschaft des Präsidenten des Internationalen Amateurboxverbandes, der offenbar auf seine alten Tricks zurückgriff.

«Ich sprach mit Anwar Chowdhry und erfuhr von ihm, daß er zu den Leuten gehört hatte, die Seoul zur Olympiade verhalfen», erinnert sich Angell. «Er sagte, wenn wir auf vertraulicher Basis seine Dienste in Anspruch nehmen wollten, schätze er sich ‹überglücklich, dazu beitragen zu können, daß [wir] die Spiele bekommen›. Er sei in die Sache mit Korea verwickelt – überall ging das Gerücht, die Koreaner hätten Bestechungsgelder gezahlt –, und er sei dafür verantwortlich, daß sie es geschafft hätten.»

Das Team aus Anchorage war bestürzt. Niemand hatte sie über die Kehrseite einer olympischen Bewerbung aufgeklärt. Sie hatten sich vorgestellt, man müsse sich nur aufmachen und allen großartige Spiele versprechen. «Wir waren ziemlich überrascht», sagte Angell. «Wir waren gar nicht in der Lage, etwas zu bezahlen – und wollten es auch nicht. Offenbar ging es um eine Menge Geld, aber das wurde nur indirekt deutlich gemacht.» Horst Dassler, der stets seine Geschäfte im Auge hatte, tauchte ebenfalls bei der Tagung in Amsterdam auf. «Ich erzählte Dassler die Sache mit Chowdhry», berichtet Angell. «Er lachte nur und wechselte das Thema.» Die Lobbyisten aus Anchorage sollten nicht erfahren, daß Chowdhry zu Dasslers sportpolitischem Team gehörte, das überall herummanipulierte, und er nebenbei noch ein wenig freiberuflich dazuverdiente.

Chowdhry war nicht einmal stimmberechtigt. Doch einige von denen, die mit abstimmen durften – die Mitglieder des Olympischen Komitees –, hatten die verzweifelten, neuerdings mit Geld bestens ausgestatteten Bewerbungskampagnen als zusätzliche Einnahmequelle für sich entdeckt. «Dieser Kerl reiste von seiner Heimat Afrika nach Paris, dann nach Toronto, Anchorage und von dort nach Südkorea, wieder nach Paris und dann nach Hause zurück», erinnert sich Dick Angell. «Dann stellte er uns allen Rückflugtickets erster Klasse für sich und seine Frau in Rechnung, als ob es mehrere verschiedene Reisen gewesen wären. Bei der Sache muß er 25 000 Dollar Gewinn gemacht haben.»

Wie konnte Angell das beweisen? «Unser Komitee zog Erkundigungen in Toronto und Seoul ein, und dort hatte er denselben Trick angewandt. Wir teilten dies informell zwei altgedienten IOC-Angestellten mit – in der Hoffnung, sie würden es weiterleiten.» Angell nannte noch ein anderes IOC-Mitglied, «welches dasselbe gemacht hatte.»

«Wir haben den Vorfall nicht offiziell gemeldet», fügte Angell hinzu. «Sobald man so etwas Leuten wie ‹X› erzählt [Angell nannte an dieser Stelle ein einflußreiches IOC-Mitglied], ist man gestorben. Bewerberstädte können es sich einfach nicht leisten, IOC-Mitglieder, die über sie abstimmen, zu verärgern. Außerdem würde das IOC die Sache sowieso nur vertuschen und abstreiten. Nachdem wir eine Weile unsere Erfahrungen gesammelt hatten, wurde uns klar, daß bestimmte Leute die Olympiade benutzten, um ihre Schäfchen ins Trockene zu bringen.»

Die meisten Schäfchen hat wahrscheinlich die Familie Takac ins Trockene gebracht – olympische Insider, Manipulatoren, die bei Tagungen und Kongressen freundlich Hände schütteln, in den Fluren an Ärmeln zerren. Am längsten im Geschäft ist Papa, Artur Takac, der mit olympischer Mütze in Falun als gutbezahlter Sportberater Präsident Samaranchs auftauchte. Nachdem Artur Jugoslawien den Rücken gekehrt hatte, hatte er sich in der olympischen Arena als technischer Berater bei den Spielen in Mexiko City und Montreal einen Namen gemacht. Jetzt arbeitete er wieder von Belgrad aus, in einem teuren, vom IOC bezahlten Büro. Obwohl er nach Falun gekommen war, um für seinen Präsidenten die Anlagen zu begutachten, blieb Artur noch genügend Zeit für andere, nicht offizielle Unternehmungen.

«Er sagte uns, es würde sich lohnen, seinen Sohn Goran kennenzulernen», erinnert sich Lars Eggertz. «Und er wies darauf hin, er sei Fachmann und könne etwas tun, um uns zum Sieg zu verhelfen.» Goran, der auf die Verbindungen seines Vaters zum IOC baut, bietet sich Bewerberstädten als Berater an. Er ist im Besitz der schwer erhältlichen Akkreditierung bei olympischen Tagungen – womit er Zugang zu prall gefüllten Brieftaschen hat – und besitzt außerdem einen Verlag in Lausanne. Samaranch erteilt ihm die Exklusivrechte für die offiziellen Publikationen mit den Ergebnissen und Fotos der Olympiade – an Albertville und Barcelona hat er einiges verdient. Und er wirbt aufdringlich mit seiner Erfahrung bei der Zusammenstellung der wichtigen Bewerbungsbücher, die jeder Kandidat ans Olympische Komitee schicken muß.

Papa meinte nun, dies alles könne für Falun äußerst hilfreich sein. «Er riet uns, das Buch für unsere Selbstdarstellung von seinem Sohn produzieren zu lassen», sagt Eggertz. «Wir fuhren nach Lausanne, aßen gemeinsam zu Mittag und sprachen über dieses Buch, lehnten das Angebot aber ab.» Gorans Masche funktionierte bei Falun nicht, aber es gelang ihm, andere Bewerber unter Vertrag zu nehmen. Sofia, Lillehammer und Cortina beauftragten ihn, um ihre Hoffnungen auf die Winterspiele wahr zu machen, und Brisbane heuerte ihn an, um seine Werbung für die Sommerspiele auf Vordermann zu bringen. Sie alle gingen bei der Abstimmung leer aus.

Papa Takac versuchte auch sein Glück beim Team aus Anchorage. Es war immer dieselbe Leier. «1985 begegneten wir Artur Takac bei einem IOC-Treffen in Portugal», erinnert sich Dick Angell.[4] «Er belagerte uns förmlich und versicherte uns, es sei auch ihm zu verdanken, daß Sarajevo die Spiele bekommen hätte. Er schlug vor, wir sollten mal mit seinem Sohn reden.» Das Team aus Anchorage ging diesmal nicht auf Goran ein, aber Papa lauerte ihnen erneut auf, als sie sich für die Winterspiele 1994 bewarben.

«Artur Takac sagte: ‹Ich würde gern um zehn Uhr im Büro meines Sohnes mit Ihnen sprechen›», erinnert sich Rick Nerland, der Leiter des Alaska-Teams. «Auf dem Weg dorthin sagte Artur: ‹Ich werde Sie meinem Sohn vorstellen. Ich denke, er hat einige Vorschläge, die Ihnen weiterhelfen könnten. Ich tue dies, weil mir wirklich gefällt, was Sie auf die Beine gestellt haben. Aber es ist natürlich Ihre Sache, ob Sie mit ihm einen Vertrag abschließen.› Er stellte uns Goran vor, stand dann auf und ging.» Goran zog ihnen ein Jahr lang 10 000 Dollar pro Monat aus der Tasche, dann kündigte Anchorage den Vertrag. «Wir hatten erreicht, was wir wollten, und ab einem gewissen Punkt bekamen wir keine Gegenleistungen mehr für unser Geld», meinte Nerland.

Goran Takac arbeitete anschließend für Sofia und erhielt Zuspruch von dessen IOC-Mitglied: «Goran ist ein echter Profi und einer der besten Sportberater», meinte Iwan Slawkow aus Bulgarien. «Wir sind Freunde.»[5]

Ein Freund aller Bewerberstädte war auch Fékrou Kidane, Exiläthiopier und freiberuflicher Sportreporter. Der Zufall wollte es, daß Scheich Fahd aus Kuwait Geld lockermachte, um ein Mitteilungsblatt namens *Continental Sports* herauszugeben. Es war nur ein dürftiges Machwerk, aber Kidane nutzte die Gelegenheit, um unbedachte Olympia-Bewerber übers Ohr zu hauen.

Er nahm Kontakt zu den Bewerberstädten auf und prahlte, das Mitteilungsblatt werde «an alle Nationalen Olympischen Komitees, internationalen Verbände, Sportministerien und die internationale Presse verschickt». *Continental Sports*, so schrieb er an Eggertz, «ist das beste Instrument, um für Falun zu werben.» Dann nannte er das Kind beim Namen. «Um das Projekt zu realisieren, ist die Beteiligung Ihrer Sponsoren notwendig.» Die Bewerbung Faluns wurde wie viele andere auch durch örtliche und nationale Unternehmen gefördert, entweder aus sentimentalen Gründen – oder weil sie Hoffnungen auf Geschäfte hegten, wenn die Spiele in ihrem Land oder ihrer Stadt stattfänden.

Kidane schätzte sein Käseblättchen ziemlich hoch ein. 4000 Dollar sollte eine Anzeige auf der Rückseite kosten, Anzeigen auf Innenseiten waren schon für 2000 Dollar zu haben. Wenn die Sponsoren Faluns für 55 000 Dollar Anzeigen kaufen würden, wäre das «phantastisch». Und was konnte er als Herausgeber bieten, um die olympische Gemeinde zu beeindrucken? Wie wär's mit einem Interview mit Königin Silvia von Schweden? Kidane schickte ihr vorab ein paar interessante Fragen. «Allem Anschein nach ist Ihr persönliches Leben eng mit dem Olympismus verbunden», war eine der besonders anspruchsvollen Fragen, mit denen sich die Königin plötzlich konfrontiert sah, oder: «Wie es scheint, engagieren Sie sich sehr für die Bewerbung der Stadt Falun.»

Kidane unternahm eine sechstägige Reise nach Schweden – für die Kosten kam das Falun-Team auf. Säuberlich abgelegt finden sich in den Archiven handgeschriebene Notizen mit Ratschlägen, wie man am besten auf die Stimmberechtigten des Olympischen Komitees einwirken könne. Hinter dem Fußballboß João Havelange stünden südamerikanische IOC-Mitglieder, ein paar aus Nordafrika und selbst das malaysische Mitglied. Zhenliang He aus China sei «kein Problem». Entscheidend aber sei natürlich der Mann von Adidas. «Wir brauchen die Unterstützung von Mr. Dassler, und wir könnten sie bekommen – aber Dasslers Name sollte nicht offiziell erwähnt werden», riet Kidane.

Kidane tadelte seine Gastgeber wegen ihrer Naivität. Informiert euch, forderte er sie auf. «Diejenigen, die darüber entscheiden, wo die Olympiade stattfindet, sind die großen Konzerne wie Coca-Cola, ABC-TV, Adidas. Diese Entscheidungsträger bringen der Bewegung und ihren Mitgliedern die meisten Gewinne ein. Falun sollte gute Kontakte zu diesen Unternehmen aufbauen, um die Olympiade zu bekommen.»

Fékrou Kidane schrieb auch bisweilen Kritisches über Samaranch und das IOC. Pech für ihn war nur, daß *Continental Sports* Pleite machte und Scheich Fahd während der irakischen Invasion im Jahre 1991 ums Leben kam. Kidane brauchte einen neuen Gönner. Nachdem er seine Ansichten revidiert hatte, lief er 1995 im IOC-Verzeichnis unter «Chef de Cabinet des Präsidenten [S.] und Direktor für internationale Kooperation».

Die größte Nervenprobe waren immer die Inspektionsreisen der IOC-Mitglieder. Siebenunddreißig IOC-Mitglieder, Frauen, Kinder und sonstiges Gefolge bestiegen die Maschine von Ostberlin nach Falun, Ivan Dibos aus Peru brachte noch zwei Freunde mit, und als letzter traf der hochvornehme Ashwini Kumar mit Frau und zwei Töchtern auf dem Berliner Flughafen ein – in einer Limousine, die von Polizisten auf Motorrädern eskortiert wurde.

Das Besuchsprogramm begann am Freitag abend mit einem Festmahl in Falun. Gastgeber waren der König und die Königin. Für zwei IOC-Mitglieder, Hamzah aus Malaysia und Ali aus Pakistan, war damit offenbar das Interesse an den Faluner Sportanlagen erloschen. Sie reisten am nächsten Morgen bereits wieder ab, nachdem sie dem zähneknirschenden Falun-Team beträchtliche Kosten für Reise und Unterbringung im Hotel aufgebürdet hatten.

Lars Eggertz und sein Team hatten inzwischen Erkundigungen eingezogen und wußten, wie träge viele Olympier waren. Für diejenigen, die ein wenig Interesse an Sport hatten, gab es eine Rundfahrt zu den Sportanlagen Faluns, dem ein achtzigminütiger Flug mit dem Hubschrauber in das weiter nördlich gelegene Åre folgte, um die Skipisten zu besichtigen. Unterdessen konnten die anderen ihre Zeit entweder mit Einkäufen, Besichtigungen oder Golfspielen verbringen.

Am späten Samstag nachmittag wurden die Gäste nach Stockholm geflogen und im Grand-Hotel untergebracht. An jenem Abend bot ihnen das Falun-Team, unterstützt von elf Hostessen, eine Bootsfahrt durch das Inselmeer vor Stockholm. Die meisten reisten nach dem Wochenende wieder ab. Als Lars Eggertz Monate später die Hotelrechnung bekam, stellte er jedoch fest, daß ein IOC-Mitglied und seine Frau noch eine ganze Woche auf Kosten des Teams im teuren Grand-Hotel verbracht hatten.

Eggertz war damals zu beschäftigt gewesen, um den Nassauern auf die Finger zu schauen. Er hatte den Sonntagvormittag damit verbracht, eine seiner Hostessen wieder zu beruhigen, die am Vorabend zu später Stunde eine schockierende Entdeckung gemacht hatte: Ein Olympier hatte nämlich gemeint, er könne als Gegenleistung für seine Zusage, für Falun zu stimmen, alles bekommen, wonach ihm der Sinn stand. Er hatte den Abend damit verbracht, das gesamte Hostessenteam mit unsittlichen Anträgen zu belästigen. Was konnten die Schweden tun? Eine öffentliche Beschwerde in Lausanne hätte ihre Hoffnungen auf die Olympiade zunichte gemacht. So teilte man den Vorfall nur einem führenden IOC-Mitglied mit und brachte dann das Thema nicht mehr zur Sprache. Aber es sollte – lange nach der Abstimmung – wieder auf den Tisch kommen.

Nicht alle Mitglieder waren scharf auf Sex. Der Geschäftsmann David Sibandze aus Swasiland beschäftigte sich lieber damit, einem seiner Kinder einen Studienplatz zu besorgen. Im Archiv von Falun befinden sich Unterlagen über die bescheidenen akademischen Leistungen von

Sibandzes Sohn Cecil Sibuisso. Beigefügt ist ein Schulzeugnis, welches Auskunft über die ziemlich durchschnittlichen Noten des jungen Cecil gibt. In der Akte Sibandze befindet sich unter anderem der unterwürfige Brief eines hochrangigen schwedischen Sportfunktionärs. «Sie haben uns mitgeteilt, daß Ihr Sohn sein Studium gern in unserem Land fortsetzen würde», beginnt er, weist aber dann darauf hin, daß die Frist für die Zulassung zu den schwedischen Universitäten für das kommende Studienjahr bereits abgelaufen sei. Doch dann heißt es weiter: «Ich habe gute und freundschaftliche Kontakte zu unserem Außenministerium sowie zur Einwanderungsbehörde und zum Bildungsministerium. Ich werde mein möglichstes tun, um die zuständigen Beamten dazu zu bewegen, das Gesuch ihres Sohnes anzunehmen.»

Lars Eggertz erzählte mir den Rest der Geschichte: «David Sibandze fragte, ob wir nicht dafür sorgen könnten, daß sein Sohn einen Platz an einer schwedischen Universität, vorzugsweise in Uppsala, bekäme. Das Problem wurde am Ende gelöst, und Sibandze erhielt Bescheid. Später erfuhren wir, daß er allen Bewerberstädten dieselbe Frage gestellt hatte.»

Die Frage, die Eggertz viel mehr quälte, war die Aufwärtsspirale der Kosten, die die Kriecherei vor den Olympiern verursachte. Samaranch aber winkte nur ab und erklärte, eine Bewerbung bringe einer Stadt schließlich positive Publicity. Und er vergaß nicht, ihn an die Spielregeln zu erinnern: «IOC-Mitglieder sollten doch etwas bessere Geschenke bekommen als andere Leute.»

Lausanne wählte ein paar Mitglieder aus, deren Terminkalender leer war, berief sie in ein Bewertungskomitee und schickte sie los, um die Bewerberstädte abzuzocken. Falun kannte mittlerweile die Kniffe, sorgte für ein Unterhaltungsprogramm mit Abendessen, Skifahren und – wie könnte es anders sein – einem Lunch bei König Carl Gustaf. Am Ende ihrer ausgedehnten Ferienrundreise um die Welt verfaßten die Experten dann einen ausgesprochen wichtigen Bericht über die Kandidaten, der Eggertz, als er eine Kopie davon erhielt, an den Rand der Verzweiflung brachte: «Es war nichts als hohles Gewäsch, völlig nichtssagend, und es wurden praktisch überhaupt keine Vergleiche angestellt.»

Die Wintersportverbände folgten ihrem Vorbild. Doch Falun ließ sich durch ihre Bemühungen nicht mehr beeindrucken. «Ihre Berichte über die Besuche bei den Kandidaten enthielten keine echte Bewertung», meint Eggertz erschöpft. «Alle möglichen Kommissionen aus der Olympischen Bewegung damit zu beauftragen, die verschiedenen Kandidaten aufzusuchen und darüber zu berichten, ist unnötig und sinnlos. Die Frage ist doch, ob diese Berichte jemals gelesen werden.»

Eine rein sachliche Bewertung der Vorzüge der Bewerberstädte war das letzte, was Samaranch und seine Mannen wollten. Alle Bewerber mußten bis zur Abstimmung hingehalten werden, damit sie weiterhin Geschenke schickten und IOC-Mitglieder freihielten. Das IOC wollte sich nicht zwingen lassen, den bestgeeigneten Kandidaten zu wählen. Beim Gang zur Urne zählten andere Überlegungen.

Samaranch war sechsundsechzig Jahre alt und dachte bereits an seine Zeit als Rentner. In Barcelona war sein Ruf immer noch überschattet von seiner Tätigkeit für die Franco-Diktatur. Wodurch könnte er sich die – wenn auch widerwillige – Toleranz der Katalanen erwerben? Nach dem Ende der Diktatur war Barcelona – wie fast ganz Spanien – heruntergewirtschaftet und besaß keine vernünftige Infrastruktur. Vielleicht könnte eine kleine Spritze das klapprige Gerippe wieder aufpeppeln: olympische Investitionen.

Macht nichts, daß die Steuern bis ins nächste Jahrhundert enorm sein würden: Die olympische Propagandamaschine würde den Katalanen weismachen, ihre Stadt gehöre zu den wenigen Auserwählten, Kaufleute und Bauträger würden sich gesundstoßen, es würde Arbeitsplätze geben, die Stadt würde an Prestige gewinnen – und das alte Blauhemd könnte die Lorbeeren ernten.

So mußte Barcelona einfach die Sommerspiele 1992 bekommen. Doch dann kam die Katastrophe: Paris kündigte seine Bewerbung an! Die Franzosen warfen all ihre Vorzüge in die Waagschale. IOC-Mitglieder, die einen Urlaub nötig hatten, bekamen Flugtickets zugeschickt und wurden im opulenten Hotel de Crillon untergebracht. Zu den Geschenken gehörten Mäntel und Parfums und Vorzugspreise in den besseren Modegeschäften. Diejenigen, die nicht einkaufen gingen, bis sie tot umfielen, vertrieben sich abends die Zeit im Maxim's oder im Tour d'Argent – die Rechnung wurde diskret beglichen.[6]

Wie konnte man Paris Einhalt gebieten? Die vor nichts zurückschreckende Bewerbung der Stadt hatte zum Glück einen einzigen Makel: Albertville in den französischen Alpen bewarb sich ebenfalls für

1992. Es war unmöglich, Frankreich sowohl die Sommer- als auch die Winterspiele zu geben.

Die Chancen Albertvilles standen nicht gut: Die Veranstaltungsorte für die einzelnen Disziplinen waren so weit über Savoyen verteilt, daß man mit einer Reihe voneinander getrennter Mini-Olympiaden rechnen mußte. Falun, Spitzenreiter seit zwei Jahren, fühlte sich nicht übermäßig bedroht. Schließlich hatte Frankreich zudem schon Winterspiele in Chamonix und Grenoble ausgerichtet. Jetzt waren die Schweden an der Reihe.

Doch mit der Zeit häuften sich die Hinweise, daß Samaranch Albertville unterstützte. Er vermied es, Falun in Augenschein zu nehmen: «Ich besuche keine Kandidaten für die Olympischen Spiele», erklärte er – machte eine protzige Reise nach Savoyen zu den Skiweltmeisterschaften und ließ sich dort in Begleitung des Vorsitzenden des Bewerbungsteams Michel Bernier sehen. Die internationale Presse verbreitete mehr und mehr das Gerücht, Barcelona und Albertville bildeten eine Achse, um Paris und Falun aus dem Rennen zu schlagen.

Der norwegische Olympier Jan Staubo entdeckte, daß die Abstimmung ein abgekartetes Spiel werden würde. «Es gibt inzwischen Gerüchte über eine Koalition zwischen Organisatoren von Bewerberstädten und anderen sowie über Vorabsprachen», schrieb er an Samaranch, «um Mitglieder dazu zu bringen, für eine bestimmte Stadt für die Winterspiele zu stimmen, und auf diese Weise Einfluß auf die Wahl des Gastgebers für die Sommerolympiade zu nehmen.»[7]

Gemeint waren Barcelona und Albertville. Zwei Monate vor dem Urnengang in Lausanne wies Staubo darauf hin, daß mit Ausnahme der Abstimmung im Jahre 1981, bei der Calgary und Seoul die Spiele bekommen hatten, das IOC immer zuerst den Gastgeber für die Sommerspiele und erst im Anschluß daran den für die Winterspiele bestimmt habe. Dann fuhr er fort: «Ich denke, wir müssen uns an Artikel 33 unserer Charta halten und *zuerst* über die Stadt für die Sommerolympiade und erst dann über den Gastgeber für die Winterspiele abstimmen. Das Abstimmungsverfahren des IOC darf nicht angetastet werden.»

Doch genau das geschah. Damit Barcelona die Sommerspiele bekam, mußte zuerst über den Gastgeber für die Winterspiele abgestimmt werden. Denn wenn Albertville gewann, konnte die französische Hauptstadt ihre Hoffnungen begraben. Und so war es auch. Eggertz sah sich in seinen Befürchtungen bestätigt, als er und sein Team in Lausanne eintrafen und, gemeinsam mit anderen Bewerberstädten, zum Mittagessen mit Samaranch eingeladen wurden.

«Sie können sich sicher vorstellen, wie erstaunt wir waren, als Samaranch, der gewöhnlich sehr auf die Einhaltung der Etikette achtet, Michel Bernier aus Albertville aufforderte, neben ihm Platz zu nehmen», sagt Eggertz. «Unser Prinz Bertil hätte eigentlich an dieser Stelle sitzen müssen.» Die schwedische Königsfamilie hatte ihre Aufgabe als dekoratives Beiwerk während der Kampagne erfüllt, und nun, da Samaranch Albertville unterstützen wollte, war schlicht und einfach ihr Haltbarkeitsdatum überschritten, und sie durfte ruhig brüskiert werden.

Die trübe Stimmung unterdrückend, hörte das Falun-Team nicht auf, weiter für sich zu werben. Björn Borg sollte mit IOC-Mitgliedern Tennis spielen. Ein weiteres Golfturnier wurde auf die Beine gestellt, aber nur Mbaye, Herzog und Coles nahmen teil. Prinz Bertil und Prinzessin Lilian luden zum Essen, und man heuerte Fotografen an, die jedes IOC-Mitglied Seite an Seite mit Königin Silvia ablichteten. Die Schweden führten stolz ihren «Vier-Jahreszeiten-Pavillon» mit täglich wechselnden Themen und entsprechenden Speisen und Getränken vor. Ähnliche Shows wurden von den anderen zwölf Kandidaten geboten, und die IOC-Mitglieder versanken knietief in Geschenken.

Derweil erzählte im Tagungsraum Reggie Alexander aus Kenia, eines der wenigen Mitglieder, die Samaranchs Liebe zu Macht, Geld und persönlichem Ruhm kritisch gegenüberstehen, von seinem Alptraum am Grab des Gründers: «Es öffnete sich vor meinen Augen. De Coubertins Hand ragte heraus, griff nach den Olympischen Ringen und zog sie hinunter in die Erde», berichtet er theatralisch. «Dann sagte der Baron zu mir: ‹Ihr bekommt sie erst zurück, wenn ihr aufhört, euch so schlecht zu benehmen.›»

Das Falun-Team unternahm eine letzte Anstrengung und stellte sich nach dem Frühstück in Reih und Glied vor dem Tagungszentrum auf: Es war noch einmal eine Gelegenheit, den fast dreißig Mitgliedern Auge in Auge gegenüberzustehen, die versprochen hatten, diesmal käme Schweden an die Reihe. «Wir fühlten uns ohnmächtig, unzulänglich und erschöpft», erzählt Eggertz. «Die meisten von ihnen gingen schnurstracks an uns vorbei, ohne sich umzusehen oder jemanden zu grüßen.»

Fünf Stunden später wurden die Konkurrenten hineinzitiert. Die fünfundachtzig anwesenden IOC-Mitglieder stellten sich auf die Stufen der Bühne – als Hintergrund für ihren Präsidenten. Als er endlich kam, waren die Nerven bereits zum Zerreißen gespannt. Eggertz weiß es noch genau: «Als Samaranch eintrat, erhoben sich alle und applaudierten. Für einige war das ein wenig zuviel; einer aus unserem Falun-Team weigerte sich aufzustehen.»

Samaranch riß den ersten Umschlag auf: Barcelona hatte gewonnen. Dann den zweiten: Albertville, mit einundfünfzig Stimmen. Falun, das beim letzten Wettbewerb einunddreißig Stimmen bekommen hatte, brachte es diesmal nur auf elf.

Nach der Abstimmung meinte IOC-Mitglied Willi Daume: «Es war eine politische Wahl. Jeder wußte, wenn Albertville gewann, bestand auch für Barcelona keine Gefahr mehr.»[8] Die Mitglieder hatten sich dem Willen Samaranchs gebeugt, der beste Kandidat für die Winterspiele war über Bord geworfen worden, Albertville würde eine gesichtslose Olympiade veranstalten – und dem französischen Steuerzahler eine immense Last aufbürden.

100 Millionen Dollar waren von dreizehn Bewerberstädten verplempert worden, nur um zu gewährleisten, daß Samaranch in seiner Heimat unbehelligt seinen Lebensabend genießen kann. Zigtausende von Kilometern wurden von den Bittstellern abgeflogen, und ein jahrelanges unermüdliches Engagement wurde mit Füßen getreten. Und es war nicht einmal ein fairer Kampf: Eggertz kam das Gerücht zu Ohren, daß Samaranch ein paar Tage vor der Abstimmung zu einigen IOC-Mitgliedern gesagt habe: «Moralisch gesehen sollte eigentlich Falun die Spiele bekommen, aber Albertville muß gewinnen.»

Doch da war immer noch dieses lästige Problem mit dem lüsternen Olympier. Weder Lars Eggertz noch die Hosteß, die er 1985 im Grand-Hotel getröstet hatte, hatten den Vorfall vergessen. Sicherlich war er selbst über diesen Samstagabend verärgert gewesen. Schließlich hatte er drei der Hostessen eindeutige Angebote gemacht und jedesmal einen Korb bekommen. Aber die Abfuhren schienen ihn nur noch schärfer zu machen. Er versuchte es bei einer vierten Frau, fuhr diesmal aber stärkere Geschütze auf. Er schnappte sie sich im Aufzug und flüsterte ihr zu, was nahezu bei jeder Bewerbungskampagne mindestens einer verlangt: «Zieh dich aus, dann stimme ich für deine Stadt. Tust du's nicht, Pech für euch.»

«Es wurde ihm klar und deutlich zu verstehen gegeben, daß die Uhren in Schweden anders laufen», erinnert sich Eggertz mit einem Anflug von Zorn. «Es war eine stürmische Szene, aber eine klare Aussage: keine Lady, keine Stimme.» Eggertz informierte nur ein führendes IOC-Mitglied. Anscheinend wurde nichts unternommen, und der bewußte Herr vertritt nach wie vor das Olympische Komitee in aller Welt. Die Hosteß dagegen spricht immer noch vom «olympischen Sumpf».

Ich drängte Eggertz, mir den Namen des Mitglieds zu nennen, bis er schließlich einwilligte. Eggertz hat den Vorfall auch in einem Buch über die Erfahrungen Faluns mit dem IOC dargelegt – und deutliche Hinweise darauf gegeben, um wen es sich handelte. Das Buch erschien Ende 1987 in Schweden und wurde im Auftrag des Olympischen Komitees ins Englische übersetzt. Zufällig kam das Exekutivkomitee des IOC im April 1988 in Stockholm zusammen, und zwar – Ironie des Schicksals – in jenem Grand-Hotel, in dem drei Jahre zuvor das Stück «Sex gegen Stimme» aufgeführt worden war.

Samaranch war wütend: nicht etwa wegen des empörenden Verhaltens seines olympischen Kollegen – nein, sondern weil Eggertz es aufgedeckt hatte. Er schlug vor, das Exekutivkomitee solle an das Nationale Olympische Komitee Schwedens schreiben und sein Erstaunen und seine Mißbilligung zum Ausdruck bringen. Doch Dick Pound beschwichtigte ihn und meinte, es sei klüger, nichts zu unternehmen. Die anderen, auch Kevan Gosper, Richter Keba Mbaye – einer der Vizepräsidenten des Internationalen Gerichtshofes – und Prince de Merode, stimmten zu.[9] Die Sache wurde begraben – aber nicht vergessen.

Noch im selben Jahr konfrontierte ein amerikanischer Reporter führende IOC-Mitglieder mit Eggertz' Behauptungen. «Ich denke, der Gentleman, der dieses Buch geschrieben hat, ist ein schlechter Verlierer», erwiderte Raymond Gafner[10], der dabeigewesen war, als in Stockholm beschlossen wurde, nichts zu unternehmen. «Ich höre solche Vorwürfe immer nur von Verlierern, von Bewerbern, die verloren haben», meinte Dick Pound und fügte hinzu: «Sie behaupten diese Dinge, und wir beschäftigen uns dann damit und fragen: ‹Wer war das? Aus welchem Land kommt er?› Und dann sagen sie, es lohne sich nicht.»[11]

Pound behauptet, daß das IOC etwas zu unternehmen versucht, wenn Vorwürfe gegen die Olympier laut werden, aber das paßt nicht besonders gut zu seiner früheren Reaktion auf die Skandale in Falun. Nach der Abstimmung in Lausanne im Oktober 1986 hatte der Sekretär des schwedischen NOC Pound schriftlich über die Vorfälle berichtet, die die Schweden so empört hatten.

Pounds vertrauliche Antwort kann im Archivkeller von Falun nachgelesen werden. Am 4. November schrieb er: «Ich bedaure es immer, wenn ich hören muß, daß einige IOC-Mitglieder möglicherweise unangemessene persönliche Forderungen an die Bewerberstädte gestellt haben. Ich denke, erst wenn dem IOC konkrete Beispiele (mit Namen) mitgeteilt würden, wäre es in der Lage, geeignete Schritte zu tun. Ohne formelle Anfragen aber ist es schwierig, etwas zu unternehmen. Das zu beurteilen, überlasse ich Ihnen.»

12 Sie haben ausgedient, Reverend King. Billy hatte einen neuen Traum – Atlanta 1996

Zweifellos wird sich Atlanta das Gesicht schrubben, seine Schuhe polieren und sich den Olympiern als tanzende, gesunde und freundliche Stadt präsentieren. Sie wird die Welt mit der guten alten Südstaatengastfreundschaft, Pekannußkuchen, Whisky und Korn begrüßen. Besuchen Sie das Jimmy-Carter-Zentrum, das Grab Martin Luther Kings, durchleben Sie noch einmal seinen Traum vom Ende der Unterdrückung – all die Dinge in der Stadt, die den schlimmsten Teil des Rassenkonflikts überlebt haben, denn Atlanta ist, wie sie dort sagen, viel zu beschäftigt, um zu hassen.

Aber so einfach ist das Leben in Olympia-City nun doch nicht. Schauen Sie hinunter, wenn Ihr Flugzeug über dem Flughafen Hartsfield kreist. Von oben sieht man eine weitläufige, blühende Stadt. Was man hingegen nicht sieht, sind die unsichtbaren Grenzen, welche die Reichsten von den Ärmsten trennen.

Atlanta ist eine kleine, nichtssagende Stadt mit 400 000 Einwohnern, die umgeben ist von blühenden Vororten, in denen weitere drei Millionen Menschen leben. Die Stadt ist pleite und kaum noch in der Lage, der Mehrheit ihrer Bürger ein anständiges Leben zu ermöglichen. Straßen und Brücken sind in verheerendem Zustand, die Hälfte der erwachsenen Bevölkerung ist meist ohne Arbeit, und vermutlich dreißig Prozent aller Haushalte leben von der Sozialhilfe. Die Kriminalitätsrate gehört zu den höchsten der Vereinigten Staaten.[1] Was ist hier bloß olympisch? Zufällig liegt hier das Hauptquartier von Coca-Cola, dem Lieblingspartner des IOC. Wie mit einem Fallschirm ist der Kuckuck im Nest der Stadt gelandet – die weiße, durch und durch kommerzielle Olympiade und die glänzenden neuen Sportzentren mit ihrem 1,6-Milliarden-Dollar-Budget sind wie ein Schlag ins Gesicht der schwarzen Gemeinde, die siebzig Prozent der Gesamtbevölkerung ausmacht.

Droben in der Williams Street, mit Blick über die Midtown, leben die Dunwoodies. Sie stellen die überwältigende Mehrzahl der Weißen –

meist aus dem Vorort Dunwoody –, die die Jahrhundertolympiade auf die Beine gestellt haben und nun überwachen. Um ihre Atlanta-96-Büros schwirren die hochbezahlten Nadelstreifenanzüge, die so wichtig sind für die modernen Spiele, und kümmern sich um Außenkontakte, die Sportanlagen, Telekommunikation, Arbeitskräfte, die kreativen Dienstleistungen, Gastfreundschaft und all die anderen phantasievollen Arbeitsbeschaffungsmaßnahmen. Eine Milliarde haben sie gemacht, indem sie die fünf Ringe mit größtem Einsatz jedem verkauft haben, der sie haben wollte. Und sie werden immer noch weiter verkaufen, bis zur letzten Minute, wenn die Olympische Flamme in der Stadt eintrifft und Samaranch aufs Podium steigt.

Die Verantwortung für all das trägt Billy Payne, ständig unterwegs zu einer Besprechung oder einem Empfang, große Reden haltend, immer mit der Versicherung auf den Lippen, daß man das nötige Geld schon reinbekommen wird. Zerrissen zwischen den Forderungen der Herren von Lausanne, der raffgierigen Sportbarone, der Sponsoren – «wir wollen was sehen für unser Geld» – und der Stadt, die sich fragt, ob sie Geld rausrücken muß, das sie gar nicht hat, um den olympischen Bankrott abzuwenden, hat Billy bereits zwei Bypaßoperationen hinter sich und mehr Kopfschmerzen als ein geschlagener Boxer.

Billy Payne, ein ehemaliger College-Footballspieler von beträchtlicher Leibesfülle, inzwischen Immobilienanwalt und konservativer Geschäftsmann, hatte, so erfuhr ich, gerade genügend Spenden für seine Kirche gesammelt und war auf der Suche nach einer neuen Herausforderung. Er trommelte ein paar Kumpel zusammen, und gemeinsam träumten sie den verrückten Traum.

Er hat die Geschichte schon so oft erzählt, weil die Olympiagroupies es einfach immer wieder gern hören, daß man nur dran glauben und den entsprechenden Idealismus aufbringen muß, um die Spiele zu bekommen.[2] Und daß es dabei nicht nur darum geht, die Kniffe des Systems zu beherrschen. Doch wie bei den meisten Dingen in Atlanta ist es auch in diesem Fall nicht so einfach, wie die Propagandisten einem gerne weismachen wollen. In Amerika wimmelt es von ehemaligen Footballsportlern, die Rechtsanwalt geworden sind. Aber Billy ist ein Sonderfall: Er war im Besitz der Durchwahlnummern jener Männer, die in Atlanta das Sagen haben.

Als Billy im Februar 1987 die heldenhafte Idee überkam, die ihm selbst fast die Sprache verschlug, schrie er sie förmlich seiner Frau Martha zu. Es war in ihrer Küche im grünen Vorort Dunwoody. Martha aber säuselte ihm zu: «Du mußt Peter anrufen.» Billys bester Freund ist Peter Candler, ein Enkel der Coca-Cola-Gründerfamilie. Der schickte einen dicken Scheck und rief außerdem Horace Sibley an. Horace ist ebenfalls ein wichtiger Mann: Partner in der mächtigen Anwaltsfirma King and Spalding, die in Atlanta für Coca-Cola arbeitet. Horace schloß sich dem jungen Olympia-Traum-Komitee an und brachte einen weiteren Anwalt von K & S mit: Charlie Battle. Charlie hat seitdem unzählige Flugkilometer hinter sich gebracht: Die gute Nachricht war nämlich, daß er die Welt bereisen würde. Dann entdeckte er, daß seine Aufgabe als Verantwortlicher für internationale Beziehungen vor allem darin bestand, den Herren der Ringe und ihrem Gefolge die Hände zu drücken und stets ein breites Lächeln für sie bereitzuhalten.

Dies waren aber nur die ganz großen Jungs. Als nächstes mobilisierte Billy seine unmittelbare Umgebung und schleppte weitere Leute an, die wie er und Martha treue Kirchgänger waren, z. B. Cindy Fowler und Ginger Watkins.[3] Sie kamen nicht alle aus der unmittelbaren Nachbarschaft, aber Billys Träumer sollten bald als «die Dunwoody Mafia» bekannt werden.

Billy holte seine Liste mit den Durchwahlnummern hervor und landete weitere Volltreffer. Man brauchte auf der Stelle Geld für die erste Kampagne – um das Olympische Komitee der USA (USOC) davon zu überzeugen, daß Atlanta Amerikas Kandidat für die Spiele 1996 werden sollte. Ein Anruf genügte, um dafür zu sorgen, daß die ganze Stadt an den olympischen Traum glauben würde. Cox Enterprises, Inhaber der einzigen Tageszeitung Atlantas, des *Atlanta Constitution Journal*, sowie zweier Fernsehsender, steuerten 200 000 Dollar bei und stellten ihr Firmenflugzeug zur Verfügung.

Drüben an der Westküste wollte man jedoch auch die Nominierung. Doch die Stadtväter von San Francisco teilten dem Nationalen Olympischen Komitee mit, sie würden sich nur bewerben, wenn das Komitee homosexuelle Mitglieder im Exekutivkomitee zuließe und schwulen Sportverbänden Geld gäbe.[4] Damit mußte nur noch Minneapolis-St. Paul aus dem Rennen geschlagen werden. Atlanta und die Zwillingsstädte fochten ihren Kampf im April 1988 beim USOC-Gipfel in Washington aus – mit Eßtellern.

Minneapolis bewirtete das Olympische Komitee der USA mit «Gerichten aus aller Welt», aber die bestanden lediglich aus Speisen, die das Hilton an jenem Abend in der Vorratskammer hatte. Atlanta mietete ein Privathaus und servierte frisches Thunfischcarpaccio, Fischpastete au Cognac, Pastramilachs, karamelisierte Pekannüsse und üppige Desserts.[5] Das Komitee erklärte so Atlanta zum Sieger. Jetzt mußten die Dunwoodies es nur noch mit dem Rest der Welt und dem Spitzenreiter Athen aufnehmen.

Die Griechen hatten die richtige Kulisse, und sie machten reichlich Gebrauch davon. Eine ganze Horde von IOC-Mitgliedern flog, ausgestattet mit Messern und Gabeln, in die Stadt ein und genoß das Abendessen im Schatten der Akropolis, spielte ein wenig Golf und flog weiter, um die Ruinen in Olympia zu besichtigen. Um sich von diesen Anstrengungen zu erholen, fand die Rückreise in Form einer Kreuzfahrt nach Piräus über den Golf von Korinth und die Tempelanlagen von Delphi statt.

Und Atlantas Träumer ärgerten sich, als Samaranch in Athen verkündete: «Ich denke, Sie sollten sich wegen der anderen Kandidaten keine Sorgen machen. Wenn Sie sich Mühe geben, wird, das kann ich Ihnen versprechen, Athen der Gastgeber sein.»[6] Die Amerikaner wußten zu diesem Zeitpunkt noch nicht, daß Samaranch mit all seinen Mädchen gleichzeitig flirtete. Ähnlich beunruhigt war man in Melbourne, das beim Wettkampf um die Spiele von 1996 nie richtig zum Zuge kam, sowie in Belgrad, das sich ebenfalls beworben hatte, obwohl die Serben Anstalten machten, Jugoslawien in einen Friedhof zu verwandeln.

Die wackeren Kämpfer von Manchester wurden vom IOC geradezu schändlich behandelt. Die Stadt hatte Charakter, eine lebendige Profiund Amateursporttradition, die beste Popmusik in ganz Großbritannien und war dem Fußball verfallen, kurz, sie hatte alles, was ein Olympier verlangen kann. Aber die Boutiquen der Stadt machten keinen großen Eindruck auf die olympischen Gattinnen, es war zu weit von London entfernt, als daß sie interessante Alternativen zum Sport hätten wahrnehmen können, und außerdem hatten dort die Leute die lästige Angewohnheit, links von der Mitte zu wählen, und das gefiel Samaranch überhaupt nicht.

Toronto war der Gorilla: In derselben Zeitzone wie Atlanta gelegen, würde es den amerikanischen Fernsehgesellschaften ebenfalls Live-

Übertragungen zur Hauptsendezeit im eigenen Land ermöglichen. Eine Weltstadt mit Restaurants aller Art, eine akzeptable Sporttradition, ein langes Seeufer – und doch mit einem Makel behaftet: Sie war zu liberal. «Atlanta hatte mit seiner kontrollierten Presse einen Riesenvorteil gegenüber Toronto», klagte Paul Henderson, der Vorsitzende des Torontoer Bewerbungsteams.[7] «Dort hat eine Zeitung das Monopol, während es bei uns vier sehr starke, konkurrierende Blätter gibt.» Die Kanadier hatten aber noch einen anderen Nachteil: wachsame und neugierige Politiker.

Als Atlanta die US-Nominierung bekam, wählten die Bürger von Toronto eine Reihe von Wohltätigkeitsorganisationen, Stadtteilgruppen, Grünen und Sozialisten ins Rathaus. Sehen wir uns doch einmal an, wie sich eure Pläne auf unsere Stadt auswirken, meinten sie freundlich. Das Syndikat der Geschäftsleute, die sich die Bewerbung ausgedacht hatten, geriet in Rage: Wie in Atlanta wollten sie – nach dem Motto «Die Wirtschaft weiß es am besten» – die Tagesordnung bestimmen und widersetzten sich den neugierigen Politikern, die ihre Pläne genauestens unter die Lupe nahmen.

Gegner der Pläne, öffentliche Gelder statt für den sozialen Wohnungsbau und die Sozialhilfe für die Bewerbung zu verwenden, schlossen sich unter dem Slogan «Brot statt Spiele» zusammen und gingen auf die Straße. Sie demonstrierten gegen IOC-Mitglieder und veranstalteten einen «antiolympischen» Fackellauf durch die armen Stadtviertel. «Die Olympiade verursacht Kosten in Millionenhöhe», erklärte ein Aktivist. «Und gerade die Leute, die es nötig hätten, haben nichts davon.»[8]

In Atlanta würde es dazu natürlich nicht kommen. Wenn sie gewinnen würden, so versprach Billy Payne, würden «die Gemeinde, die jungen Sportler und die Bürger noch jahrzehntelang von den Sportanlagen und vom Wohnungsbau für die Olympiade profitieren».[9] Gleichzeitig gab Billy seinen Slogan für die Bewerbung bekannt: «Atlanta und die Olympiade: Ja. Partner der Welt.» Nach und nach traf auch die olympische Familie ein, allen voran ihr Führer. Seine Prioritäten waren klar. Samaranch ging schnurstracks zum Vorstandsbüro von Coca-Cola, legte einen Kranz am Grab Martin Luther Kings nieder und eilte dann in einem Firmenjet von Coke nach Washington, um mit Präsident Bush zu plaudern.

Als nächstes kamen Prinz Albert von Monaco sowie drei weitere IOC-Mitglieder, die mit einem Jet der Cox-Zeitung eingeflogen wurden, um die Pläne der Stadt in Augenschein zu nehmen. Das Besuchsprogramm kostete Atlanta 100 000 Dollar, und man tat alles, damit sie sich hier wohler fühlten als in Toronto. «Die Organisatoren bemühten sich, die Besucher vor den Fragen der Journalisten abzuschirmen», hielt ein Reporter der Stadt fest.[10] Egal, wie tief die Risse waren, die sich durch die Bevölkerung zogen, die Dunwoodies wollten dem Olympischen Komitee ein einmütiges Atlanta vorführen.

Ein paar Tage später empfingen Kinder zwei Dutzend Nassauer aus dem Olympischen Komitee mit einem afrikanischen Begrüßungslied und überreichten ihnen Rosen. Schamlos spielte Atlanta seinen größten Trumpf aus, der Martin Luther King hieß. Bürgermeister Andrew Young behauptete, Atlanta sei «die Welthauptstadt der Menschenrechte»[11], und das tschechische Mitglied Vladimier Cernusak verstieg sich zu der Behauptung, «die Lehren Martin Luther Kings sind den Grundgedanken der Olympischen Bewegung sehr ähnlich – die Prinzipien des Friedens und der Gewaltlosigkeit.»[12]

Reverend King hatte seinen Traum dem Volk geschenkt, er hatte ihn nicht an Coca-Cola verkauft. Trotzdem bediente sich die Kampagne Atlantas seiner Aura. Vergeßt, daß King ein Revolutionär war, der eine «Neuordnung der ganzen Gesellschaft, eine Revolution der Werte» forderte. Das alles ist Vergangenheit, sagten die Propagandisten, der Mann wirkt Wunder im Marketing. Und Billy holte sich Kings postumen Segen, indem er versprach, daß die führenden Köpfe der armen schwarzen Stadtteile «bei der Vorbereitung der Olympischen Spiele mitwirken werden».[13]

Was auch immer IOC-Mitglieder auf ihrer Rundreise von sich gaben, Samaranch teilte seinen Kollegen mit, es sei Zeit, «bei den Bewerberstädten Strenge walten zu lassen»[14], und schlug vor, den Anteil des IOC an den Millionen, die die Bewegung durch die Versteigerung der Ringe einkassierte, zu erhöhen. Das wurde allerdings geheimgehalten.

Als im Frühjahr 1990 eine weitere Welle olympischer Nassauer auf dem Flughafen Hartsfield eintraf, wurden die Komiteemitglieder von einer ganzen Kolonne Cadillacs abgeholt. Dann ging's ab ans Meer, mit Firmenjets, um die Einrichtungen für die olympische Segelregatta in Savannah zu inspizieren. Damit sie nur ja nicht Hunger leiden mußten, gab es Kaviar und Mintcocktails, und um sich das Abspülen zu ersparen, durften sie ihre Silberbecher behalten.

Nach einem Ausflug auf der traumhaften Jacht des Verlegers Malcolm Forbes segelte man zurück, um sich ein Feuerwerk anzusehen, welches die Worte «Willkommen IOC» an den Himmel schrieb. Vier Jahre später und zweiundzwanzig Monate vor dem Beginn der olympischen Segelregatta wurde Savannah Zeuge eines weiteren historischen Ereignisses: Der örtliche Jachtklub nahm sein erstes schwarzes Mitglied auf.

Das Olympische Komitee bediente sich etwas seltsamer Mittel, um die geplanten Sportanlagen in Atlanta zu überprüfen. Eine Clique von Golfspielern verschwand mit Billy nach Augusta, um den Masters' Course zu testen, obwohl Golf gar nicht zu den olympischen Disziplinen zählte, während Frau Samaranch sich aufmachte, um ein Kulturfestival in einem Nachbarstaat mit ihrer Anwesenheit zu beehren.

Als der Franzose Maurice Herzog seinen Kranz am Grab von King niederlegte, gab er einen Kommentar ab, der an Deutlichkeit nichts zu wünschen übrigließ und Toronto sicher einen eiskalten Schauer über den Rücken jagte: «Wir entscheiden uns nicht gern für eine Stadt, wo es Meinungsverschiedenheiten über die Spiele gibt», warnte er. «Wir brauchen den Konsens. Was wir hier bisher gesehen haben, ist hundertprozentig.»[15] Für Atlanta war die Aktion in der Tat ein Kinderspiel. Keine Beratungen, keine Meinungsverschiedenheiten, keine Debatte in der ganzen Stadt, ob man sich die Spiele leisten konnte – oder ob man sie überhaupt wollte.

Atlanta und seine Konkurrenten bekamen vom Olympischen Komitee alle dieselben nichtssagenden Nettigkeiten zu hören. Laut Karl-Heinz Wehrs Stasi-Aufzeichnungen war Samaranchs Wahl nämlich ursprünglich auf Athen gefallen. Aber es gab politische Hindernisse. Griechenland hatte eine sozialistische Regierung, und Wehr erfuhr, daß Lausanne mit der Heimat der antiken Spiele keine olympischen Geschäfte machen wollte, solange nicht klar war, daß die rechtsgerichtete Opposition die nächsten Wahlen gewann.

Wehr sprach auch mit griechischen Sportfunktionären und schrieb in dem Bericht, der in den Berliner Archiven landete[16], daß die griechische Opposition Präsident Professor Chowdhry vom Internationalen Amateurboxverband bereits eine deftige Bestechungssumme angeboten habe, um Athens Bewerbung zu forcieren. «Sie [sind] auch bereit – wenn er nicht zu unverschämt ist –, diese Summe zu erhöhen.» Wenn Wehrs Berichte über Chowdhrys Gerede zutreffen, waren alle Bewerberstädte bemüht, den einflußreichen Sportpräsidenten auf ihre Seite zu ziehen – was ihnen durchaus gelang, vorausgesetzt, sie brachten die Minimalsumme auf. «Chowdhry [äußerte] mir gegenüber, daß andere Bewerberstädte ihm mehr als 100 000 Dollar bieten müßten.» Diese Summe sei ihm bereits von einem Bewerber zugesichert worden, behauptete er gegenüber Wehr.

Wehr berichtete auch von Samaranchs Sinneswandel, der anfangs große Begeisterung für die Jahrhundertolympiade in Athen gezeigt hatte. Der olympische Präsident unterrichtete Chowdhry, daß jetzt Toronto der Favorit sei, gefolgt von Atlanta, und dieser gab die Neuigkeit an seine Kollegen in der sportpolitischen Gruppe von Adidas weiter. Melbourne wurde als «weit abgeschlagener Dritter» beurteilt, gefolgt von Athen, Belgrad und schließlich Manchester – «ohne jede Chance». Dann fiel die Mauer, und Genosse Wehrs Berichterstattung endet an dieser Stelle.

Atlanta ist vielleicht nicht gerade dazu aufgefordert worden, sich an Chowdhrys Altersversorgung zu beteiligen, aber die Organisatoren waren vor den Haien gewarnt worden. «Denken Sie daran, es gibt neunzig Stimmen, und diese Leute zeichnen sich nicht gerade alle durch Integrität aus», meinte Peter Ueberroth, der die Spiele in Los Angeles geleitet hatte. «Einige sind Menschen mit Grundsätzen, andere nicht.»[17]

Die Dunwoodies waren fast bei jeder internationalen sportpolitischen Tagung anwesend und besuchten nahezu jedes IOC-Mitglied in seinem Heimatland. Damit übertrafen sie natürlich die Bemühungen selbst der entschlossensten Konkurrenten, die sie mit zusammengebissenen Zähnen als «talentierte Geschenkeverteiler» bezeichneten. Diese Welttournee im Dabeisein-ist-alles – die bald von den Kampagnen für die Spiele 2000 in den Schatten gestellt werden sollte – war erst beendet, als das Olympische Komitee, inzwischen gemästet und erneut mit Geschenken überhäuft, im September 1990 zur Abstimmung in Tokio eintraf.

Die erste Runde brachte das Aus für Belgrad, gefolgt von Manchester und dann Melbourne. Toronto war als nächstes an der Reihe, und in der Endausscheidung schlugen Billys Jungs Athen mit einundfünfzig zu fünfunddreißig Stimmen.

Ein Sieg für Coke, schrie die ganze Welt. «Der Vorwurf, die Firma Coca-Cola habe den Abstimmungsprozeß für die Gastgeberstadt 1996 beeinflußt, ist eine Beleidigung des integren IOC», behaupteten die Limonadenmänner, «und der Einwohner Atlantas, die zu Hunderten für das Organisationskomitee ihrer Stadt gearbeitet haben.»[18] Und natürlich all derer im Bewerbungsteam, die dem Unternehmen freundschaftlich verbunden waren.

Die Verlierer reisten in ihre untröstlichen Heimatstädte zurück, wo sie ohne rot zu werden versicherten, ihre Bewerbung habe trotz des Mißerfolgs die Aufmerksamkeit der Welt auf sie gelenkt. Insgeheim aber fragten sie sich, wie Atlanta wohl zu seinem Sieg gekommen war. Des Rätsels Lösung verriet der *Spiegel*[19] ein Jahr später: Bestechungsgelder, kostenlose Kreditkarten in Gold, kostenlose Krankenhausbehandlung und Universitätsstipendien für den Nachwuchs der IOC-Mitglieder.

Während Atlanta und das IOC sich noch gegen diese Anschuldigungen wehrten, sank das Ansehen des Olympischen Komitees zunehmend. Der geschlagene Vorsitzende des Toronto-Teams Paul Henderson gab zu, daß ein IOC-Mitglied der Stadt einen kostenlosen Collegeplatz für eines seiner Kinder habe abpressen wollen. Außerdem hieß es, ein anderes Mitglied habe behauptet, aus seinem Hotelzimmer sei Schmuck gestohlen worden. Der Betreffende habe die Stadt Hals über Kopf verlassen, als das Bewerbungskomitee sich weigerte, ihn dafür zu entschädigen.

Billy Payne bezeichnete den *Spiegel*-Bericht als falsch, verantwortungslos und leichtsinnig. Der *Spiegel* weigerte sich, seine Behauptungen zurückzunehmen, obwohl Samaranch seinen Nassauern weiterhin den Rücken stärkte: «Ich vertraue ihnen, ich vertraue ihnen hundertprozentig», schwor er – aber hinter den Kulissen in Lausanne sah die Sache schon ganz anders aus. Einige Mitglieder seines Exekutivkomitees fanden es peinlich, daß die krummen Touren von IOC-Mitgliedern nach und nach ans Licht kamen, und konzentrierten sich insbesondere auf eine Form der Gaunerei. Auf die Tatsache nämlich, daß mehrere Mitglieder – wie das Anchorage-Team während der Kampagne für 1992 entdeckt hatte – die Angewohnheit hatten, sämtliche Bewerberstädte in einem Aufwasch zu besuchen – gewöhnlich mit Billigflugtickets windiger Gesellschaften – und dann jeder Stadt zwei Erster-Klasse-Rückflüge von ihrem Heimatort in Rechnung zu stellen.[20]

Die Reformer, die man an einer Hand abzählen konnte, sahen sich bestätigt, als das wütende Athen-Team ankündigte, es werde sich mit sämtlichen anderen Verlierern beraten, um aufzudecken, welcher Art von Schieberei sie jeweils zum Opfer gefallen waren. Daraufhin zitierte Lausanne schleunigst alle Kandidaten für 1996 zu sich – Athen weigerte sich – und hörte sich die Vorwürfe an. Was immer auch bei diesem Treffen vorgebracht wurde, ein Sprachrohr Lausannes behauptete, die Vorwürfe seien so geringfügig, daß es nicht notwendig sei, Samaranch darüber zu informieren.[21] Damit war er aus der Sache heraus und konnte wiederholt zum besten geben, er habe nie Schlechtes von seinen Jungs gehört.

Jetzt brauchte Billy nur noch die eineinhalb Milliarden Dollar aufzutreiben, die für die Organisation der Spiele erforderlich waren. Doch alle vier Jahre holen sich die Herren von Lausanne ein bißchen mehr aus dem Geldtopf. Samaranch überließ seiner Heimatstadt zwei Drittel der Einnahmen aus den Fernsehrechten, aber das weniger geliebte Atlanta bekam auch weniger Zaster. Etwa 120 Millionen Dollar werden im Rachen des IOC verschwinden.

Kein Problem, behauptete steif und fest Billys Team, dieses ist Amerika, wir haben ein großartiges Produkt feilzubieten, und wir werden sogar noch Geld übrigbehalten. Die Firma Coke ließ sich nicht lumpen und half mit 40 Millionen Dollar – doch dann wurde es sehr still. Geld war knapp, und als dann die multinationalen Konzerne endlich Verträge unterschreiben wollten, boten viele von ihnen eine Kombination von Geld und Dienstleistungen, während Atlanta nach dicken Dollarbündeln gierte, um Sportpaläste zu bauen.

Also wurde alles, was in der olympischen Vorratskammer noch aufzutreiben war, auf den Markt geworfen. Jedes noch so undurchsichtige Unternehmen, welches über ein Scheckbuch verfügte, konnte die fünf Ringe auf sein Produkt kleben. Und so findet man sie auf Barbiepuppen und Sport-BHs, auf Käsegebäck und Salatdressings. Und wenn man nach alledem einen Zahnstocher braucht – Billy hat den passenden Olympia-Behälter dafür. Schalten Sie Ihren Computer ein – er hat einen olympischen Bildschirmschoner. Sie wollen irgendwo Ihren Wagen parken – vergessen Sie nicht, Ihre olympische Diebstahlsicherung einzuschalten. Der olympische Weltbasar verwandelt sich in ein Billigwarenhaus.

Die Fernsehshows *Wheel of Fortune* und *Jeopardy* sind inzwischen zu einer Nebenstelle der Olympischen Spiele geworden, aber glauben Sie nicht, daß eine von beiden geschmacklos oder billig aufgemacht wäre. Zugfahrkarten mit den Ringen drauf sind aufregend und wirken dynamisch. General Motors feiert seinen Status als Offizieller Personen- und Lastkraftwagenlieferant für die Olympiade 1996. Eine andere Propagandistenmeute behauptet, sie fände es aufregend, daß ihr Produkt nun mit den olympischen Ringen versehen sei – «ein wichtiger Bestandteil unserer Unternehmensstrategie, die das Ziel hat, unsere Tätigkeit im Einzelhandel weltweit auszudehnen.» Sie alle bekommen dicke Blöcke olympischer Eintrittskarten für ihre Kunden.

Noch schwerer fiel es Billys Gaunern, ihr Maskottchen Izzy an den Mann zu bringen. Das Geschöpf mit Augen wie ein Schreckgespenst – die dürre Variante des Michelinmännchens – entstammt einem Computergrafikprogramm und kehrt des öfteren dorthin zurück – immer dann nämlich, wenn die Marktforscher mal wieder einen Versuch unternehmen wollen, es liebenswert zu machen. Maskottchen sollen kuschelig sein und am Ende unter dem Federbett der Kleinen ein Plätzchen finden, aber dieses Monster verursacht wohl eher Alpträume.

Billys Alptraum hingegen ist, daß die ausländischen Medien die Staatsflagge Georgias aufs Korn nehmen könnten. Über all den heuchlerischen Sprüchen von Frieden und olympischer Waffenruhe, Bruderschaft und Liebe wird ein Symbol des Hasses und der Unterdrückung flattern – und er kann nichts dagegen tun. Als in den fünfziger Jahren die Gerichte die Gesetze zur Aufhebung der Rassentrennung verkündeten, demonstrierten die guten alten Südstaatler ihren Widerstand, indem sie der Staatsflagge das aus Kreuz und Sternen bestehende Schlachtsymbol der Konföderierten hinzufügten. Dort prangt es auch heute noch und bringt Atlanta, «die Welthauptstadt der Menschenrechte», in Verlegenheit. Doch draußen, im Staate der ungebildeten und erzkonservativen Landbevölkerung, kommt es dem politischen Selbstmord gleich, dessen Abschaffung zu fordern.

«Diese Staatsflagge, das ist, als würde man das Hakenkreuz der Konföderierten hissen», meint Maynard Jackson, der erste schwarze Bürgermeister Atlantas, «die beständige Erinnerung an Ablehnung und Haß, Kastration, Lynchjustiz, an dauernde Vergewaltigung.»[22] Das Sprachrohr Billys aber schien gar nicht zu verstehen, was der ganze Wirbel um die Flagge sollte. «Die Staatsflagge ist die rechtmäßige Flagge Georgias», betonte er. «Und damit hat sich's.»[23]

Das Geschwafel um die Bürgerrechte in den Jahren von Billys Bewerbung verstummt zunehmend, je näher die Eröffnungszeremonie rückt. Sobald die Auseinandersetzungen um die Hakenkreuz-Flagge abebbten, schlugen die Homosexuellenhasser zu. Die Politiker in Cobb County, das im Norden direkt an die Stadt grenzt und bei der Olympiade Schauplatz des Volleyballturniers sein wird, verabschiedeten eine Antischwulen-Resolution. Billys Jungs trauten sich zwar nicht, ihre eigenen Leute zu rügen, verlagerten später aber doch das Volleyballturnier an einen Ort, wo mehr Liberalität herrschte.

Wo waren die Herren von Lausanne während all dieser Kabbeleien, die in sämtlichen Medien die Runde machten? «Das ist Sache der Amerikaner», meinte Samaranch, um dem Problem der Schwulenhasser von Cobb County auszuweichen. «Ich glaube, Sie wären auch sehr enttäuscht, wenn Leute aus dem Ausland hierher kämen und Sie belehren wollten, wie man ein solches Problem löst.»[24] Und was war mit der Faschistenflagge? Das ist nun einmal die «spezielle Situation am Ort», sagte der Oberwächter der Moral und eilte nach Paris, um das Jahrhundertjubiläum seines Olympischen Komitees zu feiern. Dort versicherte er seinen Gästen: «Wie schon in der Vergangenheit wird der Olympismus auch in Zukunft seine Kraft zur Versöhnung und seinen Humanismus unter Beweis stellen, indem er Frieden und Verständigung fördert.»

Billys verzweifelter Versuch, richtiges Geld aufzutreiben, führte zu einem weiteren Fiasko, das ebenfalls auf den Rassismus des Südens zurückzuführen war. Wenn Golf in letzter Minute doch noch zur olympischen Disziplin erhoben würde, so stellte er sich vor, und auf dem berühmten Masters' Course in Augusta stattfände, könnte er weitere 20 Millionen Dollar für Fernsehrechte lockermachen, und gleichzeitig gäbe es neue Marketingmöglichkeiten. Olympische Rasenmäher, Bewässerungsanlagen, Golfclubs, -beutel und -bälle, buntkarierte Hosen und diese schrecklichen Mützen könnten mit den Ringen beklebt werden. Also verkündete Billy, Golf als olympische Disziplin würde den Spielen «den Stempel des Südens aufdrücken» – und er hatte recht.

Augusta hatte keine Frauen unter seinen Clubmitgliedern und nur einen Schwarzen.

Die Herren von Lausanne sahen da überhaupt kein Problem. Sie hatten sich gut amüsiert beim kostenlosen Golfspielen während der Kampagne Atlantas. «Ich habe damals nicht geahnt, daß es irgendein Problem geben könnte», meinte der vornehme Richter Keba Mbaye aus Senegal, «weil ich nichts davon gespürt habe, als ich dort war.»[25] Mbaye gilt im Olympischen Komitee als großer Kämpfer gegen die Apartheid, aber in Georgia schien sie ihn nicht sonderlich zu stören.

Es bedurfte erst einer kritischen Resolution des Stadtrats von Atlanta, um Billy und seinen Freund Juan auf die Probleme aufmerksam zu machen. Der olympische Oberhirte hatte Billy gedrängt, sich um Golf zu bemühen, doch plötzlich war er anderweitig beschäftigt, und ein Pressesprecher sagte an seiner Statt, es sei nicht Aufgabe des IOC, sich in die Aufnahmepraktiken eines Clubs einzumischen.[26] Als dann die Empörung wuchs, äußerte Samaranch gegenüber einer italienischen Sportzeitung auf einmal, es bestehe eine «geringe Möglichkeit»[27], daß Golf 1996 dabei sei. Billy war mal wieder bloßgestellt und jammerte: «Ich weiß nicht, warum Präsident Samaranch sich so geäußert hat. Aber ich habe vor, ihn bald zu treffen und ihn danach zu fragen.»

Billys privates Bewerbungsteam arbeitete auch nach der ersten Kampagne weiter – ebenfalls privat. Seine Kumpel, die für die Olympiade gekämpft hatten, bekamen nette Jobs mit dickem Gehalt, um ihre privaten Spiele zu organisieren. «Die Speerspitze bei allen Anstrengungen, die Atlanta für die Olympiade unternimmt, bildet eine Gruppe engverbundener Freunde, Verwandter und Geschäftspartner», berichtete die Lokalpresse.[28] Entscheidungen wurden unter Ausschluß der Öffentlichkeit getroffen. Und zur Unterstützung des Netzwerks heuerte Billy die Schwester des Bürgermeisters und die Gattin des Stadtratspräsidenten an. Zufällig wurden Verträge mit zwei Stadtratsmitgliedern abgeschlossen. «Wir müssen einfach der Tatsache Rechnung tragen, daß Atlanta bis heute ein gut funktionierendes Netzwerk hat, das aus der alten Riege besteht», meinte ein anderes Stadtratsmitglied, «und daß das seine Art ist, Geschäfte zu machen.»

Bevor sich die Dunwoodies in die Sicherheit der Vororte flüchten, können sie sich in exklusiven Spelunken wie dem hundert Jahre alten

Piedmont Driving Club treffen. Gerade mal einundzwanzig Monate vor der Eröffnung der Spiele nahm der Piedmont sein erstes schwarzes Mitglied auf.[29] Aber bei einer Aufnahmegebühr von 20 000 Dollar ist es wohl ziemlich unwahrscheinlich, daß der Club mit Anträgen aus den Schwarzenvierteln überschwemmt wird. Vierundzwanzig Monate bevor die olympische Flamme entzündet wurde, nahm der Piedmont Club die erste Frau auf.

Wenn die Dunwoodies allabendlich die Stadt verlassen, um in ihre schönen Häuser am Stadtrand zu fahren, kommen sie an den Obdachlosen vorbei, die auf dem Gehsteig schlafen. Seit in dem Park im Stadtzentrum, der nach dem Coke-Boß mit der längsten Amtszeit benannt ist, aufgeräumt wurde, um ihn für die Olympiade umzugestalten und mit Bänken auszustatten, auf denen man nicht schlafen kann, ist ihre Zahl beträchtlich gestiegen. «Der Woodruff-Park war tagsüber zu einem Zufluchtsort für die Obdachlosen geworden, weil sonst keine geeigneten Aufenthaltsmöglichkeiten existieren», erklärte Robert Cramer von der Sondereinheit für die Obdachlosen. «Viel zu lange schon ist Atlanta Schauplatz radikaler Übergriffe auf die Obdachlosen.»[30]

Für den Fall, daß solche unerwünschten Personen während der Olympiade das Bild stören sollten, hat Billy ein Refugium geschaffen, in dem man vor ihnen sicher ist. Wenn Sie als Besucher der Olympiade Geld genug haben, gehen Sie in den 100 Millionen Dollar teuren Jahrhundertpark, der als «festlicher Sammelplatz für alle» tituliert ist. Oder doch nicht so ganz für alle, wie sich herausstellt. Eine Absperrkette wird dafür sorgen, daß die Armen und Leute ohne Eintrittskarte draußen bleiben.

Absperrketten wären für die Spiele in Atlanta überhaupt ein viel passenderes Motiv als die fünf Ringe. Billys privates Olympisches Komitee veranstaltet seine Privatspiele, und es springt mit jedem hart um, der ihm dabei in die Quere kommt – die Bewohner von Summerhill zum Beispiel, dem ältesten und wahrscheinlich ärmsten Schwarzenviertel der Stadt. Sie sind schon daran gewöhnt, daß man auf ihnen herumtrampelt: Erst baute die Stadt eine Schnellstraße durch ihre Gemeinde, und dann nahm sie ihnen noch mehr Platz weg für den Bau des Fulton-County-Stadions, der Heimat des Baseballteams Atlanta Braves. Während der Spiele wird es als Trainingszentrum für Sportler dienen.

Drei Viertel der Bewohner Summerhills leben von der Sozialhilfe – so daß sie Zeit genug haben, um beim Bau des neuesten Fremdkörpers zuzusehen, dem neuen Olympiastadion. Sie hatten versucht, Widerstand zu leisten. Anfang 1991 war eine Gruppe von Gegnern des Stadionbaus in die reichen Vororte gefahren, hatte vor Billys Haus in Dunwoody bei Kerzenschein Nachtwache gehalten und «We Shall Overcome» gesungen – doch von einem Sieg konnte keine Rede sein. Die Bewohner eines reicheren Vororts hatten da schon mehr Glück. Billy ließ sich dazu überreden, ein geplantes Tenniszentrum anderswo zu bauen, weil die Leute dort den zusätzlichen Verkehr in ihrem Viertel nicht wollten. Es gibt eben solche und solche Stadtviertel.

Am Abend bevor Billy auf dem Stadiongelände die Grundsteinlegung zelebrierte, kampierten noch mehr Demonstranten draußen. «Wir haben keinen Einfluß und kein Geld, und wir werden von den Mächtigen vollkommen ignoriert», sagte einer von ihnen. «Wir möchten teilhaben an dem Gewinn, den die bevorstehende Olympiade bringt. Wir wollen nicht zusehen, wie andere auf unsere Kosten profitieren. Die armen Viertel sind das beste Beispiel dafür, wie die Viertel von afro-amerikanischen Bewohnern mit geringem Einkommen einfach plattgewalzt werden, damit andere daraus ihren Profit und Nutzen ziehen und ihr Vergnügen haben.»[31]

Ein paar Häuser und Läden in Summerhill bekommen vor den Spielen einen neuen Anstrich – aber nicht um der Bewohner willen. «Mich hat immer die Vorstellung erschreckt», erklärte mir erleichtert ein städtischer Beamter, «daß ein ausländisches Fernsehteam das neue Stadion aufnehmen und dann, ohne die Kameraposition zu verändern, zu einem Haus in den Slums hinunterschwenken könnte.» Und für die Besucher wird es auch angenehmer sein. «Es wäre doch eine Schande, wenn die Leute aus ihrem Hotel direkt in einen Bezirk mit von Gras überwachsenen Baulücken und verfallenen Häusern kommen», meinte an anderer Beamter. Er begrüße es, daß auf dem Grund zwischen den wohlhabenden Geschäftsvierteln und dem Stadion ein «Gürtel» aus Häusern im viktorianischen Stil errichtet werde.[32]

Billy, der 670 000 Dollar pro Jahr für die Organisation der Spiele bekommt, hat sich über diese Probleme viele Gedanken gemacht. «Wir müssen weltumspannend denken und uns eng an die Ideale von Baron Pierre de Coubertin halten»[33], lautete seine Botschaft an die armen Stadtviertel. Damit wollte er wohl sagen: «Niemand hat das Recht, seine Mitwirkung oder die Teilhabe an den wirtschaftlichen Gewinnen einzufordern.» Der Aktivist Reverend Timothy McDonald weiß, was

Billy meint: «Vor fünf Jahren hegte ich große Hoffnungen, was den Nutzen der Olympiade für die Bevölkerung betrifft», sagt er. «Inzwischen ist das Thema für mich gestorben.»[34]

Während sich Aufbau und Zerrüttung der Stadt ihrem Ende näherten, wurden schon die Eintrittskarten verkauft. Die Sportfans wurden gezwungen, an einer Lotterie teilzunehmen: Die Teilnahme konnte man sich durch eine Vorauszahlung für die Veranstaltungen seiner Wahl erwerben. Die Verlierer bekamen später ihr Geld zurück. Viele Bundes-, Staats- und Stadtpolitiker hingegen brauchten sich um einen Platz keine Sorgen zu machen. Hinter den Kulissen wurden sie aufgefordert, sich vorzudrängeln und Eintrittskarten zu bestellen, für die sie erst später bezahlen mußten.

Als dieser geheime Deal durchsickerte, sagte Billys Sprecher: «Ich werde mich dafür nicht entschuldigen. Es sind schließlich unsere Eintrittskarten.» Doch die staatliche Überwachungsorganisation Common Cause erteilte ihm eine Rüge: «Das ist elitäres Denken, man erkauft sich die Gunst eben jener Leute, die das Geld der Steuerzahler bewilligen, welches die Olympiade erst möglich gemacht hat.»[35] Billy hüllte sich einen Monat lang in Schweigen, während die Empörung wuchs. Dann legte er schließlich seine olympischen Vorstellungen auf den Tisch. «Die Kritiker», sagte er, «verstehen einfach nicht, wie ein Privatunternehmen arbeiten muß.»[36]

13 | Der reichste Mann der Welt gewinnt olympisches Gold – Nagano bekommt Olympia 1998 [1]

«Tut mir leid, Sir, kein Zutritt», erklärt uns einer aus der Phalanx von Polizisten, die am Eingang des Birminghamer Fünf-Sterne-Hotels Hyatt postiert sind. «Aber wir sind akkreditierte Presseleute.» – «Tut mir leid, Sir, aber Sie sind hier nicht erwünscht.» Über uns flattert die Olympische Flagge. Das Internationale Olympische Komitee tagt nach fast einem halben Jahrhundert mal wieder in England. Und seit den spartanischen Nachkriegsspielen, die 1948 in London stattfanden, hat sich viel geändert.

Eine Flotte glänzender weißer Limousinen, auf denen deutlich sichtbar die fünf Olympischen Ringe prangen, fährt vor dem Hyatt vor und wieder ab – am Steuer immer blonde, langbeinige junge Frauen, die sich gleichen wie ein Ei dem anderen. Aus den Luxuskarossen ergießt sich am Hoteleingang ein Strom gutgekleideter Menschen, hauptsächlich Männer. Die etwas über neunzig Mitglieder des Olympischen Komitees sind erster Klasse zu ihrer Vollversammlung des Jahres 1991 gejettet.

Die Polizisten befreien diese bedeutenden Persönlichkeiten von ihrem Gepäck und eskortieren sie durch die Sicherheitskontrollen. Die funkelndste und längste Limousine wird bei ihrer Ankunft von einer Polizeistaffel auf Motorrädern begleitet. In einem Auto dieser Art könnte der Stadtrat von Birmingham eine ganze Obdachlosenfamilie einquartieren, und es bliebe immer noch Platz für mehrere Verwandte. Auf dem Rücksitz des Monsters, eines Rover Regency, versinkt in den Polstern der Oberste Gralshüter, der Präsident des Olympischen Komitees, Samaranch. Er wird den Vorsitz bei der Jahresversammlung des Komitees führen, vor allem aber bei der Wahl der Gastgeberstadt für die Winterspiele 1998.

Im Postraum des Hyatt stapeln sich bereits die Geschenke der fünf Kandidaten. Es wird die letzte legale Geschenk-Orgie sein, denn im Zuge der Schlacht um die Spiele 2000 ändern sich die Regeln. Diesmal aber bekommen die Mitglieder des Komitees noch Gläser von Vennini, Handtaschen von Gucci, Computer, Aquarelle, Drucke mit limitierter Auflage, Seidenschals, Krawatten, Bücher und Hüte.[2]

«Es kam so viel Zeug mit der Post, daß die Mädchen die ganze Woche über damit beschäftigt waren, den IOC-Mitgliedern die Geschenke aufs Zimmer zu bringen. Es war unglaublich», sagt Shirley Hunt, eine der vielen Studentinnen, die froh waren über den Job. «Die Geschenke kamen ungefähr ab Mittag rein, und von da an quoll der Postraum vor Taschen und bunt verpackten Kartons geradezu über. Ich weiß, daß Prinzessin Anne all ihre Geschenke zurückgeschickt hat, aber ich glaube, sie war die einzige.»

Die über 300 Räume des Hyatt waren eine ganze Juniwoche lang en bloc für das Olympische Komitee reserviert; die Rechnung belief sich auf 277 512 Pfund. In der Präsidentensuite im Penthouse wohnt für 595 Pfund pro Nacht Präsident Samaranch. Er kann in seinen Räumen bis zu zwölf private Gäste zu Tisch bitten, sich auf einem der Sofas am Wohnzimmerkamin entspannen oder sich von den Whirlpool-Düsen der riesigen, in den Boden eingelassenen Badewanne massieren lassen; er kann auf den Tasten des kleinen Flügels eine Melodie klimpern oder einfach ein Nickerchen im Himmelbett halten.

«Das IOC hat sich um die Verteilung der Räume gekümmert», sagt Catriona McFadden, die Sprecherin des Hyatt. «Sie sind äußerst protokollbewußt. Sie ließen sich einen Lageplan aller Räume mitsamt Quadratmeterzahlen geben und verteilten dann die Zimmer selbst. Und schließlich besuchten sie uns etwa einmal im Monat, einfach um den Kontakt zu halten und sich zu vergewissern, ob alles in Ordnung war.»

«Aus Lausanne faxte man uns den jeweiligen Stand der Raumverteilung, die mit schöner Regelmäßigkeit verändert wurde. Eine Zeitlang faxten sie so oft, daß wir uns nicht einmal mehr die Mühe machten, die neuen Daten in den Computer einzugeben. Ich habe so etwas zum ersten- und wahrscheinlich auch zum letztenmal erlebt. Entfernte Ähnlichkeit damit hat allenfalls ein Parteitag der Konservativen, aber das war nichts im Vergleich zu diesem Erlebnis. Diese Leute benehmen sich wie Staatsoberhäupter.»

Die Stadt Birmingham übernahm den Löwenanteil der Kosten – und schätzte sich dafür noch glücklich. Zwar hatte sie sich in den letzten Jahren nicht als Austragungsort qualifizieren können, durfte aber zum Trost wenigstens Gastgeberin der IOC-Vollversammlung sein. Die Medien-Einpeitscher behaupten, dies werde sich günstig auf künftige britische Bewerbungen auswirken. Birmingham hatte Glück gehabt: Die Stadt hatte gegen Moskau, Belgrad, Nairobi, Riad, Monte Carlo und Budapest um das Privileg kämpfen müssen, die IOC-Mitglieder gastlich aufzunehmen.

Wie bei den olympischen Wettkämpfen gab es auch hier mehrere Ausscheidungsrunden, in denen jeweils die Stadt mit den wenigsten Stimmen herausfiel, bis der Gewinner eine absolute Mehrheit hatte. In der letzten Runde stand Budapest gegen Birmingham. Der IOC-Mann aus Kuwait, der Budapest unterstützte, ging kurz hinaus, um eine Zigarette zu rauchen. Als er zurückkam, war Birmingham mit einer Stimme Mehrheit nominiert.

Im Foyer des Hyatt sind die olympischen Geschäftemacher am Werk. Mitglieder des Komitees, Sponsoren, Marketingleute, Vorsitzende der Nationalen Olympischen Komitees, Schwarzhändler und Präsidenten internationaler Sportverbände treffen und grüßen sich zwischen Topfpalmen, Bäumen in überdimensionalen Terrakottatöpfen, Flutlicht und Springbrunnen. Im Hintergrund spielt ein Streicherensemble «Take Good Care of Yourself» («Paß gut auf dich auf»). In dieser Hinsicht braucht man sich hier wohl keine Sorgen zu machen.

Die Gefolgsleute drängen in die Lobby; sie schwärmen aus wie Piranhas, dankbar für den kleinsten Krümel, den sie erhaschen können. Hinter den neoklassizistischen Säulen im großen Foyer und an den Ecktischen der Restaurants stecken Marketingleute und Vertreter, die Ideen zu verkaufen und Geschäfte abzuschließen haben, die Köpfe zusammen. Die Hotelangestellten sind ständig damit beschäftigt, möglichst unauffällig die Glas- und Marmortischplatten abzuwischen.

In einer Ecke filmt das kuwaitische Fernsehen den jungen Scheich Ahmad. Goldfäden durchziehen seine Gewänder, und in der Hand hält er einen Spazierstock mit goldenem Knauf. Der Vater des Scheichs, der bei der irakischen Invasion kaum ein Jahr zuvor getötet worden war, hatte dem Olympischen Komitee angehört. Der junge Scheich hat seinen Vater als Vorsitzender des Nationalen Olympischen Komitees

Kuwaits abgelöst und geht davon aus, daß er auch beim IOC an die Stelle seines Vaters treten wird. Alles, was er tut, wird gefilmt. Der Scheich steht auf. Die Kamera beginnt zu laufen. Der Scheich setzt sich. Die immer noch laufende Kamera fängt jede seiner Bewegungen ein. Der Scheich bestellt Tee. Die Kamera scheint niemals stillzustehen.

In den Hotelzimmern des Hyatt stehen als Willkommensgruß neben Blumen, Wein und Obst auch Pralinenschachteln der ortsansässigen Schokoladenfirma Cadburys bereit. Plötzlich herrscht Aufruhr in den Fluren. Man reißt den Gästen die Pralinen aus der Hand! Der Mars-Konzern hat viele Millionen Dollar dafür bezahlt, weltweit als offizieller olympischer Süßwarensponsor aufzutreten, und darf nicht von einem Rivalen verärgert werden. «Ein besonderer Willkommensgruß an die Marketing-Abteilung des IOC», heißt es auf einem eigens gedruckten Einlageblatt in der Speisekarte des Hotelrestaurants. In der Tat ein besonderer Willkommensgruß!

Primo Nebiolo, Oberboß des Internationalen Leichtathletikverbandes, kommt die Hoteltreppe herunter. Er bewegt sich durch die Lobby und umarmt Charles Mukora, den Mann von Coca-Cola in Kenia, der das Land jetzt im IOC vertritt. Mukora gehört auch Nebiolos Versammlung der Sommersportverbände an. Einer seiner Pressereferenten folgt dem Präsidenten auf Schritt und Tritt. Man umarmt und küßt sich überschwenglich.

Die IOC-Mitglieder haben auch Frauen und Kinder mitgebracht. Für sie gibt es ein einwöchiges «Gesellschaftsprogramm»: Dazu gehört eine Fahrt zu den Königlichen Porzellanmanufakturen Worcester, ein Besuch in Shakespeares Geburtsstadt Stratford upon Avon und eine Antiquitätenfahrt in die Grafschaft Shropshire. Neben diesen Ausflügen gibt es eine Sondervorstellung von «Schwanensee», ein Konzert des Symphonieorchesters Birmingham und natürlich die Bankette. Gastgeber ist einmal Samaranch, ein anderes Mal die Queen, und auch die British Olympic Association (BOA) richtet ein Diner aus.

Zu dieser prachtvollen Veranstaltung lud Ihre Königliche Hoheit Prinzessin Anne auf Warwick Castle, eines der schönsten mittelalterlichen Schlösser Englands. Als Präsidentin der BOA hatte sie das Schloß für den Abend gemietet, um im großen Saal einen Champagnerempfang für 300 Gäste zu geben. Danach gab es in einem großen Zelt, das im Schloßpark aufgestellt worden war, ein Festessen mit geeister Brunnenkressesuppe, ganzen Lachsforellen und Erdbeeren mit Cognac-plätzchen und Sahne.

Ehrengäste waren an diesem Abend Samaranch und seine Frau. Nachdem die Präsidentengattin anmutig dem Fond der chauffierten Luxuskarosse entstiegen war, lächelte sie wie bestellt und winkte einer Menge zu – die es gar nicht gab, denn es war ein privater Empfang.

Ein Ritter in Rüstung zu Pferde und eine einmarschierende Dudel-sack-Kapelle begrüßten die übrigen Mitglieder des Komitees. Ein einzelner Dudelsackspieler begleitete von den angestrahlten Zinnen aus ihre Abfahrt drei Stunden später. Als man sich am folgenden Tag für die Gastfreundschaft der BOA bedankte, erwiderte ein langjähriger Funktionär: «Gern geschehen. Wir mögen es schlicht.»

Bevor die Mitglieder sich zu ihren geheimen Gesprächen zusammensetzen, verlangt das IOC eine große Eröffnungszeremonie und besteht darauf, vom Staatsoberhaupt des Landes empfangen zu werden. Die Veranstaltung begann am Mittwoch, dem 12. Juni 1991, um 15 Uhr in dem Internationalen Kongreßzentrum, das für 160 Millionen Pfund gegenüber dem Hyatt neu erbaut und durch eine Fußgängerüberführung mit dem Hotel verbunden worden war. Zu den Trompetenfanfaren der Leibwächtertruppe folgten Präsident Samaranch und seine Frau der Queen und dem Duke of Edinburgh in die Königliche Loge. Hinter ihnen saßen die IOC-Mitglieder.

Ebenfalls in der Königlichen Loge hatte – allen Protokollvorschriften des IOC zum Trotz – Primo Nebiolo Platz genommen. Zwar stießen sich einige IOC-Mitglieder an der Anwesenheit des Italieners, räumten aber später ein: «Wie kann irgend jemand dem IOC-Präsidenten vorschreiben, wen er bei der Eröffnung seiner eigenen IOC-Session in die Königsloge bitten darf und wen nicht?»

Nach dem obligatorischen Hinweis auf die Weitsicht von Baron Pierre de Coubertin erklärte Samaranch seinem Publikum, daß «der olympische Sport nicht zum Showbusineß verkommen» dürfe. Er deutete an, dies ließe sich nur verhindern, wenn man «die Massenmedien bewegen könnte, mitzuhelfen, die ethischen Werte des Sports stärker zu betonen». In einem kurzen Exkurs riß er die ethischen Probleme des Dopings an, um anschließend sehr viel ausführlicher über die Fortschritte der Arbeit an seinem Olympischen Museum zu berichten.

Dann sagte die Queen zu Samaranch: «Die Augen der Welt sind auf die Ergebnisse Ihrer Beratungen gerichtet. Ich bin überzeugt, daß die Bewegung unter der Leitung derer, die wie Sie der Sache mit solcher Hingabe dienen, weiter blühen wird.» Und damit erklärte die Queen die 97. Session des Internationalen Olympischen Komitees für eröffnet.

Madame Verdier hat alles unter Kontrolle. Die gepflegte Frau mit dem blassen, von welligem dunklem Haar eingerahmten Gesicht trägt dunkle Kostüme und bequeme Schuhe und wacht über ihre olympischen Schützlinge wie ein Dobermann. Sie schirmt das IOC nach außen ab. Unter Madame Verdiers Regime ist die Tagesordnung immer die gleiche. Um Punkt 8.45 Uhr begleitet sie Fotografen und Fernsehteams zu einem Fototermin in den Saal. Hier können sie ein paar Bilder machen, während das Komitee sich auf die Debatten über die Tagesthemen vorbereitet.

Auf dem Podium sitzen einige Leute aus Samaranchs engerem Kreis: Dick Pound und Mickey Kim, der Australier Kevan Gosper und Zhenliang He aus China. Der Fototermin dauert genau fünfzehn Minuten. Dann begleitet Madame Verdier, die ungeduldig auf und ab gelaufen ist, die Fotografen und Kameraleute hinaus und schließt hinter ihnen energisch die Türen. Die Welt darf nicht an der olympischen Debatte teilnehmen.

Im Pressezentrum sind die Logos und Produkte der Zahlmeister allgegenwärtig. Überall Gratis-Marsriegel und Coca-Cola, elektronische Schreibmaschinen von Brother und Faxgeräte von Ricoh. Die Journalisten reißen sich um die Gratis-Aktentaschen von Adidas; das alles gehört zur Öffentlichkeitsarbeit. Die Presse wird in die olympische Familie und das olympische Team aufgenommen.

Nach der morgendlichen Sitzung findet eine Pressekonferenz statt; den Vorsitz führt Madame Verdier, flankiert von zwei riesigen Olympischen Flaggen. Die Journalisten hören sich ihren Kurzbericht über die Konferenz an. Versucht man sie auf irgendeinen schwierigen Punkt festzunageln, verschanzt sie sich hinter Sätzen wie: «Darüber wurde nicht ausführlicher gesprochen» oder «Ich glaube nicht, daß das auf der Tagesordnung stand».

Ein paar Journalisten mit mehr Standvermögen beschweren sich, weil sie aus dem Hyatt ausgesperrt wurden. Man hindere sie daran, im Gespräch mit einzelnen Mitgliedern herauszufinden, was auf der Geheimsitzung tatsächlich verhandelt worden sei. Aber Madame Verdier sieht das Problem anders. Zwei japanische Journalisten hatten die Frechheit besessen, ein führendes Mitglied am Ende der Sitzung abzufangen, bevor der Mann ins Hyatt flüchten konnte. Darum habe man die Sicherheitsvorkehrungen vor der Halle verstärkt – ein solcher Vorfall dürfe sich nicht wiederholen.

Nachdem zwei Tage lang gefeilscht worden ist, bietet Madame Verdier einen Kompromiß an. Es werden Sondergenehmigungen vergeben. Jedoch stehen für fünfhundert Medienleute nur vierzig Ausweise zur Verfügung. Am nächsten Tag hängt eine Notiz im Pressezentrum: «Bitte treiben Sie keinen Mißbrauch mit dem neuen System, sonst muß Ihnen dieses Privileg wieder entzogen werden.» Gezeichnet: Madame Verdier.

Erst am letzten Tag wendet sich Samaranch selbst an die Medien der Welt. Die Reporter fragen ihn nach Katalonien und Gibraltar, die vom Olympischen Komitee die Anerkennung ihrer Unabhängigkeit fordern. Samaranch erklärt, er habe gerade eine Kommission eingesetzt, die sich mit dieser Frage befassen soll. Den Vorsitz habe IOC-Vizepräsident Keba Mbaye. «Ich möchte die Frage daher an ihn weitergeben», sagt Samaranch.

Mbaye wirkt verwirrt. Er erklärt: «Ich kann dazu nichts sagen. Ich habe diese Aufgabe erst heute übernommen.» Ein kurz zuvor publik gewordener Doping-Skandal kommt zur Sprache. Wird Samaranch eine Untersuchung in die Wege leiten? «Nein», sagt der Präsident. «Um diese Angelegenheit muß sich der Internationale Leichtathletikverband kümmern.» So einfach ist das.

Einzelheiten zu erfahren ist schwierig, an Gemeinplätzen mangelt es nicht. Aber kaum ein Journalist nagelt ihn wirklich fest. Fünfundvierzig Minuten später erklärt Samaranch die Pressekonferenz für beendet. Als er hinausgeht, erhebt sich eine beträchtliche Zahl von Presseleuten und applaudiert. Einige von denen, die sitzen geblieben sind, ringen nach Luft. Journalisten, die der Person, über die sie schreiben, applaudieren? Das tut man einfach nicht – nicht in der freien Welt.

Die Hofberichterstatter haben ihre eigene Art, den olympischen Eminenzen zu Diensten zu sein. Andere hatten keine Wahl. «Sie hielten sich alle für unheimlich wichtig und waren es offensichtlich gewohnt, von vorn bis hinten bedient zu werden», sagte eine der Kellnerinnen des Hotels später. «Aber höflich waren sie nicht. Einige schnippten dauernd mit den Fingern, was ich auf den Tod nicht leiden kann. Ich bin doch kein Hund.»

Das gesamte Olympische Komitee war inzwischen daran gewöhnt, von vorn bis hinten bedient zu werden. Eben war eine weitere Runde zu Ende gegangen, in der sich kandidierende Städte in der Hoffnung auf die Winterspiele 1998 in Höflichkeiten und Ehrerbietung überboten. Diesmal waren es Aosta in Italien, Jaca in den spanischen Pyrenäen und Ostersund, auf das die Schweden ihre Hoffnungen richteten. Aber in der engeren Wahl waren nach wie vor nur Salt Lake City, das bereits so gut wie alle Anlagen gebaut hatte, und Nagano, drei Zugstunden von Tokio in den japanischen Bergen gelegen; dort hatte man noch gar nicht mit dem Bau begonnen. Nach dem Zirkus, den die Japaner machten, hätte man es kaum für möglich gehalten, daß bislang kaum mehr existierte als Pläne auf dem Reißbrett.

Das Team aus Nagano hatte in Birmingham 500 Hotelzimmer reserviert und mit Lobbyisten belegt. Die einen empfingen Gäste in ihrer Suite, andere veranstalteten täglich Demonstrationen auf dem Platz vor dem Kongreßzentrum. In martialischen Formationen standen sie da und schwenkten wie Roboter Regenschirme zur Musik vom Band.

Alle bedeutenden Persönlichkeiten aus Nagano, ja aus ganz Japan, schienen in der Stadt zu sein – mit einer Ausnahme. Der Mann hinter der Bewerbung, der Mann, der wahrscheinlich den größten Profit aus dem Sieg schlagen würde, der Mann, der bereits das größte Privatvermögen der Welt besaß, war zu Hause geblieben.

Drei Jahre zuvor hatte die Zeitschrift *Forbes* geschätzt, daß Yoshiaki Tsutsumi etwa 19 Milliarden Pfund schwer war. Aber niemand wußte es genau. Sein Vermögen in Form von Land, Eisenbahnen, Busgesellschaften, Hotels, Golf- und Skisportanlagen verbarg sich hinter einem Labyrinth von Firmen, und viele japanische Kommentatoren hielten es für wahrscheinlich, daß sich seine Reichtümer auf das Doppelte beliefen.[3]

Tsutsumi hielt siebzig Prozent der Anteile an Japans riesiger Skisportindustrie und war immer auf Expansion aus, besonders wenn er den japanischen Steuerzahler an den Kosten beteiligen konnte. Die engen Verbindungen seiner Familie zu mehreren aufeinanderfolgenden Regierungen trugen dazu bei, daß er seinen Rivalen immer eine Nasenlänge voraus war. Und als er sein Gewicht für Nagano in die Waagschale warf, mußte die Stadt zwangsläufig zum Favoriten unter den Bewerbern für die Olympischen Spiele werden.

Drei Rivalen um die Olympiade 1998 wurden von Japan rasch ausgeschaltet, und dann war es Aufgabe des japanischen Olympischen Komitees, Naganos Bewerbung zu unterstützen. Und wer war dessen neuer Präsident? Kein anderer als Herr Tsutsumi. Als die Umweltschützer immer heftiger gegen seine Pläne protestierten, trat er von seinem Posten zurück. Skeptiker vermuteten, er arbeite lieber hinter den Kulissen und habe den Posten sowieso nie wirklich gewollt.

Japans magere Leistung bei den Spielen von Seoul war eine Hilfe. Die vier Goldmedaillen – Nachbar Südkorea trug zwölf nach Hause – sorgten dafür, daß auch nationalistische Elemente bei der Bewerbung zum Tragen kamen. Das politische Establishment spielte mit, und Tsutsumis Bewerbung wurde vom früheren und vom gegenwärtigen Ministerpräsidenten gebilligt. Die Politiker versprachen, 671 Millionen Dollar aus öffentlichen Geldern – gegenüber nur 218 Millionen aus der Wirtschaft – in Einrichtungen, Straßen und Verbesserungen der Infrastruktur zu stecken. Auch ein «Spitzenklasse»-Hotel für das IOC sollte es geben.

All diese Angebote gingen an Samaranch in Lausanne, der sich durch die Bitten des reichsten Mannes der Welt und der führenden Geschäftsleute und Politiker einer der weltstärksten Wirtschaftsmächte geschmeichelt fühlen mußte. Und es gab noch eine weitere wichtige Verbindung, die wenige andere bemerkt haben dürften. Die Bewerbung Naganos wurde von Dentsu unterstützt, dem Werbe-Giganten, der außerdem neunundvierzig Prozent des von Horst Dassler gegründeten Marketingunternehmens ISL (International Sport and Leisure Company) hielt; diese wiederum hatte den olympischen Marketing-Vertrag.

Im Herbst 1990 fuhr Samaranch mit dem IOC-Exekutivkomitee nach Tokio. Hier wurde er mit einem weiteren Ehrentitel, der höchsten zivilen Auszeichnung der japanischen Regierung, und einer Privataudienz bei Kaiser Akihito geehrt. Die Geschäfte, um die es wirklich ging, wurden in Tsutsumis New Takanawa Prince Hotel abgewickelt, das auf einem einst den kaiserlichen Ländereien zugehörigen Grundstück steht. Samaranch, Tsutsumi, ein Dolmetscher und ein großer Tee-Meister verließen bald den verschwenderisch ausgerichteten Empfang, um an einer privaten Teezeremonie in einem abgeschlossenen Gemach teilzunehmen. Anschließend ging in Tokio das Gerücht, daß der olympische Präsident dem reichsten Mann der Welt einen Sitz im Olympischen Komitee angeboten hatte und daß Tsutsumi ihn vielleicht ablösen sollte.[4]

Im folgenden Jahr machten die Mitglieder des Olympischen Komitees ernsthafte Inspektionsbesuche. Auf der Reise – man übernachtete in Tsutsumis Hotels – wurden sie von «Hostessen» begleitet und in Nagano von Tausenden von Bürgern willkommen geheißen, die von Schulen und Arbeitgebern mobilisiert worden waren. Die Olympier entspannten sich in heißen Quellen, ließen sich von Geishas unterhalten und durften, japanischen Reportern zufolge, wertvolle Gemälde im Wert von vielen Millionen Yen mit nach Hause nehmen. In Japan hat es Tradition, daß Geld aus der Wirtschaft auf diese Weise «gewaschen» und an Politiker weitergegeben wird.

Im Mai 1991 – einen Monat vor der Abstimmung in Birmingham – weilte Samaranch erneut in Japan. Er stand im Mittelpunkt der Aufmerksamkeit, als er bei einem Empfang in einem der größten Hotels Tsutsumis in Tokio seinem Gastgeber den goldenen Olympischen Orden für «besondere Verdienste um die Olympische Bewegung» verlieh.

Am nächsten Tag bestiegen die beiden Kumpel zusammen mit dem Gouverneur der Provinz Nagano und dem Bürgermeister einen eigens gecharterten, ehemals kaiserlichen Zug nach Nagano. Die Reise kostete die Bewerberstadt angeblich über zwei Millionen Mark. Ein japanischer Enthüllungsjournalist, der Tsutsumis Aktivitäten nachspürt, behauptet, Samaranch habe den Milliardär in der Verschwiegenheit des Eisenbahnabteils gebeten, ihm unter die Arme zu greifen, da ein großes Defizit wie ein Damoklesschwert über dem Olympischen Museum in Lausanne hinge. Wie wäre es mit 13 Millionen Dollar?

Tsutsumi willigte ein. Er rückte selbst 10 Millionen Dollar aus seinem eigenen Wirtschaftsimperium heraus und überredete weitere siebzehn japanische Firmen, je eine Million Dollar beizusteuern. Bei seinem letzten Besuch hatte Samaranch den japanischen Ministerpräsidenten Toshiki Kaifu um Steuererleichterungen für Firmen gebeten, die sich an dem Museum beteiligten.[5] Angeblich bat Samaranch Tsutsumi dann, in den Bau von Freizeiteinrichtungen in Barcelona zu investieren.

Nach der Ankunft in Nagano mußte sich Samaranch den Strapazen einer schwierigen Pressekonferenz unterziehen. Die erste Frage lautete: «Möchten Sie eine Erklärung abgeben?», gefolgt von «Was für einen

Eindruck haben Sie von Nagano?» Den weiteren Verlauf steuerte er selber, indem er den Einheimischen verkündete: «Ich bin wohl noch niemals mit solcher Wärme willkommen geheißen worden.» Eine ähnliche Wärme muß ein Mitglied der Bewertungskommission des IOC umfangen haben; der Mann tauchte auf, flog in einem Hubschrauber über die noch unbebauten Standorte und gab bekannt: «Die Gastgeber sind sehr gut vorbereitet.»

Japanische Gegner der Bewerbung hatten gegen Samaranch, Tsutsumis Milliarden, das gesamte wirtschaftliche und politische Establishment Japans und Dentsu keine allzu großen Aussichten. Aber sie versuchten es. Zwischen Samaranchs zwei Besuchen ließ sich eine Olympia-Gegnerin, Frau Noriko Ezawa, bei den Stadtratswahlen in Nagano gegen den amtierenden Bürgermeister aufstellen. Er gewann spielend 103 000 Stimmen, sie hingegen mußte feststellen, daß sie mit ihrem Protest fast allein stand: Nur 15 000 Ortsansässige unterstützten sie.

«Diese Spiele haben nur den Zweck, einigen Firmen zum großen Geld zu verhelfen», sagte Frau Ezawa und verwies auf Tsutsumis Imperium, auf Dentsu und die staatliche japanische Fernsehgesellschaft NHK. Unterstützt wurde sie von den japanischen Fathers of the Catholic Council of Justice and Peace, die behaupteten, Kritiker hätten Morddrohungen erhalten, die städtischen Sozialleistungen sollten gekürzt werden, um die Gelder in neue Einrichtungen zu stecken, und illegal eingewanderte Frauen aus armen asiatischen Ländern würden bei der Verrichtung niedriger Arbeiten und in Nachtklubs ausgebeutet.

Ihnen schlossen sich Umweltschutzgruppen an, die sich darauf beriefen, daß die olympischen Baumaßnahmen «massive Eingriffe in Berg-, Wald- und Flußlandschaften und die Umsiedlung ortsansässiger Bauern» mit sich bringen würden. In der Umgebung von Nagano gab es bereits hundertzwanzig Skiabfahrten und achtundfünfzig Golfplätze; die Olympia-Gegner behaupteten, die empfindliche Berglandschaft könne mehr nicht vertragen.

Die Protestbewegung brachte ans Licht, daß bei den Arbeiten an einer Skiabfahrt stark asbestverseuchter Boden freigelegt worden war – eine Entdeckung, die ihnen zu einem frühen Zeitpunkt einigen Erfolg beschieden hatte. Tsutsumi plante neue Skiabfahrten in einem Nationalpark, in dem seltene asiatische Schwarzbären und die letzten vierzig Goldadler-Paare Japans beheimatet waren. Als die Protestbewegung

Unterstützung vom japanischen Zweig des World Wide Fund for Nature erhielt, gab er das Vorhaben auf. Der Verlust ließ sich leicht kompensieren. Der neue Hochgeschwindigkeitszug aus Tokio würde direkt vor einem seiner neuen Sporthotels halten. Wie auch immer das Ergebnis der Abstimmung in Birmingham aussehen mochte – der Milliardär hatte bereits gewonnen.

«Am Tag vor der Abstimmung in Birmingham», verriet ein altgedientes IOC-Mitglied, «erklärte ich Samaranch, daß Salt Lake City technisch gesehen der beste Bewerber ist. Dort stand bereits alles. Ich fragte ihn: ‹Können Sie die Spiele nach Atlanta noch einmal an Amerika geben? Ist hier die Eignung des Austragungsortes entscheidend oder politische Hintergründe?› Seine barsche Antwort lautete: ‹Wir können die Spiele nicht schon wieder an die Amerikaner vergeben.› Dann wechselte er das Thema.»

Die Hauptstadt des Staates Utah hatte den Salt Palace, ein riesiges Versammlungs- und Pressezentrum, erbaut, dazu ein Olympiastadion mit 50 000 Sitzplätzen, ein Olympisches Dorf für 4000 Athleten und alle Austragungsorte für die Skiwettkämpfe; auch 50 000 Hotelräume standen bereits zur Verfügung. Die Eislauf- und Eishockeystadien waren im Bau und sollten binnen sechs Monaten fertiggestellt werden. Das Bewerberteam konnte es kaum erwarten, dem Olympischen Komitee das alles vorzuführen. «Unser Ziel ist, 50 oder 60 IOC-Mitglieder zu einem Besuch herzuholen. Aber das wird mehr als eine Million Dollar kosten», hieß es in einem Spendenaufruf in einer Lokalzeitung.

«Haben Sie einen Taschenrechner zur Hand?» fragte die in Utah erscheinende *Park Record*. «Angenommen, alle 60 Mitglieder kommen und die Gesamtkosten belaufen sich auf nicht mehr als eine Million Dollar, so wären das 16 666 Dollar pro IOC-Mitglied. Ziehen wir 1666 Dollar für den Erste-Klasse-Flug ab. Übrig bleibt die runde Summe von 15 000 Dollar. Rechnen wir weiter 100 Dollar für Sweatshirts, Mützen und Sporttaschen mit dem Aufdruck ‹Salt Lake City '98› und 700 Dollar für eine Woche Unterbringung erster Klasse – dann müssen immer noch 14 200 Dollar ausgegeben werden. Daraus ergeben sich zwei Fragen: Was essen IOC-Mitglieder? Und wie werde ich Mitglied des IOC?»

In Birmingham hatten die fünf rivalisierenden Städte benachbarte Suiten des Hyatt zu ihren Empfangsräumen ausstaffiert. Salt Lake City brachte Kiefern und singende Cowboys mit. In den Räumen von Ostersund sah es aus wie in einer schwedischen Kiefernholz-Küche, und man bot den vorbeikommenden Olympiern Wodka, Loganbeersaft und mit geräuchertem Reh gefüllte Teilchen an.

«Wir haben siebenundachtzig IOC-Mitglieder in ihren Heimatländern besucht und zweiundsiebzig zu einem Besuch nach Ostersund geholt», sagte der zuständige Herr Borg. «Es wird jetzt zu viel geschenkt. Wir machen jedem IOC-Mitglied ein Geschenk bei unseren persönlichen Besuchen, ein Geschenk, wenn sie unsere Stadt besuchen, ein Geschenk, wenn sie unsere Empfangssuite besuchen, und ein Geschenk an jedem Tag, den sie im Hotel verbringen. Die Hotelangestellten, die die Gaben überbringen müssen, haben sich gestern beschwert. Manche Geschenke sind einfach zu groß.» Kein Grund zur Beunruhigung. Extrakoffer, in denen die Olympier ihre Ernte abtransportieren können, sind schon bestellt.

Die Suite Naganos ist als japanischer Teeraum herausgeputzt. Bürgermeister Tasuku Tsukada schüttelt Hände und begrüßt Gäste. Teilnahmslos hört er sich an, wie der junge Dolmetscher eine Frage nach der Schenkerei übersetzt. Ein müdes Nicken, und er verschwindet hinter einem Regal in der Empfangssuite. Als er wieder auftaucht, hält er eine Schachtel mit schön verpackten Süßigkeiten in der Hand. So kann diese Frage nur von einer Bewerberstadt aufgefaßt werden.

Eine einzige Frage gibt es, die er unbeantwortet läßt. Als Bewerbungsberater Naganos hat man Goran Takac, den Sohn von Samaranchs technischem Berater Artur Takac, angestellt. Bürgermeister Tsukada weigert sich, offenzulegen, wieviel ihm Goran dafür in Rechnung gestellt hat. Vielleicht weiß er, daß innerhalb der olympischen Familie eine kleine Kabbelei im Gange ist. Das Mitteilungsblatt *Sport Intern* ist von der Lobhudelei auf Samaranch zu einem scharfen Angriff auf die Familie Takac übergegangen. «Takac junior hat seit Jahren den Kandidaten für die Winterspiele das Blut ausgesaugt», schreibt Herausgeber Karl-Heinz Huba.[6] Goran selbst wirkt unbesorgt. Auf seinem fast ständig besetzten Posten im Foyer des Hyatt hält er Ausschau nach Klienten und neuen Geschäften. Im Unterschied zu den Medienleuten hat man ihn anstandslos hereingelassen. Huba hält sich in einem anderen Flügel des Hotels auf und sammelt Geschichten, die in seinen Rundbrief passen: eine bunte Mischung keimfreier Berichte über die olympische Familie.

Bei Einbruch der Dunkelheit verläßt Tsukada jeden Abend das Hotel und fährt in die Gartenvorstadt Moor Green; hier spielt sich der geheime Teil der Gastlichkeits-Kampagne Naganos ab. Für 500 Pfund am Tag hat man Highbury House angemietet, eine riesige Villa, die ein ehemaliger Politiker und Millionär der Stadt vermacht hat. «Ich war sehr verblüfft, als ich dort hinkam», sagt die Studentin Shirley Hunt, die in dieser Woche als Kellnerin im Highbury arbeitete. «Die Japaner hatten ihre eigenen Chefköche, Serviererinnen, Kellner und so weiter eingeflogen. Die Köche hatten unglaubliche Arbeit geleistet. Lachs und Krabben und alle möglichen Meerestiere waren in einer schönen Eisvitrine ausgestellt, die jedem Gast an den Tisch gerollt wurde; er traf seine Wahl und durfte dann zusehen, wie seine Speise in Eierkuchenteig ausgebacken wurde. Es war schon ein Erlebnis», sagt Hunt.

«Es gab auch eine gut ausgestattete Bar mit Weinen, Spirituosen und Sake. Hochprozentiges wurde nach Augenmaß ausgeschenkt. Man sagte uns, wir bräuchten nicht darauf zu achten, eine bestimmte Menge in die Gläser zu füllen. Am Ende des Abends waren die meisten Gäste ziemlich angeheitert, einige auch stockbetrunken – und sie tranken munter weiter. Es war wirklich peinlich.»

Auch Salt Lake City hatte ein Haus angemietet, um Gäste zu bewirten, aber bereits vor ihrer Ankunft in England stand die Entscheidung so gut wie fest. Trotz all der Millionen von Dollar, die sie in den Bau von Einrichtungen investiert hatten, wäre die Stadt fast in der ersten Runde ausgeschieden. Zusammen mit Aosta verbuchte sie das schlechteste Ergebnis – nur fünfzehn von achtundachtzig Stimmen – und mußte die italienische Stadt erst in einer Stichwahl besiegen, bevor die eigentliche Abstimmung weitergehen konnte. Als nächstes fiel Jaca heraus, was niemanden überraschte, und dann standen die Schweden gegen die Favoriten. Das dauerte nicht lange, und in der Endrunde trafen wie erwartet die Amerikaner auf die Japaner. Tsutsumis Investitionen zahlten sich aus: Nagano bekam sechsundvierzig Stimmen, vier mehr als Salt Lake City.

Wieder einmal fuhren die Schweden mit leeren Händen nach Hause, die Amerikaner waren wütend und Samaranch in einer peinlichen Lage. Es war nicht zu übersehen, daß einige der IOC-Mitglieder aus romanischen Ländern in der ersten Runde Außenseitern wie Aosta und Jaca ihre Stimme gegeben hatten, statt sich zu bemühen, eine Entscheidung zwischen den Favoriten zu treffen. Eine Stimme weniger, und Salt Lake City, der Bewerber mit den besten Ausgangsvoraussetzungen, wäre ausgeschieden; und dann hätte man das IOC für dumm und verantwortungslos gehalten.

In Birmingham wurde noch eine weitere Abstimmung durchgeführt, die beinahe ebenso viele Diskussionen auslöste wie die Wahl des Gastgebers für die Winterspiele. Samaranch wollte, daß der mexikanische Pressezar Mario Vazquez Raña, der die machtlose Vereinigung der Nationalen Olympischen Komitees leitete, ins IOC aufgenommen würde. Das Problem war, daß die Mitglieder dagegen waren. Sie hatten es 1984 abgelehnt, als Samaranch versucht hatte, Mario – und Primo Nebiolo, den Oberboß des Leichtathletikverbandes – als Mitglieder *ex officio* ins Komitee zu schmuggeln. Jetzt war auch ein Platz für ein neues Mitglied aus Mexiko frei.

Samaranch schlug vier neue Mitglieder vor: Thomas Bach aus Deutschland, Denis Oswald aus der Schweiz, den Belgier Jacques Rogge und – schon wieder Raña, dessen Gegner bereits darauf vorbereitet waren. «Wir wollten genügend Leute zusammenbekommen, um Samaranch zu einer geheimen Abstimmung zu zwingen», erklärte ein IOC-Mitglied vertraulich und anonym. «Sogar einige der führenden IOC-Mitglieder waren der Meinung, es müsse eine geheime Abstimmung geben. Doch dazu war die Zustimmung von fünfundzwanzig Mitgliedern nötig. Man zeigte mir eine Unterstützerliste, auf der etwa fünfundzwanzig Namen standen.

Ich sagte, ich sei nicht bereit, eine geheime Abstimmung zu fordern, hätte jedoch nichts dagegen, den Schlagabtausch zu eröffnen und zu sagen: ‹Herr Präsident, können Sie uns versichern, daß die von Ihnen nominierten Leute von den gegenwärtigen IOC-Mitgliedern des jeweiligen Landes unterstützt werden?›»

Um zu zeigen, daß sie nichts gegen Raña persönlich hatte, stellte Frau Glen-Haig ihre Frage bereits, als der erste Kandidat, Thomas Bach, vorgeschlagen wurde.

«Samaranch blieb mir die Antwort schuldig. Er ging einfach zur Tagesordnung über und rief aus: ‹Vazquez Raña›. Sicher rechnete er damit, daß ich die Frage nicht noch einmal stellen würde, nachdem er mich einmal gedemütigt hatte. Ich betätigte also noch einmal meinen Summer, und wenn Carrard, Direktor des IOC, die Aufmerksamkeit nicht auf das Lämpchen an meinem Tisch gelenkt hätte, wäre Samaranch wahrscheinlich einfach darüber hinweggegangen. Ich sagte: ‹Herr Präsident, ich muß meine Frage wiederholen.› Woraufhin er sehr ärgerlich wurde und in empörtem Ton fragte: ‹Ist jemand dagegen?›

Natürlich hob ich die Hand, weil ich dagegen war, daß er weitermachte. Alle sechs Frauen hoben die Hand, und auch vier Männer – Philipp von Schoeller, Prinz Albert von Monaco, Pedro Vazquez und Tay Wilson.»

An diesem Punkt sollte dem Plan zufolge Anita DeFrantz, eines der beiden amerikanischen IOC-Mitglieder, von Samaranch eine geheime Abstimmung fordern. Aber die Amerikanerin stand nicht auf. «Ich war überrascht, daß Samaranch so schnell zur Abstimmung schritt», sagte DeFrantz später. «Er tat es, bevor ich eine geheime Abstimmung hätte fordern können.»

«Ich glaube, eine geheime Abstimmung wäre wünschenswert gewesen; dann hätten die Leute unbesorgt so wählen können, wie sie wollten. Aber jedes IOC-Mitglied muß sich bei der Vereidigung verpflichten, nicht an dem Prinzip zu rütteln, daß gegen IOC-Entscheidungen kein Einspruch eingelegt werden kann. Darum ist es problematisch, jetzt, wo Raña gewählt ist, über eine Opposition zu sprechen, die möglicherweise vorhanden war.»

«Er machte das so geschickt – taktisch war er wirklich unschlagbar», gibt Mary Glen-Haig zu. «Dreizehn Leute stimmten für ihn, zehn gegen ihn, bei sechzig Enthaltungen. Können Sie sich vorstellen, mit sechzig Enthaltungen in einen Londoner Club gewählt zu werden? Hinterher kamen einige Mitglieder zu mir und sagten: ‹Wir unterstützen das, was Sie getan haben, aber wir waren in einer ziemlich schwierigen Situation.›»

Dann war es Zeit, nach Hause zu fahren – und ein Mitglied konnte der Versuchung nicht widerstehen, sich auf Kosten seiner Gastgeber zu bereichern. Alle Mitglieder, die dies wünschten, hatten Gratis-Flugtickets von Birmingham nach London bekommen. Das Programm für die Woche war von Denis Howell organisiert worden, der damals für die Birminghamer Labour-Party im Parlament saß und die Bewerbung der Stadt für die Sommerspiele 1992 geleitet hatte.

«Am Abend vor der Abreise», erinnert sich Howell, «kam jemand zu mir und sagte, ein bestimmtes IOC-Mitglied habe sehr viel Gepäck und wolle im Wagen zum Londoner Flughafen gebracht werden. Unser Transportbeauftragter wies darauf hin, daß es angesichts des Verkehrsaufkommens in London und Birmingham sehr viel klüger sei, vom Flughafen Birmingham aus die Maschine nach Heathrow zu nehmen.

Ich sprach mit unseren Leuten und fragte, ob Autos frei seien – an diesem Abreisetag waren wir ziemlich ausgebucht. Schließlich hatte ich zwei Autos organisiert. Man hatte mir mitgeteilt, besagtes IOC-Mitglied sei schon ziemlich alt und hätte den Flug von Birmingham aus als Belastung empfunden.

Wir waren äußerst erstaunt, später von den Fahrern zu hören, daß erwähntes Mitglied sie unmittelbar nach der Abfahrt vom Hotel angewiesen hatte, zum Flughafen von Birmingham zu fahren. Die Fahrer sagten: ‹Aber wir dachten, Sie wollten nach Heathrow.› – ‹Ja›, lautete die Antwort, ‹aber vorher möchte ich mir die Kosten für diese Tickets erstatten lassen.› Dieser Mensch fuhr also zum Flughafen, um sich den Flugabschnitt Birmingham-London erstatten zu lassen, und ließ sich dann nach London fahren!»

Die Mitglieder des Olympischen Komitees verabschiedeten sich beim Verlassen des Hotels mit großer Herzlichkeit voneinander. «Wir sehen uns nächstes Jahr in Albertville – und dann geht's nach Barcelona», hieß es freudig. Und das taten sie auch – außer einem Mitglied, das die Ränge der Gralshüter schon vor Ablauf des Jahres verließ und damit sehr viel früher, als er sich hätte träumen lassen.

Der Rechtsanwalt Robert Helmick hielt sich schon bereit, die Nachfolge des IOC-Präsidenten anzutreten, sobald Samaranch sich entschloß zurückzutreten. Er war Präsident des Olympischen Komitees der Vereinigten Staaten, hatte den Internationalen Schwimmverband geleitet und gehörte dem Exekutivkomitee des IOC an. Er verließ Birmingham in der Erwartung, weiter aufzusteigen.

Dann bekam er einen Anruf von *USA Today*. Die Reporter wollten nichts über seine Ambitionen wissen, sondern über sein geschäftliches Interesse an den Olympischen Spielen. Man hatte der Zeitung ein vertrauliches Dossier über die Beratungshonorare zugespielt, die Helmick von Firmen erhalten hatte, die mit der Olympischen Bewegung ins Geschäft kommen wollten.[7]

Anscheinend hatte seine Anwaltsfirma Gelder von Ted Turners Fernsehsendern erhalten, die stets darum bemüht waren, einen Teil der Senderechte für die Spiele zu ergattern. Außerdem gab es Honorare von Golf- und Bowlingverbänden, die an der Olympiade teilnehmen wollten. Helmick gehörte der Programmkommission des IOC an, die Einfluß darauf hat, welche neuen Sportarten bei den Spielen zugelassen werden. Hinzu kamen Gelder von Sportmarketing-Firmen. In der ersten Septemberwoche 1991 beliefen sie sich nach Schätzungen der Zeitung auf 127 000 Dollar.

Die Enthüllungen wurden am Vorabend einer Sitzung des US-amerikanischen Olympischen Komitees bekannt. «Alle Schlüsse oder Behauptungen über angebliche Unregelmäßigkeiten sind ungerechtfertigt», insistierte Helmick[8], aber einer seiner Vizepräsidenten verkündete: «Wir haben vor, ganz offen mit Bob zu reden.»[9] Nach dieser Sitzung schien sich Helmick seiner Sache weniger sicher zu sein. «Ich möchte mich für alle Handlungen oder Unterlassungen entschuldigen, die konfliktträchtig erschienen sein könnten», sagte er.[10] Einige Tage später kamen weitere Transaktionen in einem Umfang von 150 000 Dollar ans Licht.

Mitte September gab der Anwalt aus Des Moines eine weitere Stellungnahme ab. «Mit höchstem Bedauern trete ich mit sofortiger Wirkung von meinem Posten als Präsident des Olympischen Komitees der USA zurück.» Könnte er, würde er im IOC bleiben? Es wurde eine Untersuchungskommission unter Leitung von Richter Mbaye eingesetzt. Nachdem er bei einem Treffen des Exekutivkomitees die Stimmung sondiert hatte, beschloß Helmick am 3. Dezember 1991, daß sein olympisches Spiel endgültig zu Ende war.

Um ein Uhr morgens schob er eine Rücktrittserklärung unter Samaranchs Tür durch. «Ich glaube, ich tue, was sich gehört», schrieb Helmick. «Ich möchte noch einmal meine Überzeugung betonen, daß ich niemals etwas getan habe, was der Olympischen Bewegung geschadet hat... Ich bedaure die Situation, die aufgrund der Art und Weise entstanden ist, in der andere meine Handlungen interpretiert haben.»

Der Untersuchungsbericht des IOC ist nie an die Öffentlichkeit gelangt. Was man herausgefunden hat — wenn überhaupt etwas — oder welche Empfehlungen abgegeben wurden, verschwand in der Versenkung. Schnell war alles wieder glattgebügelt; Kevan Gosper, ebenfalls

Mitglied des Exekutivkomitees, sagte, Helmicks Rücktritt sei «eine elegante Lösung»[11]. Helmick behauptet nach wie vor, es gäbe keine Beweise dafür, daß die Geschäfte seiner Kanzlei seine Entscheidungen in der Olympischen Bewegung beeinflußt hätten.[12] Niemand hatte das je suggeriert.

14 Ein altes Blauhemd kehrt nach Hause zurück – Barcelona 1992

Was in Albertville 1992 stattfand, waren eigentlich weniger Olympische Spiele als eine Reihe von einzelnen Wintersportmeisterschaften an dreizehn verschiedenen Schauplätzen in der Region Savoyen. Es fehlten Nähe und Wärme, wie sie nur ein zentraler Austragungsort bieten konnte, an dem die Sportler der verschiedenen Disziplinen hätten zusammenkommen und für den richtigen olympischen Trubel sorgen können. Die Schweden im längst vergessenen Falun murmelten: «Wir haben es euch ja gleich gesagt». Man hatte ihnen erklärt, einer der Gründe für ihre Niederlage gegen Albertville sei der 80-minütige Hubschrauberflug zu den alpinen Skiwettkämpfen, die weiter nördlich in den Bergen stattfinden sollten. «Was die meisten Leute schließlich dazu brachte, gegen Falun zu stimmen, waren die Entfernungen zwischen den Austragungsorten», argumentierte Dick Pound [1] nach den Abstimmungen, in denen die Spiele an Barcelona und Albertville vergeben wurden. Für die Schweden ergab das keinen Sinn.

Auch für den französischen Steuerzahler machte es nicht viel Sinn, die Spiele in den Savoyen abzuhalten. Das Budget wurde überschritten, und Landes- und Regionalregierung kamen für den Mehrbetrag von 60 Millionen Dollar auf [2]. Aber das hinderte Samaranch nicht daran, zu verkünden: «Wir alle sind die Gewinner, vor allem aber Savoyen» [3]. Damit begann ein Jahr, in dem sich die Olympische Bewegung aus französischen und spanischen Steuergeldern bediente und olympische Einnahmen verschleuderte, um das Image des Präsidenten aufzupolieren. Für das IOC-Mitglied, das die meisten Amtsjahre auf dem Buckel hatte – den Großherzog Jean de Luxembourg –, veränderte sich alles viel zu schnell. «Diese gewaltige, ziemlich komplizierte, kostspielige, von Sponsoren und Medien unterstützte Maschine ist dauernd in Gefahr, aus dem Gleis zu geraten», warnte er bei der Tagung des Komitees. «Gehen wir nicht das Risiko ein, daß eines Tages der Schatten materiellen Gewinnstrebens den Olympismus verdunkelt?»

Doch Samaranch hatte andere Sorgen. In Birmingham war es ihm ja gelungen, Mario Raña ins Komitee zu holen. Jetzt sorgte Leichtathletik-Oberboß Primo Nebiolo für noch mehr Unruhe. Aber es war kein Platz für ein neues italienisches Mitglied frei. Und Samaranch konnte nicht noch einmal eine peinliche Situation wie bei Marios Wahl riskieren, als sich die Mehrheit der IOC-Mitglieder der Stimme enthalten hatte. So wurden die Mitglieder insgeheim gewarnt, Nebiolo werde sich nach Kräften bemühen, dem Komitee zu schaden, wenn sich kein Weg fand, ihn aufzunehmen. Er verlangte mehr Geld aus den olympischen Kassen für seine Sommersportverbände und drohte damit, seine Leichtathletik-Weltmeisterschaften zu einem größeren Ereignis zu machen, als die Olympischen Spiele es waren. Ein Mitglied des Exekutivkomitees ließ in Birmingham inoffiziell verlauten: «Unser Präsident wird sich nicht bei Sonnenaufgang duellieren. Samaranch hat Angst, daß sich Nebiolo von den Olympischen Spielen abwendet. Ich persönlich bin der Meinung, wir sollten ihn herausfordern.»[4]

Statt dessen übte Samaranch so lange Druck auf seine Leute aus, bis sie ihm freie Hand ließen, zwei neue Mitglieder nur aufgrund «ihrer Fähigkeiten oder ihrer Stellung» in das Olympische Komitee aufzunehmen. Auch die IOC-Mitglieder waren nicht bereit, sich mit ihm zu duellieren, und einen Monat später saß Nebiolo schon im Komitee. Als Ausgleich für Nebiolos Ernennung wurde auch der Leiter der Wintersportverbände, Olav Poulson aus Norwegen, aufgenommen. Er verließ das IOC zwei Jahre später wieder — Nebiolo hingegen bleibt und schmiedet seine Komplotte.

Nachdem Samaranch Spanien die Spiele zugeschanzt hatte, ließ er keine Gelegenheit aus, in seinem Heimatland die Macht und den Reichtum seiner Organisation zu demonstrieren. Es war ja nicht sein Geld — also konnte er es für alles hinauswerfen, was bei seinen Landsleuten Eindruck machte. Im andalusischen Sevilla sollte 1992 die Weltausstellung stattfinden, und Samaranch wollte dort mit allem erdenklichem Aufwand für seine Olympische Bewegung werben. Nicht genug mit dem Geld, das am anderen Ende des Landes, in Barcelona, in die Spiele gepumpt wurde — nein, alle Spanier sollten sehen, wie gut er seine Sache gemacht hatte. Das Olympische Komitee mußte auf der Expo mit einem eigenen Pavillon aus Glas und Marmor vertreten sein, auch wenn dieser sieben Monate später wieder abgerissen werden würde.

Er überredete seine Kollegen mitzuziehen und behauptete, die 2 Millionen Dollar wären gut angelegt. Zwei Jahre später wurde langsam klar, wieviel das Projekt wirklich kosten würde. Im Juni 1990 erfuhr das Exekutivkomitee, daß sich die Rechnung nun auf 5 Millionen Dollar belief. Drei Monate später lagen die Baukosten bei 10 Millionen Dollar, die Ausstattung würde 2 Millionen Dollar Kosten verschlingen, und weitere 2 Millionen waren nötig, um den Pavillon – ganze sieben Monate lang – zu betreiben.[5] Und all das nur, um in Spanien Werbung für den alten Mann zu machen. Ende 1990 trat Samaranch den Rückzug an und erklärte sich bereit, das Budget für die Pavillongestaltung zu kürzen – die Gesamtkosten sollten 5 Millionen Dollar nicht übersteigen.

Dann zog er los, um auf internationalem Parkett für sich zu werben. Zu seinem Werbefeldzug gehörte eine neue Biografie des Gralshüters von David Miller, dem wichtigsten Sportberichterstatter der Londoner *Times*.[6] Das Buch mit dem Titel «Olympic Revolution» entstand in enger Zusammenarbeit mit Samaranch, und Miller beschloß, dessen politische Vergangenheit nicht im Detail zu behandeln; vielmehr hielt er sich an die Aussagen von Mrs. Samaranch und den engsten Mitarbeitern des alten Mannes in Barcelona. In dem Buch findet sich nicht ein einziges Foto von Samaranch in seiner faschistischen Uniform, dafür aber die interessante Äußerung: «Die Großzügigkeit, die sich in seinem Verhalten – privat und in der Öffentlichkeit – ausdrückt, hat ihn über alle Kritik an seiner Beteiligung an der Regierung während der Franco-Zeit erhaben gemacht».

Das war neu für viele Katalanen, die sich noch ziemlich genau an die Umstände erinnern konnten, unter denen Samaranch nach dem Tod Francos 1975 seine Heimatstadt verlassen hatte. Im Jahre 1977, als bereits wieder Redefreiheit herrschte, versammelten sich am Nationalfeiertag, dem 23. April, etwa 100 000 Demonstranten vor dem Sitz des katalanischen Regionalrats in Barcelona. Hinter den verschlossenen Türen saß der Mann, den Franco dazu ernannt hatte, seine regionale Marionettenregierung zu leiten. Als Samaranch sich weigerte, den Demonstranten gegenüberzutreten, riefen sie heftige Beschimpfungen. Auch diese Erinnerung hatte der olympische Führer seinem Biografen gegenüber unterschlagen. «Olympic Revolution», schrieb der *Daily Telegraph*, «zeichnet ein viel schmeichelhafteres Bild des Mannes, von dem viele glauben, er habe das Erstgeburtsrecht seiner Bewegung verhökert.»[7]

Bei Millers Kollegen von der *Times* kam Samaranch noch schlechter weg. «Er scheint ein Mann zu sein, der nicht gerade mit Charisma gesegnet ist», schrieb Simon Barnes, der auch über die Darstellung spottete, Samaranch habe keine andere Wahl gehabt, als mit Franco zu kollaborieren. Der Präsident trat im Frühstücksfernsehen auf und wehrte sich gegen Vorwürfe, sein Komitee sei korrupt. «Ich vertraue allen Mitgliedern des IOC, und sie leisten sehr gute Arbeit für den Sport und die Olympische Bewegung», beharrte er.[8]

Diese Meinung teilte das *Time*-Magazin nicht. Samaranch hatte wahrscheinlich damit gerechnet, daß ein so wichtiger Sponsor seiner Sache – die *Time*/*Sports Illustrated*-Gruppe bezahlt jedesmal 40 Millionen Dollar für die Herstellung des offiziellen Olympiade-Programms – es ihm leichtmachen würde. Doch er hatte sich geirrt: *Time* versetzte ihm einen vernichtenden Schlag. Am Vorabend der Spiele bemerkte der altgediente und erfahrene Korrespondent Paul Witteman in einer speziellen Olympia-Beilage, Samaranchs IOC sei ein «gut ausgestattetes Imperium, das sich jedoch etliche Skandale hat zuschulden kommen lassen». Dann hieß es: «Seit Jahrzehnten bringen ausführliche Berichte immer wieder ans Licht, daß IOC-Funktionäre versuchen, von städtischen Beamten, die mit der Bewerbung für die Spiele befaßt sind, Bestechungsgelder zu verlangen.» Und als sei das noch nicht schlimm genug, schien Witteman auch zu bezweifeln, daß der olympische Präsident tatsächlich an Reformen interessiert war. «Leider hat es den Anschein, als ziehe Samaranch den bequemen Status quo der Aufräumaktion vor, die nötig wäre, um die Gesundheit und Integrität der Bewegung wiederherzustellen. Folglich laufen die Spiele Gefahr, irgendwann nur noch eines unter unzähligen Sportereignissen zu sein.»[9]

In Lausanne war man am Boden zerstört, aber es gab wenig Handlungsspielraum. Man wußte, daß die Behauptungen der Wahrheit entsprachen, und es hätte auch nicht gut ausgesehen, auf Grundlage der Schweizer Verleumdungsgesetze gegen einen ihrer größten Sponsoren zu klagen. Dem in München erscheinenden Mitteilungsblatt *Sport Intern*, das allgemein als Samaranchs Sprachrohr gilt, fiel die Aufgabe zu, die olympische Familie zu beruhigen. «Das IOC hofft, daß in Zukunft gründliche Recherchen derart ungerechtfertigte Beleidigungen verhindern werden», schrieb Karl-Heinz Huba[10] in einer schwachen Replik. Richard Atkinson, der stellvertretende Geschäftsführer der *Time* für Europa, war offener: «Es gibt ein bißchen Krach», gab er zu. «Aber wir lassen uns nicht unter Druck setzen. Ich bin froh, daß wir den Mut hatten, den Artikel zu bringen.»[11]

In der Woche vor den Spielen fuhr ich mit Vyv Simson, meinem Mitautor bei *Geld, Macht und Doping*, nach Barcelona. Da man uns die Presseakkreditierung verweigerte, lungerten wir vor dem verschwenderisch aufpolierten Hotel Princesa Sofia herum, das dem IOC als Stützpunkt diente. An einer Seite des Gebäudes parkten hundert Limousinen samt Chauffeuren, die darauf warteten, von IOC-Mitgliedern oder ihrem Gefolge gerufen zu werden.

«Wenn Sie ankommen, werden alle wichtigen Requisiten für den olympischen Zirkus an Ort und Stelle sein, und keiner wird auch nur fragen, ob das Ereignis selbst überhaupt notwendig ist», schrieb der katalanische Schriftsteller Manuel Vázquez Montalbán am Vorabend der Spiele. «Aber was kommt danach? Schulden und reihenweise Bauten von zweifelhaftem Nutzen.»[12]

Montalbán, sein Leben lang Gegner Francos, bot Besuchern der Olympischen Spiele eine eigene Stadtführung durch Barcelona an: die Stadt, die er liebte und die durch Franco und seine Gefolgsleute, von denen nur wenige prominenter waren als Samaranch, beinahe vor seinen Augen zerstört worden war. Der Romanschriftsteller war stolz auf den einzigartigen Ruf Barcelonas: Die rebellischen Bürger hatten sich immer wieder gegen die Unterdrücker erhoben; sie hielten den Weltrekord im Barrikadenbau und tauften ihre Stadt liebevoll in «La Rosa de Foc» – «Die Feuerrose» – um, weil die Flammen der Rebellion immer wieder entfacht wurden.

Montalbán zeigte den Ausländern das Polizeihauptquartier in der Via Laietana, wo Francos Gegner von der Geheimpolizei gefoltert worden waren und «jahrelanges Warten und Todesurteile, deren Vollstreckung in Nächten voller Terror und Sadismus hinausgezögert wurde», erleiden mußten. Er brachte die Touristen auch zum Camp de la Bota und zum Fossar de la Pedrera, wo man die Leichen abgeladen hatte.

Die meisten ausländischen Medien berichteten nur über fröhlich lachende Katalanen, die in olympischem Glanz schwelgten, und hatten keine Ahnung von den Spannungen hinter dem Marketingzirkus. Ihre Berichte bewiesen wenig Kenntnis über das große Tabu – das alte Regime, das erst neunzehn Jahre zuvor zu Ende gegangen war, und die alten Francoisten, die sich in die neue demokratische Welt hatten hinüberretten können. Die Reformen waren mit Straffreiheit für die faschistischen Funktionäre, die Folterer, die Henker und die Träger des Blauhemds bezahlt worden. Sie alle kann man heute durch die Straßen Barcelonas spazieren sehen.

Ein Nutznießer dieser kollektiven Amnestie war der olympische Präsident Samaranch, der sich verhielt, als sei er wieder der mächtige Politiker aus vergangenen Zeiten. «Wenn Sie Samaranch angreifen, greifen Sie den Wandel an und damit das moderne politische System in Spanien – also ist das tabu», erklärte mir ein Historiker an der autonomen Universität der Stadt. Und dann gewährte er mir einen Einblick in Samaranchs gequälte Persönlichkeit: «In Spanien ist er ein Feind, weil er Katalane ist. Aber in Katalonien gilt er als Verräter, weil er ein begeisterter Kollaborateur war.»

Bei einer olympischen Pressekonferenz trieb ein katalanischer Journalist Samaranch mit der Frage in die Enge, warum er die spanische Schreibweise seines Namens der katalanischen vorziehe und ob er sich nicht schäme, einst Franco gedient und damit zur Unterdrückung der katalanischen Kultur und Sprache beigetragen zu haben? Samaranch ging in die Falle und erwiderte: «Ich bin sehr stolz auf meine Vergangenheit, das können Sie mir glauben.» [13]

Die radikale katalanische Presse war nicht so zimperlich wie die Medien des Establishments. Das wöchentlich erscheinende Nachrichtenmagazin El Triangle brachte den Argwohn zum Ausdruck, den viele Katalanen gegen die stark kommerzialisierten Spiele hegten. Das Magazin druckte einen Comic strip, in dem einige ungewöhnliche olympische Sportarten dargestellt waren. Barcelonas Olympia-Maskottchen Cobi, der Bär mit dem dümmlichen Lächeln, der eher wie eine Ratte aussah, hatte sich in eine fuchsrote Femme fatale mit hohen Absätzen, Netzstrümpfen, Strumpfbändern und Stütz-BH verwandelt. Aus einem Wirbelsturm von Dollars tauchte Donald Duck auf. Die nächsten Bilder, so erklärte mir mein Dolmetscher, spiegelten eine gängige katalanische Meinung wider: daß ihre Stadt von den Olympiern und Sponsoren auf jede erdenkliche Weise mißbraucht worden sei. Die Bilder machten dies deutlich.

Die Titelseite der Ausgabe von El Triangle, die eine Woche vor Beginn der Spiele erschien, rief den Lesern mit einer Karikatur ins Gedächtnis, wie der Mann, den sie 1977 hinausgeworfen hatten, zurückgekommen war, um die Stadt – und das Land – zu regieren: Samaranch in seiner weißen Faschistenjacke und dem Blauhemd hatte den rechten Arm zum alten Gruß erhoben; er fuhr in einem Wagen, der vom spanischen Ministerpräsidenten, dem Bürgermeister von Barcelona und dem Präsidenten Kataloniens gezogen wurde. Auch wenn die Touristen Faschistengruß und Uniform ignorierten, für die Katalanen waren es diese Insignien, die zählten: So hatten sie ihn in Erinnerung, und sie wollten verflucht sein, wenn sie das jemals vergessen würden.

Die Eröffnungsreden bei der Olympiade sind gewöhnlich nichtssagend und zielen auf ein Weltpublikum ab. Aber Bürgermeister Pascal Maragall begann seine kurze Ansprache mit drei Sätzen, die die Katalanen in Erregung versetzten und die meisten Ausländer verwunderten. «Vor sechsundfünfzig Jahren hätte hier die Volksolympiade stattfinden sollen. Der Name des Präsidenten der Volksolympiade ist in das alte Marathontor eingeritzt. Er hieß Luis Companys und war Präsident der katalanischen Regierung.»[14]

Für die meisten Reporter sprach er in katalanischen Rätseln, und kaum einer berichtete über diese drei Sätze. Doch mit ihnen rief der Sozialist Maragall all den Haß auf die Diktatur wieder wach – und die Freude darüber, daß sie mit Francos Tod zu Ende gegangen war. Die Volksolympiade von 1936 – die Anti-Hitler-Olympiade, die von der Internationalen Arbeitersportbewegung veranstalteten antifaschistischen Spiele – wurde abgesagt, als Franco seine Revolte gegen die spanische Regierung führte. Luis Companys war das letzte gewählte Oberhaupt des autonomen Katalonien, bevor es zusammen mit der Demokratie von Franco zermalmt wurde. Nach der Niederlage der Republik floh Companys nach Frankreich, wurde jedoch von der Gestapo ausgeliefert und einem Schnellgericht der Armee überantwortet.

Die Geschichte von Luis Companys' Hinrichtung am 15. Oktober 1940 mußte Maragall nicht erzählen. Jeder Katalane kennt sie. Als das Erschießungskommando ihn holen kam, äußerte Companys als letzte Bitte, er wolle barfuß erschossen werden, um den kostbaren katalanischen Boden unter den Füßen zu spüren. Als die Soldaten anlegten, rief Companys: «Lang lebe das freie Katalonien». Im Totenschein ist angegeben, daß er in der Festung Montjuic an einer traumatischen inneren Blutung starb. Samaranch war damals zwanzig Jahre alt und in der Hierarchie der Blauhemden bereits auf dem Weg nach oben.

Das Olympiastadion und viele Einrichtungen für 1992 befanden sich hoch oben über der Stadt auf dem Berg Montjuic. Vom Stadion aus kann man die höhergelegene Festung sehen, in der die Feinde Francos wie Hunde erschossen wurden. Jeder der Weltklasseläufer, die im Stadion gegeneinander antraten, hätte die Festung in einer Minute erreichen können. Dabei wäre er an dem Totenacker vorbeigekommen, an den nicht gekennzeichneten letzten Ruhestätten Tausender, deren Verbrechen es war, Widerstand gegen den Faschismus zu leisten. «Noch zwanzig Jahre danach», erinnert sich der Kunsthistoriker Robert Hughes, «konnte man, wenn der Boden von Regen durchtränkt war, den schwachen, aber durchdringenden Verwesungsgeruch wahrnehmen, der aus diesen Massengräbern aufstieg.»[15]

Maragalls Worte müssen bei den Katalanen auch noch andere Erinnerungen wachgerufen haben. Franco, der Mann, dem gedient zu haben Samaranch immer noch stolz war, hatte eine Vorliebe dafür, seine Gegner durch die Garrotte hinzurichten. Der letzte Mensch, der in Barcelona auf diese Weise zu Tode kam, war Salvador Puig Antich; sein Hals wurde am 2. März 1974 auf dem Innenhof des Justizgefängnisses von dem sich immer fester schließenden Halseisen langsam zermalmt – achtzehn Jahre vor dieser Olympiade, während Samaranch als von Franco eingesetzter Präsident Kataloniens fungierte. Hätte ein Wort des gegenwärtigen olympischen Präsidenten diese abscheuliche, qualvolle Hinrichtung nicht verhindern können, bei der die Glieder zucken, die Augen heraustreten und der Mensch verzweifelt um den letzten Atemzug ringt? Die sterblichen Überreste des Opfers sind ein bißchen weiter oben am Montjuic auf dem öffentlichen Friedhof, Parzelle 2737, zu finden.

Wie anders sieht es im Juli 1992 auf dem olympischen Podium aus! Wieder trägt das alte Blauhemd die Verantwortung, und er sondert seichte Worte über Pierre de Coubertin ab und über «die Würdenträger aus siebenundsiebzig Staaten, die heute alle hier bei uns sind – ein Zeichen für die Bedeutung, die der Olympischen Bewegung heute in der Welt beigemessen wird».[16]

Neben ihm der gewählte sozialistische Bürgermeister der Stadt, dessen Brüder verhaftet wurden und dessen Schwester Monika im Gefängnis gesessen hatte, weil sie Franco-feindliche Literatur gedruckt hatte. Als Maragall den ehrwürdigen Namen Luis Companys' erwähnte, muß er wie alle Katalanen gewußt haben, daß Sama-

ranch Nutznießer der Flut gewesen war, die Companys hinwegge-
schwemmt hatte. Dies war nicht Kataloniens einziger Groll gegen
Samaranch.

Sie ärgerten sich über ihre Sportler, die unter einer fremden – der
spanischen – Flagge antraten. Das 1920 gegründete Nationale Olympische Komitee Kataloniens war von Franco zerschlagen worden, wurde
aber 1988 mit Unterstützung des katalanischen Parlaments neu gegründet. Achtzig Prozent der Katalanen freuten sich zwar, die Olympiade in ihrer eigenen Landeshauptstadt zu Gast zu haben, waren aber
wenig erbaut darüber, daß sie nicht als Katalanen, sondern nur als
«Spanier» teilnehmen konnten. Sie hatten 1991 während der IOC-Tagung in Birmingham um Anerkennung geworben, doch der Katalane
Samaranch hatte sie abblitzen lassen; er wußte, daß König Juan Carlos
und die Regierung in Madrid damit nicht einverstanden gewesen wären.

«Das Olympische Dorf für die Sportler ist zweifellos das schönste bisher», begeisterte sich das finnische Komitee-Mitglied Peter Tallberg[17],
ein fünfundfünfzigjähriger ehemaliger Sportsegler, den Samaranch
zum Sprecher der Wettbewerbsteilnehmer ernannt hatte. Herr Tallberg war natürlich berechtigt, in dem Fünf-Sterne-Hotel Princesa Sofia
zu wohnen, wo die Klimaanlage das IOC vor dem für Barcelona sehr
heißen Sommer schützte. Die Athleten, so glaubte man, brauchten solchen Luxus nicht; und so zog die Britische Olympische Vereinigung –
gefolgt von den Australiern – los, um elektrische Ventilatoren zu kaufen. Der kaum zu überbietende Kontrast zwischen den Unterkünften
des IOC und denen der schweißgebadeten Athleten, die zum Teil zu
dritt in einem Zimmer wohnten und vor Hitze beinahe umkamen, war
gefundenes Fressen für viele Fernsehteams, die sich in der Stadt befanden.

Das millionenschwere amerikanische Basketball-Dream-team mied
das Dorf mit Bedacht. «Wir haben nicht vor, dort viele Freundschaften
zu schließen», sagte John Stockton. «Dem olympischen Geist ent-
spricht es, andere zu besiegen – nicht, mit ihnen zu leben.»[18] Noch
unfreundlicher äußerte sich Charles Barkley, der seine eigene Vorstellung vom olympischen Idealismus hatte. «Das interessiert mich nicht
die Bohne. Ich bin hier, um sie fertigzumachen. Um den Rest soll sich
Gott kümmern.»[19]

Es gereicht den meisten amerikanischen Medien zur Ehre, daß sie das Dream-team wegen seiner Arroganz und seinem einschüchternden Verhalten gegenüber seinen Gegnern angriffen. Wenn Amerika seine besten Amateurspieler von den Colleges aufgestellt hätte, wäre eine Goldmedaille durchaus auch denkbar gewesen, aber der nationale Basketballverband sah die Möglichkeit, ein Vermögen zu machen. «Wir sitzen auf einer Goldmine», sagte der Chefverkäufer der NBA Rob Levine.[20] Eigentlich ging es dem Verband in Barcelona ausschließlich um Geld: Er schloß Verträge mit Bekleidungsfirmen und verkaufte die Senderechte für die Spiele der amerikanischen Liga ins Ausland. Am Ende der Spiele sagte Samaranch: «Der wichtigste Aspekt der Spiele ist der durchschlagende Erfolg des Basketballturniers gewesen».[21]

Am anderen Ende der Geldskala befand sich das zeitweise bestehende Team aus der GUS, den ehemaligen Sowjetrepubliken; die Sportler traten hier ein letztes Mal unter einer Flagge an. Zu ihren Sponsoren gehörte Smirnoff-Wodka. Unter meinen Souvenirs aus Barcelona findet sich ein Smirnoff-T-Shirt mit dem Logo der Firma auf der Vorderseite und den fünf Ringen auf dem Rücken. Das IOC hat klare Regeln, was harte Alkoholika betrifft: Teams, die zum Wettkampf antreten, dürfen nicht für Alkohol werben. Russische Reporter haben mir zugetragen, daß Samaranch während der Spiele zweimal die Smirnoff-Empfangssuite besucht hat.

Andere Sponsoren machten keinen Gebrauch von den Sitzen, die in ihren VIP-Paketen enthalten waren – eine Beleidigung für jeden Fan, der Schlange stand, um die Sportereignisse sehen zu können. Sie verpaßten, was an Barcelona gut war: wie Linford Christie eine jüngere Sprintergeneration vernichtend schlug; die emotionalen Nachwehen des Zehntausend-Meter-Laufs der Frauen, wo die Siegerin Derartu Tulu aus Äthiopien Hand in Hand mit der Silbermedaillen-Gewinnerin Elana Meyer – Mitglied des ersten südafrikanischen Teams nach Ende der Apartheid – über die Ziellinie lief.

«In der Einigkeit liegt unsere Stärke», sagte Samaranch bei der Eröffnung der IOC-Tagung[22], aber als die Olympier dann die Stadt verlassen hatten, blieben 2,34 Millionen Dollar olympische Schulden für die spanischen Steuerzahler zurück.

Kaum war der lange Sportsommer zu Ende gegangen, begann bereits die Partysaison. Primo Nebiolo feierte das Saisonende der Leichtathletikmeisterschaften in seiner Heimatstadt Turin und verbriet dafür Schätzungen zufolge 600 000 Dollar. Für seine nächste Party, die Ende November in Stockholm stattfand, bestellte er noch mehr Lastwagenladungen Champagner. Es war die siebte Jahresgala, die Nebiolos Internationaler Leichtathletikverband mit den 20 Millionen Dollar, die er den Organisatoren der Olympiade in Seoul abgepreßt hatte, veranstaltete. Die Bewirtung der 800 Gäste kostete etwa 500 000 Dollar.

Nebiolo machte eine kurze Reise nach Seoul, um den Vorsitz bei den Leichtathletik-Jugendweltmeisterschaften zu führen. Seine Suite im Sheraton kostete ungefähr 3000 Dollar pro Nacht. Die Gesamtrechnung für seinen Ausflug belief sich auf 72 000 Dollar. Die Meisterschaft war ein finanzielles Desaster. Es kamen so wenig Zuschauer, daß Grundschüler rekrutiert wurden, um die Sitzplätze zu füllen.

Die ganz abgehärteten Besucher olympischer Partys versammelten sich Mitte Oktober in Monaco bei der Zusammenkunft von Mickey Kims General Assembly of International Sports Federations (Generalversammlung der Internationalen Sportverbände). Die Sitzungen zogen sich über eine Woche hin, und die Funktionäre bewältigten tapfer den Aufenthalt im Hotel Loews – für 420 Dollar pro Nacht. Zur offiziellen Tagesordnung gehörten ausgezeichnete Seminare über die Gestaltung von Sporteinrichtungen. Die meisten Delegierten, so vertraute ein Funktionär mir an, hatten interessantere Dinge zu erledigen.

Nach all der harten Arbeit an der französischen Riviera jetteten die Sportfunktionäre zu einer weiteren anstrengenden Woche nach Acapulco. Siebenhundert Delegierte fanden sich in dem Luxus-Badeort zu Mario Vazquez Rañas Vereinigung der Nationalen Olympischen Komitees zusammen. Die ohnehin schon prächtige Partystimmung gewann noch dadurch, daß das Exekutivkomitee des IOC hereinschaute. Mario mußte tief in die Tasche greifen, um Flugtickets und Partys für sechzig IOC-Mitglieder zu bezahlen.

Auch Nebiolo veranstaltete ein Treffen seiner Internationalen Sommersportverbände; er wollte die Regeln so umgestalten, daß er – wieder ohne Abstimmung – deren Vorsitzender bleiben konnte. Der mexikanische Präsident Carlos Salinas kam vorbei, um von Mario Vazquez Raña eine Auszeichnung entgegenzunehmen – den Olympischen Orden hatte er bereits von Samaranch erhalten. Seit seinem Rücktritt ist Señor Salinas damit beschäftigt, sein Wissen um die angeblichen Verwicklungen seiner Familie in politische Morde und Drogen-Geldwäsche abzustreiten.

Das Jahr war anstrengend gewesen, und die Mitglieder brauchten jetzt eine Ruhepause. Im nächsten Jahr, 1993, würden einige von ihnen fast ununterbrochen unterwegs sein, um die Bewerberstädte für die Spiele im Jahr 2000 in Augenschein zu nehmen.

15 | Zwischenaufenthalt in Berlin

Ihren ersten Pflichttermin hatte sie bei der Show «Anything Goes», und ganz Berlin tanzte während des Besuchs des hochrangigen IOC-Mitglieds unablässig zu dem fröhlichen Titelsong. Frau Flor Isava Fonseca, die gekommen war, um die Pläne der Stadt für die Olympischen Spiele zu begutachten, fraß sich eine Woche lang durch die Spitzenrestaurants, was einen Abgeordneten des Stadtparlaments zu der Frage veranlaßte, ob Flor Isava Fonseca wirklich als Vertreterin des IOC oder nicht vielmehr im Auftrag des Guide Michelin nach Berlin gekommen sei.

Nach den Exzessen, die Barcelona die Spiele eingebracht hatten, behauptete das IOC, man hätte die Bewerbungsregeln verschärft. Ausgedehnte, mit Freizeitprogrammen gespickte und wiederholte Besuche der Bewerberstädte wurden verboten und teure Geschenke im Vorfeld der Olympischen Spiele, die das einundzwanzigste Jahrhundert einleiten würden, untersagt.[1]

Diese Bestimmungen wurden vom IOC-Exekutiv-Komitee – dessen Mitglied Frau Isava Fonseca war – verfügt und dann geflissentlich mißachtet. Über die Hälfte der Mitglieder des Olympischen Komitees setzte sich nonchalant über diese neuen Regeln hinweg, als sie von einer Bewerberstadt zur nächsten jetteten und um den Titel der größten Nassauer der Welt wetteiferten. Es war mal wieder Zeit für Filz, und wie immer drückte Samaranch ein Auge zu.

Taschkent und Mailand waren beim Wettrennen um die Jahrtausendspiele schon bald ausgeschieden. Später folgte Brasilia. Blieben also als Bewerber die Outsider Istanbul und Manchester sowie Sydney und Peking als aussichtsreiche Kandidaten. Daneben aber zappelte drei Jahre lang noch Berlin, produzierte einen Skandal nach dem anderen und verschleuderte dabei in kürzester Zeit Unsummen von Geld. Die Bewerbung Berlins kostete den Steuerzahler beachtliche 86 Millionen DM.[2] Die Privatwirtschaft und das IOC wurden mit öffentlichen Geldern bezuschußt – aber niemand weiß genau, in welche Kanäle das Geld sickerte. Als Vorwürfe laut wurden, es habe Schiebung und Mißbrauch gegeben, setzte das Berliner Parlament Anfang 1995 einen Untersuchungsausschuß ein. Die Abgeordneten forderten sämtliche Unterlagen des Bewerberteams, aber die meisten waren nicht mehr aufzufinden. Bei öffentlichen Anhörungen schienen die Zeugen nicht in der Lage zu sein, sich auch nur an die wichtigsten Ereignisse zu erinnern. Und die Berliner nahmen mit wachsendem Entsetzen die Schutzbehauptungen, Geständnisse und Enthüllungen zur Kenntnis.

«Die Bewerbung Berlins hatte nichts mehr mit einem Fest der Jugend, des Friedens und des Sports zu tun», meinte damals ein Kritiker. «Es ging schlicht und einfach nur noch darum, daß kleine Interessengruppen – Politiker, Sportfunktionäre, Großunternehmen und das IOC – versuchten, an öffentliche Gelder heranzukommen.»

Die olympische Bewerbung war die Traumstraße zum Gold – für die wenigen Glücklichen. Aus dem Bau olympischer Einrichtungen konnte man enorme Gewinne ziehen; die Grundstückspreise würden durch die Aussicht auf Neubauten schwindelnde Höhen erreichen. Und es würde Arbeitsplätze geben, in den Sportverbänden, bei der Durchführung der Bewerbung, beim Aufbau jener Geldmaschine, die die Spiele antrieb.

Die Pläne wurden ausgebrütet, ohne daß die Sportler selbst daran beteiligt wurden, und natürlich war – wie heutzutage überall – «Big Business» der Katalysator. Die Bewerbung Berlins wurde im Dezember 1990 bei einer «Olympic-Party» der Daimler-Benz AG in ihrer Heimatstadt in Stuttgart aus der Taufe gehoben: Samaranch Seite an Seite mit führenden deutschen Unternehmern und dem christdemokratischen Bürgermeister Berlins, Eberhard Diepgen. Eingeladen war auch der Deutsche Lutz Grüttke, der ehemals die Werbetrommel für IBM gerührt hatte; drei Monate später wurde er zum Vorsitzenden der Bewerbung Berlins für das Jahr 2000 ernannt.

Aber Grüttke hielt sich nicht lange – genauso wie sein Etat. Er hatte von Lausanne gelernt: Nachdem er die Gelder aus öffentlicher Hand verpulvert hatte, präsentierte er einen Berg von Rechnungen für Flüge erster Klasse, Nobelhotels und aufwendige Bewirtungen. Innerhalb von sechs Monaten war der Etat um 1,6 Millionen DM überzogen. Da die Buchprüfer viele Belege nicht finden konnten, drohte ein politischer Skandal. Still und heimlich schob der Regierende Bürgermeister weitere

Steuergelder nach, den Rest übernahm Daimler. Die Rechnungen wurden bezahlt.

Dann kam heraus, daß Grüttke eine PR-Firma beauftragt hatte, sämtliche Werbemaßnahmen zu leiten. Es handelte sich um einen wasserdichten Vertrag über 13 Millionen DM, der das ganze Unternehmen in den Bankrott zu führen drohte. Aber es kam noch schlimmer: Wie sich herausstellte, war Grüttke davor Geschäftsführer eines Unternehmens, das Anteile an der teuren PR-Firma besaß. Als der Staatsanwalt nach möglichen Interessenkonflikten forschte, trat die Firma von dem Vertrag zurück – nicht ohne für acht Monate Arbeit 3,8 Millionen DM einzukassieren.

Schließlich unterschrieb Grüttke sein eigenes Todesurteil, als er im *Spiegel* Werbung für Kleidung machte.[3] Die Anzeige war mit einer Reihe olympischer Flaggen versehen, also ein eindeutiger Verstoß gegen das Verbot «unlauteren Wettbewerbs» – die Firma hatte fälschlicherweise den Eindruck erweckt, sie würde die Spiele sponsern. Trotz der Blamage bestand Grüttke, als er zum Rücktritt aufgefordert wurde, auf einer Abfindung.

Die Bewerbung Berlins war ausgesprochen kostspielig, und so wurde der Unternehmensberater Nikolaus Fuchs angeheuert, um Gelder lockerzumachen. Auch er war ein Freund des Hauses Daimler. Fuchs gewann Lufthansa, Bertelsmann – einen der größten Medienkonzerne der Welt – und zahlreiche Banken, Baufirmen, die Telekom und natürlich Daimler als Sponsoren. Sie taten sich zusammen und gründeten ein privates Unternehmen, die Berlin 2000 Marketing GmbH. «Sie müssen frei sein von öffentlicher Kontrolle», wie sich Fuchs später ausdrückte.[4]

Aber auf die öffentlichen Gelder wollte Fuchs natürlich nicht verzichten. Seine Firma Bossard erhielt 590 000 DM für – gerade mal vier Monate – Marketing, und wieder ging ein Stück vom Kuchen öffentlicher Gelder für die Anmietung luxuriöser Büroräume drauf. All das geschah hinter verschlossenen Türen, während man der Öffentlichkeit vortäuschte, die großen Sponsoren würden Geldmittel aus der Privatwirtschaft einbringen. Das Gegenteil war der Fall – sie nahmen es aus öffentlichen Kassen. Was von den Unterlagen noch sichergestellt werden konnte, wird zur Zeit noch ausgewertet, aber es sieht so aus, als ob den Sponsoren mehr Geld zugeflossen wäre, als sie für das Bewerbungskomitee lockergemacht hatten. Unterm Strich könnte möglicherweise herauskommen, daß die Marketing-Gesellschaft eine olympische Waschanlage war, in der Steuergelder in die Taschen der Privatwirtschaft umgeleitet wurden.[5]

Diese großherzigen Olympia-Sponsoren behaupteten, Gelder für ein Ideal zur Verfügung zu stellen – aber offenbar erfreuten sie sich an einer profitablen Beziehung zur Bewerbung. Sie stellten eine ganze Reihe von Dienstleistungen zur Verfügung, aber niemand überprüfte die Rechnungen, die sie präsentierten. Öffentliche Ausschreibungen, die sie in ihrem trauten Beisammensein hätten stören können, gab es nicht.

Einer der großen Gewinner war Bertelsmann. Der Konzern bezahlte der Marketing-Gesellschaft 1,5 Millionen DM und erhielt schließlich Aufträge im Wert von 2,3 Millionen DM für die Produktion des Werbevideos, welches das Berlin-Team in Auftrag gegeben hatte. Außerdem kam es zu weiteren gewinnträchtigen Verträgen mit einzelnen Firmen des Konzerns.

In Sachen Marketing gesellte sich zu Bertelsmann der andere große deutsche Medienkonzern, das Springer-Kirch-Imperium. Beide stellten Mitglieder für den Aufsichtsrat des Bewerbungskomitees. Und beide versuchten die lukrativen Fernsehrechte für die Olympischen Spiele an Land zu ziehen. Bertelsmann hatte die European Broadcasting Union im Kampf um die Rechte für Atlanta überboten, bekam aber den Vertrag dann doch nicht, weil das Unternehmen nicht in der Lage war, ganz Europa mit den Fernsehbildern zu versorgen. Wieder auf der Jagd nach Berlin 2000 – und ganz im Sinne Samaranchs –, produzierten sie ein Themenvideo für seinen Olympischen Kongreß, der 1994 in Paris stattfand. Merkwürdigerweise drehte es sich dabei ausschließlich um die Bedeutung von Sponsoren.

Die beiden öffentlich-rechtlichen Fernsehanstalten bewarben sich ebenfalls um die Rechte für die Olympischen Spiele. Auch sie wurden Sponsoren – und dafür bezahlt, daß sie für die Bewerbung warben. Außerdem konnten sie dabei helfen, bestimmte Probleme aus dem Weg zu schaffen. Der Kabarettist Matthias Deutschmann, der im ZDF-«Morgenmagazin» Samaranch als «Faschist a. D.» bezeichnete, wurde entlassen.[6] Eine andere öffentlich-rechtliche Anstalt wollte über den Vorfall berichten, doch Filmmaterial wurde ihr verweigert.

Und dann war da noch Daimler, das Unternehmen, das Olympia-Squash nach eigenen Regeln spielte: Wie Bertelsmann schoß auch Daimler Geld zu – und es kam postwendend zurück. Aber anders als

Bertelsmann hatte dieses Unternehmen seine Leute besser unter Kontrolle, setzte einen seiner Spitzenmanager in das Bewerbungskomitee und später in die Marketing-Gesellschaft, wofür er zehn Prozent des von Daimler beigetragenen Geldes kassierte.[7] Der Daimler-Chef Edzard Reuter übernahm den Vorsitz des Kuratoriums des Bewerbungs-Komitees und Matthias Kleinert war Mitglied im Aufsichtsrat der Marketing-Gesellschaft. Woher plötzlich diese olympische Gesinnung des Automobilherstellers? Die Bewerbung Berlins eröffnete Daimler «unglaubliche wirtschaftliche Möglichkeiten», erklärte Kleinert.[8] Das Unternehmen investierte bereits in Immobilien der Stadt und versuchte, den Politikern ein teures Verkehrsplanungskonzept aufzuschwatzen.

In der Öffentlichkeit trat Daimler als Wohltäter auf: Das Unternehmen war mit 6,5 Millionen DM der größte Einzelsponsor. Aber nicht einmal die Hälfte war tatsächlich Geld – der Rest war als Dienstleistungen gedacht. Daimler hatte zur Bedingung gemacht, daß es deren Geldwert allein festsetzte. Und auch dieses Geld floß zurück: Die Logos für die olympische Bewerbung wurden auf Daimler-Autos geklebt, die bei der deutschen Meisterschaft der Tourenwagen teilnahmen. Das Komitee erhielt dafür eine Rechnung über 1,7 Millionen DM.

Um derlei Mätzchen nicht an die Öffentlichkeit dringen zu lassen, mußten die Medien bei Laune gehalten werden. Keiner der Beteiligten aus der neuen Berliner Olympia-Industrie war an einer unabhängigen Prüfung ihrer Aktivitäten interessiert. Mit wenigen Ausnahmen wurden die Medien in die Bewerbungsmaschinerie eingebunden – oder gekauft. Die wichtigsten Rundfunksender und die meisten Tageszeitungen in Berlin wurden – über Fuchs' private Marketing-Gesellschaft – zu Sponsoren. Der Intendant der öffentlich-rechtlichen Rundfunk- und Fernsehanstalt SFB in Berlin, Günther von Lojewski, schloß sich der Bewerbungskampagne an, und einige seiner Journalisten wurden eigens dafür bezahlt, wohlwollende Artikel zu verfassen.

«Freundschaft» hieß das Motto für die Beziehung zwischen Komitee und Presse. In einem geheimen Strategiepapier erklärte der verantwortliche Pressesprecher des Komitees, Journalisten sollten bewirtet und die Freundschaft durch kleine Geschenke gepflegt werden.[9] Es schien zu funktionieren. Unabhängige Journalisten wurden damit betraut, Artikel für die Bewerbungsbroschüre beizusteuern. Der Sportredakteur einer Tageszeitung, der seine Tätigkeit mit der Mitgliedschaft im deutschen Olympia-Komitee verband, schrieb gegen Honorar am offiziellen Bewerbungsbuch für das IOC mit. Ein Journalist beim Sport-Nachrichten-Dienst «sid» erhielt als Berater für die Bewerbungskampagne 5000 Mark im Monat.

Aber die heroischen Bemühungen der Presse, Berlin die Bewerbung schmackhaft zu machen, schlugen fehl. Abgeordnete, Intellektuelle, die Kirche und die Gewerkschaften zeigten sich wenig beeindruckt. Gegner organisierten sich in der NOlympia-Bewegung und protestierten dagegen, daß öffentliche Mittel, die nach der Wiedervereinigung für den Wohnungsbau und Sozialleistungen gebraucht wurden, in die Olympia-Kampagne flossen. Die Stadt wurde zugekleistert mit Anti-Olympia-Slogans und -Transparenten, die die Bemühungen der Kampagne für die Bewerbung in den Schatten stellten.

Protestaktionen aller Art fanden statt – von friedlichen Demonstrationen bis hin zur Sabotage. Ihr Hauptziel waren die Sponsoren: Autos und Lastwagen gingen in Flammen auf, Fensterscheiben wurden eingeworfen und Schlösser mit Sekundenkleber versiegelt. Militante Gegner zerstörten Parabolantennen der Telekom, wodurch das Kabelfernsehprogramm im Ostteil der Stadt ausfiel, und Demonstranten trugen den Kampf bis nach Lausanne, wo sie das Olympia-Haus mit Slogans besprühten und Samaranch während der Feier zu seiner Museumseröffnung mit Eiern bewarfen.

Die Propagandisten machten sich in der ausländischen Presse an die Arbeit. Man mußte sich die Unterstützung durch die großen internationalen Olympia-Experten unter den Journalisten sichern, da diese von IOC-Mitgliedern und den Magnaten der Sportverbände gelesen wurden. Noch mehr Geld floß in eine weitere «Freundschafts»-Kampagne. Flüge, Hotels und Vergnügungen für mindestens zwanzig ausländische Journalisten wurden finanziert. Die größten Hoffnungen setzten die Bewerbungsverfechter auf einen Einpeitscher aus England. David Miller von der Londoner *Times* schrieb über Samaranch sehr wohlwollend; seine positive, von Samaranch autorisierte Biografie *Die Olympische Revolution* erschien in deutscher Übersetzung 1994 bei Bertelsmann. Die Unterstützung der Olympia-Kampagne sackte allerdings in sich zusammen, als Millers Künste in Berlin bekannt wurden.

Umfragen vor Ort zeigten, daß ca. vierzig Prozent aller Berliner die

Bewerbung befürworteten. Landesweit waren etwa die Hälfte bis zwei Drittel der Bundesbürger dagegen. Aber Millers Zahlen schienen aus der Zeit vor der Enthüllung eines explosiven Dossiers im deutschen Fernsehen zu stammen. Er berichtete, sechzig Prozent begrüßten die Spiele. Die Gegner wurden als «linksgerichtete junge Westberliner» dargestellt, «die auf Kosten des übrigen Westdeutschland leben», während er die kritischen Einwände führender Persönlichkeiten des öffentlichen Lebens gar nicht erst zur Kenntnis nahm. Den Leiter der Bewerbungskampagne, der später einen Großteil der Akten in den Reißwolf steckte, bezeichnete Miller dagegen als «Idealisten». Das Bewerbungskomitee zeigte sich begeistert und druckte den *Times*-Artikel im Bewerbungsmagazin ab.

Der Beweis, ob und welche IOC-Mitglieder bestechlich sind, findet sich in dem Dossier, das in Nikolaus Fuchs' Schrank verborgen liegt. Ihre Stimmen fallen jenen skrupellosen Bewerberstädten zu, die mit Geld, gefälschten Spesenabrechnungen, sexuellen Angeboten, Drogen, Alkohol oder mit einer alles überbietenden Gastfreundschaft locken.

«Wir können die Olympischen Spiele nur bekommen», behauptete der Chef der Marketingfirma einmal, «wenn wir dieses Spiel mitspielen.»[10] Das bedeutete, schmutzige Geschäfte des Olympischen Komitees ans Licht bringen und die Informationen nutzen, um Stimmen zu gewinnen. Beim zweiten Anlauf fand er, was er suchte.

Fuchs war auf die Dossiers früherer Bewerberstädte über IOC-Mitglieder aus – alle haben sie, und alle leugnen es, sie zu haben. Zunächst war er nach Atlanta geflogen, wo man ihm angeblich sagte: Tut uns leid, Sie sind zu spät dran, wir haben das Material bereits an die Konkurrenz verkauft.[11] Also schickte er einen Sonderagenten – mit dem Decknamen Astrid – nach Athen, um herauszufinden, was man dort aus der erfolglosen Bewerbung um die Spiele des Jahres 1996 gelernt hatte. Astrids Bericht zeichnete ein düsteres Bild des Olympischen Komitees. Empfänglich für Bestechung seien möglicherweise Mitglieder aus Osteuropa, Lateinamerika, Afrika und Asien; er nannte die fünf aussichtsreichsten Kandidaten. Wer war der größte Betrüger im Komitee? Astrid nannte auch seinen Namen und behauptete, dieser habe den Bewerberstädten für die Flüge zwecks Ortsbesichtigung zuviel in Rechnung gestellt. Und dann gab es noch den Handlungsreisenden: das Mitglied, das seine Stimme Athen versprach – sofern der Vertrag zum Ausbau des dortigen U-Bahn-Netzes an sein Land ginge.

Fuchs' Dossier blieb streng unter Verschluß – bis zu einem Abend im Juni 1992, als es im kritischen Fernsehmagazin *Monitor* durch einen Beitrag der Journalisten Mathias Werth und Philip Siegel an die Öffentlichkeit gebracht wurde. Sie hatten sich Kopien von Astrids Aufzeichnungen über die Fehlbarkeit der Gralshüter des Sports gesichert. Schließlich setzten die Schockwellen den Hoffnungen Berlins ein Ende – und schädigten das Image des IOC weltweit.

Drei Wochen vor den Spielen in Barcelona brachte *Monitor* einen zweiten, ebenfalls von Astrid verfaßten Bericht. Die Quelle war diesmal ein deutscher Sportfunktionär mit dem Decknamen Augustinus; es handelte sich um August Kirsch, den damaligen Vizepräsidenten des Deutschen Olympischen Komitees. Darin wurden die sexuellen Vorlieben von IOC-Mitgliedern ausführlicher dargelegt und der Name eines weiteren Bestechlichen genannt.

Wer aber war Astrid? 1995 gab der *Spiegel* preis, daß es sich um Dr. Manfred Lämmer handelte, Sportprofessor an der Universität Köln, der maßgeblich an der Verleihung der «Fair play»-Auszeichnungen im Sport beteiligt ist.

Den Leitern des Berliner Bewerbungsteams trieben die Enthüllungen in *Monitor* die Schamröte ins Gesicht, und sie baten das IOC unterwürfig um Vergebung. Es muß ein harter Schlag gewesen sein: Astrids Berichte mögen die Schwächen des IOC übertrieben dargestellt haben, aber Olympia-Insider halten viele der aufgestellten Behauptungen für glaubwürdig. Die olympische Karriere von Fuchs war beendet, und sein Vertrag wurde nicht verlängert. Dann machte sich die Führung des Bewerbungsteams daran, noch ein paar Steuergelder in Millionenhöhe zu verschleudern. Sie fuhren zu den Spielen nach Barcelona, um zu arbeiten, aber sie schafften es, sich zu amüsieren.

Die Berliner reservierten eine große Anzahl Zimmer im Hotel Cap Salou. Doch erst kurz vor dem Beginn der Spiele warf man einen Blick auf die Landkarte und entdeckte, daß das «für den Besuch der Spiele günstige» Hotel westlich von Tarragona lag – hundertdreißig Kilometer von Barcelona entfernt. Der einzige Vorteil, den es bot, war, daß man von den Heerscharen der Olympiatouristen verschont blieb. Man stornierte und machte sich auf die Suche nach einer neuen Unterkunft. Zu diesem Zeitpunkt konnten die Hoteliers in Barcelona jeden Preis verlangen. Die Berliner zahlten widerspruchslos und kamen so auf eine Gesamtrechnung von 660 000 Mark.

Und nicht nur das Bewerbungskomitee ließ sich von mildtätigen Steuerzahlern aushalten, die die Wettkämpfe zu Hause am Bildschirm verfolgten. Bürgermeister Eberhard Diepgen reiste in Begleitung von Direktoren der Marketing-Gesellschaft, den Sponsoren, die angeblich nicht die öffentlichen Kassen plünderten, sondern eigenes Geld in die Bewerbungskampagne steckten. Und dabei war auch, ohne Zweifel mit griffbereitem Notizbuch, Professor «Astrid» Lämmer.

Das Bewerbungsteam, das ja bereits geübt war im großzügigen Umgang mit Steuergeldern, ließ sich bei den Abendessen für die IOC-Mitglieder und ihre Frauen nicht lumpen. Da jedoch ihre Bemühungen um Einflußnahme fehlschlugen, wandten sie sich dem Vergnügen zu. Mit öffentlichen Geldern erwarb man Eintrittskarten, zum Teil auf dem Schwarzmarkt. Lohnte sich das alles? Der Manager des Bewerbungsteams versicherte dem parlamentarischen Untersuchungsausschuß: «Wir haben eine fantastische Zeit gehabt.»[12]

Ähnlich erging es auch der IOC-Spitze bei ihrer Reise nach Berlin. Die Politiker wollten sie durch Extravaganzen beeindrucken. Aber das hätte die verärgerten Steuerzahler vielleicht in Aufregung versetzt, und so erzählte man ihnen, das Nationale Olympische Komitee bezahle die Rechnung für das IOC-Exekutivkomitee. Was kostet ein dreitägiges Treffen von diesem einen Dutzend Olympiern? Mehr als eine Million Mark. Was brachte das der Stadt Berlin? «Die ausgezeichnete Gelegenheit, die Bewerbung Berlins zu präsentieren», meinte das Bewerbungsteam.

Das Grand Hotel präsentierte eine Rechnung, die seinem Namen alle Ehre machte. Die drei Nächte kosteten über 300 000 DM, die exklusive Schinkel-Suite für Samaranch allerdings schon inbegriffen.[13] Das IOC übernahm großzügig ein Drittel der Kosten – für den Rest sorgte die öffentliche Hand. Die IOC-Spitzen müssen bei ihrer Ankunft in der Stadt dem Hungertod nahe gewesen sein: Die Rechnung für ein offizielles Abendessen mit dem Berliner Bewerbungsteam belief sich auf sage und schreibe 100 000 DM. Was die Berliner aber noch mehr in Aufruhr versetzte, war der Ort des Treffens. Samaranch und seine Mannschaft wurden zu ihrer großen Freude vor dem Pergamon-Altar bewirtet, wo die Nazis 1936 schon einmal eine IOC-Führung verköstigt hatten.

Und dann waren da auch noch die Gattinnen, für die man Geld hinlegen mußte. Kein olympisches Geschäft ohne die Ehefrauen, die zum Einkaufen mitkommen. Ihre deutschen Gastgeber führten sie zu einer Besichtigung der historischen Königlichen Porzellanmanufaktur. Der Rundgang endete im Verkaufsraum, wo Frau Samaranch so lange vor den Prachtstücken verweilte, bis schließlich ein Sportfunktionär eine Kreditkarte zückte und sie glücklich von dannen zog. Einer Version zufolge erwarb sie ein prächtiges Kaffeeservice – aber das deutsche IOC-Mitglied Walther Tröger behauptet steif und fest, das Geschenk sei eine Vase gewesen.

Die deutschen Steuerzahler waren für das IOC immer ein leichtes Opfer gewesen, wenn es ums Anpumpen ging. Sechs Jahre zuvor, 1986, hatten seine Mitglieder die Kassen Berchtesgadens geplündert (das – wie Falun und Anchorage – in dem Schwindel, der Albertville und Barcelona 1992 zu den Spielen verhalf, außer Gefecht gesetzt wurde), was der Bundesrechnungshof in einem verheerenden Bericht anprangerte. Zu den Abzockereien gehörte unter anderem eine Rechnung des Peruaners Ivan Dibos, der sich mit Frau und drei Kindern im besten Hotel der Stadt einquartierte.

Die Organisatoren der Berlin-Bewerbung taten ihr Bestes, um einen ähnlichen Skandal zu vermeiden. Als Untersuchungen durch unabhängige Prüfer drohten, verschwanden ganze Berge von Dokumenten, die Aufschluß über die Besuche von über sechzig IOC-Mitgliedern hätten geben können, im Reißwolf. Aber selbst das Wenige, was übrigblieb, weist auf ungeheure Verschwendung und Maßlosigkeit hin.

Frau Flor Isava Fonseca reiste in Begleitung ihrer Tochter Anabella im April 1993 vom Shangri-La Country Club bei Caracas in Venezuela – ihrem Wohnsitz – nach Berlin. Sie hatte an den neuen Bestimmungen des IOC mitgearbeitet, die verhindern sollten, daß sich seine Mitglieder von den Bewerberstädten bezahlen ließen. Diese Bestimmungen waren eindeutig: Besuche zur Inspektion der Einrichtungen wurden auf drei Tage begrenzt, und der Wert der Geschenke sollte 200 Dollar nicht überschreiten. Nachdem das mit großer Begeisterung aufgenommen wurde, beeilte sich das IOC zu verkünden, daß Geschenke ganz verboten seien. «Keine 100-Dollar-Geschenke, keine 50-Dollar-Geschenke, überhaupt keine Geschenke», betonte François Carrard. Ein Kolumnist der Londoner *Times* meinte dazu, das Verbot, Geschenke anzunehmen, stamme «aus der Abteilung ‹Wer's glaubt, wird selig…›».[14]

Flor Isava Fonseca weilte sechs Nächte im exklusiven Bristol Hotel Kempinski. Ihr Terminkalender war nicht gerade eng. Am ersten Tag ruhte sie sich aus, am zweiten hatte sie keinerlei offizielle Verpflichtungen, nur abends ein gutes Essen, und dann ging es ins Theater des Westens, wo «Anything Goes» gespielt wurde. Am dritten Tag besichtigte Frau Isava Fonseca morgens die in Frage kommenden Austragungsorte, speiste wieder vorzüglich zu Mittag und besuchte dann ein Reitturnier. Anschließend folgte ein weiterer kulinarischer Höhepunkt im Restaurant Chalet Corniche.

Der vierte Tag begann am späten Vormittag mit einem Ausflug in Begleitung der Organisatoren der Bewerbung. Das Mittagessen fand im Restaurant oben auf dem Fernsehturm statt. Dann nahm sie teil beim Stapellauf einer Jacht und widmete den Abend einem feudalen Mahl mit dem Regierenden Bürgermeister Diepgen.

Tag fünf begann, wieder am späten Vormittag, in Hitlers Olympiastadion, das Mittagessen wurde im Funkturm, das Abendessen im gemütlichen Café Einstein eingenommen. Es folgte ein Konzertbesuch.

Tag sechs führte Frau Isava Fonseca nach Potsdam, wo sie die Reitanlage besichtigte. Danach wieder ein ausgiebiges Mittagessen. Am Abend schaute sie bei einem Tennisclub vorbei und aß anschließend in einem mit einem Michelin-Stern ausgezeichneten Restaurant.

Am Morgen des siebten Tages hatte sie frei. Dann wurde sie zum Flughafen chauffiert.[15] In diesen sechs Tagen – also doppelt soviel, wie erlaubt waren – hatte sie sich nicht mehr als insgesamt zehn Stunden mit der Besichtigung der Sportanlagen beschäftigt. Als sie abflog, sagte Frau Isava Fonseca zu Journalisten: «Die Stadt muß zeigen, daß sie die Spiele will.» Da ihre Restaurantrechnungen sich jedesmal um die 600 DM bewegten, fragt man sich, was sie eigentlich noch erwartete.

Zweiundsechzig IOC-Mitglieder statteten Berlin einen Besuch ab, und die meisten von ihnen verstießen gegen die neuen Richtlinien. Nur zwölf von ihnen blieben drei oder weniger Tage, viele bis zu sieben. Manche beließen es nicht bei einem Besuch. Ein großer Teil verursachte unerwartet hohe Rechnungen, andere verabschiedeten sich von der Stadt, ohne ihre persönlichen Rechnungen zu begleichen – und die Stadt mußte für ihre vergeßlichen Gäste in die Bresche springen.[16]

Als die Frau des Argentiniers Antonio Rodriguez plötzlich Lust auf ein paar Schnappschüsse hatte, kaufte ihr das Komitee eine Kamera. Ihr Mann ließ sich auf Kosten der Berliner Steuerzahler bei einem Zahnarzt behandeln. Der Russe Witali Smirnow hinterließ eine unbezahlte Rechnung bei einem Tabakhändler, ein anderes Mitglied brachte seinen Hund zum Impfen – wieder auf Kosten der Stadt Berlin.

Lamine Keita aus Mali blieb vier Tage in der Stadt. Seine Hotelrechnung belief sich auf 1600 DM, aber seine Telefonrechnung für 35 Gespräche machte insgesamt 2500 DM. Schagdarjaw Magwan aus der Mongolei brachte seine Tochter zu einem viertägigen Aufenthalt mit. Er speiste im exklusiven Ephraim Palais und in zwölfköpfiger Gesellschaft in einem der besten Eßlokale der Stadt, dem Wirtshaus Schildhorn. Allein die Rechnung für seine Limousine betrug 3300 DM.

Viele IOC-Mitglieder, die zu Besuch kamen, baten das Berliner Team, für sie während ihres Aufenthalts einen Termin für eine medizinische Untersuchung zu vereinbaren – und reisten ab, ohne bezahlt zu haben. «Es war ein Punkt, der relativ häufig vorkam», räumte Brigitte Schmitz ein, die im Rahmen der Bewerbung für internationale Beziehungen verantwortlich war. «Mindestens jeder zweite Besuch.» [17] Das läßt vermuten, daß etwa dreißig IOC-Mitglieder sich dieses Tricks bedienten. Viele der Rechnungen wurden von der privaten Marketing-Gesellschaft bezahlt.

Dann waren da noch die verbotenen Geschenke. Berlin gab – und die Mitglieder griffen zu. Aus den wenigen Dokumenten, die nicht im Reißwolf landeten, geht hervor, daß mindestens 120000 DM – wahrscheinlich aber viel mehr – für Porzellan, Münzen und Medaillen draufgingen. Andere Geschenke, zum Beispiel zwei teure Regenmäntel für IOC-Mitglieder, liefen unter dem Posten «Werbung und Souvenirs».

Das Bewerbungskomitee hatte eigens eine Akte über die Besuche von IOC-Mitgliedern angelegt – kein einziges Dokument davon ist mehr aufzufinden.

Das Ganze hatte solchen Spaß gemacht, daß das Berlin-Team – und die Mitglieder des Olympischen Komitees – beschlossen, es zu wiederholen. Sechs Wochen bevor in Monaco darüber abgestimmt wurde, wer im Jahr 2000 die Spiele ausrichten sollte, veranstaltete Stuttgart die Leichtathletik-Weltmeisterschaften. Die Bewerbungsbestimmungen des IOC sagten eindeutig: Ein zweiter Besuch in einem Bewerberland auf Kosten der Bewerberstadt war nicht zulässig. Doch das Berliner Komitee zahlte für mindestens einunddreißig IOC-Mitglieder die Reise nach Stuttgart, wieder auf Kosten der öffentlichen Hand, und wieder handelte es sich um eine reine Vergnügungsfahrt. Mit ihnen reiste ein Schwarm von Ehefrauen, Kindern, Freunden und Freundinnen. Erneut wurden die Regeln mißachtet – aber diesmal war Samaranch persönlich dabei, mit seiner Frau. Wer hätte da schon Kritik üben dürfen?

Und es war ja auch alles so verlockend. Die Einladung betonte, daß für Unterkunft und «alle Zusatzkosten, die entstehen» gesorgt würde. Und für den Fall, daß einige Mitglieder immer noch nicht begriffen hatten, welch goldene Zeit ihnen bevorstand, hieß es in der Einladung: «Man wird Sie nicht nach Ihrer Kreditkarte fragen.»[18]

Der größte Nassauer war der Sudanese Zein Abdel Gadir, der zusammen mit seiner Frau Kosten in Höhe von 3115 DM für Entnahmen aus der Minibar, für Zimmerservice, Wäscherei, Telefon und Essen verursachte. Der Libyer Bashir Attarabulsi verpraßte weitere 2534 DM. Der Australier Phil Coles, der sich laut Hotelliste ein Zimmer mit Frau Patricia Rosenbrock teilte, gab 670 DM in Bars aus. Für Paul Wallwork – er kam mit seiner Tochter Helena – war es die zweite Reise, ebenso für Schagdarjaw Magwan aus der Mongolei, diesmal in Begleitung seiner Frau.

Auch Ivan Dibos tauchte auf – aber es schien, er war nicht wegen der Leichtathletikmeisterschaften ins Daimler-Stadion gekommen. Seine Mission war nicht olympischer Natur: Er wollte Geschäfte machen – und zwar große. Dibos war Mitglied eines Konsortiums in Lima, das die Exklusivrechte für den Verkauf von Volkswagen in Peru anstrebte.

Der lateinamerikanische Vertreter der Firma wollte nichts mit ihm zu tun haben, und so schrieb Dibos im Juli 1993 an das spanische IOC-Mitglied Carlos Ferrer – einen prominenten Industriellen –, er möge doch bitte ein Treffen mit dem VW-Chef Ferdinand Piëch in der Wolfsburger Zentrale für ihn arrangieren.[19] Einen Tag später rief Dibos Brigitte Schmitz in Berlin an und bat sie ebenfalls, den wichtigen Herrn Piëch in seinem Sinne zu beeinflussen.

Dibos faxte Schmitz eine Kopie seines Briefes an Ferrer, hatte aber noch per Hand dazugekritzelt, daß die deutschen IOC-Mitglieder Berthold Beitz und Willi Daume – oder Axel Nawrocki, der Vorsitzende des Berliner Bewerbungskomitees – möglicherweise helfen könnten. Außerdem erwähnte Dibos, daß sein Vater ein ehemaliges IOC-Mitglied sei, er selber das Amt des stellvertretenden Bürgermeisters von Lima bekleidet habe und Inhaber eines lokalen Fernseh- und Rundfunksenders sei.[20]

Ferrer sah kein Problem in diesem olympischen Lobbying und schrieb bereitwillig im Sinne seines Unternehmerkollegen an den VW-Chef Piëch. Dibos, so empfahl er liebedienerisch, «könnte wertvolle Hilfe dabei leisten, die Verkaufszahlen von VW in Peru zu steigern».[21] Das Berliner Bewerbungsteam stellte sich hinter Dibos' Wunsch, und Frau Schmitz verfaßte ein Memo, in dem es hieß, der Besuch des peruanischen IOC-Mitglieds in Stuttgart und Berlin hinge davon ab, wann das Treffen in Wolfsburg zustande käme. Nawrocki bat den Unternehmer Heinz Windfeder, Direktor der Ruhrgas AG und auch Aufsichtsratsmitglied der Berlin-2000-Marketing-Gesellschaft, um Hilfe und sorgte dafür, daß noch ein anderes deutsches IOC-Mitglied, Thomas Bach, von Dibos' Wunsch informiert wurde.[22] Volkswagen hat inzwischen bestätigt, daß die Firma einem Treffen zwischen ihrem Boß und Ivan Dibos zustimmte.

Dibos tauchte in Stuttgart auf und ließ eine Rechnung von 2048 DM für Sonderausgaben auflaufen. Im Schlepptau hatte er seinen Geschäftspartner Vittorio De Ferrari, der hoffte, sich an der VW-Konzession beteiligen zu können. Seine Rechnung beinhaltete unter anderem 1416 DM für Minibar, Telefon und Essen. Wer bezahlte diese Geschäftsreise? Der Steuerzahler natürlich.

Wer am wenigsten mitbekam von den Privilegien waren die Sportler. Man hatte sie in einer ehemaligen Kaserne der US-Armee am Rande von Stuttgart untergebracht. Manche zogen in Hotels um – die sie natürlich selbst bezahlten. Charles Mukora aus Kenia, ein Mitglied des Ausschusses für die Leichtathletik-Richtlinien und des IOC, erhielt ein 2.-Klasse-Flugticket von der IAAF für den Flug von Nairobi nach Stuttgart. Er forderte vom Berliner Bewerbungskomitee 4371 Dollar bar auf die Hand als Ausgleich dafür, daß seine Kollegen aus dem IOC erster Klasse auf Kosten der Bewerberstadt geflogen waren.[23]

Für diejenigen unter den IOC-Mitgliedern und ihren Freunden, die an den Sportveranstaltungen nicht interessiert waren, boten die Organisatoren Tennis und Golf – alles kostenlos, versteht sich – sowie siebenundzwanzig verschiedene Ausflüge an, samt und sonders inklusive

Chauffeur und Reiseführer, angefangen vom Einkaufsbummel über Ballonfahrten bis hin zum Reiten. Daimler organisierte einen ganz besonderen Ausflug mit einer Probefahrt von Rallyewagen und stellte dem Berliner Bewerbungsteam dafür 100 000 DM in Rechnung.

Der größte Coup gegen den Steuerzahler war die heimliche Subvention der Meisterschaften. Die Veranstalter hatten erhebliche Verluste gemacht, und Stuttgart überredete das Bewerbungsteam, 750 000 DM beizusteuern. Die Gesamtkosten Berlins für dieses sommerliche Narrenfest betrugen 1,5 Millionen DM. Auf Nachfrage des Berliner parlamentarischen Untersuchungsausschusses erklärte das deutsche IOC-Mitglied Walter Tröger unbekümmert, «daß wir uns von dieser Darstellung sehr viel versprochen haben, und deswegen haben wir uns in diesem Fall um die Regeln nicht geschert».[24]

Bis zum Ende der Kampagne hielt sich Berlin nicht an die Regeln. Im Anschluß an Stuttgart schickte das Bewerbungskomitee Delegationen zu elf afrikanischen und lateinamerikanischen IOC-Mitgliedern in ihrer Heimat. Alle elf hatten Berlin besucht, und acht von ihnen waren in Stuttgart dabeigewesen. Um diese eklatante Mißachtung der Richtlinien zu rechtfertigen, meinte Brigitte Schmitz, das Bewerbungsteam habe damit Bitten der Mitglieder erfüllt, die unbedingt ihre großzügigen Berliner Freunde wiedersehen wollten.[25]

Der Chef des Bewerbungsteams Axel Nawrocki, der die brisantesten Akten in den Reißwolf steckte, beharrt darauf, daß das IOC ihnen niemals irgendeine Verletzung der Bewerbungsrichtlinien vorgeworfen hat.[26]

(Die Informationen für dieses Kapitel wurden von Mathew D. Rose zusammengetragen.)

16 | Auf die Plätze, fertig, Lunch –
Olympia 2000: Peking nein, Sydney ja

Frühling 1993 in Peking – ein alter Mann und sein Freund radeln gemächlich über den berühmtesten Platz der Stadt. Sie schwatzen und lachen, die sie verfolgenden Kameraleute nehmen jede Geste auf. Am Abend wird diese Szene in ganz China im Fernsehen ausgestrahlt werden; es ist eine Gelegenheit wie im Bilderbuch, und die Schlächter der Demokratie haben schon lange davon geträumt. Vier Jahre, nachdem sie 3000 protestierende Studenten hingemetzelt haben, ist der Oberwächter der Moral in der Stadt, um neue, fröhliche Bilder zu kreieren und endlich jenes andere – das in der Welt Wogen der Empörung hervorgerufen hatte – auszulöschen: das Bild von dem Studenten in seinem einsamen Kampf gegen die Panzer auf dem Tiananmen-Platz.

Die staatlich kontrollierten Medien werden die Botschaft jedem einhämmern: Die Außenwelt kümmert sich nicht drum, das Blutbad, die Prozesse, die Inhaftierungen sind ihr egal. Seht her, wir haben den Führer der Olympischen Bewegung ausgeschickt, um zu zeigen, daß wir die Parteibosse bei allem, was sie tun, unterstützen.

Sein Freund ist Chen Xitong, Bürgermeister von Peking und Vorsitzender des Bewerbungsteams der Stadt um die Olympischen Spiele. Chen Xitong ist außerdem jener Parteibonze, der den Befehl zur Entsendung der Armee unterzeichnete, um die Studenten, die für die Demokratie demonstrierten, niederzuschießen.[1] Die beiden Fahrradfahrer werden sich im Herbst im luxuriösen Monaco wiedersehen, wenn das Olympische Komitee zusammenkommt, um zu entscheiden, welche Stadt die Jahrtausendspiele ausrichten wird.

Samaranch hatte eine Glückssträhne. Hintereinander hatte er jenen Städten die Olympischen Spiele zugeschanzt, die ihm genehm waren: Barcelona, Lillehammer, Atlanta und Nagano. Würde er sich bei der Wahl des Gastgebers für das Jahr 2000 ebenfalls durchsetzen? Es würde ein harter Kampf werden. Seine Sponsoren favorisierten Peking: Die Spiele konnten neue Märkte in einem Land eröffnen, in dem immerhin ein Viertel der Weltbevölkerung lebte. Aber man verspürte Unbehagen, jenen alten Mann zu ehren, der eine derartige Mißachtung der Menschenrechte an den Tag gelegt hatte.

Sydney, der andere Spitzenkandidat – seine Bewerbung für die Sommerspiele war die dritte des australischen Kontinents in Folge –, vertrat eine sportbegeisterte Nation und winkte mit einer freien Gesellschaft, in der sich sowohl die Sportler als auch die Fans wohl fühlen würden.

«Ein Sieg Sydneys ist nichts Weltbewegendes, also muß es Peking werden», sagte der Präsident eines internationalen Sportverbandes zu Beginn der Kampagne zu mir. «Wenn es Samaranch gelingt, ihnen die Spiele zuzuschustern, kann er für sich in Anspruch nehmen, China in die internationale Gemeinschaft zurückgeführt zu haben. Und das könnte ausreichen, um den Friedensnobelpreis zu kriegen.»

Zunächst aber bekam das IOC günstige Schlagzeilen und konnte damit seinen ersten Sieg verbuchen. Die Kandidaten waren auf alle fünf Kontinente verteilt, und die Medien rührten die Werbetrommel für den Wettbewerb eifriger als je zuvor. Während die Experten überall in der Welt ihre Spekulationen über die endgültige Abstimmung in Monaco anstellten, die im September 1993 stattfinden sollte, erfreute sich das Olympische Komitee – und seine Spiele – unbegrenzter, kostenloser Werbung.

«Das IOC hatte nichts zu verlieren», meinte der Deutsche Walther Tröger. «Ihm lagen fünf sehr gute Bewerbungen vor.»[2] Es hatte aber noch eine sechste gegeben – und gewiß war auch die nicht schlecht. Samaranch jedenfalls schien das zu glauben; als er seine Visiten bei den Bewerbern machte, bediente er sich seines alten Casanova-Tricks. Er sorgte dafür, daß sämtliche in Frage kommenden Städte japsend und keuchend am Ball zu bleiben versuchten, indem er alle glauben machte, sie hätten gute Chancen. In Monaco den Laufpaß zu bekommen schien allen gleichermaßen undenkbar.

In Lateinamerika zum Beispiel hörte sich das so an: «Die Stadt überrascht mich positiv und ist hervorragend geeignet, eine Veranstaltung dieser Art durchzuführen», versicherte Samaranch Brasilia nach seinem Besuch.[3] Doch dieses Mal war er zu weit gegangen, denn seine Bewertungskommission, die ausgeschickt worden war, um die Pläne Brasilias zu begutachten, konnte nur berichten, daß die Stadt praktisch keine Einrichtungen besaß, daß die Leiter der Bewerbungskommission es versäumt hatten, lokale Sportverbände miteinzubeziehen, und – was das schlimmste war – kein Fünf-Sterne-Hotel vorhanden war, das dem IOC angemessen gewesen wäre. Die letzten Hoffnungen der Stadt lösten sich schließlich in Luft auf, als der brasilianische Präsident warnte: «Ich hoffe, daß die Regierung sich nicht zu so einer Verrücktheit hinreißen läßt» – da waren's nur noch fünf.

Eine weitere Erstbewerbung kam aus Istanbul. In dem geradezu unterwürfigen Versuch, Eindruck zu schinden, brachte das türkische Parlament ein Gesetz durch, welches dem Steuerzahler die Kosten für die Vorbereitungen aufbürdete und die Organisatoren zu drakonischen Maßnahmen befugte. Damit hatten die Abgeordneten dem IOC praktisch einen Blankoscheck des türkischen Volkes ausgestellt. Diese Spiele würden eine Brücke bauen zwischen Ost und West, behauptete das Bewerbungsteam und fügte – mit Blick auf Samaranchs Ambitionen, den Nobelpreis betreffend – hinzu, ihre Stadt sei «eine Insel des Friedens in einer Region voller Konflikte.»

Mindestens einer der Moralwächter, die zu Besuch kamen, bediente sich der alten Tricks. Er versuchte, eine Hosteß in Istanbul zu verführen, indem er ihr ein billiges Halstuch des IOC anbot.[4] Das türkische Team legte sich bis zur Endausscheidung in Monaco enorm ins Zeug, galt aber in informierten Kreisen zu keinem Zeitpunkt als möglicher Gewinner.

Manchester, das in der Schlacht um die Spiele 1996 eine Schlappe hatte einstecken müssen – elf Stimmen in der ersten Abstimmungsrunde, nur fünf in der zweiten –, versuchte es gleich noch einmal. Die britischen Medien bauschten die dürftigen Chancen der Stadt schamlos auf, nachdem Samaranch sie bei seinem Besuch mit der gleichen Schamlosigkeit dazu ermuntert hatte. «Sie haben uns eine einmalige und wunderbare Lektion erteilt, wie man eine olympische Bewerbung durchführt», meinte der olympische Casanova. «Ich glaube, Ihre Chancen stehen sehr, sehr gut.»[5] Die *Times* übersetzte das so: «Britische Olympiabewerbung erringt Lob von höchster Stelle.» Alles war nur fauler Zauber, doch Manchester wollte es nicht wahrhaben. Noch am Vorabend der Abstimmung in Monaco behauptete das Bewerbungsteam aus Manchester, die Stadt gehöre zu den Spitzenreitern. Aber der Rest der Welt schätzte ihre Chance ganz anders ein.

Der Leiter des Bewerbungsteams von Manchester, der stolze Bob Scott, verärgerte viele Teilnehmer des Olympiazirkus, als er, unter

Druck stehend, all seinen Charme fahrenließ und heftig wurde. Das Sydney-Team meinte, er «trumpfte manchmal ganz schön auf»[6], wenn es darum ging, die IOC-Mitglieder zu beeinflussen. Nicht selten mußten Kritiker es sich gefallen lassen, daß Scott mit dem Finger auf sie zeigte. Die Labour-Führung Manchesters kassierte von der Regierung große Summen, um die Sportstätten aufzumöbeln und ihre Stadt insgesamt freundlicher zu gestalten. Auch Premierminister John Major tat – obgleich vergeblich – sein Bestes. Als er in Barcelona eine Cocktail-Party für die Mitglieder des Olympischen Komitees gab, ließen sich nur neun von neunzig blicken. Das IOC-Inspektionsteam billigte die Pläne für die Spiele, aber wie immer hatte der Komfort für seine Mitglieder absoluten Vorrang. Falls die Stadt sich mit Erfolg bewarb, so riet man den Verantwortlichen, sollten sie ein neues Hotel speziell für sie errichten.

Während die meisten britischen Reporter die geringen Chancen Manchesters in die Höhe spielten, hatte Steve Bell, Karikaturist beim Londoner *Guardian*, entdeckt, was tatsächlich vor sich ging. Er zeichnete einen grinsenden Samaranch an den Startblöcken, dem die demütigen Bittsteller der Bewerberstädte zusahen. Darunter stand: «Juan Antonio Samaranch, auf die Plätze, fertig, Lunch!»[7]

Mehr als siebzig treue Angehörige des IOC nahmen heldenhaft den luxuriösen Erster-Klasse-Flug nach Sydney auf sich. Die australischen Mitglieder Kevan Gosper und Phil Coles wiesen ihr Bewerbungsteam an, die Herren der Ringe «bestens zu versorgen». Und so geschah es. Zu den ersten, die im Oktober 1991 in von der Regierung eigens zur Verfügung gestellten Limousinen eintrafen, gehörten Mickey Kim und seine Kameradin vom Exekutivkomitee, die Amerikanerin Anita DeFrantz. Anita genoß ihren Aufenthalt sehr. «Sydney ist ein wunderbarer Ort, um Sport zu treiben», erklärte sie den Reportern. «Ich habe schon Tennis gespielt, bin beim Windsurfen und Rudern gewesen und werde heute nachmittag zum Segeln gehen.»[8] Ihr Gastgeber, der große Rod McGeoch, erinnerte sich: «Es hat Spaß gemacht, mit diesen Leuten in 12-Meter-Jachten von Weltklasse zu segeln.»[9]

McGeoch betont, er habe nie erlebt, daß IOC-Mitglieder unangemessene Forderungen gestellt hätten, und es habe weder Nassauertum noch Erpressung gegeben.[10] Als er nach dem Sieg Sydneys seine Erinnerungen veröffentlichte, hätte man meinen können, er habe ein völlig anderes Olympisches Komitee kennengelernt als jenes, das während der Bewerbungszeit beinahe Deutschland zu seiner zweiten Heimat gemacht hatte. Vielleicht waren sie ja einfach von der Berliner Gastfreundschaft übersättigt gewesen. Wegen jenes Komitee-Mitglieds, das ihm in Stuttgart einen Zettel zugesteckt hatte mit der Bitte um zwei Flaschen Whisky, sechs Packungen Kent-Zigaretten und Medizin für ein zuckerkrankes Kind, ließ er sich jedenfalls keine grauen Haare wachsen. Auch Flor Isava Fonseca tauchte in Sydney auf, diesmal in Begleitung einer anderen Verwandten – ihrer Enkelin Alexandra.

McGeoch zog los, um Propaganda für die Bewerbung Sydneys zu machen – und mußte gleich seine erste Lektion in Sachen Demut vor den Hohen Herrn einstecken: Als er bei den Panamerikanischen Spielen Havanna einen Besuch abstattete, um einem Haufen nassauernder IOC-Mitglieder Honig um den Bart zu schmieren, wies ihm die Regierung Castro einen verbeulten, aber durchaus funktionstüchtigen alten Mercedes mit Fahrer zu, in dem er sich herumkutschieren lassen konnte. Es stellte sich heraus, daß dies das beste Fahrzeug in der ganzen Stadt war, und das irritierte die Olympier. «Ich halte es nicht für eine gute Idee, daß eine Bewerberstadt IOC-Leute in alten Taxis herumfahren läßt» warnte François Carrard vom Olympischen Komitee, «obwohl sie über einen Wagen mit Chauffeur verfügt.» [11]

In Saudi-Arabien bekam McGeoch seine wohlverdiente Strafe. Da Prinz Faisal vom IOC zu beschäftigt war, um ihn zu treffen, saß er ein paar Tage irgendwo in Riad herum und fuhr dann wieder nach Hause. McGeoch besteht darauf, daß dieser Affront auf das Konto der Bediensteten bei Hofe ging und auf keinen Fall der Launenhaftigkeit des Prinzen zuzuschreiben sei.

Anders als andere, unverschämtere Vorsitzende von Bewerbungsteams scheint McGeoch der Faszination von Lausanne erlegen zu sein. Die erste Ausgabe von *Geld, Macht und Doping* (München 1992) mißfiel dem guten Rod, und zwar nicht, weil darin die faschistische Vergangenheit des Obersten Gralshüters aufgedeckt wurde, sondern weil das Buch «Präsident Samaranch in persönlich sehr verletzender Weise angriff» – einen Mann, der behauptet, «im Hinblick auf die Menschenrechte größere Sensibilität als andere» zu besitzen. [12] Bei den Spielen in Barcelona fiel McGeoch der Propaganda zum Opfer und verkündete, die Leichtathletik sei inzwischen «dopingfrei». [13] Das IOC mußte ihn einfach lieben.

Geschlossen trottete das Sydney-Team dann nach Lausanne zur Eröffnung des Olympischen Museums. Alle waren begeistert, denn neben ihren neuen Uniformen und Krawatten sahen die Kollegen aus Manchester ziemlich schäbig aus. Doch das Lächeln gefror ihnen im Gesicht, als Ross Coulthart, ein Reporter vom australischen Fernsehsender ABC, die Kühnheit besaß, Samaranch auf den angeblichen Filz im IOC anzusprechen. Nach Atem ringend, erwiderte der Führer: «Es ist sauber und ist immer sauber gewesen.» Die Politiker aus Sydney, eigentlich selbst für jeden Spaß zu haben, schäumten vor Wut, und es kam beinahe zu einer Schlägerei, als sie die illoyale Fernsehcrew zur Rede stellten. Nach der Rückkehr nach Sydney drohte man dem Sender mit einer Kürzung der staatlichen Subventionen.

Über Samaranchs Besuch in Sydney berichtete die Mehrzahl der tapferen australischen Journaille dann aus der Bauchlage. Und die in Europa ansässige olympische Familie lachte hinter vorgehaltenen gepflegten Händen. Samaranch reiste in Begleitung von Karl-Heinz Huba, dem Verleger von *Sport intern. Sport Intern* war das bis zur Unterwürfigkeit loyale Journal, und das stellte fest, daß die gesamte australische Presse «sanft war wie ein Lamm.»[14]

Samaranch spielte erneut den Casanova und buhlte um das verzückte Publikum. «Nach dem Start werden einige schneller laufen als andere, und ich habe den Eindruck, die Bewerbung Sydneys könnte sehr, sehr schnell laufen», säuselte er.[15] Und die Presse von Sydney ließ sich zu der Schlagzeile hinreißen: «Olympiachef deutet Erfolg für Sydney 2000 an». Als Samaranch dann auch noch meinte: «Sie sind einer der Favoriten», schwärmte ein Minister, Samaranchs Besuch sei ein «erstaunlicher Erfolg» gewesen.

Die Australier hatten den ehrlichen Eindruck, sie hätten die beste Bewerbung, um so deprimierender war für sie die Aussicht, daß China, das das IOC jahrzehntelang vor den Kopf gestoßen hatte und den größten Polizeistaat der Welt unterhielt, vielleicht gewinnen könnte, und zwar aus keinem anderen Grund als dem, daß es mehr als eine Milliarde Käufer für den Olympia-Basar aufzubieten hatte. Wie also könnte man am besten die Pekinger Bewerbung unterminieren?

McGeoch flog nach London zu geheimen Gesprächen mit dem aus Australien stammenden PR-Spezialisten Sir Tim Bell[16], einem Vertrauten von Margaret Thatcher. Die beiden planten die Gründung einer Menschenrechtsgruppe mit Sitz in London, um auf Menschenrechtsverletzungen in China aufmerksam zu machen. Außerdem heckten sie ein Buch mit dem Titel *The Socalled Suitable Candidate (Der sogenannte geeignete Kandidat)* aus, in dem in Frage gestellt werden sollte, ob China überhaupt in der Lage sei, die Olympischen Spiele auszurichten. Bell sollte diese Projekte vom fernen London aus leiten, zu einem Preis von bis zu 550000 Mark, und niemand würde ihn mit Sydney in Verbindung bringen. Doch ihre Pläne fielen wie ein Kartenhaus zusammen, als die australische Regierung dahinterkam und um ihre Handelsbeziehungen zu Peking fürchtete.

Während Samaranch noch den anderen Bewerbern schöne Augen machte, war er schon nahe daran, Peking einen Ehering überzustreifen, indem er unter allen erdenklichen Mühen Schützenhilfe leistete für dessen Bewerbung und Sportfunktionäre mit Olympischen Ehren auszeichnete. Weniger als drei Monate nach dem Massaker auf dem Tiananmen-Platz wählten die Mitglieder des Olympischen Komitees He Zhenliang, einen Mann, der eng mit dem Regime in Peking verbunden war, zu einem ihrer Vizepräsidenten. Dies war Samaranchs Wunsch, und die Mitglieder fügten sich.

Zwei Jahre später schlug er vor, altgediente chinesische Politiker mit dem Olympischen Orden auszuzeichnen, und wieder standen die Mitglieder bei Fuß. Bei der IOC-Tagung in Birmingham im Jahre 1991 wurde Chen Xitong, Bürgermeister von Peking und – was viel bedeutender war – Vorsitzender des Bewerbungsteams für die Olympiade 2000, geehrt. In der Laudatio wurde er als «glühender Verfechter des Sports für die Jugend»[17] bezeichnet – der Mann, der höchstpersönlich den Befehl zum Einmarsch der chinesischen Armee in die Stadt unterzeichnet hatte, um 3000 junge Menschen niederzuschießen, die glühende Verfechter der Freiheit waren.

Dieselben olympischen Ehren wurden auch Zhang Baifa[18], dem stellvertretenden Bürgermeister zuteil, der die Geschichtsauffassung des IOC teilte. «Der sogenannte Vorfall auf dem Tiananmen-Platz gehört der Vergangenheit an, und das chinesische Volk hat ihn fast schon wieder vergessen», murmelte er drohend.[19] Samaranch schickte den Mördern eine beruhigende Botschaft. Und auch seine Mitglieder erhielten von ihm das Signal: Wir werden mit diesen Leuten Geschäfte machen.

Hinter den Kulissen hatte er das längst getan. Aus zuverlässiger, dem

Bewerberteam für 2000 sehr nahestehender Quelle in Peking[20] erfuhr ich, Samaranch habe sich 1984 und 1985 bereits mit dem chinesischen Staatspräsidenten Deng Xiaoping getroffen und mit ihm über eine zukünftige Bewerbung gesprochen. Samaranch stattete China noch verschiedene weitere Besuche ab, von denen das chinesische Volk nie erfuhr. «Die Frage, die unsere Führung immer wieder stellte, war: Wer kann uns versichern, daß wir auch tatsächlich gewinnen?» erzählten meine Kontaktleute. «An der Bewerbung teilzunehmen war eine schwierige politische Entscheidung. Und seit altersher trifft in China niemand eine Entscheidung, über deren Ausgang Zweifel bestehen. Es gab schwerwiegende politische und taktische Einwände gegen eine Bewerbung. Warum also das Risiko auf sich nehmen?» erklärte man mir. Samaranch muß ihnen die Garantie für ihren Sieg gegeben haben.

Aber wie sollte er das Blut auf dem Pflaster des Tiananmen-Platzes wegwischen? Wie konnte man am besten von den nicht enden wollenden Berichten über die Verfolgung von Dissidenten, Arbeiteraktivisten und religiösen Führern ablenken? Kein Problem: Das IOC war, was den sozialen Wandel betraf, eine starke Macht. Schon früher hatte man in dieser Hinsicht einiges bewirkt, und diesmal würde es genauso sein. Die Spiele nach China zu bringen würde das Land über Nacht in eine vorbildliche Demokratie verwandeln, in der die bürgerlichen Freiheiten garantiert waren.

Derartige Phantasien beruhten auf den Erfahrungen mit den Spielen in Seoul. Ohne auch nur einen einzigen Beweis dafür vorlegen zu können, behauptet Samaranch immer wieder, der Einfluß der Spiele habe der Militärdiktatur in Südkorea ein Ende gesetzt und zur Errichtung der Demokratie beigetragen. Aber die vollständige Einhaltung der Menschenrechte läßt in Südkorea noch immer auf sich warten, die Regierung orientiert sich weitgehend am Big Business, und von freien Gewerkschaften können die meisten Arbeiter bisher nur träumen. Samaranch übergeht auch geflissentlich seine Unterstützung für die Junta, die 1988 das IOC für die Spiele bezahlte, sowie seine persönliche Abneigung gegen freie Wahlen. Als er Seoul 1981 den Zuschlag für die Olympiade gab, war von einer Abschaffung der Diktatur keine Rede.

Doch als er dann in den neunziger Jahren China besuchte, trat er als der große Reformer auf. Nichts deutete darauf hin, daß er der Bevölkerung mit verführerischen Lobreden Honig um den Bart schmierte. Seine Botschaften waren ausschließlich für die Ohren seines Olympischen Komitees auf der anderen Seite der Erdkugel bestimmt. «Die IOC-Mitglieder mögen berücksichtigen, daß es hilfreich für ein Land sein kann, mit der internationalen Olympischen Bewegung in Berührung zu kommen», soufflierte ihnen Samaranch schon bald[21], um Stimmung für Peking zu machen.

Mit der Zeit aber wurde seine Botschaft immer deutlicher: «Die Olympischen Spiele in Korea haben dazu beigetragen, einen Wandel in diesem Land herbeizuführen», verkündete Samaranch in Shanghai. «Heute ist es eine Wirtschaftsmacht und ein durch und durch demokratisches Land.»[22] Seine Mitglieder mögen ihm das abgenommen haben – aber bei der Organisation zur Überwachung der Menschenrechte in New York (Human Rights Watch) zog das nicht: «Dieser Vergleich ist absurd», erklärte ein Sprecher. «In Südkorea hatten sich schon lange vor den Spielen tiefgreifende Veränderungen vollzogen.»

In China schrien die Menschen förmlich nach dem großen Wandel. Über eine Million Menschen wurden jährlich ohne Prozeß inhaftiert, einige saßen schon seit zig Jahren im Gefängnis. Öffentliche Hinrichtungen waren an der Tagesordnung, und bei der mörderischen Besetzung Tibets war kein Ende abzusehen. Eine kleine Minderheit konnte keine Unterstützung von Samaranch erwarten. Die chinesischen Behörden verhafteten eine Handvoll Demonstranten, die es gewagt hatten, vor den Olympischen Spielen zu warnen: Die bereits überstrapazierte Wirtschaft des Landes könne sich mit der Finanzierung des gigantischen Bauprogramms, das mit den Spielen verbunden sei, übernehmen.

Meine Pekinger Quelle betont, daß die Kontroverse um die Menschenrechte das Bewerbungsteam in keiner Weise in Unruhe versetzte. «Das hatten sie mit Samaranch so vereinbart. Es gehörte zu den Diskussionen und Übereinkünften, die vor der Entscheidung zur Bewerbung stattfanden», erklärten mir meine Kontaktleute. «Eine der großen Fragen sowohl für China als auch für Samaranch lautete: Wie würde die Weltöffentlichkeit das Thema Menschenrechte in Zusammenhang mit der Bewerbung Pekings aufgreifen, und wie sollten China und das IOC darauf reagieren? Wenn auch nur eine der beiden Seiten unfähig gewesen wäre, damit fertig zu werden, wäre es niemals zu der Bewerbung gekommen.»

Samaranch vertrat, je nach Publikum, unterschiedliche Ansichten über die Menschenrechte. In Shanghai erklärte er, Grundlage für die

Entscheidung des IOC seien nicht die Menschenrechte. Zwei Tage später, in Sydney, hatte er seine Meinung schon wieder geändert. «Die Menschenrechte sind wichtig», betonte er.[23]

Sein bestes Argument für Peking – und für den nur schwer kalkulierbaren Nobelpreis – käute jener Journalist wieder, der ihm am nächsten stand: «Samaranch ist der Auffassung, daß die Olympischen Spiele – als Waffe des Friedens – dazu beitragen könnten, China und seine ideologischen Gegner zusammenzubringen», schrieb David Miller in der Londoner *Times*, «genauso wie die Spiele in Seoul Südkorea geholfen haben.»[24] So gab er einem Mythos weitere Nahrung.

Rückendeckung bekam Samaranch auch von dem Mann, der am meisten darauf erpicht war, seine Nachfolge anzutreten. «Wenn man zu einem Wandel in China beitragen will und das Ziel die Stärkung der Menschenrechte ist», meinte Dick Pound, «dann ist dies die beste Gelegenheit dazu. Eine Gelegenheit, die der Himmel geschickt hat.»[25]

Außerdem waren es natürlich himmlische Aussichten für die Partner des IOC. Eine zwanzigseitige Werbebeilage im *Time*-Magazin, deren Kosten Sponsoren übernommen hatten, schien die Welt zugunsten von Peking weichklopfen zu wollen. «Ist es nicht ungerecht, wenn das Verhalten von ein paar alten Politikern die chinesische Jugend daran hindert, die Rolle des Gastgebers zu übernehmen?» schrieb David Miller. Und wieder wurde die Korea-Karte ausgespielt: «Samaranch teilt die Ansicht, daß die olympische Bewerbung – bei aller Verschiedenheit der beiden Länder – in China dasselbe bewirken könnte wie in Südkorea.»[26] Mit diesem einen Satz fegte Miller sämtliche anderen Bewerber von der Bildfläche.

Es ist kaum anzunehmen, daß der Stadtrat von Peking dem Berliner Beispiel folgte, und wohl unmöglich zu erforschen, wieviel Geld für die IOC-Mitglieder ausgegeben wurde, die die Stadt besuchten. Doch sämtliche Berichte legen den Verdacht nahe, daß die Olympier die großzügige Gastfreundschaft weidlich ausnutzten. Offenbar verursachte es ihnen keine Gewissensbisse, aus blutbefleckten Händen Geschenke entgegenzunehmen und sich aus dem Munde derselben Leute, die den Befehl zu öffentlichen Hinrichtungen erteilt hatten, freundliche Worte anzuhören.

«Keinem König oder Präsidenten, der in den letzten zwei Jahrzehnten einen Staatsbesuch machte, ist ein so überwältigender Empfang bereitet worden wie jener, den Peking in dieser Woche einer Gruppe schwer durchschaubarer, aber in gewisser Weise sehr mächtiger Ausländer zuteil werden ließ», schrieb die *New York Times*.[27] Das Olympische Komitee war in der Stadt – und die Bewohner mußten es ausbaden. In vielen Stadtvierteln war es verboten zu heizen, damit kein Rauchwölkchen den Himmel befleckte. Und man mobilisierte über eine viertel Million Kinder, die die Verkehrszeichen säubern mußten.

Meine Quelle in Peking schätzt, daß das Bewerbungsteam etwa 25 000 Dollar für jedes IOC-Mitglied ausgab. «Viele besuchten die Stadt mehr als einmal und brachten auch ihre Familien mit. Und es wurde ihnen jeder Wunsch erfüllt. Bei afrikanischen IOC-Mitgliedern, die teure amerikanische Zigaretten wünschten, lagen welche im Hotelzimmer.»

Berichte, daß Mitglieder ihre Einkäufe im edlen Freundschaftsshop in Peking nicht bezahlen durften, wurden vom IOC nicht dementiert.[28] Denjenigen, die mehr an ihrem Nachruhm als am Shopping interessiert waren, versprach Peking, falls China die Spiele bekäme, würden die Namen sämtlicher IOC-Mitglieder in die Chinesische Mauer eingraviert.[29] Der glühendste Verehrer des IOC war Chen Xitong. Mit affektiertem Lächeln meinte er: «Wir sehen zum IOC auf wie zu Göttern – sein Wunsch ist uns Befehl.»[30]

Nichts war ihnen zuviel: Peking pumpte eine Million Dollar in Samaranchs Museumsfonds und übertrumpfte seine Rivalen mit Leihgaben für die Kunstgalerie. Jede Bewerberstadt schickte reiche Gaben, doch Chinas Beitrag war geradezu phantastisch: Keramiken, mit Jade und Gold verzierte kaiserliche Gewänder sowie zwei Terrakottastatuen von Kriegern aus einem Königsgrab. Diese Kunstschätze machten das neue Olympische Museum, über das alle spotteten, mit einem Schlag weltbekannt. Die Mitglieder mußten sich einfach dankbar erweisen.

Die Kunststückchen der Chinesen gipfelten in einer Nummer, bei der 50 000 Studenten auf der Chinesischen Mauer fröhlich und lauthals ihre Unterstützung für die Bewerbung kundtaten. War das nicht genug? Samaranch sollte mit dem Friedensnobelpreis ausgezeichnet werden, drängte ein chinesischer Sportfunktionär, für «seinen Beitrag zum Weltfrieden». Doch die Liebesaffäre zwischen Peking und Samaranch war gefährdet – wegen des internationalen Drucks und der Opposition im US-amerikanischen Kongreß. Sechzig Senatoren warnten in einem

Rundschreiben die Mitglieder des Olympischen Komitees, ihr Ruf würde Schaden nehmen, wenn sie «bei der Durchführung von Wettkämpfen, die überall auf der Welt im Fernsehen ausgestrahlt werden, mit einem autoritären Regime zusammenarbeiten.» Das Europaparlament schloß sich dem an, und plötzlich hatte die Bewerbung Chinas den Beigeschmack von faulendem Fisch.

Kurz vor dem Höhepunkt in Monaco legte sich Peking noch einmal besonders ins Zeug. Man hatte sich daran erinnert, daß es ja eigentlich um Sport gehen sollte! Die nationalen Meisterschaften wurden bewußt bis zum Vorabend von Monaco verschoben, und dann hatten die Läuferinnen beim Mittel- und Langstreckenlauf plötzlich erstaunliche Erfolge zu verzeichnen. Ein Weltrekord nach dem anderen wurde gebrochen – doch dummerweise erreichte man damit nur, daß sich der Verdacht erhärtete, der chinesische Sport sei nach allen Regeln der Kunst gedopt.

Dann wurden ein paar politische Gefangene freigelassen, doch die wenigen wohlwollenden Schlagzeilen in der Weltpresse wurden von den schrecklichen Bildern kleiner Mädchen im Säuglingsalter überlagert, die in chinesischen Waisenhäusern dahinstarben – ein Bericht, der gezielt von den australischen Medien lanciert worden war. Schließlich war die Zeit gekommen, daß alle ihre Sachen packten und ans blaue Mittelmeer fuhren.

«Der Europarekord im Hummerfressen ist in Gefahr», warnte ein Londoner Kolumnist[31], als das Olympische Komitee in Monaco eintraf. Die meisten hatten in Berlin und Stuttgart sowie in Peking, Sydney und Istanbul für das einwöchige Finale, den Höhepunkt des Jahres, trainiert. Die Nobelrestaurants! Diese Einkaufsmöglichkeiten! Die Casinos und Cabarets – Girls, Girls, Girls! Die einzige Verpflichtung bestand darin, weitere Geschenke in Empfang zu nehmen und ein paar Stunden auf die Wahl des Gastgebers für das Jahr 2000 zu verwenden – und dann schleunigst aus der Stadt zu verschwinden, bevor die Verlierer, mit denen sie geflirtet hatten, sie einholen konnten, um ein einziges Mal während der langen Kampagne ein offenes Wörtchen mit ihnen zu reden.

Die einwöchige Party wurde von Mercedes, Coca-Cola und Rank Xerox gesponsert, und das Komitee tat so, als wären diese Gönner nicht minder fürstlich als ihre Gastgeber, Prinz Rainier und seine Familie. So sah – bei einer Soiree – das neue olympische Protokoll aus. «Mrs. J. A. Samaranch empfängt ihre Gäste in Gegenwart von Prinzessin Caroline», hieß es in der pompösen Einladung. Dann brach man auf, «um die berühmtesten Jachten der Welt zu besichtigen... mit Cocktailempfang an Bord.» Während sich die überwiegend männlichen Komiteemitglieder zu einer Entscheidung durchrangen, wurde für die Gattinnen und das sonstige Gefolge das übliche Programm durchgeführt, unter anderem eine Bootsreise nach Villefranche sowie eine Führung durch die Parfumfabrik Fragonard an der Côte d'Azur.

In der Endrunde der langen Kampagne spielten die fünf rivalisierenden Städte ihre letzten Trümpfe aus. Das Berlin-Team führte die Töchter von Mario Vazquez Raña, von Ivan Dibos und dem Inder Ashwini Kumar zum Diner im Restaurant Cantinella aus und knöpfte den Steuerzahlern überdies weitere 200 000 DM ab, um jedem IOC-Mitglied ein handgebundenes Buch mit weißem Ledereinband zu überreichen, das Fotografien von deutschen Sportlern sowie eine kurze Erklärung enthielt, warum sie für Berlin stimmen sollten.

Das britische Team, angestachelt von den durchgedrehten Medien daheim, die steif und fest behaupteten, Manchester habe eine reelle Chance, überschwemmte das Fürstentum mit seinen Einpeitschern. Die Fußballegende Bobby Charlton und der Goldmedaillengewinner von Barcelona Linford Christie kamen in Begleitung einer Handvoll kaum bekannter britischer Politiker.

Das internationale Ansehen Chinas erlitt einen – oder zwei – erneute Nackenhiebe, als eigene Sicherheitskräfte, tatkräftig unterstützt von der örtlichen Polizei, schonungslos auf gewaltlose tibetische Demonstranten losgingen. Als amerikanische Fernsehteams Aufnahmen von dem Vorfall machten, brauste das Peking-Team auf und drohte, man werde Atlanta boykottieren – dann dementierten sie eilig, überhaupt etwas in dieser Richtung geäußert zu haben.

Währenddessen waren die Australier bester Stimmung und tauften die Unterkunft des Olympischen Komitees, das Hotel de Paris, in «Bordell de Paris» um – weil sie sich in den Lobbys und Bars prostituieren mußten. Als das bekannt wurde, mußten sie sich gezwungenermaßen entschuldigen. Sydney verschenkte großzügig teure Regenmäntel ans Komitee, bot Athleten aus der Dritten Welt Sportstipendien an, und der Gouverneur aus New South Wales, John Fahey, beeilte sich,

Samaranch nach dem Munde zu reden: Eine Olympiade in Sydney, so erklärte er, werde der Welt «eine Botschaft des Friedens senden». Doch insgeheim quälte sie alle das Wissen um eine Äußerung des persönlichen Anwalts von Samaranch: Peking sei nur schwer zu schlagen.

Der erste Hinweis, daß es mit Peking abwärts ging, kam von der Londoner *Times*. «Die in der westlichen Presse weit verbreitete Ansicht, Peking stehe an erster Stelle, weil die Meinung Samaranchs besonderes Gewicht habe», verkündete David Miller, «entbehrt jeglicher Grundlage.»[32] Aus derselben Feder stammte auch folgende Äußerung: «Die Wahl Pekings würde ein großes Risiko darstellen... vielleicht hat das IOC inzwischen andere Pläne.»

Doch selbst als Samaranch bereits zu zögern schien, preschten seine ihm treu ergebenen Apparatschiks weiter vor auf dem Weg in die Niederlage. Schamlos startete die Pro-Peking-Fraktion einen allerletzten Angriff. Jean-Claude Ganga aus Kongo, der junge Kuwaiti Scheich Ahmad, der befürchtete, China könne ihn aus dem asiatischen Olympiarat (Olympic Council of Asia; Vereinigung der asiatischen NOKs) verdrängen, Mario Vazquez Raña und der Fußballmanager João Havelange unterstützten diese Bewerbung weiterhin, und der Leichtathletik-Chef Primo Nebiolo prophezeite gar, Peking werde im ersten Wahlgang mit achtundvierzig Stimmen den Sieg davontragen.

Am 23. September 1993 machten die Bewerber den ganzen Tag beim Komitee ihre Aufwartung. Abwechselnd krochen die Premierminister Australiens, der Türkei und Großbritanniens zu Kreuze, bevor das Komitee zur Wahl schritt. Istanbul fiel in der ersten Runde mit sieben Stimmen raus, gefolgt von Berlin mit neun Stimmen in der zweiten Runde. Bob Scotts Siegesgewißheit fiel wie ein Kartenhaus in sich zusammen, als Manchester nur elf Stimmen bekam – also genausoviel wie 1990 insgesamt. Blieben also noch Sydney und Peking.

Doch im Wahlraum mußte sich irgend etwas Merkwürdiges abgespielt haben. Anfangs waren neunundachtzig Mitglieder zur Wahl angetreten – und nun waren es nur noch achtundachtzig! David Sibandze aus Swasiland fehlte! Er hatte einfach keinen triftigen Grund gefunden, warum er die einzige positive Funktion erfüllen sollte, die von Komiteemitgliedern überhaupt verlangt wird: Er werde, so behauptete er, bei Lokalwahlen in seinem Heimatland gebraucht. Da kaum anzunehmen ist, daß er das nicht vorher gewußt hatte, stellt sich die Frage, warum er olympisches Geld für Fernflüge und das schöne Leben im Bordell de Paris verschwendete.

Schließlich machten McGeoch und sein Team das Rennen und schlugen Peking um Nasenlänge mit fünfundvierzig zu dreiundvierzig Stimmen. Samaranchs Jünger beteten ihm nach, diese Entscheidung sei ein «Sieg für den Sport», wobei sie geflissentlich übersahen, daß praktisch die Hälfte der IOC-Mitglieder gegen die beste und am meisten sportorientierte Bewerbung gestimmt hatte.

Bereits eine Stunde nach der Niederlage benahm sich Peking schon wieder schlecht. China warnte, man werde nicht bis 1997 warten, um die Kontrolle über Hongkong zu übernehmen. Das waren zwar nur große Töne, aber die Drohung, die Atomwaffentests wiederaufzunehmen, wurde bereits zehn Tage später wahr gemacht.

Die beiden ergrauten Verschwörer, die für die Kameras über den Tiananmen-Platz geradelt waren, hatten eine schwere Niederlage erlitten. Samaranch konnte sich zwar halten, doch seine Macht über das Komitee war endgültig geschwächt. Chen Xitong, der Parteiboß, der den Olympischen Orden bekommen hatte, wurde 1995 aus dem Amt entlassen.[33] Man warf ihm Korruption vor.

17 | Schlüpfer runter, Mädels,
die Olympier kommen![1]

Wir befinden uns im Olympiastadion von Atlanta, und bei der Parade der Athleten bemühen die Kommentatoren die üblichen idealistischen Klischees. Sie sagen uns nicht die Wahrheit: Es gibt ein schmutziges Geheimnis, das sie alle kennen, doch da es absolut tabu ist, wird niemand ein Sterbenswörtchen darüber verlauten lassen. Wir aber können. Deshalb verkünden wir laut und deutlich: Fünfunddreißig Prozent der Wettkämpfer sind auf ihrem Weg zu den Spielen sexuell belästigt worden. Männer tauchen einfach auf und nehmen an den Wettkämpfen teil. Für Frauen ist die ganze Angelegenheit weitaus schwieriger; sie müssen sich einem demütigenden Geschlechts«test» unterziehen, bevor sie zum Wettkampf zugelassen werden. Dreißig Jahre lang sind Sportlerinnen zu einer erniedrigenden, wissenschaftlich verbrämten Farce gezwungen worden, um unter Beweis zu stellen, daß sie keine Männer waren. Das IOC wird für dieses Verbrechen keine Entschuldigung finden, denn es gibt keine. Ihr zwangsweise angeordneter Geschlechtstest ist nichts weiter als die Zurschaustellung ihrer Macht über die weiblichen Eindringlinge.

Als «die härteste und demütigendste Erfahrung meines Lebens» bezeichnet die Goldmedaillengewinnerin im Modernen Fünfkampf Mary Peters rückblickend ihren Geschlechtstest. Sie mußte sich auf eine Couch legen und die Knie hochziehen. «Dann machten sich die Ärzte an eine Untersuchung, die, so würde man heute sagen, ans Befummeln grenzte. Vermutlich suchten sie nach nicht sichtbaren Hoden. Sie fanden keine, und ich ging wieder hinaus.»[2]

Peters war ein frühes Opfer des männlichen Widerstands gegen eine neue Generation erfolgreicher Sportlerinnen – oder «Mädels», wie sie immer noch von allzu vielen Sportfunktionären und Reportern genannt werden. Die Jungs, Entschuldigung, die Männer, die damals – und als alte Herren bis heute – den internationalen Sport beherrschten, hegten geradezu wahnwitzige Vorstellungen, was den Erfolg der Frauen betraf: Wer gut im Sport ist, kann keine richtige Frau sein – solche Annahmen beherrschten das Denken jener Generation. Daran hat sich bis heute wenig geändert.

Als die Frauen mit der Zeit demonstrierten, daß sie genauso engagiert und professionell sein konnten wie die Männer, hätte man eigentlich etwas zu feiern gehabt. Statt dessen gerieten die Funktionäre in Panik. Mit Vorurteilen beladen bis zur Blindheit, übersahen die alten Männer glatt, daß manche der «verdächtigen» Frauen mit ihren tiefen Stimmen und dem muskulösen Körperbau nur die Opfer einer Zwangsbehandlung mit Anabolika waren.

Anstatt diese hervorragenden Athletinnen anzuerkennen, begann das Raunen: Um den kalten Krieg auf dem Gebiet des Sports für sich zu entscheiden, müßten die Roten genetische Monster kreieren. Und deshalb sollten diese neuen weiblichen Stars – diese Brut – nachweisen, daß sie wirklich Frauen waren. Alle weiblichen Athleten mußten auf ihre «Weiblichkeit» hin untersucht werden.

Und zwar auf so entwürdigende Weise wie möglich: Im ersten «Test» bei den Leichtathletik-Europameisterschaften in Budapest 1966 wurde die erstaunliche Zahl von 243 Wettkämpferinnen gezwungen, praktisch nackt vor einer Ärzterunde vorbeizudefilieren. Im selben Jahr mußten bei den Spielen der Commonwealth-Länder in Jamaika alle Athletinnen ihre äußeren Geschlechtsmerkmale einem Gynäkologen präsentieren. Dieselben Untersuchungen wurden bei den Panamerikanischen Spielen in Winnipeg und beim Leichtathletik-Europacup in Kiew vorgenommen.

Das IOC konnte es gar nicht erwarten, ebenfalls an diesem Spiel teilzunehmen. 1968, bei der Olympiade in Mexiko, begann eine neue Medizinische Kommission mit den entsprechenden Untersuchungen. Doch das nackte Modellstehen hatte die Sportlerinnen so verärgert, daß ein «wissenschaftlicher» Test erforderlich wurde. Kein Problem für das Olympische Komitee, schließlich war alles ganz einfach: Männer haben meistens ein X- und ein Y-Chromosom, Frauen in der Regel zwei X-Chromosomen. So könnten mit Hilfe einer kurzen Prüfung die Monster ausgesondert werden.

Doch Millionen von Menschen fallen aus diesem gängigen Muster heraus. Auch Männer können zwei X-Chromosomen haben – und trotzdem richtige Männer sein. Jedenfalls sind diese Tests schlicht und einfach lächerlich. Wie Genforscher gezeigt haben, könnte bei den Tests des IOC genausogut herauskommen, daß mit Testosteron vollgestopfte Männer für weibliche olympische Disziplinen zugelassen werden müßten.

Aber die IOC-Ärzte wollten die Frauen einfach nicht in Ruhe lassen. In Mexiko schabten die Weißkittel den Frauen im Mund herum, um einen Chromosomentest vorzunehmen. Bei den Spielen in München rissen sie ihnen Haare aus. Als es nach Barcelona ging, hatten sie sich noch ein anderes Verfahren für die Athletinnen ausgedacht, dessen einziger Vorteil darin bestand, daß es einen noch längeren Namen als alle vorherigen hatte. Aber es taugte genausowenig. Der Polymerase-Kettenreaktionstest – kurz PCR – stieß bei fast allen Fachleuten auf Ablehnung – den Herren der Ringe aber genügte er.

Kein führender Genforscher traut diesem Test, und es handelt sich um ein vollkommen unübliches Verfahren. Wer mit dieser Technik zu wenig Erfahrung hat, kann irrtümlich zu positiven Ergebnissen gelangen – und den Opfern möglicherweise das ganze Leben zerstören.

«Die Sache mit dem Geschlechtsnachweis ist ein absolutes Desaster», meint Professor Malcolm Ferguson-Smith von der Universität Cambridge. «Die Medizinische Kommission [des IOC] vertritt die Ansicht, daß Frauen mit Anzeichen einer Vermännlichung, und seien diese auch noch so geringfügig, einen Vorteil haben. Ich habe starke Zweifel daran, weil niemals erwiesen wurde, daß die betreffenden Frauen mit einer leichten Vermännlichungstendenz aufgrund von genetischen Problemen einen Vorteil gegenüber gleich großen Frauen mit zwei X-Chromosomen haben.»

Wissenschaftler wie Ferguson-Smith haben sich geweigert, bei diesen Tests mitzumachen. Ihm schlossen sich 1988 in Calgary mehrere Kanadier an. Vier Jahre später weigerten sich französische Ärzte in Albertville, den Test vorzunehmen. In Barcelona nahm ein prominenter spanischer Genforscher an dem Boykott teil, weil er «keine klare Vorstellung [habe], was die Ergebnisse tatsächlich aussagen.» Der Vorsitzende der Medizinischen Kommission des IOC, der in medizinischen Dingen völlig unqualifizierte Prince de Merode dagegen: «Meiner Meinung nach ist dieses Verfahren ein großer Erfolg.»

Was de Merode als Erfolg bezeichnet, kann für Frauen, die angeblich den Test «nicht bestanden» haben, unter Umständen ein psychologisches Trauma und das Ende ihrer Karriere bedeuten. Theoretisch sind sie berechtigt, weitere Untersuchungen zu verlangen, doch – so Elizabeth Ferris, ehemalige Wasserspringerin, die für Großbritannien an den Olympischen Spielen teilnahm –: «Die meisten Frauen wollten sich ja schon dem ersten Test nicht unterziehen. Den betroffenen Frauen wird meist von den – in der Regel männlichen – Teamfunktionären geraten, sich sofort zurückzuziehen und Krankheit oder eine Verletzung vorzugeben, um eine demütigende Publicity zu vermeiden. Vermutlich hätten sie aber die übrigen Tests bestanden.» Man schätzt, daß sich seit Beginn der Untersuchungen mindestens ein Dutzend Frauen stillschweigend von den Olympischen Spielen zurückgezogen hat, sechs allein im Jahre 1984 in Los Angeles.

Doch trotz dieser widrigen Umstände setzen sich einige wenige zur Wehr. Die amerikanische Schwimmerin Kirsten Wengler fiel in den achtziger Jahren beim Test durch und wurde von der Teilnahme an den Frauendisziplinen ausgeschlossen. Nebenbei wurde ihr auch noch mitgeteilt, sie könne keine Kinder bekommen. Ihre Eltern übernahmen die Kosten für zusätzliche Tests, und dabei stellte sich heraus, daß dem Labor schlicht und einfach ein Fehler unterlaufen war. Wengler erinnert sich an diese Schreckenszeit: «Man kann mit seinen Freunden nicht darüber sprechen. Man kann nicht wieder zur Schule gehen und sagen: Ich fühle mich einfach so elend und furchtbar, weil ich nicht sicher bin, ob ich eine Frau bin. Es ist so demütigend und peinlich.» Dabei gehörte sie noch zu denen, die Glück hatten.

Außer Wengler hat nur noch Maria Patino dieses angeblich wissenschaftliche Verfahren in Frage gestellt. Sie fiel beim Test anläßlich der Weltspiele der Studenten 1985 durch, weil sie die sogenannten männlichen XY-Chromosomen hat, und wurde sowohl aus dem spanischen Team als auch von der Universität verwiesen. «Ich habe nicht nur mein Stipendium verloren. Das schlimmste war, daß ich meine Selbstachtung verlor», berichtet Maria. «Ich verlor auch das Vertrauen meiner Freunde, meinen guten Ruf und die besten Jahre meines Lebens.» Nach einem langwierigen Kampf gab der internationale Leichtathletikverband schließlich nach und ließ sie wieder zur Teilnahme zu.

Der polnischen Sprinterin Ewa Klobukowska hingegen widerfuhr nicht einmal nachträglich Gerechtigkeit. Bei den Spielen in Tokio gewann sie die Bronzemedaille im 100-Meter-Lauf und Gold beim Staffellauf der Frauen. Eine spätere Chromosomen-Analyse zeigte, daß sie XXY war; Frau Klobukowska wurde vom Wettkampf ausgeschlossen. Doch diese Chromosomenkombination hat jede tausendste Frau, und heute würde sie niemand deswegen disqualifizieren. Nie hat sich jemand bei ihr entschuldigt.

Wenn Frauen sich vor ihrer Reise nach Atlanta weigern, den Test durchführen zu lassen, könnte das IOC Schwierigkeiten bekommen. Sowohl die amerikanische Medical Association als auch das American College of Obstetrics and Gynaecology haben verlangt, dieser absurden Nervenprobe ein Ende zu setzen. Und gewiß gibt es ein amerikanisches Gesetz, mit dessen Hilfe die Frauen auf sexuelle Belästigung und – in Zeiten des Profisports – auch Benachteiligung im Wettbewerb klagen könnten.

Nicht gerade zu früh gerät das IOC innerhalb des internationalen Sports zunehmend in die Isolation. Selbst die Altväter der Leichtathletik, des größten internationalen Sportverbands, haben sich von ihm abgewendet. Die Leichtathleten haben 1990 eine eigene Studiengruppe eingerichtet, der kühnerweise auch Frauen angehören, und beschlossen, die Tests aufzugeben. Die Scheinwissenschaft ist aus der Mode gekommen, und die neue Politik ist ganz einfach: Personen, die als Frauen aufgewachsen sind, dürfen auch an Wettkämpfen für Frauen teilnehmen. Jegliche offensichtlichen Unstimmigkeiten sollen mit Hilfe eines medizinischen Tests für alle Sportler – Männer und Frauen – angegangen werden.

Das IOC hingegen will von wissenschaftlichen Beweisen und der Tatsache, daß es den Frauen unnötigen Schaden zufügt, weiterhin nichts wissen. Es verfolgt keine klare Politik, was die Geschlechtsfrage betrifft, sondern verläßt sich statt dessen auf Dr. Eduardo Hay, ein Mitglied im IOC für Mexiko seit 1974 und ehemals Zweiter Vorsitzender von dessen Medizinischer Kommission. Hay bestand darauf: Die Geschlechtstests müssen bleiben!

Im Frühjahr 1994 lud Samaranch eine Gruppe von Wissenschaftlern nach Lausanne ein, um über olympische Themen zu diskutieren – und natürlich kam dabei auch die Frage der Geschlechtstests auf. Was denn die gegenwärtige Sicht des IOC sei, fragte Professor John Mac Aloon aus Chicago. Und der Geschäftsführende Direktor François Carrard versprach, «dies zu überprüfen und dann Bericht zu erstatten». Ein paar Minuten später war er schon wieder da und erklärte: «Die Betroffenen schienen mit den gegenwärtig bei den Spielen durchgeführten Tests zufrieden zu sein.»[3]

Die sieben Alibifrauen im IOC-Club haben sich anscheinend nie auch nur im entferntesten über die Demütigungen, die ihre Schwestern im Sport über sich ergehen lassen müssen, Gedanken gemacht. Nur eine mutige Spitzensportlerin, die in Atlanta auf dem Podium stehen und die Entgegennahme einer Medaille aus der Hand eines IOC-Mitglieds verweigern würde, könnte das Tabu einer öffentlichen Diskussion durchbrechen. Auch die Androhung eines Boykotts der Sponsoren könnte etwas bewirken; wenn der große weibliche Marktanteil gefährdet wäre, würden sie den Herrn der Ringe sicher bald nahelegen, endlich ihre schmutzigen Hände von den Wettkämpferinnen zu lassen. Wenn sich nichts verändert, wird es in Atlanta zwei Klassen von Sportlern geben: die Männer und die Gedemütigten.

Draußen wehte eine feuchte Brise vom Ärmelkanal herüber, aber im Grand Hotel von Brighton machten es sich Hunderte von Frauen aus der ganzen Welt – und ein paar Männer – bequem, um vier Tage lang über Frauensport und die Herausforderung des Wandels zu debattieren. Was auch immer der Titel der Konferenz zu bedeuten hatte, es herrschte eine lebendige, offene und konstruktive Atmosphäre – in krassem Gegensatz zu dem bereits geplanten olympischen Jahrhundertkongreß, der drei Monate später in Paris stattfinden sollte.

Die Schwestern sprachen über Training, Sportwissenschaft, Sexismus und ein Netzwerk. Mit Samaranchs Olympiawelt in weiter Ferne gab es eine Menge guter Nachrichten, und eine der Botschafterinnen war die Triathlonsportlerin Sarah Springman.[4] Beim Triathlon handelt es sich um eine neue Sportart mit neuen Einstellungen und, was am wichtigsten war, mit neuen Strukturen. Der Triathlonverband hatte 1990 eine Frauenkommission ins Leben gerufen, die die Aufgabe hatte, bis zum Jahr 2000 für Gleichberechtigung der Geschlechter zu sorgen. 1992 waren zwei von sechs Mitgliedern seines Exekutivkomitees weiblichen Geschlechts. Sie teilen untereinander die Freiflüge, die die Organisatoren der Wettkämpfe bezahlen; das heißt, es besteht von Anfang an Chancengleichheit. Sie versuchen, die Medien dahin gehend zu beeinflussen, daß sie ausgewogen über Männer- und Frauensport berichten, und kämpfen dafür, daß alle dieselben Preisgelder erhalten.

Zwischen den emanzipierten Triathlonathletinnen und der Brüderschaft liegen Welten. Denn was tut diese schon für die fünfzig Prozent der Weltbevölkerung? Ende 1995 verkündete das IOC nach jahrelangen Beratungen, man werde – möglicherweise – eine neue Politik einschlagen, um die Frauen ein wenig zu unterstützen – aber es sei nicht sicher.

Mit dem üblichen Pomp und Getue verkündete die Brüderschaft, «es sei notwendig, ohne Verzögerung die Beteiligung der Frauen am Sport und dessen technischen und administrativen Strukturen zu intensivieren.» So lautete jedenfalls das Fettgedruckte. Das Kleingedruckte aber offenbarte, daß das Gegenteil der Fall war. Bei näherer Prüfung entpuppten sich die Vorschläge als gar nicht besonders vielversprechend für die Mädels, ganz zu schweigen davon, daß sie bestimmt und ohne jeden Zweifel nicht zu unseren Lebzeiten umgesetzt werden.

Die alten Jungs hatten ein Ziel – «die strikte Stärkung des Prinzips der Gleichheit». Schöne Worte, nichts weiter. Keine Veränderungen. Auch wenn die Nationalen Olympischen Komitees das Ziel anstreben sollen, ihre Zulassungskomitees zu zehn Prozent mit Frauen zu besetzen – bis zum Ende des Jahrhunderts!

War dies ein Befehl vom Olymp? Gewiß nicht! Die Exekutive des IOC, die unbeirrbar die wichtigsten Entscheidungen trifft, ohne die Mitglieder zu befragen, zeigte plötzlich einen ungewöhnlichen Anflug demokratischen Übereifers: Nur die Vollversammlung, die in diesem Jahr am Vorabend der Olympischen Spiele in Atlanta stattfindet, könne diese extreme Reform billigen.

Aber das IOC hatte noch stärkeren Stoff aufzubieten. Die Mitglieder wurden aufgefordert, den Nationalen Olympischen Komitees schon für das Jahr 2005 die Zielmarge von zwanzig Prozent vorzugeben. Da diese Komitees aber so gut wie gar nichts ausrichten und auf die Aktivitäten der Lords keinen großen Einfluß haben, löste dies nicht gerade ein Erdbeben aus. Aber halt: Das IOC legte die schnellstmögliche Gangart ein und versprach, es werde vielleicht eine neue Strategie vorlegen, damit die Frauen im nächsten Jahrhundert noch präsenter wären – das heißt aber, erst dann, wenn Samaranch und die meisten seiner ergrauten Gefolgsleute schon pensioniert sind.

Das IOC war so erregt über diese dramatische Erklärung, daß es vollständig vergessen hatte, sich selbst in die Reformen miteinzubeziehen. Die Zahl der eigenen weiblichen Mitglieder zu verdoppeln – bisher sind das kaum zehn Prozent der neunundneunzig männlichen Mitglieder – wurde nicht einmal erwähnt. Als Samaranch von Reportern befragt wurde, beeilte er sich zu erklären: «Das IOC muß sehr schnell handeln». Das stimmte. Doch schon seine nächste Äußerung war an Unglaubwürdigkeit nicht mehr zu überbieten: «Wir werden für die Rechte kämpfen, auf die die Frauen einen Anspruch haben», fügte er hinzu.[5]

Wie stand es nun mit den großen Sportverbänden? Würden sie von den Olympischen Spielen ausgeschlossen werden, wenn sie vor der Morgendämmerung des einundzwanzigsten Jahrhunderts den Sprung ins zwanzigste nicht schafften? Ziemlich unwahrscheinlich. Sie wurden nur «dringend aufgefordert», dieselben Quoten anzustreben wie die Nationalen Olympischen Komitees. Das IOC erlegt den Verbänden bei den Spielen unzählige Bagatellvorschriften auf, aber bei diesem grundlegenden Menschenrechtsprinzip zog es den Schwanz ein – und gab nur vage Empfehlungen.

Samaranchs kühne Schritte ernteten großes Lob von dem amerikanischen IOC-Mitglied Anita DeFrantz: «Das sind neue Sichtweisen, eine neue Art, die Welt zu sehen, die Möglichkeiten zu sehen, ein neues Denken, neue Ideen», schwärmte sie. «Das hat bisher gefehlt. Jetzt haben wir die Chance, mit dem Prozeß der Einbeziehung zu beginnen.»[6] Mit Leuten wie Anita an ihrer Seite müßten die Suffragetten heute noch für das Wahlrecht kämpfen.

18 Zu wenige Tränen für die Behinderten[1]

Wieder eine Eröffnungszeremonie, wieder eine Flagge. Traditionell wird dieselbe Flagge einer Olympiade zur nächsten weitergereicht. Aber dieses spezielle Emblem würde nicht noch einmal auftauchen. Die Fahne, die im März 1994 über den Paralympics in Lillehammer wehte, mußte, nachdem sie nur dreimal – in Seoul, Albertville und Barcelona – gehißt worden war, in der Mottenkiste verschwinden. Zum letztenmal bot sich den behinderten Wettkämpfern der Anblick ihrer Flagge mit den fünf Tränen, die wie die Olympischen Ringe in zwei Reihen angeordnet sind. Wenn sie 1998 in Nagano zusammenkommen, werden es nur noch drei Tränen sein.

Diese Veränderung war nicht auf Wunsch der Organisatoren vorgenommen worden. Das IOC hatte sie ihnen aufgezwungen. Vergeßt euer Emblem, so lautete die Forderung, sonst streichen wir euch die Gelder. Es beeinträchtigt unsere Profite. Behinderte Sportler und Sportlerinnen aus aller Welt leisteten Widerstand, solange sie konnten. Doch wie einer ihrer Vorsitzenden zu mir sagte: «Wir sind nur eine kleine schwache Organisation.» Am Ende zogen sie den kürzeren.

Die Haltung des IOC gegenüber behinderten Sportlern widerspricht seinem Bekenntnis, daß die Olympischen Spiele weltumspannend und für jeden zugänglich sein sollen. Die Olympische Charta schreibt vor, «die universellen Grundprinzipien» zu achten. Außerdem heißt es, der Sport solle «ohne jegliche Art von Diskriminierung ausgeübt» werden. Aber man müßte eigentlich hinzufügen: «Solange du zwei Arme und zwei Beine hast und auch sonst über alle körperlichen Fähigkeiten verfügst.»

Forderungen, den behinderten Sportlern bei den Spielen Gleichberechtigung zu gewähren, werden vom Olympischen Komitee zurückgewiesen, so daß eine halbe Milliarde Menschen – mehr als die Bevölkerung der USA und Rußlands zusammengenommen – ausgeschlossen sind.[2] Die Gralshüter sportlicher Moral lassen lieber das Stadion in

Atlanta in der ersten Olympiawoche leer stehen und vergeben damit eine gute Chance, einen spannenden Wettbewerb zu veranstalten – für jene Sportler nämlich, die größere Hindernisse überwunden haben als jeder körperlich voll einsatzfähige Teilnehmer.

Der Zweite Weltkrieg hat Millionen von Kriegsversehrten hinterlassen, deren Leid immerhin die Forschung angeregt hat, neue Behandlungstechniken zu finden. Einer der Neuerer auf diesem Gebiet war Ludwig Guttman vom Stoke-Mandeville-Krankenhaus in England. Guttman war der Ansicht, Sport könne zur Rehabilitation der Versehrten beitragen, und sein erster offener Wettkampf mit vierzehn Sportlern und zwei Sportlerinnen fiel zufällig mit der Olympiade in London im Juli 1948 zusammen.

Guttman prophezeite, «die Spiele von Stoke Mandeville könnten als Behindertenolympiade gleichen Ruhm erlangen wie die Olympischen Spiele selbst.»[3] Er hatte recht, und seine Spiele wurden alle vier Jahre etwas größer. 1960 schickten dreiundzwanzig Länder Mannschaften nach Rom, und 1976, als Kanada der Gastgeber war, konnte die «Toronto-Olympiade» die doppelte Teilnehmerzahl vorweisen.

Dr. Jens Bromann, der für Dänemark an den Wettkämpfen der Blinden teilnahm, erinnert sich: «Guttman teilte dem IOC mit, solange er lebe, würde er diese Spiele ‹olympisch› nennen. Er werde nie davon abrücken, weil der Sport für die Behinderten genauso ein Ideal sei wie der Geist der Olympischen Spiele für die Nichtbehinderten.» Guttman starb 1980, dem Jahr der Behindertenolympiade in Holland. Der Titel sollte nie mehr verwendet werden.

Seit dem Amtsantritt Samaranchs, gemanagt von Horst Dassler, der vorhatte, das Wort «olympisch» und die fünf Ringe meistbietend zu versteigern, herrschte im IOC ein anderer Wind. Das Olympische Komitee konnte nur verkaufen, was in seinem Besitz war, und die neuen Partner würden nur dann ihre Milliarden Dollar rüberschieben, wenn sie dafür Exklusivrechte bekamen. Nun hatte aber der Behindertensport ebenfalls Anspruch auf die Symbole angemeldet. Dem neuen Regime in Lausanne zufolge war dies «Mißbrauch», der ein Ende haben mußte.

«Ich glaube, das erste Mal hatten wir Ende Frühjahr 1983 in Lausanne Gespräche mit dem IOC», sagt Dr. Bromann. «Samaranch wollte, daß wir vor allem drei Hauptpunkte akzeptierten. Wir dürften nie mehr den Namen ‹Behindertenolympiade› verwenden. Außerdem wollte er, daß wir nie mehr ein mit dem IOC verbundenes oder den fünf Ringen ähnliches Symbol gebrauchten. Über diese beiden Forderungen wurde heftig diskutiert. Und drittens wünschte er, daß wir niemals eine Teilnahme am offiziellen IOC-Sportprogramm fordern würden.

Es war schwierig, mit Samaranch zu diskutieren. Bei Gesprächen mit ihm hat man nur eine Stunde Zeit, und wenn man etwas äußert, schaut er einen nur an und redet weiter. Als er fertig war, war das Gespräch beendet, und wir waren ratlos.

Ich habe Samaranch damals gesagt, sie könnten viel mehr für den Behindertensport tun. Ich finde, das, was sie bisher getan haben, ist sehr, sehr begrenzt, sehr wenig. Die finanzielle Hilfe, die wir bekamen, war nicht mehr als ein Taschengeld, geradezu lächerlich.»

Trotzdem betont Bromann, daß der IOC-Präsident in anderer Hinsicht hilfreich war: «Samaranch war bei vielen unserer Spiele anwesend, und er drängte die Organisatoren in Seoul und Barcelona, mehr Energie und Geld in die Paralympics zu stecken. Er hat viel Gutes für den Behindertensport getan, daran besteht gar kein Zweifel. Aber ich glaube, in einigen Kreisen innerhalb des IOC hat man ein wenig Angst, daß sich dieser Behindertensport weiterentwickeln könnte.»

Die Prioritäten Samaranchs traten bereits in den ersten Jahren seiner Herrschaft klar und deutlich zum Vorschein: Aus dem Strom neuer Gelder sollte vor allem das finanziert werden, was seinen eigenen Interessen diente. Und so wurden Mittel, die in den Sport hätten zurückfließen können – für nichtbehinderte und behinderte Athleten gleichermaßen – für sein Hobby abgezweigt: eine Briefmarkensammlung.

1981 brachten die Philippinen eine Briefmarke heraus, auf der die Köpfe des durch und durch korrupten Präsidenten Ferdinand Marcos und Präsident Samaranchs abgebildet waren – geschmackvollerweise verbunden mit den Olympischen Ringen.[4] Samaranch war so angetan von dieser Würdigung seiner Person, daß er IOC-Mitarbeiter anwies, einen internationalen Verband für die Sammlung olympischer Briefmarken – die FIPO – zu gründen und im folgenden Jahr in Rom eine Ausstellung zu organisieren.

Ein weiterer Teil der durch die neuen Partner hereinfließenden Gelder wurde umgeleitet, um eine Sammlung olympischer Briefmarken anzulegen. Bis zu welchem Datum sollen wir zurückgehen? fragten die Mitarbeiter im Palast von Lausanne. Nur bis 1980, erwiderte Samaranch – also zu dem Jahr, in dem er den Königsthron bestiegen hatte.

Der Initiative von Präsident Marcos folgten bald die von San Marino, São Tomé und Príncipe, Südkorea und Bolivien. Die Schweizer Regierung brachte einen Ersttagsbrief mit dem Titel «Lausanne, Ville Olympique» heraus. Gold-, Silber- und Bronzemedaillen wurden geprägt, um bei den Spielen in Los Angeles die besten Briefmarkensammlungen auszuzeichnen.

All das kostet Geld, viel mehr, als man für die Behinderten übrig hatte. 1984 gab das IOC 20 000 Dollar für den Behindertensport aus, 24 000 Dollar für die Produktion eines sofort wieder in Vergessenheit geratenen Films mit dem Titel «Lausanne, Ville Olympique» und 40 000 Dollar für die FIPO, den neuen Briefmarkensammlerverband. Nur ein IOC-Mitglied, Reggie Alexander aus Kenia, fragte nach, warum man so viel Geld für die Philatelie bezahlte. Doch im nächsten Jahr, 1985, sollte es noch mehr sein: Die Zuwendungen für den Behindertensport verdreifachten sich auf 60 000 Dollar. Die FIPO bekam das Fünffache des Vorjahres: 200 000 Dollar.[5] Die nächste Olympiade fand in den Vereinigten Staaten statt, und Samaranch wird Anerkennung gezollt, weil er zwei Wettrennen für Rollstuhlfahrer in Los Angeles durchgesetzt hat. Es hätte Rollstuhlfahrerspiele in Illinois geben sollen, aber dieser Plan wurde wieder fallengelassen, nachdem es zu viele Finanzierungsprobleme gab, und die Spiele wurden nach Stoke Mandeville abgeschoben. In New York organisierte man bereits eine «Olympiade für die Behinderten», aber laut Bromann sagte Samaranch bei dem Treffen in Lausanne, «er habe das Olympische Komitee der USA gebeten, alles zu tun, um uns von der Verwendung dieses Namens abzubringen.» Er erreichte sein Ziel, von nun an hieß es: «Weltspiele für die Behinderten», und die üppig fließenden Sponsorengelder der Olympiade in Los Angeles waren gerettet.

In Seoul unternahm dann die Behindertensportbewegung einen weiteren Anlauf. Sie hatte einen neuen Namen für ihre Wettkämpfe – die Paralympics – und zum erstenmal eine eigene Flagge mit eigenem Emblem, entworfen von den koreanischen Organisatoren. Es waren die fünf Tränen – in den Farben der Olympischen Ringe und wie sie in zwei Reihen zu jeweils drei und zwei angeordnet.

Die behinderten Sportler fanden, das neue Emblem sei ein ausgesprochen treffendes Symbol für ihre Bewegung. Aber Lausanne wollte sie immer noch nicht in Ruhe lassen. Und in der Zeit zwischen Seoul und Barcelona kam es zu heftigen Kontroversen: Eine Handvoll Olympischer Komitees befürchtete nämlich, die fünf Tränen könnten mit den fünf Ringen verwechselt werden und ihre Marketingpläne durchkreuzen. Das Tränensymbol müsse verändert werden. Doch die behinderten Sportler wollten nicht nachgeben. Das nächste Gespräch mit dem IOC fand mit dessen Rechtsanwalt statt – dem muskulösen Mr. Howard Stupp. Der fünfmalige kanadische Meister im Ringkampf war inzwischen IOC-Direktor für Rechtsfragen, kontrollierte die zunehmende Zahl der lukrativen Wirtschaftsverträge und die daraus resultierenden Einnahmen.

Im Januar 1991 wurde das Internationale Paralympische Komitee – das IPC – nach Lausanne zitiert. Es bekam nach wie vor nicht mehr als 60 000 Dollar pro Jahr, die es zudem nur für von Lausanne gebilligte Projekte verwenden durfte. Den Gesprächsprotokollen zufolge platzte Stupp in die Gespräche hinein, um den Vertretern des IPC Vorschriften über die Verwendung ihres Symbols zu machen. Wenn es nicht so tragisch wäre, könnte man es lustig finden: Die fünf Ringe gehörten zu den bekanntesten Logos der Welt, sie sind in jedem x-beliebigen Laden auf allen möglichen Waren zu finden. Die fünf Tränen hingegen waren außerhalb des Behindertensports nahezu unbekannt. Stupp teilte den Anwesenden nun mit, das IOC mache sich «ernstlich Sorgen hinsichtlich des Tränensymbols, das vom IPC für die Paralympics verwendet wird.» Wenn sie vorhätten, Sponsoren die Rechte an dem Symbol zu verkaufen, «könnten [sie] rechtliche Probleme bekommen.»[6]

Im November desselben Jahres berichtete IPC-Präsident Robert Steadward bei der Generalversammlung seines Komitees in Budapest: «Wir sind vom IOC-Direktor für Rechtsfragen wie folgt in Kenntnis gesetzt worden: ‹Sofern diese Frage nicht zur Zufriedenheit des IOC gelöst wird, wird bei der nächsten Tagung des IOC-Exekutivkomitees eine Empfehlung hinsichtlich der Sanktionen des IOC gegen das IPC ausgesprochen.›»[7]

Die Führung des IPC beugte sich und präsentierte der Generalversammlung ein neues Emblem: Sechs Tränen in einem Ring. Doch die Delegierten waren nicht einverstanden. «Mit großer Mehrheit wurde beschlossen, ein Diktat seitens des IOC nicht zu akzeptieren, und ich glaube, dies war der Zeitpunkt, als sich innerhalb des Behindertensports ein Stimmungsumschwung gegenüber dem IOC vollzog», erinnert sich Dr. Bromann. «Den meisten Delegierten hing das IOC und alles, was es verkörperte, zum Halse heraus.»

Die Versammlung verwarf das neue Logo und stimmte dafür, bei den fünf Tränen zu bleiben. Die Sportler hatten gesprochen, aber das IOC hatte nicht zugehört. Als das IPC im Mai 1992 erneut nach Lausanne reiste, fuhr das IOC sein schwerstes Geschütz auf: das Mitglied des Exekutivkomitees Richard Pound. Ohne lange zu fackeln, drohte er: «Die weitere Verwendung dieses Logos kann sich nur nachteilig auf die zukünftigen Beziehungen zwischen dem IOC und dem IPC auswirken.»[8] Auf der Tagungsordnung stand eigentlich die Fortsetzung der Debatte über den Behindertensport und die bescheidenen Summen, die das IOC dafür zur Verfügung gestellt hatte. Aber: «Nur wenn diese Angelegenheit zur Zufriedenheit des IOC geklärt würde, könnten weitere Diskussionen über Hilfsmaßnahmen und Beratungen stattfinden.» IPC-Präsident Steadward fragte dann nach den Geldern, die das IOC dem IPC für 1992 bewilligt hatte.

Pound «wiederholte ständig, daß die Frage einer weiteren Unterstützung einzig und allein von der Lösung des Logo-Problems abhinge: Dies sei die einstimmige Entscheidung des IOC-Exekutivkomitees. Die Gelder wären im IOC-Haushalt bereits vorgesehen und würden freigegeben, wenn man eine befriedigende Lösung gefunden hätte.»

Aber Lausanne hatte nicht mit den Norwegern gerechnet. Schon bei den ersten Vorbereitungen hatten die Organisatoren von Lillehammer die Winterspiele und die Paralympics gemeinsam vermarktet. Und selbst als das IOC dem IPC drohte, warb Lillehammer weiterhin mit den umstrittenen fünf Tränen für die Paralympics. Lausanne erhob Einspruch, doch der Vorsitzende des Organisationskomitees von Lillehammer, Gerhard Heiberg, blieb stur: Das IOC fügte sich, allerdings äußerst widerwillig. Howard Stupp verfaßte im Juni 1993 ein harsches Schreiben an Heiberg, in dem er die Verwendung der fünf Tränen noch dieses eine Mal gestattete, «weil es bei anderen Wettkämpfen nicht mehr benutzt werden wird.»[9]

Stupp erkannte, daß das IOC die Schlacht zwar verloren, den Krieg aber gewonnen hatte. Die IPC-Führung erklärte sich bereit, im Anschluß an Lillehammer die fünf Tränen in ihrem Emblem auf drei zu reduzieren. «Ich wollte, wir könnten mehr Stärke zeigen, aber das ist schwierig, weil uns am Ende immer das Geld fehlt», klagt Dr. Bromann. «Leider sind wir eine kleine, schwache Organisation, und manchmal sitzen wir in der Klemme.» André Raes, Generalsekretär des IPC, bestätigt dies: «Wir haben bei den fünf Tränen Entgegenkommen gezeigt, weil wir unsere Beziehung zum IOC nicht gefährden wollten. Ja, wir standen unter Druck.»

Die eindrucksvollen Bewerbungsunterlagen von Atlanta, in denen großartige Spiele angekündigt wurden, hatten einen großen Mangel: Es gab keinerlei Pläne für eine Behindertenolympiade. Und das IOC verlangte auch keine. Ein Jahr nachdem Atlanta den Zuschlag für die Olympiade bekommen hatte, schlugen die Organisatoren einige wenige Schaukämpfe für behinderte Sportler vor. Andy Fleming vom Verband «Paralysed Veterans of America» kommentierte dies so: «Ruhm und Ehre für eine Handvoll Leute auf Kosten Tausender anderer Menschen, denen damit eine wunderbare Gelegenheit genommen wurde.» [10]

Aus unerklärlichen Gründen widersetzte sich Atlanta der Durchführung von Wettkämpfen für Behinderte. «Die Kosten sind untragbar hoch, solange nicht jemand die Finanzierung übernimmt», murrte ein Sprecher. Doch Anfang 1992 geriet das Organisationskomitee in die Lage, Geld und Dienstleistungen im Wert von 10 Millionen Dollar als Beitrag für eine Behindertenolympiade beisteuern zu müssen. Acht Monate später wurde Andy Fleming zum Vorsitzenden des Organisationskomitees für die Paralympics in Atlanta ernannt.

Aber die Sache hatte einen großen Haken. Flemings Team mußte hausieren gehen und mindestens 60 Millionen Dollar von Sponsoren lockermachen – aber ihnen stand nicht der ganze Markt offen. Nur die Sponsoren, die bereits Verträge mit dem Organisationskomitee von Atlanta geschlossen hatten, kamen in Frage – auf keinen Fall deren Konkurrenten. Zum Glück beteiligte sich Coca-Cola als erster, und dann wandten sich die Paralympics den Sponsoren im weniger umkämpften Bereich der Medizin zu.

Doch damit waren noch längst nicht alle Probleme aus der Welt geschafft. Das Olympische Komitee der USA (USOC), welches sich damit brüstet, täglich eine Million Dollar von seinen Sponsoren zu bekommen, verlangte einen Anteil an den Einnahmen aus der Lizenzierung des Paralympics-Maskottchens, eines witzigen Vogels namens Blaze – und zwar nicht nur während der Spiele, sondern bis weit darüber hinaus. Das paralympische Komitee wies dieses Ansinnen zurück mit der Erklärung, es würde ihren zu erwartenden Etat schmälern. Als die Verhandlungen ergebnislos verliefen, ging das IPC vor Gericht. Acht Monate später wurde ein Waffenstillstand mit dem USOC erklärt, welches klagte, die Einigung bedeute für das Komitee einen Verlust an Marketing- und Lizenzeinnahmen «in sechsstelliger Höhe».[11]

Als Samaranch der Behindertensportbewegung mitteilte, sie würde nie gleichberechtigter Teilnehmer seiner Olympiade werden, verlangte er den Funktionären dieses Sports ein unmögliches Versprechen ab. «Wir haben Samaranch und dem IOC erklärt, daß wir auf dieses Recht für die Behinderten nicht verzichten könnten. Wir konnten 1983 nicht sagen, daß die Behinderten für alle Zukunft auf das Recht verzichten, an den Olympischen Spielen teilzunehmen», berichtet Dr. Bromann. «Für viele Sportler ist die Teilnahme an der Olympiade das Höchste.»

Samaranchs Hartherzigkeit hat die Behindertensportbewegung gespalten. «Einige sagen: ‹Wir wollen mit dieser Organisation nichts zu tun haben, wir wollen sauber bleiben.› Andere sind der Ansicht, das IOC sei zu diktatorisch, und wir sollten vielleicht eine völlig andere Richtung einschlagen, uns einen anderen Namen geben und uns von der Stadt und dem Land der Olympiade fernhalten», meint Bromann.

So denkt die eine Seite. Andere aber sind immer noch entschlossen, nach Mitteln und Wegen zu suchen, um die behinderten Sportler an der Olympiade zu beteiligen. Sie verweisen auf die Olympische Charta, in der es heißt: «Die Aktivitäten der Olympischen Bewegung… erreichen ihren Höhepunkt in der Zusammenführung der Sportler der Welt.» Doch halt! Jetzt noch nicht: Als die behinderten Sportler im Mai 1992 das IOC darüber in Kenntnis setzten, daß sie ein Komitee gegründet hatten, um zu prüfen, auf welche Weise sie in Zukunft an den Spielen beteiligt werden könnten, erwiderte Richard Pound, dies sei unmöglich, da das Programm für 1996 bereits feststünde.

Laut Protokoll erklärte Pound: «Das IPC stand einem doppelten Problem gegenüber – einerseits mußte es das IOC davon überzeugen, weitere Behindertenwettkämpfe in das Programm aufzunehmen, und auf der anderen Seite mußte es die internationalen Verbände überreden, die Teilnehmerzahl der Nichtbehinderten zu reduzieren, um mehr Platz für behinderte Sportler zu schaffen.»

In der Tat wären Verhandlungen mit den großen Verbänden nicht einfach, aber das IOC könnte eine umfassende öffentliche Debatte über das Verhältnis zwischen seiner Olympiade, den behinderten Sportlern und den Paralympics in Gang setzen. Und solange es das nicht tut, widersprechen die Olympischen Spiele der Olympischen Charta.

19 Schluckt ruhig eure Medizin, aber laßt euch nicht von uns erwischen [1]

«Der chinesische Sport ist vollkommen sauber», erklärte Samaranch im Oktober 1994 am Vorabend der Asiatischen Spiele in Hiroschima.[2] Derartige Behauptungen – die Olympische Bewegung sei im Begriff, den Krieg gegen das Doping zu gewinnen – gehören bei ihm zur Routine, und so ist es äußerst unwahrscheinlich, daß er über die Weisheit dieser Bemerkung in den folgenden Wochen eingehender nachgedacht hat.

Der Präsident hatte gesprochen – und sofort standen alle olympischen Wächter bei Fuß. Dem armen China war übel mitgespielt worden. Der kaum ernstzunehmende Olympic Council of Asia (Inhaber: die in Kuwait herrschende Familie Al-Sabah) rügte «die Rassisten und die westlichen Medien wegen ihrer fälschlichen Dopingvorwürfe gegen chinesische Sportler».[3] Der Milliardär Bob Hasan aus Indonesien, neu im IOC, tobte: «Wir sind zu zurückhaltend, zu freundlich gewesen. Wir müssen in die Offensive gehen. Wir müssen der Welt klarmachen, daß diese Unterstellungen falsch sind.»[4]

Der olympische Chor ertönte in voller Lautstärke. Der Inder Ashwini Kumar, einer der ältesten unter den Herren der Ringe, pflichtete bei: «Es ist mittlerweile schon zur Gewohnheit geworden, daß die herausragenden Leistungen der asiatischen Sportler von Sportfunktionären im Westen heruntergemacht werden. Diesen Verunglimpfungen müssen wir einen Riegel vorschieben.»[5] Und Primo Nebiolo vom Leichtathletikverband, der sich auch diesmal die Chance einer Schlagzeile nicht entgehen lassen wollte, stimmte ein und lobte die Chinesen für ihre «bessere Organisation, bessere Strategie, bessere Philosophie, bessere Ideologie».[6]

Die Asienspiele gingen zu Ende, Meldungen aus den Labors blieben aus, und ein überzeugter Samaranch betonte erneut: «Alle Tests waren negativ.»[7] Eine Woche später behauptete er: «Wir glauben, daß das Doping wirklich zurückgeht und es bei den wichtigsten Wettbewerben kaum Probleme gibt.»

Sechs Wochen, nachdem Samaranch so kühne Behauptungen über die Sauberkeit des chinesischen Sports aufgestellt hatte, sickerte die Wahrheit durch. Am 16. November 1994 behauptete die *Chicago Tribune*, eine chinesische Schwimmerin, die bei den Asienspielen Gold gewonnen hatte, sei beim Doping erwischt worden. Warum hatte man das Ergebnis verschwiegen? Es gab «politische Gründe» – ein Code, um Samaranch nicht in Verlegenheit zu bringen. Die *Tribune* schrieb, die Täterin sei die Weltmeisterin im 400-Meter-Freistilschwimmen Yang Aihua.

War das dieselbe Yang Aihua, die ein paar Monate früher betont hatte: «Wir haben eine Anti-Doping-Politik, die Drogen verbietet und jeden bestraft, der das Gesetz bricht. Der Erfolg unseres Teams ist darauf zurückzuführen, daß wir sehr gute Trainer und die besten Trainingsmethoden der Welt haben.»[8]

Es war dieselbe Yang Aihua, und sie bekam Rückendeckung von einem Sprecher des chinesischen Außenministeriums, der der Sportwelt versicherte: «Die chinesischen Sportler haben sich zu den verschiedensten Anlässen Tests unterzogen. Die Ergebnisse dieser Tests zeigen, daß keiner von ihnen unerlaubte Drogen genommen hat.»[9] Dies war eine glatte Lüge.

Und es sollten noch viel schlimmere Nachrichten folgen. Nicht nur Yang Aihua hatte Dopingmittel genommen. Bei weiteren zehn chinesischen Sportlern waren die Testergebnisse positiv. Fünf Frauen und sechs Männer – sieben Schwimmer sowie ein Hürdenläufer, ein Radfahrer und zwei Kanuten – hatten alle dasselbe Hormon – Dihydrotestosteron – eingenommen, von dem viele Sportler glauben, es könne bei Tests nicht aufgespürt werden. Ben Johnson glaubte, er habe es in Seoul bekommen – er war von seinen Trainern getäuscht worden –, und den geheimen Kanälen der Dopingszene zufolge war es bei den Olympischen Spielen 1988 das gängigste Dopingmittel. Aber inzwischen konnte man das Hormon identifizieren, und Professor Manfred Donike, der die Tests in Hiroschima beaufsichtigt hatte, erklärte, es bestehe kein Zweifel, daß China seine Sportler systematisch mit Dopingmitteln vollstopfte.

Tatsachen? Wen interessieren schon Tatsachen? Das chinesische Mitglied des Exekutivkomitees He Zhenliang bestritt, daß systematisch gedopt würde,[10] und der nicht ganz ernstzunehmende Olympic Council of Asia behauptete hartnäckig, es handle sich «lediglich [um]

Einzelfälle, die nicht auf andere Sportler übertragen werden können».[11] Doch diesmal enthielt sich das Hauptquartier des IOC jeden Kommentars, und Samaranch ging drei Monate lang in Deckung, bis er im Februar 1995 in Rom wieder auftauchte, um ein weiteres Mal zu versichern, daß der Krieg gegen das Doping gewonnen werde. «Wir haben längst den Kampf aufgenommen und gute Ergebnisse erzielt», erklärte er.

Vertraut mir, wir kümmern uns um alles, versprach Samaranch zwei Wochen später in Monte Carlo und behauptete im Brustton der Überzeugung: «Die Olympische Bewegung setzt ihren unnachgiebigen Kampf gegen das Doping fort.»[12] Sein Geschäftsführender Direktor François Carrard versuchte, einen Schlußstrich unter die Kontroverse zu ziehen, indem er die seltsame Ansicht verbreitete: «Die chinesischen Sportfunktionäre tun ihr Bestes, um das Doping-Problem unter Kontrolle zu bekommen.»[13] Zehn Monate später verkündete Samaranch, als er sich mal wieder in Japan aufhielt: «Wir machen Riesenfortschritte im Kampf gegen das Doping.»[14]

Seit seinem Amtsantritt im Jahr 1980 hat Samaranch seine Kampagne, die das Ausmaß des Dopings im Sport auf ein Minimum reduzieren soll, regelrecht zu einer Kunstform entwickelt. Er stellt lächerliche Behauptungen auf, die kaum jemand, der mit Sport zu tun hat, glaubt – und kommt damit durch. Das muß er auch – um den luxuriösen Lebensstil von Lausanne bewahren zu können. Wenn die Öffentlichkeit jemals mitbekommen sollte, wie schmutzig der Spitzensport geworden ist, werden die Sponsoren und Fernsehsender umgehend den Hahn zudrehen, aus dem bis jetzt noch die Milliarden sprudeln, die sie dem IOC für einen saubereren, moralischen, sportlichen Wettkampf zahlen.

Es geschehen merkwürdige Dinge bei den Dopingtests. Einige Ergebnisse gehen einfach verloren, und selbst wenn es klare, erdrückende Beweise gibt, erfährt aus unerfindlichen Gründen niemand etwas davon. Statt dessen machen sich die bezahlten Kommentatoren wieder ans Werk: Wir haben die Sache mit dem Doping unter Kontrolle – don't worry, be happy!

Möglicherweise war es ein Oberst des KGB, der die Olympischen Spiele in Moskau rettete. 1980 wurde über keinen einzigen Dopingtest mit positivem Ergebnis berichtet – obwohl er behauptet, es habe mehrere gegeben. Und er müßte es doch eigentlich wissen. Der Oberst folgte den Erlassen der alten Männer im Kreml und erfüllte die Hoffnungen des neuen IOC-Chefs. Der ehemalige Faschist und die kommunistischen Parteiführer brauchten beide eine saubere Olympiade.

Ein großartiges Sportfest im Lenin-Stadion war geradezu ein Muß. Eine reibungslos verlaufende, skandalfreie Olympiade würde zum Vorbild für die Welt werden – und das Augenmerk auf die moralische Aufrüstung in Lausanne lenken. Eine alle Rekorde brechende Olympiade kam den Marketingleuten gerade recht. Da aber eine dopingfreie, alle Rekorde brechende Olympiade nur in Samaranchs Träumen existierte, würden sie ein bißchen mogeln müssen.

Eigentlich hätte es bei den Tests in Moskau positive Ergebnisse nur so hageln müssen. Die Einnahme von Dopingmitteln stieg exponentiell, und obwohl in Montreal vier Jahre zuvor nur elf Positiv-Ergebnisse gemeldet wurden, war die Straße nach Olympia knöcheltief mit Spritzen bedeckt. Aber der Oberst und seine Kollegen vom KGB hatten ihre Sache gut gemacht. Sie waren Helden im Kampf um den Sozialismus und die olympischen Ideale. Jetzt, da er als Rentner in Moskau lebt, betont er nachdrücklich: «Keine Namen. Ich will meine ehemaligen Kollegen und die Sportler nicht bloßstellen.»[15] Und dann beginnt er mit seinen Erklärungen: Die KGB-Leute waren beauftragt, die Anti-Doping-Kampagne zu infiltrieren, und brachten bei den Tests ihre Fachkenntnisse ein, indem sie dolmetschten und assistierten.

Einige Sportler überkamen Hemmungen, als sie aufgefordert wurden, Urinproben abzugeben. Die braven Genossen wandten sich diskret ab, während die Betrüger sauberen Urin aus versteckten Beuteln in die Uringläser gossen. Der Oberst vermutet außerdem, daß einige Sportler sich der für Frauen relativ leicht durchführbaren, für Männer hingegen schrecklich schmerzhaften Prozedur unterzogen, mit Hilfe eines Katheters sauberen Urin von Kollegen in ihre Blasen zu pumpen. Beide Methoden sind im Laufe der Jahre auch in anderen Ländern ans Licht gekommen.

Der Oberst behauptet, daß in Moskau einige gedopte Sportler erwischt wurden. Welche waren es? «Es stellte sich heraus, daß ein Schwede, unsere Freunde aus Ostdeutschland und unsere Schützen gedopt waren», berichtet er. «Nur unter ungeheuren Mühen konnten sich die Sowjets retten.» Der Oberst hat keinerlei Skrupel, was seine Bemühungen für die Olympiade betrifft. «Warum sollten wir nach dunklen Wolken am klaren Moskauer Horizont suchen? Und die Olympiade war so ein toller Erfolg.»

Natürlich: Den nachträglichen Analysen der Urinproben durch den deutschen Professor Manfred Donike wurde kaum Aufmerksamkeit geschenkt. Wie nach jeder Olympiade nahm der Professor auch diesmal Proben zu weiter gehenden Kontrollen mit in sein Labor. Dabei fand er heraus, daß eine große Anzahl von Sportlern Testosteron, das menschliche Hormon, dessen künstliches Pendant die anabolen Steroide sind, eingenommen hatte. Obwohl es vom IOC verboten war, konnten sich die Wissenschaftler nicht darüber einig werden, wie man feststellt, ob ein Sportler gedopt war oder nur größere Mengen des natürlichen Hormons produzierte. Da die Auseinandersetzungen darüber die nächsten vier Jahre andauerten, schluckten Sportler weiterhin das Hormon, ohne Sanktionen fürchten zu müssen.

Die russischen Journalisten ließen sich nicht täuschen. «Dopingkontrollen in Moskau?» meinte ein Leichtathletikreporter Jahre später lachend zu mir. «Es gab keine Dopingkontrollen!» Man müsse sich nur anschauen, wie viele ehemalige sowjetische Sportler heute mit gesundheitlichen Problemen zu kämpfen hätten – verursacht durch die hochdosierten Dopingmittel, die sie hätten nehmen müssen.

Das IOC hingegen feierte mit großem Tamtam die «dopingfreien» Spiele. Im Anschluß an die Olympiade in Moskau behauptete der Vorsitzende der Medizinischen Kommission, Prince de Merode, viele Länder hätten ihre Sportler bereits vorab einem Test unterzogen und jene, die durchgefallen seien, aus der Mannschaft genommen. Außerdem lobte er das Moskauer Labor für Dopingkontrollen als «beispielgebend für zukünftige Gastgeber».[16]

Später vernahm man von de Merode allerdings andere Töne. In vertraulichen Gesprächen gab er zu, daß ein Teil der Laborausrüstung in Moskau Mängel aufwies. Aber der Rest der Welt erfuhr nichts davon. Samaranchs *Olympic Review* veröffentlichte einen Artikel über die Spiele in Moskau, in dem die kühne Behauptung aufgestellt wurde: «Prince de Merode betonte, daß die Olympischen Spiele in Moskau die ‹saubersten› überhaupt gewesen seien. Ein Beweis hierfür ist, daß nicht ein einziger Fall von Doping festgestellt wurde.»[17]

So hatte sich das IOC auch die Spiele in Los Angeles vorgestellt: Die Olympiade des Jahres 1984 mußte «sauber» aussehen, und es sollte nicht allzu viele peinliche Ergebnisse bei den Dopingkontrollen geben. Freunde des Sports, Athleten, TV-Sender und Sponsoren, sie alle wurden von Samaranch und seiner IOC-Führung irregeleitet: Während sie öffentlich den Sieg im «Krieg» gegen das Doping verkündeten, wußten sie insgeheim, daß die Zahlen, die sie im Zusammenhang mit den Spielen in LA veröffentlicht hatten, falsch waren. Die interne Geschichte der Dopingkontrollen bei der Olympiade 1984 stimmt mit den veröffentlichten Fakten nicht überein.

Zumindest am Ende der Spiele hätte das IOC bekanntgeben können, daß weitaus mehr Tests positiv ausgefallen waren als die zwölf, die man zugegeben hatte. Entscheidende Dokumente, die die Betrüger beim Namen nannten, landeten auf geheimnisvolle Weise im Reißwolf. Wenn die IOC-Mitglieder auf einen guten, sauberen Sport so erpicht waren, warum haben sie dann geschwiegen? Könnte der Grund zufällig der gewesen sein, daß sie ihren Handelsvertretern keinen Strich durch die Rechnung machen wollten?

Die Spiele von Montreal hatten ein finanzielles Defizit hinterlassen, und auch in Moskau hatte man wegen des von den Amerikanern angeführten Boykotts schlecht abgeschnitten. Dieses Mal mußte einfach alles glattgehen. Rein gar nichts durfte den idealistischen Wettkampf beflecken, für den Dasslers Vertreter bei den neuen Sponsoren so eifrig warben. Doping war das Schreckgespenst des großen Festivals: Wenn das IOC im Vergleich zu den elf Fällen von Montreal eine wesentliche Zunahme der Dopingfälle zugab, würden sich die TV-Gesellschaften und Sponsoren abwenden, und Dasslers Geldquellen würden versiegen.

Den Plänen für die Dopingkontrollen war ein schlechter Start beschieden: Die Organisatoren der Spiele in LA weigerten sich, Testosterontests durchzuführen, und erklärten, es handle sich um eine körpereigene Substanz. Hätten sie sich durchgesetzt, hätte jeder, der Dopingmittel nahm, sein wahres Vergnügen an den Spielen gehabt. Die Sportler hatten nämlich inzwischen herausbekommen, daß die Dopingwächter bei den Spielen leicht zu täuschen waren, sofern es keine Stichproben außerhalb der Wettkampfzeiten gab: Man mußte nur ein paar Wochen vor dem Wettkampf mit der Einnahme der künstlichen Hormone aufhören, mit der Injektion von Testosteron hingegen fortfahren.

Die Veranstalter von Los Angeles weigerten sich ebenfalls, Koffeintests vorzunehmen: Was sollte das schon bringen, jeder trank schließlich das Zeug. Der Krach zwischen ihnen und de Merode schwelte zwei Jahre lang vor sich hin, und er erklärte gegenüber einer sowjetischen Sportzeitschrift: «Mir fällt immer wieder ein, mit welcher Leichtigkeit das IOC all die Probleme mit den Organisatoren der Moskauer Olympiade löste. Bei den Amerikanern liegen die Dinge anders.»[18]

Schließlich gaben die Amerikaner nach, aber der Cheforganisator Peter Ueberroth war doch ziemlich verärgert, als in der Presse Berichte über Dopingfälle erschienen. So erklärte er dem IOC, er mißbillige diese Berichterstattung, die in der Öffentlichkeit den Eindruck entstehen lasse, «alle Sportler seien gedopt». Er drängte das Komitee zu betonen, daß es nur sehr vereinzelte positive Ergebnisse gebe, um den Verdacht zu widerlegen, daß alle Sportler «drogensüchtig» seien.[19]

Die amerikanischen Sportler waren wohl mit am besten vorbereitet auf jedwede Gefahren, die durch die Dopingtests in Los Angeles drohten. Das NOK der USA lud seine Spitzensportler ein, die Labors aufzusuchen – um zu lernen, wie man in eine Flasche uriniert, wie man erklärte.[20] Die Ergebnisse wurden geheimgehalten, und so erfuhren die Betrüger, wie lange es dauerte, bis die Dopingmittel – egal, welche sie einnahmen – aus ihrem Körper verschwanden. Vielleicht war es ein Zufall, daß 1984 kein einziger amerikanischer Sportler erwischt wurde.

In der ersten Olympiawoche wurden einige Volleyballspieler und Gewichtheber erwischt, aber es waren keine Stars – die Lieblinge der Sponsoren waren sauber. Dann überführten die Dopingkontrolleure den finnischen Langstreckenläufer Martti Vainio, der im 10 000-Meter-Lauf die Silbermedaille gewonnen hatte. Als er vor die Medizinische Kommission zitiert und ihm mitgeteilt wurde, daß die Spiele für ihn gelaufen waren, fügte er sich bereitwillig. Doch vor der Bekanntmachung des Positivergebnisses stand er zum ersten 5000-Meter-Lauf bereit. Er wußte, daß er eigentlich nicht dort hingehörte, wer also hatte ihm gesagt, er solle antreten? Hatte man ihm zugeraunt, man werde sein Problem schon lösen – mach dir keine Sorgen, lauf einfach, wir regeln das schon?

Was man Vainio auch versprochen haben mag, es konnte nicht gehalten werden. «Es waren nur noch zwanzig Minuten bis zum Start, als ich erfuhr, daß Vainio beim Test durchgefallen war», erzählt Fred Holder, einer der Schiedsrichter beim 5000-Meter-Lauf. «Etwas mußte geschehen. Vainio akzeptierte meine Entscheidung, ihn ohne weitere Erklärung auszuschließen, doch am gleichen Nachmittag traf ich dann Nebiolo.» Der Chef des Leichtathletikverbandes war fuchsteufelswild. «Er beharrte darauf, daß nur er solche Entscheidungen treffen könne und das Testergebnis dem Exekutivrat hätte mitgeteilt werden müssen – der aber erst nach den Olympischen Spielen wieder zusammenkommen würde.» Holder ignorierte ihn. Er war überzeugt, daß Nebiolo nur aus notorischer Eitelkeit als derjenige dastehen wollte, der die großen Entscheidungen traf. Außerdem hegte er den Verdacht, so erklärte mir Holder, es sei Samaranchs Wunsch gewesen, daß alle Entscheidungen möglichst nicht öffentlich getroffen wurden.

«Ich denke, da gibt es noch andere», sagte Vainio später. «Ich bin nur der einzige, der überführt wurde. Es ist richtig, daß ich bestraft werde, aber wie viele andere Sportler müßten dieses Schicksal mit mir teilen?» Später wurde bekannt, daß bei Vainio schon zwei Monate vorher während des Marathons in Rotterdam ein Test positiv ausgefallen war. Diese beiden Verstöße hätten eigentlich eine lebenslange Sperre zur Folge haben müssen. Aber er wurde nur wegen des Verstoßes bei der Olympiade zur Rechenschaft gezogen und achtzehn Monate lang gesperrt.

Die nächste geheimgehaltene Auseinandersetzung fand statt, als der italienische Kugelstoßer Gian Paolo Urlando überführt wurde. Und wieder gärte es bei den Besprechungen hinter den Kulissen, bevor das Ergebnis verkündet wurde. Laut einem Bericht, der sich in Stasi-Akten [21] fand, nahm sich der Präsident des italienischen und des Internationalen Leichtathletikverbandes Primo Nebiolo Professor Donike von der Medizinischen Kommission des IOC vor. Offenbar kam es zu einem Streit, als Nebiolo fragte, ob «man etwas für Urlando tun könnte» und warum es notwendig sei, gar so viele positive Ergebnisse zu präsentieren.

Doch die schlechten Nachrichten häuften sich. Was tun? Kein Problem. Wenn das Labor zu viele positive Testergebnisse lieferte, wurde es kurzerhand dichtgemacht. Dr. Arnold Beckett, einer der Dopingkontrolleure, berichtet, [22] daß ihm drei oder vier Tage vor dem Ende der Spiele der Labordirektor Dr. Don Catlin mitgeteilt habe, man habe ihn und seine Mitarbeiter instruiert, die Tests zu beenden. «Zu meiner großen Überraschung sagte Catlin klar und deutlich, er habe Anweisung von oben erhalten, daß die Kontrollen nicht fortgesetzt werden sollten», sagte Beckett. «Er war sehr verärgert.»

«Aber wir machten uns keine Sorgen», fügt Beckett hinzu. «Wir hatten schon viele Probleme mit der Dopingkontrolle gehabt, und unsere Arbeit war oft behindert worden, doch wir gingen davon aus, daß wir weitermachen würden, sobald der Großteil der IOC-Mitglieder abgereist war.» Was die strittige Gesamtzahl der positiven Ergebnisse in Los Angeles betrifft, stand Catlins Integrität nie in Frage, und er sagt, er könne sich an derartige Anweisungen nicht erinnern.

Nach der ersten Olympiawoche muß Samaranch den Eindruck gewonnen haben, daß er am Rande des Abgrunds stand. Aus dem anfänglich noch sporadischen Tröpfeln der Positivergebnisse bei den Dopingtests war ein Strom geworden, und da bei vielen Wettkämpfen, an denen bekanntermaßen gedopte Sportler teilnahmen, das Finale bedrohlich näherrückte, mußte er die große Katastrophe fürchten. Noch schlimmer war, daß die größten Stars zum Wettkampf antraten: Wenn unter ihnen Betrüger entlarvt und disqualifiziert wurden, drohte der finanzielle Ruin. Bei den Laufdisziplinen war Carl Lewis nahe daran, sich wie Jesse Owens vier Goldmedaillen zu holen, Seb Coe war im Begriff, seinen Titel im 1500-Meter-Lauf zu verteidigen, und Evelyn Ashford und Valerie Brisco Hooks schickten sich an, ihre Konkurrentinnen aus dem Rennen zu schlagen. Die zukünftigen Olympia-Stars Ben Johnson, Merlene Ottey und Florence Griffith-Joyner würden Silber und Bronze gewinnen.

Der Medizinischen Kommission des IOC wurden viele positive Testergebnisse mitgeteilt, erinnert sich Craig Kammerer, der stellvertretende Direktor des Labors.[23] Die Dopingkontrolleure warteten vergeblich darauf, daß die verdächtigen Sportler erneut erschienen, um sich einem zweiten Test ihrer Urinproben zu unterziehen.

«Am Ende der Spiele hatten wir jede Menge positive Ergebnisse», berichtet Kammerer, «aber keiner der Wettkämpfer ließ sich zum B-Test blicken. Unter den Dopingmitteln waren Testosteron, Steroide und Ephedrine. Wir bekamen nie eine Erklärung, warum nichts mehr unternommen wurde. Es war nicht unsere Aufgabe, Sanktionen zu verhängen, deshalb dachten wir auch nicht allzuviel über die ausbleibenden Sportler nach, die beim ersten Test positiv abgeschnitten hatten.

Aber man fragte sich doch, was da eigentlich vor sich ging.» Die Akten der Spiele von Los Angeles weisen zwölf Tests mit positivem Ergebnis beziehungsweise Disqualifikationen aus. Damit konnte das IOC leben. Aber es wurde nie öffentlich bekannt, daß weit mehr Sportler überführt worden waren.

Die Olympischen Spiele in Los Angeles wurden als großer Erfolg hingestellt. Aber die Wissenschaftler aus dem Dopinglabor warteten immer noch auf weitere Maßnahmen, was die übrigen Positivtests betraf. Als das Exekutivkomitee des IOC im November 1984 zusammentrat, wurden sie nicht einmal erwähnt. Ein halbes Jahr nach dem Ende der Spiele trafen sich mehrere dieser Wissenschaftler in Köln. Dabei waren auch Donike, Beckett, Dr. Robert Dugal aus Montreal und der Vorsitzende der Medizinischen Kommission Prince de Merode. Als letzterer scharf angegriffen wurde, weil man in Hinblick auf die neuen Tests untätig geblieben war, hatte er eine bemerkenswerte Geschichte zu erzählen.

Merode erklärte, daß er während der Spiele die Liste der getesteten Sportler – sowie die Codenummern, mit denen aus Gründen der vertraulichen Handhabung die Urinproben versehen waren – in einem verschlossenen Schrank in einem Raum des Hotels Biltmore aufbewahrt habe. Als er am Tag nach dem Ende der Spiele in sein Büro ging, sei der Schrank leer gewesen. Die entscheidenden Dokumente seien entfernt worden. Die Organisatoren von Los Angeles hätten ihm erklärt, der Raum sei nur bis zu diesem Tag gemietet und alle Dokumente entfernt und in den Reißwolf gesteckt worden. Die Namen der Sportler, deren Test positiv ausgefallen war, würden niemals bekanntwerden.

«Es war ein Skandal, und man könnte fragen: ‹Warum haben nicht wenigstens einige von uns etwas unternommen?›», meint Beckett dazu. «Ganz einfach. Aus dem, was de Merode sagte, gewannen wir den Eindruck, daß er vollkommen unschuldig zum Opfer geworden war. Deshalb konnte man nichts tun.»

«Wir beschlossen, daß ich die Verantwortung übernehmen sollte», fügte Beckett hinzu. «Also schrieb ich einen Brief, der von Donike und Dugal unterzeichnet wurde und in dem es tatsächlich hieß, daß wir die Situation genau geprüft und erkannt hätten, daß de Merode unschuldig sei. So seien wir zu dem Schluß gekommen, daß wir keine weiteren Schritte unternehmen konnten.»

Die verdächtigen Sportler kamen noch einmal davon, genauso wie diejenigen, die die Anweisung gaben, de Merodes verschlossene Schränke gewaltsam zu öffnen und die Dokumente in den Reißwolf zu stecken – wer auch immer dies gewesen sein mag. Doch die wissenschaftlichen Daten der positiven Tests blieben erhalten, auch wenn sie ohne de Merodes Liste mit den Codenummern nicht bestimmten Sportlern zugeordnet werden konnten.

Zwei Jahre später schickten Catlin und Kammerer den Entwurf eines Artikels über die Dopingtests in Los Angeles, der in einer medizinischen Zeitschrift erscheinen sollte, an de Merode. «Er schrieb zurück, daß wir diese Daten nicht veröffentlichen dürften», berichtet Kammerer. «Er behauptete, sie seien Eigentum des IOC. Daraufhin teilte Catlin dem Prinzen mit, daß wir die Daten sehr wohl veröffentlichen dürften. Es stand nämlich in unserem Vertrag.»

Schließlich fand man einen Kompromiß: «Wir kamen überein, die einzelnen Tagesberichte der Laborergebnisse nicht zu veröffentlichen. Daraus wäre klar und deutlich hervorgegangen, an welchen Tagen die Positivergebnisse auftauchten und um welche Substanz es jeweils ging. Und damit wiederum hätte man die Liste der erklärten Positivfälle mit denen abgleichen können, bei denen man nichts weiter unternommen hatte.»

Catlin leugnet, daß Druck auf ihn und seine Kollegen ausgeübt worden sei, um eine vollständige Veröffentlichung der Daten zu verhindern. «Ich war überzeugt, daß die Frage, was mit den fehlenden Positivergebnissen passiert war, weiterhin im Raum stehen würde», meint er. «Aber ich würde der Medizinischen Kommission des IOC heute nicht mehr angehören, wenn ich einen Bericht ohne die Zustimmung des Prinzen veröffentlicht hätte.»

Aber weder Sportler noch Sportjournalisten ließen sich so leicht abspeisen. Noch Jahre später murrten sie über die, die davongekommen waren. Nach einem Jahrzehnt ging der Fernsehsender BBC in seiner Sportserie *On The Line* der Sache nach. Beckett und Kammerer bestätigten die geheimgehaltenen Positivergebnisse und das rätselhafte Verschwinden der entsprechenden Dokumente im Reißwolf. Ende August 1994 wurden die Ergebnisse der Untersuchung ausgestrahlt. Und was hatte das IOC dazu zu sagen? «Zu diesen Unterstellungen geben wir keinen Kommentar ab», erklärte der Direktor der Pressekommission des IOC, Andrew Napier. «Aber wir möchten darauf hinweisen, daß das IOC und seine Medizinische Kommission bis 1988 im Kampf gegen Drogen im Sport nahezu alleine dastanden.»[24] Merode räumte ein, daß die Vernichtung der Dokumente «ein Fehler» gewesen sei.

Gab es in Los Angeles eine Verschwörung? Hatte die olympische Führung die Vernichtung der Akten angeordnet – oder hatten die geldgierigen Organisatoren Druck ausgeübt? Die Gralshüter jedenfalls scherten sich einen Dreck darum; den Sportfans hatte man zwar einen Bären aufgebunden, aber die Olympiade blieb nach wie vor eine gute Investitionsmöglichkeit für Sponsoren. Dieselben alten Männer, die die Öffentlichkeit in Los Angeles für dumm verkauften, verhielten sich bei den nächsten beiden Olympischen Sommerspielen nicht anders, und sie werden auch ein Auge darauf haben, was uns in Atlanta erzählt wird.

Ben Johnson hatte in den zwei Jahren vor den Spielen in Seoul neunzehn Dopingtests unbeschadet überstanden. Würde er auch diesmal durchkommen? Mit seinen enormen Muskeln wirkte er wie ein Hormonsüchtiger, und die meisten Kenner der Leichtathletikszene vermuten, daß er den größten Pillenschrank in der ganzen Branche hatte.

Wie zu erwarten, gewann Johnson den 100-m-Lauf spielend. Er war überzeugt und vollkommen sicher, daß er ein unauffindbares Hormon einnahm, nämlich dasselbe wie so viele seiner Rivalen. Doch dann: Bumm! Es klopfte an seine Tür. Ob er bitte so freundlich wäre, die Medizinische Kommission aufzusuchen? Sein fauler Dopingarzt hatte ihm Pferdemedizin gegeben, und das Labor war ihm auf die Schliche gekommen.[25]

Die ersten, die etwas spitzkriegten, waren koreanische Journalisten. Vielleicht hatten sie einen Hinweis von den Mitarbeitern des Labors bekommen, die fürchteten, die Geschichte könnte vertuscht werden; vielleicht hatten sie auch gesehen, wie Johnson und Funktionäre des kanadischen Teams aus ihrem Hotel geholt wurden. Wie auch immer, jedenfalls hatte das IOC die Angelegenheit nicht mehr unter Kontrolle. Reporter aus dem Westen hatten den Tip bekommen, daß die Geschichte am nächsten Morgen in den Seouler Zeitungen auf der ersten Seite stehen würde, und machten sofort Jagd auf Prince de Merode. «Sie würden ein gutes Werk tun, wenn Sie diese Geschichte veröffentlichen», versicherte er. «Morgen früh wird ein Bericht der Medizinischen Kommission erscheinen, in dem die Empfehlung ausgesprochen wird, Johnson zu disqualifizieren und ihm die Medaille wieder wegzunehmen.»[26]

Aus dem Johnson-Lager hingegen kamen nur die üblichen Dementis; das kanadische IOC-Mitglied Dick Pound verteidigte ihn so lange, bis die Beweise an Deutlichkeit nichts mehr zu wünschen übrigließen. Samaranch blieb für einen Moment die Spucke weg, doch dann klammerte er sich an das Manuskript seiner Propagandaexperten: «Wir haben den schnellsten Mann der Welt disqualifiziert», erklärte er und behauptete dann, damit habe das IOC seine Entschlossenheit unter Beweis gestellt, mit dem Doping aufzuräumen. Doch nicht alle waren überzeugt, selbst ein Mitglied seiner Medizinischen Kommission nicht. «Wenn in Seoul nicht die Professoren gewesen wären», sagt das IOC-Mitglied im Vertrauen, «hätten sie, glaube ich, das Testergebnis von Johnson unter den Teppich gekehrt. Sie hätten es einfach vertuscht.»

«Das IOC gewinnt den Krieg gegen das Doping», wiederholte Samaranch zwei Monate nach den Spielen in Seoul,[27] und damit schien die Affäre Johnson ad acta gelegt. Weder das IOC noch Primo Nebiolos Leichtathletikverband untersuchten die Hintergründe des Skandals. Doch glücklicherweise nahm sich die kanadische Regierung der Sache an.

Richter Charles Dubin leitete die Untersuchung, und schließlich gaben Johnson, sein Trainer, sein Arzt und eine Reihe anderer Sportler die Einnahme von Dopingmitteln zu. Wie sich nun herausstellte, wußten in kanadischen Sportkreisen alle über Johnsons Drogenabhängigkeit Bescheid. Das schöne Komplott der olympischen Familie fiel wie ein Kartenhaus zusammen, als Dubin seinen Bericht vorlegte. Die einhelligen Behauptungen aus Lausanne – daß Tests unmittelbar vor dem Wettkampf abschreckend wirkten – hielten der genauen Prüfung durch einen schlauen Richter nicht stand. Er befragte zahllose Labortechniker, wie lange es dauern würde, bis sämtliche Spuren der während des Trainings eingenommenen verbotenen Dopingmittel wieder aus dem Körper der Sportler verschwunden seien. Die Stars gaben unter Eid zu, daß sie wüßten, was sie einnehmen und wann sie mit der Einnahme aufhören mußten. Die Tests während der Olympiade waren lediglich eine notwendige, aber ungefährliche Pflichtübung, bevor sie Medaillen einsammelten und Beihilfen kassierten.

«Obwohl die Medizinischen Kommissionen von Sportorganisationen wie IAAF und IOC schon seit Jahren wußten, daß Tests während der Wettkämpfe irreführend sind», schrieb Dubin, «haben sie nichts unternommen, um diese Tatsache einer breiten Öffentlichkeit bekanntzumachen. Sie haben vielmehr den Eindruck erweckt, ihre Wettkämpfe seien fair und die Labors könnten nicht getäuscht werden.» Sein Urteil über die moralischste aller Sportorganisationen: «Dieses Bemühen, den Schein zu wahren, anstatt die Wahrheit offenzulegen, ist bei den Anhörungen immer wieder deutlich geworden.»[28]

Und natürlich war Johnson in Seoul nicht der einzige Betrüger. «Der breiten Öffentlichkeit wurde lange weisgemacht, ein positives Testergebnis bedeute gleichzeitig, daß die anderen Sportler nicht gedopt waren», erklärte der Richter. «Wir wissen jetzt, daß diese Annahme falsch ist – und das IOC und die IAAF wissen das schon seit Jahren. Die in Seoul erwischten Sportler waren nicht die einzigen, die Dopingmittel nahmen. Sie waren nur die einzigen, die überführt wurden.»

Der Bericht habe keine große Bedeutung, erklärte Dick Pound. «Er hat keinerlei Gewicht.»[29]

Wenn Dubin die volle Wahrheit über das Doping in Seoul bekannt gewesen wäre, hätte seine Stellungnahme sicher noch anders ausgesehen und sich womöglich nicht zur Veröffentlichung geeignet. Die Labors überführten zehn Betrüger, doch ein Jahr später gab Professor Donike bekannt, er habe erneut eine Anzahl von Urinproben überprüft: Mindestens fünfzig Sportler hätten Steroide eingenommen.[30] Aber das war noch nicht alles: «Bei zwanzig Athleten verlief der Test positiv, aber sie wurden nicht disqualifiziert», erklärte der Leiter des Labors in Seoul. Es wird immer Testergebnisse geben, die im Grenzbereich liegen oder nicht ganz eindeutig sind, aber das IOC weigert sich, die noch nicht ausgewerteten Daten zu veröffentlichen. Bis das geschieht, so urteilte ein Experte, «ist dem Mißbrauch Tür und Tor geöffnet.»

Sechs Jahre nach Seoul wurden die Geheimnisse um die Dopinganwendung bei den Ostdeutschen gelüftet. In den Stasi-Akten fanden sich Berichte über die Schwimmer von 1988 – sauber bei den Wettkämpfen, beim Training hingegen vollgestopft mit synthetischen Hormonen. Bei der sechsfachen Goldmedaillen-Gewinnerin Kristin Otto wurde ein Hormonspiegel ermittelt, der dreimal höher war als das Maximum, das ein Jahr nach den Spielen festgelegt wurde (siehe auch B. Berendonk: Doping, Reinbek 1992, S. 223). Ähnliche Ergebnisse wurden bei ihren Starkollegen entdeckt. Der Reporter, der die Wahrheit ans Licht gebracht hatte, spöttelte: «Otto hatte mehr Testosteron in ihrem Körper als die gesamte Mannschaft der Dallas-Cowboys zu-sammengenommen.»[31]

Das Olympische Jahr 1992 wurde mit der IOC-Tagung in Albertville eröffnet, wo Samaranch «den unentwegten und hartnäckigen Kampf» beschwor, «den die olympische Bewegung gegen das Doping führt».[32] Er hatte wohl das Editorial der neuen wissenschaftlichen Fachzeit-schrift *Drugs in Sport* noch nicht gelesen, die im selben Monat er-schien. Darin hieß es: «Heute ist die Einnahme von Dopingmitteln im Sport so weit verbreitet, daß die meisten Athleten nicht daran vorbei-kommen, wenn sie wettbewerbsfähig bleiben wollen.»[33]

Dem stimmten die Fachleute zu. «Die Gefahr ist doch die: Wenn es nicht gerade einen Dopingskandal gibt, deutet das olympische Publi-kum dies als Anzeichen dafür, daß es bei den Spielen kein Doping mehr gibt», warnte Dr. Robert Voy, der ehemalige leitende Arzt beim Olym-pischen Komitee der USA. «Das Fehlen von positiven Testergebnissen deutet lediglich darauf hin, daß die gedopten Sportler geschickter sind als die Dopingkontrolleure.»[34]

Samaranch hatte darauf dieselbe Antwort wie eh und je: «Die Medi-zinische Kommission des IOC kämpft seit einem Vierteljahrhundert an vorderster Front... es waren nicht nur Lippenbekenntnisse, wir sind immer mit konkreten Maßnahmen gegen das Doping vorgegangen.»[35] Eine seiner konkreten Maßnahmen bestand darin, Ben Johnson nach zweijähriger Sperre wieder zu den Spielen zuzulassen. Johnson ging beim Halbfinale als Letzter durchs Ziel und schied aus – im Jahr darauf wurde er lebenslänglich gesperrt, nachdem die Tests gezeigt hatten, daß er erneut zugegriffen hatte.

In Barcelona überführte die Dopingpolizei nur fünf Sportler, also halb so viele wie in Seoul. Prince de Merode war begeistert: «Ich bin sehr optimistisch, daß der Kampf gegen das Doping große Fortschritte macht. Die Aussichten für die Zukunft stehen sehr gut.»[36] Und Sama-ranch fügte hinzu: «Ich bin der festen Überzeugung, daß wir die Schlacht gegen das Doping gewinnen.»[37]

In Barcelona qualifizierte sich Samaranch für einen neuen Ehren-titel. Er präsidierte über das größte Doping-Festival aller Zeiten: schlimmer als die Spiele in Seoul und LA zusammengenommen. Die Zahlen bei den nun vorschriftsmäßig nach den Spielen durchgeführ-ten Überprüfungen der Urinproben waren schwindelerregend: Einer von zehn Wettkampfteilnehmern wurde des Mißbrauchs mit synthetischen Hormonen überführt – das machte insgesamt fast tausend gedopte Sportler.[38] Es ist immer dasselbe Lied: Ein paar Athleten werden erwischt, und dann, zehn Monate nach den Spielen, kommen die Wissenschaftler mit weiteren Positivergebnissen. Und die Sportfunktionäre tun alles, um sie zu vertuschen.

Im März 1993 nahm die kanadische Sportreporterin Mary Hynes in Atlanta ein Interview mit Samaranch auf Band auf. Als sie ihn auf die neuesten Zahlen ansprach, erwiderte der Führer: «Habe nichts davon gehört. Rein gar nichts. Erst gestern habe ich mich mit Prince de Merode getroffen. Er ist sehr zufrieden [mit] den Fortschritten im Kampf gegen das Doping. Er ist sehr zufrieden.» Mrs. Hynes insistierte: «Also haben Sie von derartigen Berichten gar nichts gewußt?» Die Antwort war ein brüskes «Nein».

Anerkannte Wissenschaftler fragen sich laut, ob die IOC-Mitglieder überhaupt eine Ahnung haben, was sie tun. «Ihr Verhalten widerspricht dem der Wissenschaft aufs schärfste», erklärt Professor Chuck Yesalis von der Pennsylvania State University. «Niemand erfährt, wie sie arbeiten. Und man könnte spekulieren – es ist wirklich reine Spekulation –, daß sie sich dagegen sperren, weil die Qualität ihrer Arbeit vielleicht etwas fragwürdig ist.»[39]

Kann man den Labors wirklich vollkommen vertrauen? Um finanziell zu überleben, brauchen sie den Segen des IOC. Dr. Arnold Beckett, der sich nach 25 Jahren Amtszeit aus der Medizinischen Kommission zurückzog, betont die Zwangslage, in der sich jedes Labor befindet: «Will es wirklich unabhängig arbeiten, oder will es sich den Direktiven des IOC unterwerfen, obwohl es das eigentlich nicht dürfte?»[40]

Das Olympische Komitee fördert die Dopingforschung, zögert jedoch, wenn es darum geht, konkrete Maßnahmen zu ergreifen. 1989 verkündete es unter großem Tamtam, man habe Pläne für ein «fliegendes Labor», das in Ländern, denen es an der entsprechenden Ausrüstung fehlte, Stichproben durchführen sollte. Die Sponsoren sagten eine Million Dollar für die Umsetzung der Pläne zu. Doch dann entdeckte das Komitee, daß sich die Betriebskosten möglicherweise auf weitere 1 500 000 Dollar pro Jahr belaufen würden. Dick Pound war untröstlich: Das Komitee könne nur die moralische Führung übernehmen, sich aber nicht selbst beteiligen.

Anfang 1991 machten die Herren der Ringe dann endgültig einen Rückzieher. Die Sache solle den Funktionären der Sportverbände und den schon bestehenden Labors überlassen bleiben, meinte Samaranch und fügte seine altbekannte Beschwörungsformel hinzu: «Das bedeutet keinesfalls einen Rückschritt. Lange Zeit standen wir im Kampf gegen das Doping, den wir 1968 bei den Spielen in Mexiko begonnen haben, ganz alleine da.»[41] Aber das immer wieder beteuerte Engagement ließ sehr zu wünschen übrig: Das Komitee ernannte erst in den neunziger Jahren einen Medizinischen Direktor.[42] Und was für ein Zufall: Als das Komitee zu dem Schluß kam, das fliegende Labor sei zu kostspielig, war gerade das Geld für den Bau des Museums in Lausanne knapp geworden.

Es steht zu erwarten, daß es in Atlanta zwei Klassen von gedopten Sportlern geben wird. Die reichen können sich Mittel leisten, die bei Tests unentdeckt bleiben: menschliche Wachstumshormone, Erythropoetin – das die Zahl der roten Blutkörperchen erhöht und so beim Wettkampf für mehr Sauerstoff im Körper sorgt – und andere Hormone, die in so niedrigen Dosen eingenommen werden, daß sie innerhalb weniger Stunden wieder aus dem Körper verschwinden. Sie werden den Forschern weit voraus sein mit künstlichen Hormonen, die aus kommerziellen und illegalen Labors stammen. Die ärmeren Sportler hingegen werden auf künstliche Hormone angewiesen sein, die nicht rechtzeitig vor dem Wettkampf wieder aus dem Körper ausgeschwemmt und bei den Tests entdeckt werden. Höchstwahrscheinlich werden nur die ärmeren Sportler erwischt.

Das IOC könnte die Betrüger überführen, wenn es wirklich dazu entschlossen wäre. Doch diese Entschlossenheit ist nicht vorhanden, und der Grund dafür liegt auf der Hand: Um die erste dopingfreie Olympiade durchführen zu können, müßten zahlreiche Stars disqualifiziert werden. Für die Zuschauer wären die Spiele dann weniger attraktiv – genauso wie für die Geschäftsleute. Aber echte Sportfans würden dann wissen, daß sie reelle Ware bekämen. Und kein junger Sportler geriete mehr in Versuchung, in der Hoffnung auf eine Medaille seine Gesundheit aufs Spiel zu setzen. Doch daß das IOC selbst die Führung im Kampf für den echten Sport aufnimmt, darauf wird man lange warten müssen.

Der deprimierendste Kommentar zum Doping, den ich jemals gehört habe, stammt von dem Briten Peter Hildreth, der in Melbourne und Rom als Hochspringer teilnahm: «Ich hoffe, daß meine Enkel einmal begeisterte Sportler werden, aber ich hoffe auch, daß sie niemals gut genug sind, um zur Elite zu gehören, wo man sie sicherlich zur Einnahme von Dopingmitteln drängen wird.»

20 | Die Jagd nach dem Friedensnobelpreis

Bataillone von Guerillarebellen halten sich bereit, bewaffnet und kampfentschlossen warten sie auf den Befehl von Generalissimo Samaranch, der im Lausanner Hauptquartier über den Landkarten grübelt. Achtung, fertig, Faxgeräte laden, zielen, wählen! Sekunden später werden die Nachrichtenzentralen in aller Welt mit Kriegserklärungen bombardiert, die in der Sprache des Friedens einherkommen. Juan Antonio Samaranch hat es auf den Friedensnobelpreis abgesehen.

Köpfe runter, Leute, denn nun beginnt die Eröffnungsschlacht der Kampagne um den Friedensnobelpreis 1996, einer der eher geheimen Kriege der Weltgeschichte. Wir können es hören, wir können es sehen, aber die ganze Zeit versichert man uns, daß es gar nicht passiert. Die Olympier leugnen alles: Sie bemühen sich nicht um den Nobelpreis, sie haben keine Strategen aus der Madison Avenue angeheuert, es würde ihnen nicht im Traum einfallen, so etwas Unfeines zu tun, und das hier ist nicht das größte Sperrfeuer in der zehnjährigen Geheimkampagne des Komitees um Herz und Verstand der Menschen.[1] Es ist nur zufällig die letzte Chance Samaranchs, dieses fremde Territorium zu erobern. Nach Atlanta wird er nicht noch einmal die Initiative ergreifen und riskieren, von Rivalen übertrumpft zu werden, die, verdammt noch mal, nicht einmal eine Strategie verfolgt haben, sondern einfach für den Frieden gearbeitet haben und erstaunt feststellen, daß man sie für die größte humanitäre Ehrung der Welt in Betracht zieht.

Seit Oktober 1986 hat Dick Pound unermüdlich den Kreuzzug um den Nobelpreis angeführt. Damals flüsterte er seinen Kollegen in Lausanne zu, daß eine Elitetruppe von Werbefachleuten aus New York ein neues Image für das Olympische Komitee zurechtzimmerte. Also genehmigte Samaranch am 22. April 1987 einen Sonderetat für Pound, um den langen Marsch nach Oslo anzutreten. Das «klare Ziel» der Offensive, so der Marschbefehl, sei nun der Nobelpreis.

Pound schlüpfte in den Kampfanzug, schwärzte sich das Gesicht und verschwand im Untergrund der Imagepflege. 1990 kehrte er mit einer Strategie zur Erlangung des Nobelpreises wieder. Ich sage euch, wie wir ihn bekommen, verkündete er in Lausanne: In vier Jahren feiern wir den hundertsten Jahrestag der IOC-Gründung; dann können wir auf einhundert Jahre zurückblicken, in denen wir die Jugend der Welt in friedlichem Wettbewerb zusammenbringen. Bis dahin müssen wir einen Brückenkopf bei den Vereinten Nationen errichtet haben, denn ohne ihre Unterstützung geht es nicht. Dann machen wir viel Wirbel um den Beitrag der Olympiade zum Weltfrieden. Und natürlich haben wir in Norwegen schon den Fuß in der Tür. Uns den Nobelpreis zu verleihen wird 1994 populär sein – schließlich haben wir die Winterspiele für dieses Jahr an Lillehammer vergeben!

Was aber, wenn wir ihn nicht bekommen, fragte ein Kollege. Kein Problem, meinte Pound. Dann betrachten wir 1994 als Übungsschießen, gruppieren uns neu und nehmen 1996 den Kampf wieder auf. Wir machen viel Wirbel um den hundertsten Geburtstag der ersten Spiele in Athen. Der Kriegsrat beendete seine Sitzung mit Pounds Erklärung, daß beide Jahrestage als Sprungbrett zum Friedensnobelpreis gesehen werden sollten.

Samaranch hat bereits einen Friedenspreis erhalten – das Problem ist nur, daß noch niemand davon gehört hat und der Preis nicht gerade glaubwürdig ist. Die koreanischen Organisatoren der Olympiade von 1988 fanden, ihre Spiele hätten «den Weg zum Weltfrieden geebnet», und stifteten daher den Seoul-Friedenspreis. Alle zwei Jahre wird er an eine Person oder Organisation verliehen, die nach ihrer Meinung einen herausragenden Beitrag zur Völkerverständigung geleistet hat. Der glückliche Gewinner erhält eine Urkunde, eine Plakette und einen Scheck über 300 000 Dollar. Der erste Preisträger im Jahre 1990 war niemand anderes als Samaranch. Dabei hatte die Tatsache, daß Mickey Kim im Preiskomitee saß, seine Erfolgsaussichten gewiß nicht geschmälert. Samaranch stellte die Plakette in Lausanne aus, zahlte das Geld auf sein Konto für ein Olympia-Museum ein, und sein Pressebüro überflutete die Medien mit der Nachricht, daß das alte Blauhemd nun als Mann des Friedens Anerkennung gefunden habe.

Im folgenden Jahr stellte Samaranch auf der Session des IOC in Birmingham seine neuen Image-Berater vor. Grey International, die zehntgrößte Werbe- und PR-Firma Amerikas mit zweihundert Büros in aller Welt, hatte ein Kommando von «Sportkommunikatoren» auf die Beine gestellt, die in Brüssel saßen und auf den Einsatzbefehl warteten. Ihr Chef war Jack Bergin aus New York, ein Veteran, der an knallharten Kampagnen der vor nichts zurückschreckenden Werbeagentur Hill and Knowlton beteiligt gewesen war. Bergin lernte sein Handwerk als Berater von Caspar Weinberger, dem ehemaligen Verteidigungsminister, der dafür berühmt wurde, daß er den größten Rüstungshaushalt der Vereinigten Staaten in Friedenszeiten verwaltete.

Warum hatte man gerade sie rekrutiert? Grey erklärte der Presse, die Agentur wolle das IOC dabei unterstützen, «anläßlich der Hundertjahrfeier der Olympischen Bewegung 1994 und der Olympischen Spiele 1996 seine erneute Hinwendung zu den olympischen Werten deutlich zu machen».[2] Das muß wohl auch Dick Pound gemeint haben, als er vom «Sprungbrett» zum Nobelpreis sprach. Das Olympische Komitee solle als «positive Kraft auch außerhalb der Sportarena» gesehen werden, hieß es.

Am Vorabend der Winterspiele von 1992 in Albertville ging Samaranch in die vollen. «Wir sehen, was der Wind der Freiheit bewirkt hat, der über unserem Planeten weht, ein Phänomen, zu dem wir viel beigetragen haben», behauptete er auf der IOC-Tagung.[3] Was das IOC im einzelnen zum Zusammenbruch des Sowjetblocks beigetragen hatte, erwähnte er nicht. Er fügte hinzu: «Die Olympische Bewegung bietet der Welt ihr Ideal des Friedens und der menschlichen Brüderlichkeit an.»

Als sich die Athleten in Barcelona versammelten, gab Samaranch seiner Monatszeitschrift *Olympic Review* ein Interview: «Das IOC ist stärker denn je und genießt in aller Welt höheres Ansehen denn je», prahlte er. «Das ist einer der Gründe für unsere Führungsrolle in der Welt.»[4] Welche Ziele verfolgte er? Er wolle «der heutigen Welt eine Philosophie des Friedens, der Brüderlichkeit und des Verständnisses für die Jugend von heute und ein Modell für das einundzwanzigste Jahrhundert geben», erwiderte er. Damit hatte Samaranch vorab seine eigene Laudatio geschrieben, warum er den Nobelpreis bekommen sollte.

Unterdessen waren auch seine Werbetrommler weiter aktiv. Überraschenderweise fiel der liberale Londoner *Guardian* am Ende der Spiele auf die Kampagne herein. «Viele werden sich im Glanz und Lärm des

Finales gefragt haben, welche Anerkennung dem Mann gebührt, der über das größte Treffen von Nationen in der olympischen Geschichte präsidiert hat, und zwar in einer Weise, die den Ruf des Sports und der Bewegung außerordentlich gefördert hat», meinte der Olympia-Korrespondent der Zeitung bei der Abschlußfeier der Spiele in Barcelona. Welche Antwort gab der *Guardian*? «Es steht wohl außer Zweifel, daß er für den Friedensnobelpreis nominiert werden sollte.»[5]

Samaranchs Chefpropagandist Miller von der *Times* stellte die Botschaft für alle klar, die es noch nicht verstanden hatten. «Das IOC unter der Führung von Samaranch ist ein weltumspannendes gesellschaftliches Instrument des Friedens in unserer Zeit», lautete der letzte Satz seiner Wäscht-blaue-Hemden-weiß-Biografie des Olympia-Präsidenten. Ein paar Monate später kam Miller in dem Mitteilungsblatt *Sport Intern* noch einmal auf das Thema zurück.

«Was diese Feier der Spiele in seiner Heimatstadt vor allem auszeichnete, war die Demonstration der Friedfertigkeit», posaunte Miller. «In einer Zeit, in der anderswo Krieg, Hunger und Finanzkrisen herrschen, hätte der Sport kein leuchtenderes Beispiel geben können.» Dann griff er zum Megaphon: «Die Welt des Sports versammelte sich in einzigartiger Harmonie und zeigte ein Gesicht der ruhigen Heiterkeit, welche der Menschheit ein Erbe der Hoffnung hinterlassen hat. Darin liegt Samaranchs Beitrag zur Gesellschaft der Gegenwart. Viele Menschen sind diesem Sportführer in einem Maße Dank schuldig, das bisher ohne Beispiel ist.»[6]

Samaranch traute seinen Söldnern jedoch nicht zu, die Schlacht allein auszutragen, und wagte sich aus dem Hauptquartier heraus, um selbst in die Kampagne einzugreifen. Ein Angriffsziel war Inge Eidsvag, Rektor des humanitären Nansen Instituts in Lillehammer. Eidsvag ist mit der Olympia-Bewegung ebenso vertraut wie mit dem Friedenspreis und kennt die Mitglieder des Nobelpreiskomitees gut. Als er während einer privaten Forschungsreise nach Lausanne kam, bat ihn Samaranch zu sich. «Samaranch kam schon bald auf den Friedensnobelpreis zu sprechen, und der Rest der Unterhaltung, die fast eine Stunde dauerte, drehte sich dann nur noch um dieses Thema», erinnert sich Eidsvag. «Er sagte, seiner Meinung nach verdiene das IOC den Preis, und er verstand nicht, warum es ihn nicht schon längst erhalten habe.» Eidsvag erklärte Samaranch, das sei völlig unrealistisch – das IOC habe kaum Chancen, den Preis in absehbarer Zeit zu bekommen. «Ich hatte den Eindruck, daß hinter Samaranchs Frage ein ziemlich naiver und eitler Wunsch seinerseits stand», bemerkte er trocken.[7]

Samaranch war anderer Meinung. Das IOC verdiene einen Preis, erklärte er Eidsvag, es habe viel für den Frieden geleistet. Dann fragte er den Norweger, was denn die früheren Preisträger getan hatten, um den Preis zu verdienen.

«Er betonte, daß er den Friedenspreis nicht für sich selbst wolle, sondern für das IOC», sagte Eidsvag. «Aber er wäre derjenige, der ihn in Empfang nimmt, ungeachtet der Organisation. Samaranchs Initiative zeigt, wie wenig er über die politische Landschaft in Norwegen weiß.» Das war eine direkte Anspielung auf Samaranchs politische Vergangenheit.

Inge Eidsvag erzählte den Journalisten Einar Odden und Frank Brandsas von der Begegnung; beide hatten über das IOC berichtet, seit Lillehammer die Spiele zugesprochen bekommen hatte. Sie witterten einen Knüller und stellten Nachforschungen an. Unternahm Samaranch tatsächlich einen Werbefeldzug, um den Nobelpreis zu bekommen? Stimmte es, daß man die Grey-Mitarbeiter als Söldner angeworben hatte? Die Reporter riefen Robert Helmick, der früher dem IOC-Exekutivkomitee angehört hatte, in Des Moines an. Bei einem Presseinterview am Vorabend der Spiele in Barcelona hatte Helmick beiläufig erwähnt, Samaranch habe, als er Grey anheuerte, gesagt: «Der Erfolg wird daran bemessen, ob wir den Nobelpreis erhalten oder nicht.»[8]

Das ist richtig, bestätigte Helmick den norwegischen Journalisten und fügte hinzu: «Es war viel vom Friedenspreis die Rede, als ich dem Exekutivkomitee angehörte, und es bestand kein Zweifel, daß wir gern als Anwärter in Betracht gezogen werden wollten.»

Samaranch sagte später, Helmicks Behauptung sei «falsch», woraufhin der Amerikaner entgegnete: «Offenbar läßt sein Gedächtnis nach.» Helmick hatte den Eindruck, daß die IOC-Führung ihre Verantwortung für die jungen Athleten vergessen hatte, die um die Teilnahme an der Olympiade kämpften. «Allem Anschein nach war die Entscheidung getroffen worden, den Sport von nun an als Mittel für andere Zwecke zu benutzen.»

Wenn stimmt, was Helmick sagt, war die Firma Grey damit beauftragt worden, die Kampagne um den Nobelpreis in die Hand zu nehmen. Würde das IOC das eingestehen? Odden und Brandsas beschlossen, die IOC-Pressesprecherin Michele Verdier in Lausanne zum Essen einzuladen. Brandsas fragte sie: «Ist es richtig, daß Grey damit beauftragt ist, das IOC bei seinen Bemühungen um den Friedensnobelpreis zu unterstützen?» Sie erwiderte: «Ja, das stimmt. Bei ihrer Arbeit für uns steht der Friedenspreis im Mittelpunkt.»[9]

Sogar bei Grey gab man es zu. Im Büro der Werbeagentur in Oslo hörte Brandsas: «Es ist noch nicht offiziell.» Das Zieljahr sei 1994, das erste Jubiläum und das Jahr von Lillehammer. Das war genug: Odden und Brandsas veröffentlichten ihren Exklusivbericht in Norwegen im Februar 1993. Wenige Stunden später ging die Nachricht rund um die Welt, und zum erstenmal seit neunundneunzig Jahren erntete das Olympische Komitee überall höhnisches Gelächter.

Die norwegische Presse brachte boshafte Karikaturen, die Samaranchs vierzigjährige Karriere im Spanien Francos wieder ins Gedächtnis riefen: Man sah ihn die Stiefel und das Blauhemd der Faschisten abwerfen, um nach olympischen Roben und Ölbaumzweigen zu greifen, oder als demütigen Bittsteller zu Füßen einer Statue von Alfred Nobel. Die Bildunterschrift lautete: «Aber ich dachte, er stammt aus Lillehammer.» Der Bericht traf bei den Norwegern einen Nerv. Hatte man ihnen die Spiele als Bestechung für den Friedenspreis übertragen?

Grey dementierte den Bericht und erklärte, das Unternehmen hätte sich niemals bereit erklärt, einen Werbefeldzug für den Friedenspreis durchzuführen. «Das IOC bestreitet kategorisch, Grey oder eine andere Werbeagentur mit einer Kampagne um den Friedensnobelpreis beauftragt zu haben», erklärte Samaranch erbost. François Carrard pflichtete ihm bei: «Als Direktor kann ich Ihnen versichern, daß wir niemals die Absicht hatten, Grey oder eine andere PR-Agentur für eine solche Aufgabe einzusetzen.»[10] Sie hätten Gold für Gedächtnisschwund verdient.

Samaranch versuchte, die Enthüllungen zugunsten seiner Kampagne auszuschlachten. «Ich komme nicht in Frage, aber das IOC könnte in Betracht kommen, weil es seit hundert Jahren für die Jugend, für Frieden, Sport und Solidarität gekämpft hat. Es sollte nicht für mich, sondern für das IOC sein.»[11] Wer also würde den Preis vor den Augen der Weltöffentlichkeit in Empfang nehmen – sein Chauffeur?

Samaranch stritt auch weiterhin alles ab – und nutzte gleichzeitig die öffentliche Diskussion für seine Zwecke. «Niemals, niemals wird das IOC Lobbying betreiben, um den Friedenspreis zu bekommen», behauptete er in Atlanta. «Die Entscheidung bleibt allein der Jury vorbehalten, da haben wir nichts zu sagen – wir können nur sagen, daß wir neunundneunzig Jahre alt sind, und ich glaube, wir haben einiges für den Frieden getan.»

Dick Pound aber wirkte nervös. Er konnte die Anschuldigungen ja nicht bestätigen – aber er stritt sie auch nicht völlig ab. Pound räumte ein, daß man im Exekutivkomitee des IOC über den Friedensnobelpreis gesprochen habe. «Nachdem Präsident Samaranch in Seoul einen Friedenspreis erhalten hatte, brachte jemand den Nobelpreis ins Gespräch. Jeder möchte ihn gern bekommen. Aber a) haben wir niemals eine Kampagne gemacht, und b) wäre es uns peinlich, wenn uns jemand so etwas zutrauen würde.»[12]

Samaranch hingegen fand das alles überhaupt nicht peinlich und bereitete schon den nächsten Schachzug vor. Zwei Monate nach den Enthüllungen von Odden und Brandsas wandte er sich an die norwegische Premierministerin Gro Brundtland und bat sie um Unterstützung. «Das IOC ist in großer Sorge um das menschliche Leid, das durch die fortdauernden bewaffneten Konflikte in aller Welt entsteht», schrieb der Mann, der sich einst für eine Politik brutalster Unterdrückung stark gemacht hatte.

Würde Norwegen sein neuestes Manöver mittragen? Die Tüftler im Hinterzimmer hatten eine neue Waffe für seinen Olympia-Krieg ersonnen: einen olympischen Waffenstillstand. Plötzlich hatten sie sich auf den alten Waffenstillstand besonnen, der während der antiken Spiele in Griechenland galt, damit die Athleten gefahrlos nach Olympia reisen konnten. Nun brauchte aber Generalissimo Samaranch die Vereinten Nationen, um die Sache offiziell zu machen. Würde ihn die norwegische Regierung unterstützen? Um seinem Appell Gewicht zu verleihen, unterzeichnete der IOC-Führer den Brief an die sozialistische Premierministerin mit seinem neuen Titel: Marqués de Samaranch.

Frau Brundtland war so ungehalten, daß sie erst nach einigen Monaten antwortete.[13] Sie wiederholte höflich, was ohnehin jeder wußte: Die norwegische Regierung unterstütze Friedensinitiativen. Ihr fiel es nicht schwer, sich Samaranch vom Leibe zu halten. Sie hatte die Olympiade bereits in der Tasche. Der britische Premierminister John Major hingegen wollte sie und mußte mitspielen. Er fuhr nach Lausanne zu einer Audienz beim Führer und hoffte auf Unterstützung für die hoffnungslose Olympia-Bewerbung Manchesters.

Samaranch plapperte unentwegt von seinem Waffenstillstand und brachte zudem einen weiteren absurden Vorschlag vor: Sein Komitee sollte Beobachterstatus bei den Vereinten Nationen erhalten. Um eine diplomatische Antwort auf diesen Unfug ringend, erklärte Major, die Idee sei «ausgezeichnet».[14] Als im September 1993 das Olympische Komitee in Monaco über die Spiele des Jahres 2000 abstimmte, brachte Major sein Land erneut in Verlegenheit. «Ich freue mich, die Bewerbung des IOC um Beobachterstatus bei den Vereinten Nationen und seine Bemühungen um einen olympischen Waffenstillstand zu unterstützen», zwitscherte Major.[15] Das hätte er sich sparen können. Manchester hatte keine Chance.

Die Verblendung der Herren in Lausanne wuchs von Tag zu Tag. Schon genügte der Beobachterstatus nicht mehr – das IOC benötige direkte Verbindungen zum UN-Sicherheitsrat, sagte François Carrard vor der Presse. «Wir brauchen enge bilaterale Kontakte zu den Entscheidungsträgern», meinte er.[16]

Als nächstes sah der Schlachtplan eine Liebesattacke auf die Vereinten Nationen vor. Samaranch hatte sich etwas Schlaues einfallen lassen: Er schickte seine Abgesandten gen Süden und überredete Sportfunktionäre, auf die Organisation für Afrikanische Einheit einzuwirken. Macht euch keine Gedanken um eure Hungersnöte und eure Kriege, einfach hier unterschreiben, Jungs. Im Juni 1993 beschloß die OAU, daß die Jugend der Welt «für die Sache des Friedens» mobilisiert werden sollte. Afrika stand nun hinter Samaranch – mit einer Resolution im Wortlaut der Olympischen Charta. Konnte er die Vereinten Nationen dazu bringen, dem Vorbild Afrikas zu folgen und ihm weltweite Zustimmung zu verschaffen? Bestimmt würde das dem Nobelpreiskomitee auffallen.

Der im Exil lebende Äthiopier Fékrou Kidane wurde nach New York entsandt, um für das IOC die Werbetrommel zu rühren. Er hatte gute Kontakte zu afrikanischen Politikern, die eine Resolution zugunsten der IOC-Friedenskampagne auf die Tagesordnung der Vereinten Nationen bringen sollten. Aber Kidane war nicht von jeher so von Samaranchs Engagement für den Frieden überzeugt gewesen. Ende der achtziger Jahre war er als einer der ersten auf die damals schon heimlich geführte Kampagne des IOC aufmerksam geworden. «Es ist höchste Zeit, daß die internationale öffentliche Meinung zur Kenntnis nimmt, daß all das Gerede von Frieden und Verständigung nur ein Deckmantel für ganz andere Dinge war», schrieb Kidane in seinem Mitteilungsblatt *Continental Sports*, dem nur eine kurze Lebenszeit beschieden war.[17]

Abgestoßen durch die Korruption im Zusammenhang mit der Vergabe der Spiele an Barcelona, hatte Kidane den Olympia-Präsidenten genauer unter die Lupe genommen. «Geduldig und raffiniert, wie er ist, hatte Samaranch seinen Plan längst vorbereitet. Sobald er IOC-Präsident wurde, mußte er die Spiele haben. Nachdem dies nun erreicht ist, hätte er gern den Friedensnobelpreis für das IOC.»

Doch die Zeiten ändern sich. *Continental Sports* war eingegangen und Kidane arbeitslos, während Samaranch jemanden als Koordinator für sein «Olympisches Waffenstillstandsbüro» brauchte. Kidane bekam den Job und ein Erster-Klasse-Ticket nach New York. Dort überwachte er die Tätigkeit der afrikanischen Lobby, die vorschlug, 1994 zum «Internationalen Jahr des Sports und des olympischen Ideals» zu erklären und Samaranchs olympischen Waffenstillstand zu unterstützen. Die Vollversammlung der Vereinten Nationen stimmte ohne Debatte zu. Es wurden jedoch weder Pläne gemacht noch ein Budget verabschiedet. Nach diesem heiteren Zwischenspiel kehrten die Vereinten Nationen wieder in die Wirklichkeit zurück und wandten sich dem Krieg gegen das Rauschgift zu.

Aber jetzt hatten die Olympier die gewünschte Resolution, und der erste, der davon Gebrauch machte, war kein anderer als Mickey Kim. Vor einer Sporttagung in Finnland sagte er: «Wir alle müssen uns darum bemühen, den Erfolg dieser Projekte zu garantieren, denn sie sind von größter Bedeutung für die Menschlichkeit in aller Welt, die wir alle so sehr brauchen.»[18] David Miller hieb in der *Times* Ende 1993 in dieselbe Kerbe und betonte, das Olympische Komitee sei ein «würdiger Kandidat für den Friedenspreis».[19]

Der Sieg im Friedenspreiskrieg schien zum Greifen nahe. Der hundertste Geburtstag rückte heran, die Winterspiele fanden in der Heimat des Nobelpreises statt, und die Vereinten Nationen hatten sich hinter die Olympier gestellt. Die tapferen Jungs und Mädels im Lausanner Pressebüro gingen an die Schnellfeuergeschütze und bombardierten die

Weltmedien mit Pressemitteilungen. Es wurden keine Kosten gespart für protzige «Waffenstillstands»-Broschüren und Sticker – die Offensive bekam sogar ein brandneues Logo.

Und im Glas-und-Marmor-Palast des IOC in Lausanne drängten sich die Verbündeten. Am 24. Januar 1994 wurde dort der olympische Waffenstillstand verkündet. Unzählige nicht besonders wichtige Leute mit aufgeblähten Titeln verbrauchten Dutzende von Erster-Klasse-Tikkets, um alberne Dinge zu sagen, die niemand zur Kenntnis nahm.

Als der Guyaner Samuel Insanally turnusmäßig das Amt des Präsidenten der UN-Vollversammlung übernahm, richtete er ein Grußwort an die Truppen. «Der Widerhall, den diese Initiative findet, ist eine Anerkennung für das IOC, das unter der hervorragenden Führung von Präsident Samaranch und durch das Medium des Sports weiterhin sehr viel dazu beiträgt, den Ruf nach Weltfrieden zu unterstützen», sagte er. Mickey Kim applaudierte.

Selbst die Schweiz gab ihre traditionelle Neutralität auf. Der Waffenstillstand habe die Unterstützung «der gesamten Staatengemeinschaft», sagte der Schweizer Außenminister. Er «unterstreicht das Verantwortungsgefühl und die hohen Ideale, die die Führung der olympischen Gemeinschaft beseelen», schwärmte er. Samaranch erwiderte lächelnd: «Wir sind überzeugt, daß Sie, indem Sie sich unserer Initiative anschließen, einen wesentlichen Beitrag zu den Bemühungen um den Frieden leisten.»

Der Waffenstillstand begann am 5. Februar – ein Tag, den die Bewohner von Sarajevo nie vergessen werden. Auf dem Marktplatz der Stadt schlug eine Granate ein und tötete 68 Menschen. Dabei drehte sich Samaranchs Friedensfarce ja vor allem um die Stadt, die zehn Jahre zuvor die Winterspiele veranstaltet hatte. Wenn sein Waffenstillstand schon in Bosnien keinen Eindruck machte, war kaum zu erwarten, daß er anderswo Wirkung zeigen würde.

Samaranchs anmaßender Waffenstillstand verhinderte keinen einzigen Gewehrschuß. Aber die PR-Leute in der Abteilung für psychologische Kriegsführung ließen sich davon nicht entmutigen. Ihre Faxgeräte feuerten eine Salve von unterstützenden Worten seitens der Organisation Amerikanischer Staaten, der Weltgesundheitsorganisation, der britischen Regierung – die ihren Krieg in Ulster unvermindert fortführte –, der japanischen Regierung und des französischen Präsidenten Mitterrand ab. Der chinesische Premierminister nahm Urlaub vom Völ-

kermord in Tibet, um den Waffenstillstand zu loben, und seinem Beispiel folgte Boris Jelzin, der alsbald seine Truppen nach Tschetschenien
schickte. Die Norweger ließen sich jedoch nicht täuschen und verliehen
den Nobelpreis 1994 Arafat, Peres und Rabin, die tatsächlich etwas für
den Frieden geleistet hatten.

Die gemeinen Soldaten bekamen erst mal Urlaub, während sich die
Berater neu gruppierten: Genau wie Dick Pound vorhergesagt hatte,
machte sich der Friedenskonvoi wieder auf den Weg, um den Sieg für
das Jahr 1996 anzupeilen. Im November 1995 führte Samaranch seine
Truppen persönlich zu den Vereinten Nationen und ließ seine Panzer
über den Rasen und hinauf aufs Podium der Vollversammlung fahren.
    «Der Olympismus ist eine Schule der Demokratie – es gibt eine na-
türliche Verbindung zwischen der Ethik der Olympischen Spiele und
den fundamentalen Prinzipien der Vereinten Nationen», behauptete
der alte Falangist. Was war seinen Beratern für diese Rede noch eingefallen? Das IOC stehe hinter der Familie, dem Frieden und noch mehr
Frieden. Sein gesamtes Geld stecke das Komitee in die Förderung des
Sports, und die Olympier würden niemals ihre Seele verkaufen. Würde
das reichen?
    Es reichte – die Vereinten Nationen riefen zu einem olympischen
Waffenstillstand für Atlanta auf. Aber diesmal war die Resolution
schlau umformuliert worden. Sie forderte nicht einfach einen weiteren
Waffenstillstand für 1996. Sie forderte die Mitgliedsstaaten auf, «vor
jeder Sommer- und Winterolympiade den olympischen Waffenstillstand zu erneuern». Damit wurde angedeutet, daß es während der
Spiele von Lillehammer einen weltweiten Waffenstillstand gegeben
hätte – obwohl das nicht der Fall war.

Der Kampf für den olympischen Frieden war ein schmutziges Geschäft.
Als Ruben Acosta, der Präsident des Internationalen Volleyballverban-
des, eine olympische Erklärung für Frieden und internationale Freundschaft anregte, verwarf Samaranch die Idee mit dem Hinweis, das sei
«praktisch unmöglich» zu erreichen. Oben auf dem Schauwagen der
modischen Sport-für-den-Frieden-Bewegung war nur Platz für einen.
    Der Radsportverband schlug dem IOC vor, in der Olympischen Be-
wegung auf das Verschicken von Weihnachtskarten zu verzichten und
das dabei gesparte Geld dem Behindertensport zu spenden. Auch diese

Idee gefiel Samaranch nicht. Er wollte sich nicht die Chance entgehen lassen, IOC-Karten an Politiker und einflußreiche Leute in aller Welt zu senden.

Das IOC-Mitglied Nikos Filaretos regte an, die neunte Dekade seit Bestehen des IOC – die neunziger Jahre – zum «Jahrzehnt der Frau» zu erklären. Das wäre längst überfällig gewesen, wurde aber ebenfalls abgelehnt. Ein grober Schnitzer von Samaranch, denn den egalitären Norwegern hätte diese Geste gut gefallen. Das Ansinnen des Hockeyverbands, die feierliche Verleihung seines Fair-play-Preises vor dem Finale des Turniers von Seoul durchzuführen, wurde natürlich auch als blanker Unsinn abgetan.

Der Bürgermeister von Athen wollte bereits 1988 den olympischen Waffenfrieden wiederaufleben lassen. Er dachte dabei an einen Appell an alle kriegführenden Parteien, während der Olympiade die Feindseligkeiten einzustellen. Der Bürgermeister fand mit seiner Idee keinen Anklang. Nein danke.

Das Friedenssperrfeuer wird nicht aufhören und auch den Himmel von Georgia erleuchten. Es ist damit zu rechnen, daß der Cheforganisator von Atlanta, Billy Payne, der vom Bürgerrechtsaktivisten zum Olympia-Förderer konvertierte Andrew Young und vielleicht auch Präsident Clinton leere Friedensplatitüden von sich geben. Vor allem die Eröffnungs- und Abschlußreden dürften interessant sein.

Glaubt außer Samaranch noch jemand, daß das IOC für die höchste Auszeichnung der Welt in Frage kommt? «Ich meine, daß die internationale Sportbewegung ein Potential für den Frieden birgt, aber gegenwärtig besteht sie nur aus einer reichen, undemokratischen Elite», sagt Inge Eidsvag vom Nansen-Institut. Er bezweifelt sogar, ob der olympische Sport dem Frieden dienlich ist. «Man kann behaupten, daß der Spitzensport die Menschen dafür trainiert, zu kämpfen, Individualisten zu sein, gute Soldaten zu sein», sagt er.

Vegard Ulvang, der norwegische Spitzenskiläufer, bezieht einen klaren Standpunkt zu Samaranchs langem Krieg um den Frieden. «Der Vorschlag, das IOC solle den Friedenspreis bekommen, ist völlig widersinnig», sagt er. «Ich glaube, daß das IOC oft das Gegenteil von dem vertreten hat, was Voraussetzung für eine solche Auszeichnung wäre.»[20]

Nelson Mandela schrieb, er sei viel zu beschäftigt, um nach Paris zu fahren, der französische Präsident Mitterrand blieb daheim im Elysee-Palast, und Placido Domingo sagte ab.[1] Die Gästeliste von Samaranchs wichtigstem olympischem Ereignis der Geschichte sah allmählich ein wenig mager aus. Dann entschuldigten sich auch noch der Generalsekretär der Vereinten Nationen, der Chef der UNESCO und die norwegische Premierministerin. In der vordersten Reihe der VIP-Loge beim Hundertjahreskongreß der Olympischen Bewegung würden viele Plätze leer bleiben. Dies war Samaranchs letzter großer Vorstoß im Ringen um den Nobelpreis des Jahres 1994; die Rechnung belief sich bereits auf mehr als 16 Millionen Dollar, und jetzt hatte er niemanden, der Schlagzeilen für die Weltpresse lieferte.

Die Olympische Charta verlangt, alle acht Jahre sei ein Kongreß abzuhalten. Ein Treffen des IOC mit den Internationalen Sportverbänden und den Nationalen Olympischen Komitees klingt vielversprechend, doch das Kleingedruckte der Charta verrät, wie bedeutungslos die Veranstaltung ist. Der IOC-Präsident führt den Vorsitz, er allein legt die Tagesordnung fest, und der Kongreß hat nur beratende Funktion. Abstimmungen sind nicht vorgesehen, und der Abschlußbericht wird in Lausanne geschrieben. Die Redner werden sorgfältig ausgewählt, Dissidenten kommen kaum zu Wort, und die programmatischen Reden drehen sich um alles mögliche, nur nicht um die eigentlichen Probleme.

Samaranch hatte es vermieden, einen Kongreß einzuberufen, seit im Jahre 1981 Sportfunktionäre aus aller Welt zur IOC-Jasagertagung nach Baden-Baden reisten, um zu hören, daß die Olympischen Spiele von nun an den multinationalen Sponsoren gehörten. Aber 1994 gab es offenbar gute Gründe für ein Treffen. Das Komitee feierte seinen hundertsten Geburtstag in Paris, dort, wo alles angefangen hatte. Man würde grandiose Reden über den Beitrag der Olympischen Spiele zum Weltfrieden halten, und die Delegierten konnten bis zur völligen Erschöpfung über die Zukunft der Spiele im nächsten Jahrhundert diskutieren. Die kleinen Sportfunktionäre aus aller Welt würden gewiß den Eindruck haben, daß Samaranch ihnen zuhörte, und er hatte vage Andeutungen über die längst überfällige Demokratisierung der Bewegung gemacht.

Es war eine Katastrophe. Dank der Abwesenheit großer Namen richtete sich die Aufmerksamkeit auf die Tagesordnung, die eigentlich kaum mehr war als eine Feier der Langlebigkeit des Olympischen Komitees. Die Berichterstattung in den Medien fiel ziemlich unfreundlich aus. Die Delegierten sahen sich und ihre Beiträge in Debatten außer Gefecht gesetzt, die mit keinem Wort die kommerzielle Nutzung der Olympischen Spiele, die wachsende Macht des Fernsehens und die Verwendung der ganzen IOC-Gelder in Frage stellten. Nach einer Woche heißer Luft hatte die Bewegung immer noch keine Ahnung, wie es im einundzwanzigsten Jahrhundert weitergehen sollte. Aber da würde Samaranch nicht mehr mitmischen können, also spielte es keine Rolle.

Es hatte Pläne gegeben, schon früher einen Kongreß zu veranstalten. Mitte der achtziger Jahre waren Komitees und Ausschüsse – alle mit eigenem Budget – eingerichtet worden, um für 1990 einen Kongreß in Tokio vorzubereiten. Das IOC überredete China, den Beginn der Asiatischen Spiele, die für dieses Jahr geplant waren, zu verschieben, und einigte sich auf ein Motto, in dem das Wort Frieden vorkam. Diese Entscheidung fiel am selben Tag, an dem das Komitee das «klare Ziel» ins Auge faßte, mit Hilfe amerikanischer Werbeexperten den Friedensnobelpreis zu ergattern. Aber Samaranch war unzufrieden. Er hatte festgestellt, daß diese Feier seiner selbst und seines Komitees ohne Subventionen seitens der japanischen Steuerzahler über die Bühne gehen sollte. Instruktionen ergingen an Tokio; der Führer würde in zwei Monaten dort eintreffen und erwarte milde Gaben.[2]

Die japanische Regierung gab klein bei und garantierte einen Großteil des Budgets von acht Millionen Dollar; das IOC wollte großzügigerweise 100 000 Dollar aus der eigenen Kasse beisteuern. Doch während die Nobelpreiskampagne Gestalt gewann, schwand Samaranchs Enthusiasmus. Ein Kongreß 1990 stand der Veranstaltung eines weiteren im Jahre 1994 im Wege, wenn es galt, durch den dreifachen Schlag des Jubiläums, der Spiele in Lillehammer und des olympischen Waffenstillstands die Norweger zu überrumpeln. Also wurde Tokio abgeblasen, das bereits ausgegebene Geld abgeschrieben und ein «Jahrhundertkongreß» für 1994 in Paris geplant. Samaranch verriet seinen engsten Vertrauten, der Kongreß werde «sehr prestigeträchtig» sein.

Das hundertjährige Jubiläum wurde nach allen Regeln der Kunst ausgeschlachtet. Paris traf es nicht einmal, sondern zweimal. Pierre de Coubertin und seine aristokratischen Freunde hatten dort am 23. Juni 1894 die Wiederbelebung der Olympischen Spiele verkündet, und so fanden sich hundert Jahre später auch Samaranch und sein Olympia-Club im reichgeschmückten Grand Amphitheatre der Pariser Sorbonne ein, um selbstbeweihräuchernde Reden zu halten. Aber es gab ein Problem: Seit den Manipulationen neun Monate zuvor, als die Spiele beinahe an Peking vergeben worden wären, wurde die Glaubwürdigkeit des IOC von den Medien nicht mehr hoch eingeschätzt. Die trübsinnigen Schreiberlinge fragten ständig, wie das IOC die Öffnung der Olympiade für Berufssportler mit Coubertins Amateurideal vereinbaren wollte. «Das ist eine sehr oberflächliche Sichtweise», sagte der olympische Chefbürokrat François Carrard beschwichtigend. «Ein Mann mit seiner Vision würde verstehen, was geschieht.»[3]

Zwei Monate später, im August, kehrten sie zu dem Geld-spielt-keine-Rolle-Kongreß nach Paris zurück. Das IOC verkündete, daß «2000 Menschen aus allen Bereichen der internationalen Olympischen Bewegung zusammentreffen werden, um die Zukunft der Olympischen Spiele zu überdenken». Der Kreis, der sich hier traf, war ebenso elitär wie vor hundert Jahren. Wie die Tagesordnung zeigte, kamen die IOC-Mitglieder und ihre wichtigen Freunde in den Genuß der besten Veranstaltungen «nur auf Einladung». Für die breite Masse gab es öffentliche Ereignisse. Die Rudermannschaften der Universitäten Oxford und Cambridge trugen ihren Wettkampf auf der Seine aus, Fallschirmspringer mit Schirmen in den Farben der fünf Ringe – Blau, Gelb, Schwarz, Grün und Rot – landeten mit dem Olympischen Feuer am Eiffelturm.

Samaranch hatte ursprünglich ein großes Jahrhundert-Festessen im Palast von Versailles vorgesehen (nur auf Einladung), aber das Diner wurde aus dem Programm gestrichen – wahrscheinlich hatte ihm jemand zugeflüstert, das sei doch ein wenig zu protzig. Also begnügte er sich mit einer weiteren Feier in der Sorbonne (wieder nur auf Einladung).

Das Fehlen der großen Namen schien Samaranch zu verwirren.

«Nun übergebe ich das Wort an Präsident... ähm... Premierminister Balladur», verhaspelte sich der IOC-Präsident bei der Eröffnung des Kongresses.[4] Die olympischen Gäste traten prompt in den Hintergrund, als Balladur die Werbetrommel für die bevorstehenden französischen Präsidentschaftswahlen führte. «Ich bin persönlich darauf erpicht, daß Frankreich Gastgeberland für großartige Ereignisse des Spitzensports wird», sagte Balladur und fügte hinzu, er hoffe, daß die Olympischen Spiele Anfang des nächsten Jahrhunderts nach Frankreich kämen. Sein hoffnungsvoller Rivale Jacques Chirac schloß sich ihm an: «Die Menschen von Paris sind tief bewegt über die Entscheidung des IOC, sein feierliches Jubiläum in dieser Stadt zu begehen.» Wieder der verschlüsselte Wunsch der französischen Politiker, die Spiele in Paris zu veranstalten.

Anschließend legte Samaranch seine Pläne dar. «Es ist unsere Pflicht, den Athleten zu dienen», sagte er, widersprach sich aber gleich wieder selbst. «Das IOC muß alle Meinungen hören... dann obliegt es der IOC-Session, die Folgen zu analysieren und die nötigen Entscheidungen zu treffen.»[5] Mit anderen Worten: ihr redet – wir entscheiden.

Der Kongreß fand nicht gerade im Herzen von Paris statt: ein gutes Stück jenseits des Arc de Triomphe, am anderen Ende der Avenue Charles de Gaulle, jenseits der Seine, im Geschäftsviertel La Défense. Diese Ansammlung von Hochhäusern, wo Esso, Citibank, Fiat, Höchst und andere multinationale Konzerne zu Hause sind, bot den richtigen Rahmen für Samaranchs neue Olympische Bewegung.

Polizisten mit Schlagstöcken und Pistolen bewachten den Eingang zum Kongreßzentrum unter der riesigen Betonkuppel. Sobald die Delegierten die Tür passiert hatten, fanden sie sich in einer Art riesigem Hangar wieder, der einem Zeppelin Platz geboten hätte; ein Gang mit gestreiftem Teppich in den olympischen Farben verlor sich in der Ferne. Weiteres Sicherheitspersonal überprüfte sämtliche Papiere, und da mir der Zugang verweigert wurde, verbrachte ich die nächsten vier Tage draußen vor dem Café de la Place, machte mir Notizen, beobachtete die Geschäftemacher, die sich über ihrem *café au lait* gedämpft unterhielten, und wartete auf mitleidige Reporter, die mir Dokumente von den unterirdischen Gesprächen mitbrachten.

Hunderte von ehrenamtlichen Hostessen in roten, taillierten Jacken über blauen Miniröcken begleiteten die besonders wichtigen Komiteemitglieder zu und von ihren Limousinen. Trotz der zum Dauerlächeln verzogenen Lippen waren nicht alle mit ihrem Job glücklich. «Hier geht es doch nur um Marketing, aber uns bezahlen sie nichts», sagte eine von ihnen. «Ich wäre lieber bei der Olympiade.»

Rund um die Betonkuppel standen Videobildschirme, die unentwegt den Werbefilm des IOC brachten. Die Logos der Sponsoren wurden über Aufnahmen von Olympiameistern geblendet, und die Parade endete mit Samaranchs Huldigung an seine Zahlmeister. «Jede Form der Unterstützung für die Olympische Bewegung fördert Frieden, Freundschaft und Solidarität in aller Welt», behauptete er. Für alle, die es noch nicht kapiert hatten, schloß Samaranch mit den Worten: «Dafür, daß sie geholfen haben, die Flamme lebendig zu erhalten, danken wir den Olympia-Sponsoren.»

Das Olympische Komitee hatte aus seinen Rücklagen 6 Millionen Dollar zu der Gesamtrechnung von 16 Millionen beigesteuert. Die Stadt Paris berappte 5,4 Millionen, und die französische Staatsregierung legte noch mal 4 Millionen drauf. Weitere 600 000 Dollar kamen von den Sponsoren Adidas, Hermes, Credit Lyonnais, Air France und Renault. Auf die Frage eines Reporters, wie Samaranch diese Kosten rechtfertigen könne, fiel ihm nur ein: «Ich glaube, die Sache ist es wert.»[6]

Durch das Gedränge schoben sich Vater und Sohn Artur und Goran Takac. Ich schüttelte Goran die Hand und gratulierte ihm zu seiner guten Gesundheit. «Ich bin so braun gebrannt, weil ich gerade aus dem Urlaub komme», sagte der hochdotierte Berater von Bewerberstädten. Mickey Kim und seine kühn gekleideten Schwarzgurtträger wandelten durch die riesige Halle wie eine alternde Punkband: Sie hatten gut lächeln; am Ende der Woche würde Samaranch verkünden, daß Taekwondo bei den Spielen von Sydney zugelassen wird, was ihre Kasse zum Überlaufen bringen dürfte.

Während der Debatte über die Olympische Bewegung und die internationale Verständigung hielten sich die meisten von ihnen im Café de la Place auf. Wie üblich war auch Mickeys Tochter in der Stadt. Kim Hae Jung ist Pianistin und tritt häufig bei olympischen Veranstaltungen auf. Im Vorjahr hatte das Berlin-2000-Komitee einen Auftritt für sie mit den Berliner Philharmonikern arrangiert, und nun gab sie im Grand Amphitheatre der Sorbonne eine Solodarbietung für die Kongreßteilnehmer im Rahmen des sogenannten «Kulturprogramms für Begleitpersonen».

Ich fing einen der IOC-Direktoren ab, der sofort Anonymität forderte.

Er sagte, das IOC sei unter Samaranch viel demokratischer geworden, versicherte mir, daß die Spanier Samaranch «lieben», gab aber zu, daß er über die neuere spanische Geschichte nichts wußte, und hielt den Atem an, als er sah, daß IOC-Vizepräsident Dick Pound ihn wütend anstarrte. Die Pressesprecherin Michele Verdier hüpfte wie üblich mit ihren Akten unterm Arm herum, während ihr neuer Chef Andrew Napier die Hofberichterstatter – tagsüber auf dem Kongreß und nachts in der Bar des Hotel Mercure – bei Laune hielt. Bei seinem Einsatz für die Linientreuen hat Napier wohl noch nicht geahnt, daß ihn Samaranch keine sechs Monate später vor die Tür setzen würde.[7]

Rund um die IOC-Gewaltigen wogte die Masse der unwichtigen Sportfunktionäre aus aller Welt; viele von ihnen hatten noch nie zuvor eine IOC-Tagung besucht. Diese Funktionäre, das Rückgrat des Weltsports, die um Mittel für die Organisation von Sportfesten und für das Training ihrer jungen Athleten kämpfen, freuten sich auf ernste, sinnvolle Gespräche und Entscheidungen. Statt dessen mußten sie feststellen, daß die Tagesordnung schon ein Jahr vorher zurechtgezimmert worden war, um die Verdienste der IOC-Führung hervorzuheben. Viele sahen recht arm aus in ihren Synthetikanzügen und billigen Schuhen, und die meisten von ihnen hielten die weißen Plastikaktenmappen fest umklammert, die an alle Delegierten verteilt worden waren.

Ihre Namen sind nie auf der luxuriösen Geschenkeliste zu finden, die IOC-Mitgliedern vorbehalten ist. In ihren billigen Überraschungstüten fanden sich eine Adidas-Krawatte, ein übergroßes T-Shirt mit dem Kongreßlogo, ein Reißverschlußmäppchen mit Kugelschreibern, Bleistifte, ein Locher, Klebeband, Klebstoff, eine Schere, ein Heftklammernentferner und ein Fläschchen Tipp-Ex.

Um sie ein wenig aufzumuntern, während sie sich bemühten, mit ihrer Aufwandsentschädigung die Kosten der Mahlzeiten zu decken, bekamen sie eine Erklärung über Fair play, einen Satz Paris-Postkarten und den Jahresbericht des Olympischen Museums gratis mitgeliefert. Für den Fall, daß sie immer noch die naive Vorstellung hegten, daß es auf diesem Kongreß Abstimmungen geben würde, erhielten sie eine Sonderbroschüre, die daran erinnerte, daß Pierre de Coubertin die Bewegung frei von «Abstimmungsunsicherheit»[8] hatte halten wollen – die Standardverteidigung des IOC für den Mangel an Demokratie.

Jene zweitausend Funktionäre hatte man der Vollständigkeit halber kommen lassen; einige von ihnen durften zustimmende Reden über das Olympische Komitee halten. Sie waren über die Hotels in der Nachbarschaft verteilt. Die Nächsthöheren in der Hackordnung waren die gewöhnlichen IOC-Mitglieder – und auch sie waren nicht glücklich, obwohl sie im Grand Hotel mit dem wunderbaren Foyer voller Kronleuchter und Gemälde übernachteten.

«Das Fußvolk des IOC amüsierte sich nicht besonders. Die Öffentlichkeit denkt, die IOC-Mitglieder befänden sich im Zentrum der Macht – sie aber wissen, daß sie nur Schönungsmittel, Schaufensterdekoration sind», sagte ein Freund von mir, der ebenfalls im Grand Hotel abgestiegen war. «Da sie in einem anderen Hotel festsaßen, konnten sie nicht einmal versuchen, ihre Führung zu beeinflussen. Manche von uns warfen ihnen vor, daß sie sich rücksichtslos das Wort erkämpften und vier- oder fünfmal auf dem Podium erschienen. Sie gaben zurück: ‹Das ist doch die einzige Chance, die wir haben, einmal zu Wort zu kommen!›»

Der Kongreß produzierte rund gerechnet sechs Millionen Blatt Papier; über vierhundert Reden wurden gehalten. Wie die Redezeit verteilt wurde, sagt alles über die Prioritäten von Samaranchs moderner Olympia-Bewegung. Sein Komitee, mit damals um die neunzig Mitglieder, die internationalen Sportverbände und die Nationalen Olympischen Komitees durften je zweiundneunzig Reden halten, insgesamt sechs Stunden und fünfunddreißig Minuten für jede Gruppe; pro Rede waren das gut vier Minuten. Unter den Tausenden von Kongreßteilnehmern befanden sich nur hundertzwanzig Athleten, und ihnen wurde neunundvierzigmal das Wort erteilt, was eine Redezeit von insgesamt zwei Stunden und neununddreißig Minuten ergab. An die Wettkämpfer der Welt hatte man keine allgemeine Einladung verschickt; nur ein vom IOC-Vorstand handverlesenes Grüppchen durfte anreisen.

Fast allen Anwesenden – abgesehen vom IOC – war es ein Anliegen, über die Zukunft der Olympischen Spiele zu diskutieren – wie man das Doping stoppen, den Kommerz eindämmen und an das Geld auf den dicken Bankkonten in Lausanne herankommen kann. Die Delegierten, die um die halbe Welt gereist waren, wollten konstruktive Kritik und visionäre Lösungen für die Probleme der Bewegung hören.

Und was bekamen sie aufgetischt? Vier nebulöse Themen: Der Beitrag der Olympischen Bewegung für die Gesellschaft. Der Athlet der Gegenwart. Sport im gesellschaftlichen Kontext. Sport und Massenmedien. Ziemlich mager für 16 Millionen Dollar. Die IOC-Führer behaupteten, daraus würde ein Entwurf für die Olympischen Spiele im nächsten Jahrhundert hervorgehen, aber viele murrten, diese Debatten seien irrelevant. «Ich glaube, diese Gespräche haben einen viel größeren Wert, als Sie im Augenblick erkennen können», beharrte der IOC-Direktor François Carrard. «Wir rechnen mit sehr wertvollen Ergebnissen.»[9]

Die wichtigen Sprecher bekamen mehr als drei Minuten. Man erkannte sie daran, daß ihre Ansprachen auf rosa Papier gedruckt waren. Die Reden der normalen Delegierten lagen in weißen Stapeln auf und wurden kaum zur Kenntnis genommen. Einer der wenigen rosa Sprecher, sein Thema hieß «Sport im gesellschaftlichen Kontext», war Mr. John Hunter. Weckt der Name Erinnerungen? Hat er vielleicht mal Gold gewonnen? Nein, aber die Spiele sind sein Goldesel. Die Delegierten mußten sich damit abfinden, daß ein Limonadenhersteller ins Zentrum ihrer Olympia-Debatte rückte. Mr. Hunter gehört der Unternehmensführung von Coca-Cola an und war nach Paris gekommen, um allen mitzuteilen, daß «sponsern glauben heißt».[10]

Mr. Hunter sagte, daß Coke «dieselben Werte, dieselben Prinzipien und dieselben Glaubensgrundsätze in Ehren hält wie die Olympische Bewegung». Das konnte ich noch nachvollziehen, auch wenn es nicht stimmte. Er sprach so viel über Glauben, daß ich nur darauf wartete, wann er beginnen würde, die Delegierten in einem Becken voll klebriger, brauner Flüssigkeit zu taufen – aber dann kam er zu seiner eigentlichen Botschaft: «Ebenso wie Sponsoren die Verantwortung haben, die Integrität des Sports zu bewahren, sein Image zu verbessern, sein Prestige und die Besucherzahlen zu steigern, so haben auch Sie Verantwortung und sind dem Sponsor Rechenschaft schuldig.»

Ein weiterer Prediger trug den allem Anschein nach teuersten Anzug von Paris. Darin steckte natürlich Professor Anwar Chowdhry, der Präsident des Internationalen Amateurboxverbands, ein guter Kumpel des Stasi-Spions Karl-Heinz Wehr. Er besuchte den Kongreß, um einen Vortrag über olympische Moral zu halten – ein Thema, über das er mehr weiß als die meisten. Seine Rede war noch überflüssiger als die des Cola-Abgeordneten; unter anderem sprach er über historische Dynamik, humanistische Persönlichkeitsbildung und ethische Normen. Um der geistigen Gesundheit Mr. Chowdhrys willen möchte man hoffen, daß er seine Rede nicht selbst geschrieben hat. Der einzige Satz, der ihm zweifelsfrei selbst eingefallen ist, lautete: «Unsere Bewegung spiegelt den gegenwärtigen Zustand des Moralgefühls wider... die Entscheidungen der Kampfrichter und Jurys werden respektiert.» Über die Boxergebnisse von Seoul schwieg er sich aus.

Der IOC-Richter Keba Mbaye sprach über dasselbe Thema wie Chowdhry. Er verkündete, daß die «Olympische Bewegung die höchste moralische Autorität im Sport bleibt», und fuhr fort: «Ein lang gehegter Traum ist wahr geworden, die Schaffung eines olympischen Waffenstillstands.» Sein Vorstandskollege, der Chinese Zhenliang He, bekannte: «Die Olympische Bewegung hält die Fahne der internationalen Verständigung, des Friedens und Fortschritts hoch.» Und der Kongolese Jean-Claude Ganga erklärte, daß wenige andere Organisationen so viel «Respekt für demokratische Werte und Menschenrechte haben». Damit meinte er sein Komitee, dessen Führer versuchten, die Spiele an Peking zu geben, und das bis heute niemandem Rechenschaft schuldet außer den Coca-Cola-Herstellern.

Das alles war hanebüchener Unsinn. Dann wurde es unheimlich. IOC-Mitglied Thomas Bach schlug vor, das IOC solle die TV-Rechte nicht länger verkaufen und statt dessen eigene Filme produzieren und verkaufen. «Die Produktion von Fernsehbildern und ihre Übertragung unter der alleinigen Verantwortung des IOC», sagte Bach, «könnte den Sponsoren, den Fernsehsendern, vor allem aber dem Sport und der Olympischen Bewegung selbst nützen.» Das wäre Samaranchs Endziel: keine lästigen Journalisten und Fernsehproduzenten mehr, die selbst entscheiden, was die Welt sehen darf.

Da Thomas Bach so mutig war, wollte auch Mickey Kim nicht zurückstehen. «Die Entwicklung des Sports und des Fernsehens muß unter der Aufsicht der institutionellen Sportbehörden bleiben», meinte er. Das IOC solle «den Medienverkehr koordinieren und kontrollieren», lautete ein anderer Vorschlag. Er fand die Unterstützung des IOC-Mitglieds und Bankiers Richard Carrion aus Puerto Rico, der für Visa tätig ist. Carrion trat außerdem dafür ein, das IOC solle «die alleinige Kontrolle über sein eigenes Produkt» behalten. *Reuter* kommentierte, daß diese Vorschläge die Medienberichterstattung in einem Maße beschränken würde wie unter einem totalitären Regime.[11] «Es ist ein Glück für die Medien und für die Spiele», bemerkte der Journalist, «daß wenige Delegierte dieses Ansinnen ernst zu nehmen schienen.»

Was der australische Saubermann Kevan Gosper zu sagen hatte, hörte sich etwas anders an. Auf seinem rosa Papier dominierte das Wort MUT, stets in Großbuchstaben. Mut war gefordert, um zu verhindern, daß die Unterhaltungsbranche die Spiele aufkauft und Elitesportler die Wettkämpfer aus den Entwicklungsländern verjagen, und um ein paar Sitze im Olympiastadion frei zu machen, die gegenwärtig von Sponsoren aus der Wirtschaft belegt werden.

Ein Zittern ging durch das Pressekorps: Das war revolutionär – für ein IOC-Mitglied! Handelte es sich etwa um eine verschlüsselte Bewerbung, mit der der Australier Dick Pound im Kampf um die Samaranch-Nachfolge ausbooten wollte? Kritisierte er nicht die größten Errungenschaften des Führers? Die *Los Angeles Times* war anderer Meinung. «Gosper, der fürchtete, er habe zu offen gesprochen, ging ins Pressezimmer, um den Reportern mitzuteilen, er habe nur ein paar Anregungen gegeben, er sei nicht sicher, wann das IOC sie aufgreifen werde oder ob überhaupt, und was ihm wirklich Sorge bereite, sei die ‹extravagante, beziehungslose› Unterhaltung bei Sportereignissen. Er war nicht in der Lage zu erklären, wovon er sprach, aber vermutlich weiß er es, wenn er es sieht.»

Eine Kritikerin, die wußte, was sie sah und was ihr daran nicht gefiel, war die französische Sportministerin Michele Alliot-Marie. «Wir dürfen nicht vergessen, daß die antiken Olympischen Spiele an diesen Übeln zugrunde gegangen sind: Geld, Korruption und Betrug», sagte sie. «Ich glaube, daß der Mißbrauch, der im Sport zu finden ist, unverkennbar auf die Beziehung zwischen Sport und Geld zurückzuführen ist.» Nie zuvor hatte ein Hauptredner auf einer olympischen Tagung die antiken Spiele negativ dargestellt und anschließend auch noch Samaranchs größte und einzige Leistung kritisiert – nämlich die Spiele gegen Bares zu verkaufen. Damit war ihre Chance auf einen Olympischen Orden vertan.

In Paris kamen nicht viele Dissidenten zu Wort, und sie sprachen meist vor halbleeren Sälen. Der grüne Aktivist Olav Myrholt aus Norwegen sagte, daß das IOC zwar vom Umweltschutz rede, aber «die Taten auf sich warten lassen». Professor Bruce Kidd aus Toronto forderte wahre Gleichberechtigung zwischen Mann und Frau bei den Spielen, und zwar nicht nur bei den Wettkämpfen, sondern auch auf Funktionärsebene. Der Triathlonathlet Les McDonald hatte das offizielle Buch des Kongresses, *For a Humanism in Sport*, gelesen und festgestellt, daß Frauen darin nur einmal erwähnt wurden. Der ehemalige Olympia-Hürdenläufer Ed Moses wies darauf hin, daß die Athleten bei den meisten Sportverbänden, den Nationalen Olympischen Komitees und der Wahl der Gastgeberstadt wenig oder nichts zu sagen haben.

Mein traurigstes Gespräch in Paris führte ich mit dem norwegischen Spitzeneisläufer Johann Olav Koss. «Ich bin hier, um vorzuschlagen, daß Sie die Flamme für die Olympia-Hilfe am Leben erhalten. Die Fakkel sollte den Organisatoren der nächsten Olympiade übergeben werden», beschwor er die Delegierten. «Es sollte eine Olympia-Hilfe in Atlanta und eine Olympia-Hilfe in Nagano geben. Sie sollte zum festen Bestandteil der Olympischen Bewegung werden.» Nach seiner Rede sagte er mir: «Auf meinen Appell ist keine unmittelbare Reaktion des IOC gefolgt, und Atlanta will nichts davon wissen. Nagano ist scheinbar interessiert. Aber Nagano möchte sich in die Tradition von Atlanta stellen. Als ich sprach, waren nur fünfundzwanzig Prozent der Plätze besetzt.»

Ein Jahr später reagierte Atlanta schließlich doch. Gemeinsam mit den Vereinten Nationen planten die Organisatoren, 7 Millionen Dollar für Medikamente, Beratung und Ausbildung der etwa zwölf Millionen Kinder aufzubringen, die während der letzten zehn Jahre in Regionalkriegen ihre Heimat und oft auch ihre Eltern verloren haben. «Aufgrund seiner direkten Beziehung zu den Olympischen Spielen... sahen wir darin nicht nur eine perfekte, sondern eine wirklich schöne Ergänzung», sagte Billy Payne mit Bezug auf den olympischen Waffenstillstand.

Koss war nicht der einzige, der vor leeren Stühlen sprach. Samaranchs einschläfernde Tagesordnung hatte viele Delegierte hinaus in die Herbstsonne auf den großen Platz von La Défense getrieben. Wie mir einer meiner Spione berichtete, befanden sich bei einer Sitzung nur dreiundsechzig Leute in einem Saal mit fünfhundert Sitzen. Und am letzten Tag saßen nur noch hundert von zweitausend Delegierten unten im Keller und lauschten den Reden; viele von ihnen waren eingeschlafen.

Ein junger Stern am Himmel des Olympischen Komitees ist der von der Presse bejubelte belgische Arzt Jacques Rogge. In Paris kam für ihn die Stunde der Bewährung. Der Kongreß war daran gehindert worden, etwas Sinnvolles zu leisten, hatte alle Probleme ausgeklammert, vor denen die Olympier standen, und man brachte es nicht einmal über sich, die überfällige Überprüfung des Sportprogramms der Spiele in Angriff zu nehmen. Wie konnte man die Delegierten, die über solche Entfernungen angereist waren, abspeisen und hirntot machen, bevor man sie wieder auf den Flughafen verfrachtete?

«Als der IOC-Präsident 1990 ankündigte, daß auf dem Kongreß in Paris über eine wesentliche Änderung des olympischen Programms entschieden werden sollte», sagte Rogge, der in die Rolle des Anästhesisten schlüpfte, «reagierten die Welt des Sports und die Presse sehr heftig.»

Unwahrscheinlich, aber wie sollte Rogge die Tatenlosigkeit in Paris erklären? «Da die Spiele ein Erfolg sind, kann ihr Programm nicht schlecht sein», bemerkte der Mann mit den guten Aufstiegschancen. Während die Delegierten ins Koma fielen, fuhr Rogge fort: «Es empfiehlt sich nicht, bei Fragen zu intervenieren, die vom IOC bereits entschieden wurden.» An dieser Stelle hätte sich eigentlich wieder die Frage der olympischen Demokratie stellen müssen – aber die war auch versprochen und dann wieder vergessen worden.

Aufgerüttelt durch das Aufsehen, das der Mangel an Demokratie und Verantwortlichkeit des IOC in Lillehammer im selben Jahr ausgelöst hatte, improvisierte Samaranch. «Wir sind auf dem Weg dahin», behauptete er. «Der Kongreß in Paris könnte ein guter Anlaß sein, unsere Organisation zu modernisieren.»[12] Dieser Gesinnungswandel war ziemlich rasch erfolgt. Nur achtzehn Tage zuvor war er in Lausanne von einem der drei großen amerikanischen TV-Sender interviewt worden. Da vertrat er noch eine andere Ansicht.

Man stellte ihm die Frage: «Wird das IOC unter Druck geraten, einen Demokratisierungsprozeß einzuleiten?» Darauf antwortete er: «Wir glauben, daß unser Begründer Baron Pierre de Coubertin ein demokratisches System erfunden hat. Hundert Jahre lang haben wir dieses System angewendet, und die Ergebnisse sind nicht schlecht. Das System wollen wir auch in Zukunft beibehalten.»[13] Nach dem Interview versuchten seine Pressesekundanten die Übertragung zu verhindern – mit Erfolg. Aus welchen Gründen auch immer ein Film abgesetzt wurde, den der Redakteur schon für die Ausstrahlung vorbereitet hatte – Samaranch war es jedenfalls gelungen, seinen Ausrutscher geheimzuhalten. (Ich habe an der Sendung mitgearbeitet und besitze eine Abschrift des Interviews.)

Für viele Delegierte war der Olympische Kongreß in Paris wie eine Rückblende in die eigene schreckliche Geschichte. Die Südafrikaner, die Osteuropäer und andere Delegierte aus Ländern, die in den letzten Jahren erstmals freie Wahlen abhalten konnten, stellten fest, daß die Olympische Bewegung die Merkmale der totalitären Gesellschaft aufwies, die in ihrem Leben Narben hinterlassen hatte: Keine freien Abstimmungen oder Wahlen und unnahbare, allmächtige Führer.

Das Olympische Komitee ritt taktloserweise noch auf dem Thema herum: Am letzten Versammlungstag wurde bekanntgegeben, daß man rückblickend von dem «Kongreß der Einheit» sprechen werde. War das ein Widerhall von Breschnew und Franco? Keineswegs. «Wir sind sehr erfreut über diese Entscheidung. Ich glaube, sie zeigt, daß der neubenannte ‹Kongreß der Einheit› nicht nur ein leeres Wort ist», plapperte François Carrard.[14] «Samaranch erklärte, das Thema des Kongresses würde Einheit sein, und gab dann niemandem die Chance zu widersprechen», folgerte die *Los Angeles Times*.

Im Anschluß an den Kongreß veranstaltete das Olympische Komitee seine eigene private jährliche Session. Nun nahm das IOC-Fußvolk, das eine Woche lang die eigene Machtlosigkeit zu spüren bekommen hatte, Rache an Samaranch. Der Machtbesessene, der glaubte, die ganze Olympische Bewegung unter Kontrolle zu haben, verkündete, daß er das uneingeschränkte Recht beanspruche, binnen Jahresfrist zehn neue Mitglieder – samt und sonders Präsidenten von Sportverbänden – für das Komitee zu nominieren, ohne die Mitglieder zu konsultieren.

Nach einer, wie berichtet wurde, stürmischen Debatte unterzeichnete über ein Viertel der Mitglieder eine Petition, die eine geheime Abstimmung verlangte – und Samaranch reagierte schnell, um die Gefahr einer peinlichen Niederlage zu bannen. Man fand einen Kompromiß, der vorsah, daß Samaranch die Nominierungen machen dürfe, die Mitglieder jedoch das Recht hatten, darüber abzustimmen.

Primo Nebiolo, der sich durch die Aufnahme seiner gefügigen Kollegen nur Vorteile erhoffen konnte: «Ich glaube, es ist eine gute Entscheidung, die die Einheit der Olympischen Bewegung festigen wird.»[15]

Die Mitglieder brachten nicht den Mut auf, Samaranch noch weiter herauszufordern, und nickten demütig zu der Ernennung von einem Dutzend neuer Mitglieder, die anläßlich der Hundertjahrfeier die magische Zahl hundert vollmachten. Nach dreijähriger Verschleppungstaktik gegenüber den USA, die seit dem überraschenden Ausscheiden von Bob Helmick nur durch ein Mitglied vertreten waren, entschied sich Samaranch endlich für James Easton, den Präsidenten des Internationalen Verbands für Bogenschießen und Chef eines Familienunternehmens, das jährlich 100 Millionen Dollar Umsatz mit Pfeilen für Bogenschützen und Baseballschlägern macht.

Auch Großbritannien ist nun durch ein neues Mitglied vertreten: Hinzu kam Craig Reedie, ein Finanzberater, der Präsident des Internationalen Badmintonverbands gewesen war. Seine Kollegin Prinzessin Anne war nicht anwesend, um ihm zu gratulieren. Sie war vernünftig genug, ihre Zeit nicht in Paris zu vertun. Der italienische Olympia-Bonze Mario Pescante wurde aufgenommen – allerdings mit Vorbehalt. Pescante wartete gemeinsam mit Nebiolo auf seinen Prozeß wegen Korruption im Zusammenhang mit den gewaltigen Mehrausgaben für die Renovierung des römischen Olympiastadions anläßlich der Fußballweltmeisterschaft von 1990. Man kam überein, daß er im Falle einer Verurteilung aus dem Komitee ausscheiden werde. Alle Angeklagten sind inzwischen freigesprochen worden.

Alex Gilady, langjähriger Sport-Vizepräsident bei NBC in London und New York, zog als erstes israelisches Mitglied ins IOC ein. Bei NBC trägt er jetzt den Titel Internationaler Olympia-Verbindungsoffizier. Gerhard Heiberg erntete die Früchte für die Organisation der Spiele von Lillehammer. Boris Jelzins Tennistrainer, der ehemalige russische Davis-Cup-Spieler Schamil Tarpischew, ersetzte einen alten Stalinisten, der in aller Stille aus dem Komitee entfernt worden war. Waleri Borsow, der als Sprinter in München zweimal Gold gewonnen hatte und jetzt ukrainischer Sportminister ist, gab Samaranch Gelegenheit zu behaupten: «Vielleicht können in naher Zukunft noch mehr Athleten beitreten.»[16]

Auch für Indonesien mußte ein neues Mitglied gefunden werden. Zuletzt wurde dieses Land durch den stellvertretenden Premierminister und Verteidigungsminister unter dem mörderischen Regime von Präsident Suharto vertreten, der Ende der sechziger Jahre an die Macht kam. Würde sich Samaranch zu einer Geste für den Frieden und gegen die Diktatur von Jakarta durchringen? Würde er sich etwa für den indonesischen Schriftsteller Pramoedya Ananta Toer entscheiden, der für den Nobelpreis nominiert ist, dessen Werk aber im eigenen Land verboten wurde?

Unwahrscheinlich. Samaranch wählte einen der engsten Freunde Suhartos, Mohamed «Bob» Hasan, Chef des indonesischen Nutzwald-pflanzer-Verbands, der den Regenwald abholzt. Hasan ist vermutlich Milliardär und im Besitz von etwa hundert Privatunternehmen – ange-fangen mit Forstwirtschaft und Baufirmen bis hin zu Banken und Ver-sicherungen. Angeblich steht er Suharto näher als die meisten seiner Minister. Hasan spielt mit dem Diktator Golf. Außerdem ist er Präsi-dent der Leichtathletik- und Turnverbände des Landes und sponsert Langstrecken-Straßenrennen mit märchenhaften Preisgeldern.[17]

Hasan lebt in friedlicher Koexistenz mit einem Regime, das die Ver-einten Nationen scharf kritisieren. Suhartos Annexion von Osttimor im Jahre 1975 und die anschließende mörderische Besatzung hat 200 000 Menschen das Leben gekostet, und zwar bei einer Bevölke-rung von nur einer dreiviertel Million. Die Menschenrechtsorganisa-tion Amnesty International weist regelmäßig auf die Greueltaten des Suharto-Regimes hin. Die Antisubversions-Gesetzgebung – die soge-nannten Gummiparagraphen, weil auf jeden Kritiker der Regierung anwendbar – macht jeden Versuch der schlecht bezahlten Arbeiter zu-nichte, freie Gewerkschaften zu gründen, und bringt Journalisten hin-ter Gitter, die für die Pressefreiheit kämpfen.[18]

Während «Bob» Hasan zu seiner Aufnahme in das IOC nach Paris reiste, wurden die Gründer des freien Journalistenverbands von der Regierung inhaftiert. Hasan bringt ein Wochenmagazin heraus, das bei den Zensoren nicht aneckt. In Indonesien leben 190 Millionen Men-schen, aber «Bob» Hasan ist offenbar der einzige, der Samaranch ge-nehm ist.

22 | Der Jungbrunnen

Das Dutzend neuer Mitglieder seit Paris waren alles Männer. Sie reduzierten das Durchschnittsalter im IOC um ein Jahr auf 62. Das war eindeutig zu niedrig, und innerhalb eines Jahres war Samaranch dabei, das Abschiedsalter für Mitglieder auf jenseits der normalen Lebenserwartung anzuheben.

Das alles war Samaranchs Entschlossenheit zu verdanken, für alle Zeiten, vielleicht sogar bis zum Tode, an der Spitze der Olympischen Bewegung zu bleiben. Ein Marketingexperte, der jahrelang mit dem IOC zu tun hatte, sagte mir einmal voraus, daß Samaranch niemals sein Amt aufgeben werde. «Dafür liebt er die Macht zu sehr», sagte er. «Das tun sie alle. Wenn sie erst einmal dieses Luxusleben genossen haben, ständig auf Achse und mit den Führern der Welt auf du und du, dann können sie sich nicht aufs Altenteil zurückziehen, um im Garten den Rasen zu mähen. Sie haben sich zu sehr an die Macht gewöhnt, es verjüngt sie, wie ein Jungbrunnen. Ohne das würden sie bald zum Alteisen gehören.»

Wie lange Samaranch seinen Schachzug schon plante, werden wir wohl nie erfahren. Einige Monate vor der Tagung 1995 in Budapest schlug er seinen Mitgliedern in einem Brief vor, die Altersgrenze für die IOC-Mitgliedschaft anzuheben — oder abzuschaffen. Eine Kopie des Schreibens gab er seinem treuen Chronisten Karl-Heinz Huba, der es in seinem Mitteilungsblatt *Sport Intern* veröffentlichte. Dann wartete er in aller Ruhe die Reaktionen ab.[1]

Eine obere Altersgrenze führte das IOC erstmals 1966 ein, in dem Jahr, in dem Samaranch beitrat; damals wurde festgelegt, daß alle, die bereits Mitglied waren, auf Lebenszeit bleiben durften — Neulinge sollten hingegen im Alter von zweiundsiebzig ausscheiden. Damit hatte Samaranch um ein Jahr das automatische Anrecht verpaßt, das Szepter olympischer Macht zu schwingen, bis er tot umfiel.

Fast zwanzig Jahre lang war die Altersgrenze dann kein Thema – bis der warme Regen einsetzte und der neue üppige Lebensstil des Komitees einfach zu schön war, als daß man ihn ohne weiteres aufgeben wollte. Der Widerstand regte sich erstmals 1984 in Los Angeles, als der Ecuadorianer Carlos Arroyo, damals einundsechzig, verkündete, die Grenze von zweiundsiebzig sei willkürlich und sollte angehoben werden. Er wurde von dem dreiundsechzigjährigen Algerier Mohamed Zerguini unterstützt, der dreißig weitere Mitglieder für sich gewann. Sie unterzeichneten eine Petition, die ein Ausscheiden mit fünfundsiebzig forderte. Einer der wenigen, die sich dagegen aussprachen, war Richter Mbaye, der den Hohn der Medien fürchtete. Samaranch setzte sich über ihn hinweg, und bei der Session 1985 in Berlin drückte er eine Anhebung der Obergrenze um drei Jahre durch. Neunundfünfzig Mitglieder stimmten dafür, nur vierzehn dagegen.

Schon zwei Jahre später warb Frau Flor Isava Fonseca aus Venezuela, inzwischen sechsundsechzig, dafür, die Altersgrenze ganz abzuschaffen. Das Exekutivkomitee geriet in Versuchung, gab aber zu bedenken, das IOC gelte ohnehin bereits als Altherrenverein, und verwarf die Idee. Wie vorherzusehen war, blieb Samaranch Präsident, zog sich nach den Spielen von Barcelona nicht zurück und trat seine vierte und letzte Amtszeit an, die 1997 endet. Erneut gab er sich den Anschein, er sei entschlossen, anschließend sein Amt niederzulegen. «Es ist meine Pflicht, die Altersgrenze für IOC-Mitglieder zu respektieren», erklärte der vierundsiebzigjährige Samaranch im November 1994 einem Athener Journalisten. «Ich habe nicht vor, 1997 als Präsident wiedergewählt zu werden, und natürlich stehe ich nicht als Kandidat zur Verfügung.»[2] Im Rückblick erscheint diese Behauptung wie ein Täuschungsmanöver, mit dem ehrgeizige Rivalen verlockt werden sollten, Farbe zu bekennen.

Samaranch überließ es dem zuverlässigen Huba, seinen Sinneswandel in *Sport Intern* bekanntzumachen. Die Forderung wurde mit durchsichtigen Scheinargumenten begründet. «Die Befürchtung des IOC-Präsidenten, daß die Wahl seines Nachfolgers in zwei Jahren zu einem Chaos führen könnte, ist wahrscheinlich begründet», schrieb der Hofberichterstatter. «Eine erbitterte Kampagne um die Wahl eines Präsidenten könnte eine Spaltung der olympischen Familie nach sich ziehen. Auf jeden Fall muß sich das IOC ernsthaft Gedanken machen, wie sich eine Katastrophe abwenden läßt.» Eine demokratische Amtsübergabe wurde als gefährlich dargestellt, die heilige Einheit müsse aufrechterhalten werden, und Samaranch sei dazu in der Lage – ein deutlicher Wink mit dem Zaunpfahl.

Samaranch legte seinen Mitgliedern drei Änderungsvorschläge vor: Entweder hob man die Altersgrenze auf achtundsiebzig an – was ihm ermöglichen würde, sich 1997 noch einmal zur Wahl zu stellen und bis ins nächste Jahrhundert hinein zu regieren; oder man schaffte die Obergrenze ganz ab – was ihm ebenfalls die Macht bis ins Grab garantiert hätte; oder aber man entschied sich, den amtierenden Präsidenten von der Altersgrenze zu befreien. Ganz gleich, welche Alternative durchkommen würde – Samaranch hätte sein Ziel erreicht.

Er bekam bald die Reaktionen, die er erwartet hatte. Ein Wechsel war beängstigend; ein neuer Präsident würde vor dem notorischen Nassauern, den kleinen Unredlichkeiten und der Belästigung von Hostessen vielleicht nicht die Augen verschließen. Samaranch hatte oft angekündigt, man werde die Besuche in Bewerberstädten reduzieren, aber nie etwas unternommen. Laßt ihn für alle Zeiten an der Macht, und die fetten Jahre werden nie enden, hieß die Devise. Das Olympische Komitee würde insgesamt noch mehr altern – alle Mitglieder würden von der Neuregelung profitieren –, aber wen scherte das schon? Die Welt konnte nichts dagegen ausrichten; dem IOC gehörten die Spiele.

Am Vorabend der Tagung in Budapest gab Samaranch über *Sport Intern* eine weitere Verlautbarung heraus. Er sei nicht auf eine Neuregelung erpicht, die ihm nur weitere vier Amtsjahre bescherte; anscheinend wollte er ein unbegrenztes Mandat.

In der zweiten Juniwoche 1995 trafen die Komiteemitglieder in Budapest ein. «Einige empfinden die Altersgrenze von fünfundsiebzig als diskriminierend», sagte die Amerikanerin Anita DeFrantz, die in der Öffentlichkeit den Präsidenten standhaft unterstützt.[3] «Andere sagen, es ist wichtig, wählen zu können, wen man haben will. Vielleicht glaubt er einfach, daß er als Präsident noch einige Dinge erreichen möchte.» Dick Pound, ein aussichtsreicher Kandidat für 1997, der seine Hoffnungen vertagt, wenn nicht zerstört sah, fand deutliche Worte. «Ich meine, wir würden uns vollkommen lächerlich machen, wenn wir die Altersgrenze abschaffen», sagte er.[4]

Samaranch stieg in Budapest aus dem Flugzeug und erklärte den wartenden Schreiberlingen: «Im Prinzip stehe ich im Moment nicht als Kandidat zur Verfügung, doch das kann sich ändern.»[5] Der Belgier de Merode machte sich für den Plan stark. «Der IOC-Präsident hat die Olympische Bewegung in den letzten Jahren sehr gut geführt, und warum sollte er nicht weitermachen können, solange er gesund ist?»[6] Das Exekutivkomitee, das vor der Session zusammentrat, beschloß, Samaranchs Vorschläge zur Abstimmung vorzulegen. Als bei einer Pressekonferenz die Frage laut wurde, ob diese Manöver nicht bewiesen, daß der Führer ein Mann sei, der sich nur an die Macht klammere, erwiderte François Carrard abfällig: «Was Außenstehende sagen können, werden sie auch sagen.»[7]

Ein Insider aus dem Komitee wurde anonym zitiert: «Es ist, als würde man Truthähne fragen, ob sie Weihnachten abschaffen wollen. Natürlich sind sie dafür.»[8] Aber als es zu mehreren komplizierten Abstimmungen kam, verpfuschten die Mitglieder alles. Um die Charta und ihre Altersregelung zu ändern, benötigte Samaranch eine Zweidrittelmehrheit – neunundfünfzig der achtundachtzig auf der Tagung anwesenden Stimmberechtigten.

Beim ersten Wahlgang stimmten zweiundsechzig dafür, die Regelung zu ändern, ohne näher zu erklären wie. Samaranch durfte hoffen. Aber die nächsten Abstimmungen über verschiedene Vorschläge schufen große Verwirrung, und nach vier verwickelten Ausscheidungsrunden sprachen sich schließlich siebenundfünfzig Mitglieder dafür aus, die Altersgrenze ganz abzuschaffen – zwei zuwenig für den Sieg. Samaranchs Pläne, im Amt zu bleiben, waren vereitelt, und seine potentiellen Nachfolger jubelten. Genauso erfreut waren die Schreiberlinge, die von seinem autoritären Gehabe genug hatten.

«Eine vernichtende persönliche Niederlage», schrieb *Reuter*, «seine Autorität ist ernsthaft in Frage gestellt.»[9] Andere Agenturen meldeten, die Mitglieder «scheuten sich, sich lächerlich zu machen, indem sie eine Altersgrenze abschaffen, die seit fast dreißig Jahren in Kraft ist». Dick Pound war hoch erfreut. «Ich bin zufrieden. Es war ein wunderbarer Nachmittag der gelebten Demokratie. Es ist kein Sieg für mich, es ist keine Niederlage für Samaranch – er ist ein sehr guter Präsident, aber schließlich hat die Altersgrenze in einer Organisation den Zweck, sich zu schützen.»[10]

Samaranch ging in Deckung – sein Rückzugsplan würde bald ans

Licht kommen – und überließ es Carrard, sich den Journalisten zu stellen. «Der Präsident war mit dem Ergebnis ganz zufrieden», behauptete er. «Es war kein Mißtrauensvotum.»[11] Die Altersfrage könne bei der Session in Atlanta im folgenden Jahr sehr wohl wieder aufgegriffen werden, meinte er. Das schien unwahrscheinlich. Samaranch würde noch dümmer dastehen, wenn er noch einen verzweifelten Versuch unternehmen sollte, die Regelung zu ändern – und das nur ein Jahr vor der Präsidentschaftswahl. Samaranchs Herrschaft war vorüber, eine neue Ära für das Olympische Komitee und die Olympischen Spiele kündigte sich an.

Das war am Donnerstag. Am nächsten Tag schritten die hohen Herren zur Tat. Samaranch tritt nur über meine Leiche zurück, zischten sie den verängstigten IOC-Mitgliedern zu, und wenn nötig auch über deine. Die Lobbyaktivität auf den Fluren war bemerkenswert. Unterzeichnet diesen Brief, der eine neue Abstimmung über eine Altersgrenze von achtzig Jahren verlangt, beharrten sie. Selbst Karl-Heinz Huba schrieb, er sei schockiert. Das mußte er auch, denn die Schreiberlinge hatten alles gesehen. Huba bemerkte abfällig, der Brasilianer João Havelange und der Mexikaner Mario Raña gehörten «nicht zu den hellen Leuchten der Sportwelt. Die Art und Weise, wie Vazquez Raña Unterschriften sammelte, bestätigte wieder einmal alle Vorbehalte gegen den mexikanischen Medienmogul», krittelte er in *Sport Intern*. «Mehrere IOC-Mitglieder sprachen offen von Nötigung. Einem südamerikanischen Mitglied wurde die Auflösung der Panamerikanischen Sportorganisation PASO angedroht, falls er nicht unterschriebe.»[12] Dadurch wird offenbar, wen Huba bei der Nachfolgefrage nicht unterstützt. Ich vermute, sein Wunschkandidat heißt Mickey Kim.

Dann sprach der zuverlässige IOC-Chronist Samaranch von jeder Schuld an dem Chaos frei. Samaranch hätte die Versammelten leicht überreden können, für ihn eine Ausnahme zu machen und ihn für eine weitere Amtszeit zu bestätigen, aber offenbar sei er «von Skrupeln geplagt» worden.[13]

Die übrigen Armverdreher auf den Fluren waren wie verlautet Primo Nebiolo, Frau Flor Isava und Jean-Claude Ganga aus dem Kongo. Sie sammelten siebzig Unterschriften und legten ihren Brief am Samstag abend Samaranch vor. Einer der wackeren Achtzehn, die sich nicht beugten, sagte einem Reporter: «Wenn wir die Grenze auf achtzig statt auf achtundsiebzig anheben, was wir ja bereits verworfen hatten, machen wir uns lächerlich.»[14]

Es blieb nur noch ein Versammlungstag. Um die Kampagne erfolgreich zu beenden, mußte das Exekutivkomitee die Petition am nächsten Morgen billigen. Ein Mitglied, der anscheinend nicht an der Verschwörung beteiligte Marc Hodler, sagte: «Das Exekutivkomitee würde der Session einen Bericht vorlegen müssen, und ich glaube nicht, daß wir dafür genug Zeit haben.»[15]

Es war jedoch nicht viel Zeit erforderlich. Samaranch boxte den Vorschlag am Samstag morgen als ersten Tagesordnungspunkt durch, und er wurde sogleich der Vollversammlung vorgelegt. Die Forderung nach geheimer Abstimmung überhörte er und warf seinen zitternden Mitgliedern drohende Blicke zu. Hände hoch, wenn Sie gegen die Anhebung der Altersgrenze auf achtzig sind, sagte er. Zehn Unbeirrbare signalisierten ihren Widerstand. Enthaltungen? Zwei weitere wackere Seelen hoben die Hand. Das war's: Der schweigenden vierundsiebzigköpfigen Mehrheit wurde unterstellt, sie sei dafür, und Samaranch erklärte die Neuregelung für verabschiedet.

Carrard wurde an die Pressefront geschickt, um zu leugnen, daß Samaranch den Coup geplant hätte. «Er hatte rein gar nichts damit zu tun», erklärte der Oberbürokrat.[16] «Das ist kein Weltuntergang», grummelte Dick Pound. «Das Leben geht weiter.»[17] Anita DeFrantz, die sich um eine geheime Abstimmung bemüht hatte, gelang eine Gratwanderung; sie versicherte den Reportern, sie habe nicht für die Anhebung der Altersgrenze, aber auch «nicht dagegen gestimmt».[18]

Samaranchs Olympia-Pudel waren wieder an der Leine. Wenn im Lauf der nächsten Jahre keine Skandale ans Licht kämen, würde er selbstverständlich bis zum Jahr 2001 olympischer Präsident bleiben und dann seinen einundachtzigsten Geburtstag feiern. Und wenn er die Regeln einmal geändert hatte, konnte er das noch mal tun. Avery Brundage war schließlich bis zu seinem fünfundachtzigsten Lebensjahr Präsident gewesen.

Auf der Tagung in Budapest wurden weitere elf Mitglieder in das Komitee aufgenommen, um die Ehrentribüne in Atlanta vollzumachen. Nach fünfjähriger Pause wurde zum erstenmal wieder eine Frau zugelassen, die ehemalige Starturnerin und Olympia-Siegerin Vera Caslavska aus der Tschechischen Republik. Die übrigen waren Männer: Sam Ramsamy, ein Veteran aus dem Kampf gegen die Apartheid, der zwanzig Jahre im Exil gelebt hatte, wurde der neue Vertreter Südafrikas. Der Bruder von Mario, Olegario Vazquez Raña, seit 1980 Präsident der Internationalen Schützen-Union, machte aus der olympischen Familie die Familie Raña, als er seinen Eid ablegte. Jean-Claude Killy, der ehemalige große Skifahrer und jetzige Direktor der Coke-Niederlassung in seiner Heimat, stieß dazu. Samaranch nutzte seine neuen Machtbefugnisse, um weitere Sportpräsidenten zu ernennen, und bedachte die Barone der Turner, Schwimmer und Eishockeyspieler mit Amt und Würden.

Die letzte Entscheidung in Budapest betraf die Wahl des Austragungsortes für die Winterspiele des Jahres 2002. Was würde den Ausschlag geben? Dick Pound sagte: «Die Entscheidung kann auf Freundschaft beruhen oder sich danach richten, wo deine Frau ihren Einkaufsbummel machen möchte.»[19] Die Wahl fiel auf die Boutiquen von Salt Lake City. Seit der Niederlage der Stadt vor vier Jahren in Birmingham war diese Entscheidung unumgänglich geworden. Draußen vor der Tür blieb wieder einmal der schwedische Kandidat Ostersund. Als ständige große Verlierer im Wettbewerb um olympischen Glanz würden die Schweden wahrscheinlich Beschwerde einlegen, wenn sie je gewinnen sollten. Die Serie unverdienter Niederlagen, die sie einstecken mußten, könnte sich fortsetzen, bis ein neues IOC – in etwa fünfzig Jahren – die Schrecken von Lillehammer und die standhafte freie Presse Norwegens vergessen hat und sich entschließen kann, in Skandinavien einzukehren.

23 | Kauf eine Coke, zahl mit Visa, steck dein Geld in den Doping-Zirkus

«Das ist keine Wohltätigkeitsveranstaltung. Wir haben eine geschäftliche Transaktion getätigt. Wir werden Geld verdienen», sagt Mr. Hugh McColl, der Präsident der NationsBank, eines der größten Olympia-Sponsoren Atlantas. «Darum geht's bei der Sache.»[1] Der offenherzige Mr. McColl feiert die Umwandlung der Spiele im Laufe ihrer hundertjährigen Geschichte. Im neunzehnten Jahrhundert durch europäische Aristokraten begründet, um die grenzenlosen Energien und die neuen Ideen ihrer Massen zu kanalisieren, von Hitler – mit dem Segen des IOC – vereinnahmt, um seine neue Ordnung zu glorifizieren, erfreuten sich die Spiele in den fünfziger Jahren eines kurzen goldenen Zeitalters. Die Olympischen Spiele in Helsinki und dann in Melbourne – unvergeßlich durch die großen Leistungen der Langstreckenläufer Emil Zatopek und Wladimir Kuz – waren spartanisch, nicht kommerziell, dopingfrei und fesselnd, trotz des erbitterten kalten Krieges, der die Welt in zwei Lager teilte. Die Spiele von 1960 in Rom wurden durch den Tod eines dänischen Radsportlers an einer Überdosis Drogen überschattet,[2] und Tokio war die erste Olympiade, die mehr zu Ehren einer Regierung und eines politischen Systems veranstaltet wurde als für die Athleten.

Durch die vollständig privat finanzierten und mit Sperrketten abgeriegelten Wettkämpfe von Atlanta vollendet sich die Metamorphose der Olympischen Spiele in ein Instrument des Big Business. Billy Payne, der olympische Oberboß in Atlanta, begrüßt «die unglaubliche Wandlungskraft des olympischen Geistes», doch es gibt kaum Anzeichen dafür, daß sich durch das kurze Gastspiel der Jahrhundertolympiade für die Unterschicht von Atlanta viel verändern wird. Billys Verheißung, der erzielte Gewinn käme der Innenstadt in Form von neuen Sportangeboten zugute, wird sich wahrscheinlich nicht erfüllen. Als die Vorortbewohner von Dunwoody die Spiele bekamen, versprachen sie sich einen Gewinn von etwa 160 Millionen Dollar.[3] Sechs Jahre später und ein halbes Jahr vor den Wettkämpfen heißt es, man kämpfe gegen rote Zahlen. Natürlich kann es sein, daß Billy noch einen Topf voll Gold hat, den er nicht vorzuzeigen wagt – das könnte Tausenden von ehrenamtlichen Helfern die Motivation rauben –, aber das ist unwahrscheinlich. Solange der olympische Reichtum nicht gerechter verteilt wird, dürfte Billys olympischer Geist das Leben und die Hoffnungen der meisten Bürger wenig berühren. Im Gegensatz zu Mr. McColls Bank.

Die Verrenkungen, die in Atlanta angestellt wurden, um die Spiele zu finanzieren, haben die vielen Bewerber um die Olympiaden des nächsten Jahrhunderts nicht abschrecken können. Städte in aller Welt scheren sich offenbar wenig um die Kosten und die Enttäuschung, die die leer ausgegangenen Kandidaten während der letzten zehn Jahre hingenommen haben. Samaranch ist jedenfalls wieder auf Achse und spielt den Casanova. «Das IOC wird sich freuen, nach Afrika zu kommen», sagte er auf einer Pressekonferenz in Kapstadt, und die Südafrikaner strahlten.[4] Kaum hatten sie sich Hoffnungen gemacht, sie seien die Spitzenreiter für die Sommerspiele des Jahres 2004, da verkündete er in einer anderen Stadt: «Rom ist der stärkste Kandidat, den wir haben.»[5] In der Karibik verriet der Chef des Bewerbungsteams von San Juan den Reportern: «Das IOC sagt, daß Puerto Rico sehr ernsthaft in Betracht gezogen wird.»[6]

Für 2004 wird die Bewerbung von immerhin zehn Städten erwartet. Zehn Städte, die sich darauf vorbereiten, den Ferien- und Freizeitclub aus Lausanne zu verwöhnen. Wenn Professor John MacAloon aus Chicago weiß, wovon er spricht, können sie sich auf einiges gefaßt machen. «Es ist eine traurige Tatsache, daß jedes olympische Organisationskomitee hinter den Kulissen eine Agentur damit beauftragen muß, die weiblichen Angestellten und freiwilligen Helferinnen auf Belästigungen durch ausländische Besucher vorzubereiten», sagte er 1994 auf einer Tagung von Olympia-Experten, «und wie wir leider berichten müssen, machen das IOC, die Mitglieder der Nationalen Olympischen Komitees und Sportverbände und andere Spitzenfunktionäre der olympischen Familie da keine Ausnahme.»[7]

Die hoffnungsvollen Städte werden dazu verführt, Milliarden Dollar in einen Zirkus zu investieren, der angeblich das Leben ihrer Bürger verbessert. Wirtschaftsprüfer, Unternehmer und ambitionierte Politiker werden blendende Studien vorlegen, die für Stadt und Region enorme finanzielle Vorteile prophezeien. Zwei kürzlich ausgehandelte

TV-Verträge scheinen diese Behauptungen oberflächlich betrachtet zu rechtfertigen. Im August 1995 – nach Seoul und Barcelona und vor Atlanta – verpflichtete sich die amerikanische Sendergruppe NBC 1,25 Milliarden Dollar für die US-Rechte in Sydney im Jahr 2000 und die Winterspiele 2002 in Salt Lake City zu bezahlen. Drei Monate später war NBC zu einem noch größeren Geschäft bereit: 2,3 Milliarden für die Sommerspiele von 2004 und 2008 und die Winterspiele von 2006 – obwohl die Gastgeberstädte noch nicht einmal ausgewählt waren. «Solange das Land in der Lage ist, die nötige Infrastruktur zur Veranstaltung der Spiele bereitzustellen», erklärte der IOC-Marketing-Direktor Michael Payne, «macht es für die Fernsehsender und die Sponsoren eigentlich keinen Unterschied, wo die Spiele abgehalten werden.»[8] Das Olympische Komitee beeilte sich zu erklären, daß die gewaltige Investition von NBC die Spiele an sich nicht beeinflussen werde.

Bei NBC sieht man das anders. Wenn die TV-Sender ihr Geld wiedersehen und genug Werbung verkaufen wollen, um Gewinn zu machen, dann wünschen sie einen Sport, «der Frauen und ganze Familien vor den Fernseher lockt», sagte Peter Diamond, ein Spitzenmanager bei NBC und Mitglied des IOC-Fernsehausschusses, auf einem Seminar in Lausanne 1994. «Ich wünsche mir, das IOC könnte Mittel und Wege finden, zusätzlich noch ein, zwei oder drei Tage Kunstturnen einzuführen.»[9] Außerdem verlangte er mehr Schwimmwettkämpfe bei den Sommerspielen und mehr Eiskunstlauf bei den Winterspielen. Um die Verbraucherinnen auch während der zweiten Olympia-Woche zu interessieren, wollte er mehr Wettkämpfe, die Frauen ansprechen. Und vor allem wünschte er sich mehr Stars. In der Olympischen Bewegung hatte man darüber gesprochen, die Zahl der Schwimmwettkämpfe zu verringern, weil in manchen Jahren einzelne Schwimmer in recht ähnlichen Wettkämpfen die Goldmedaillen nur so absahnen. Bitte nicht, sagte Mr. Diamond. 1972 in München sahen die Zuschauer Mark Spitz immer wieder das Siegertreppchen besteigen, und Kirsten Otto holte in Seoul sechsmal Gold.

«Unsere Öffentlichkeit will den dramatischen Kampf der großen Sportler so oft wie möglich sehen und miterleben», beharrte Mr. Diamond, das Sprachrohr der Zahlmeister. NBC war mit der Show von Barcelona zufrieden gewesen – mit einem Vorbehalt. Es gab keinen Superstar. Welch ein Pech, daß der Hürdenläufer Kevin Young einen neuen Weltrekord aufgestellt hatte, «aber am nächsten Tag von der

Olympiade verschwunden war», klagte Mr. Diamond. Es ist beängstigend. Die Sender, denen es letztlich nur darum geht, immer mehr Werbung zu immer höheren Preisen zu verkaufen, können keine wertvolle Sendezeit für normale Athleten, unbekannte Sportler und Wettkämpfe verschwenden, die kein großes Publikum anziehen. Entweder zwingen sie das Olympische Komitee, Sportarten fallenzulassen, die bei ihren Fernsehzuschauern nicht ziehen – oder sie ignorieren diese Sportarten einfach. NBC zeigt eindeutig die Tendenz, bis zum Jahr 2008 die Spiele aufzupolieren. Es ist schwer vorstellbar, daß das IOC genug Rückgrat zeigt, um angesichts der gebotenen 3 Milliarden Dollar der Versuchung zu widerstehen.

Aber gewiß wird das von NBC garantierte große Geld für die nächsten zwölf Jahre die Veranstaltung der Spiele erleichtern? «Zweifelsfrei bedeutet das für die Bewegung und die Städte, die sich künftig um die Spiele bewerben, eine erhebliche finanzielle Sicherheit, wenn sie wissen, daß sie die Finanzierung bereits in der Tasche haben», sagte Michael Payne vom IOC.[10] In Wahrheit sind es seine Chefs, die das Geld einsacken. Im September 1995 kündigte das IOC an, daß von 2004 an der Anteil an den Fernsehrechten, den die Gastgeberstadt erhält, sinken werde – von sechzig Prozent auf neunundvierzig Prozent. Hätte diese Regelung schon 1996 gegolten, hätte Atlanta auf über 100 Millionen Dollar verzichten müssen, was für die Veranstalter wahrscheinlich den Bankrott bedeutet hätte. Dessenungeachtet behauptet Samaranch: «Das IOC ist gegenüber den Organisationskomitees sehr großzügig.»[11]

Das Gegenteil trifft zu: Länder, die die Spiele wollen, müssen dem IOC gegenüber sehr großzügig sein. Als es um das Budget von Atlanta besonders schlecht bestellt war, verkündete Dick Pound: «Wir werden die Spiele künftig nie wieder an eine Stadt vergeben, in der sich der öffentliche Sektor nur mäßig engagiert.»[12] Das IOC streicht seinen Gewinn ein, die Sponsoren und Fernsehsender den ihren, und die Steuerzahler vor Ort begleichen die Rechnung. Mit diesem einen Satz bestätigte Pound, daß ein Zweck der modernen Olympiade darin besteht, Geldmittel vom öffentlichen in den privaten Sektor zu transferieren und für das Wohlergehen der ohnehin schon reichen Unternehmen zu sorgen. Das IOC betont immer wieder, es sei von Politikern und Regierungen unabhängig – hält aber gleichzeitig die Hand auf, um Subventionen zu kassieren.

Das IOC mit seiner hundertjährigen Geschichte ist seit mindestens neunzig Jahren reformbedürftig. Selbst Pierre de Coubertin vertrat diese Ansicht. «Die moderne Olympiade mußte zunächst einmal geschaffen werden; nun muß sie gereinigt werden», schrieb er 1906. «Sie umfaßt zu viele Aktivitäten, die mit dem Sport nichts zu tun haben, zu viele nebensächliche Ambitionen. Menschen helfen in der Hoffnung auf ein Ordensband oder eine Ehrung, sie benutzen [die Olympiade] für ihren eigenen persönlichen, politischen oder sonstigen Vorteil.»[13]

Auf der Ehrentribüne in Atlanta werden sich hundert oder mehr Mitglieder versammeln, die ausgewählt wurden, weil sie nicht bestrebt sind, ihrem autoritären Führer die Stirn zu bieten. Sie haben nicht den Wunsch, die schwarzen Schafe aus ihrem Kreis auszuschließen. Mit Freuden bedenken sie Massenmörder wie Chen Xitong aus Peking oder den korrupten koreanischen General Roh Tae Woo mit olympischen Ehrungen. Sie akzeptieren Mickey Kim als ersten Vizepräsidenten, und wir wagen nicht zu hoffen, daß sie eine unabhängige Untersuchung der Boxskandale in Seoul fordern. Sie sonnen sich in Samaranchs Kampagne um den Nobelpreis und ignorieren Vorwürfe, sie würden bei gedopten Sportlern ein Auge zudrücken.

Ihr zügelloses und notorisches Nassauern in Berlin und anderswo während der Kampagne um die Spiele des Jahres 2000 setzt einen Maßstab, an den sich die Bewerber für 2004 halten werden – ungeachtet der Regeln. Mitglieder wie Ivan Dibos aus Peru werden, mit der Unterstützung von Freunden wie Carlos Ferrer aus Spanien, weiterhin auf dem Rücken der Olympischen Bewegung ihre Geschäfte machen wollen. Die Botschaft, die die Olympier 1994 auf ihrem Pariser «Kongreß der Einheit» verkündeten, lautet, daß sie nicht vorhaben, die Verantwortung für den Weltsport zu übernehmen, und daß die Sportler, die bei der Planung ihrer Olympiade nichts mitzureden haben, eine Ware bleiben, die alle vier Jahre mit frischem Blut aufgebessert wird, damit sich das Olympische Komitee und die Sponsoren bereichern können.

Das IOC besitzt die Spiele und glaubt, damit über jede Kritik erhaben zu sein. In Atlanta sind wir darauf angewiesen, daß die Medien die Tätigkeit des Olympischen Komitees unter die Lupe nehmen. «Pressekonferenzen, die Samaranch gibt, sind bewußt fad gestaltet, im allgemeinen sind sie sogar quälend langweilig. Das ist seine Absicht; er glaubt, daß bei solchen Anlässen durch brillantes Auftreten nichts zu gewinnen ist», schreibt Dick Pound, einer seiner größten Bewunderer.

«Zudem läßt er es nicht zu, daß ein Journalist mehrere Fragen stellt. Nach jeder Frage wendet er sich stets einer anderen Person aus dem Publikum zu. Gelegentlich beantwortet er absichtlich eine ganz andere Frage als die gestellte.»[14]

Aber all das läßt man Samaranch durchgehen, weil die meisten Reporter Sportspezialisten sind, die wenig Zeit und Lust haben, sich eingehend mit dem Olympischen Komitee zu befassen. Den renommiertesten Experten bei den Medien widerstrebt es offenbar, sich mit vertraulichen Dokumenten oder Berichten zu beschäftigen, die das erhabene Image des Komitees ins Wanken bringen könnten. Sportreporter dürfen sich nach Belieben austoben, unbeeinträchtigt von den strengen Maßstäben, die bei anderen Spezialisten angelegt werden. Folglich ist das, was wir in vielen unserer Zeitungen lesen, nicht gerade glaubwürdig. Fernsehsender, die die Übertragungsrechte an den Spielen gekauft haben, scheuen sich, Fragen zu stellen, die ihre olympischen Freunde beunruhigen könnten.

Bibliotheksregale biegen sich unter dem Gewicht wuchtiger Olympiabände, die von seriösen Professoren verfaßt wurden. Kaum einer von ihnen beschäftigt sich mit den philosophischen oder moralischen Schwierigkeiten, die sich aus dem Ausverkauf der Spiele ergeben. Olympiahistoriker haben es versäumt, den politischen Werdegang von Samaranch und Mickey Kim zu beleuchten. Für viele beginnt und endet die Forschung in den keimfreien Archiven von Lausanne. Samaranchs Lieblinge werden mit einem Vorwort belohnt, mit einem persönlichen Wort des Präsidenten abgesegnet.

Die wenigen unabhängigen Forschungsarbeiten, die es gibt, erscheinen meist in Fachzeitschriften, die nur Eingeweihten zugänglich sind. Kritischen Wissenschaftlern spendiert Lausanne weder Stipendien noch kostenlose Forschungsreisen; Unterstützung bei der Veröffentlichung ihrer Bücher erhalten sie genausowenig wie verkaufsfördernde Besprechungen in IOC-Publikationen. Ohne gründliche Nachforschungen und Analysen durch Journalisten und Experten aber wird man auch während der Spiele von Atlanta nur die seichten Klischees aus Lausanne unters Volk bringen, selbst wenn alles darauf hindeutet, daß mit dem, was eine der größten Bewegungen der Welt werden sollte, etwas schrecklich schiefgegangen ist.

Samaranch wird in Atlanta auf dem Podium stehen und dann wieder in Sydney, sofern seine Gesundheit mitmacht. Wenn er eine weitere Änderung der Altersgrenze des IOC durchboxt, könnte er auch nach 2004 im Amt bleiben. Dieser letzte Überlebende aus der schlimmen Ära der Diktatoren Mitte des zwanzigsten Jahrhunderts ist ein merkwürdiges Phänomen bei unserem beliebtesten Sportereignis. Die Welt wird ihn auf dem Bildschirm sehen, aber niemals erleben, daß er sich einem eingehenden Interview über seine Vergangenheit und seine persönlichen Ziele in der Olympischen Bewegung stellt. Jeder politische Führer der demokratischen Welt wird immer wieder von den Medien auf den Prüfstand gestellt, seine Geschichte wird ans Licht gebracht, seine Taten werden hinterfragt. Nicht so der Chef dieses angeblich freien Weltsportfestivals. Ein einziges kritisches Interview durch einen Journalisten, der sein Handwerk versteht, würde ihn vernichten. Kaum ein Sportreporter findet es seltsam, daß der Olympiaboß es nicht vermag oder nicht wagt, ein Interview ohne Einschränkungen zu geben.

Offenbar fehlt es ihm an Ideen, die Spiele weiterzuentwickeln. Alle größeren Veränderungen fielen in die Jahre von Adidas-Chef Horst Dassler. Seit seinem Tod im Jahre 1987, dem anschließenden Niedergang seines Teams von sportpolitischen Drahtziehern und dem Beinahezusammenbruch und Verkauf des Adidas-Konzerns an Besitzer mit sauberer Weste ist die Olympische Bewegung erstarrt und unfähig, konstruktiv zu denken oder zu handeln.

Samaranch scheint sich nur mit der Jagd nach dem Nobelpreis und dem Urteil der Geschichte über ihn zu beschäftigen. Er sieht keinen Grund zurückzutreten, und aus seiner Sicht spricht viel dafür, im Amt zu bleiben. Es könnte ja sein, daß sich sein Nachfolger profilieren will, indem er der imposanten Farce in Lausanne ein Ende setzt, was dem Ruf von Samaranch oder was davon noch übrig ist, nur schaden könnte. Der IOC-Präsident wäre gut beraten, wenn er den Schlüssel zu den Archiven und den Büchern so lange wie möglich in der Hand behält.

An seinen Maßstäben gemessen, kann er brillante Erfolge verbuchen. Für die internationalen Konzerne, die die Olympischen Spiele sponsern, ist Samaranch praktisch ein Heiliger – und zwar aus gutem Grund. Die Verbindung mit dem beliebtesten Sportereignis der Welt haben diese Firmen aus sehr komplexen Gründen geknüpft, nicht nur, um höhere Gewinne zu machen. Sie haben damit einen Vorposten in unseren Köpfen errichtet. Wer kann schon ein Unternehmen hassen, das uns Goldmedaillensport beschert? Wessen Logo ist mit den fünf Ringen verflochten? Mag sein, daß ihre Fabrikabgase die Umwelt verschmutzen, ihre Produkte überteuert und gesundheitsschädlich sind, das Schutz-und-Trutz-Bündnis mit der Olympiade macht sie über jede Kritik erhaben.

Darin besteht Samaranchs bleibende Leistung. Die Aristokraten, die die Olympischen Spiele ins Leben riefen, waren in ihrer Zeit die herrschende Schicht. Die Macht ist in die Hände der internationalen kapitalistischen Unternehmen gewandert, die mehr Einfluß besitzen als viele Staatsregierungen. Sich die Olympischen Spiele anzueignen – und den Geist des leidenschaftlichen Internationalismus, der sie auszeichnet – war ein kluger Schachzug des Big Business.

Auf dem Kongreß von Paris wurde nicht darüber diskutiert, wie man die Kosten der Spiele senken, wie man Entwicklungsländern ermöglichen könnte, eine Olympiade zu veranstalten, ohne ihre Wirtschaft überzustrapazieren. Eine solche Debatte ist in Lausanne und in den Ausschüssen nicht erwünscht. Ein Sportfestival, dessen Kosten künstlich in die Höhe getrieben werden, braucht das Geld, das nur die guten Onkel vom Zuckerpanschkonzern spendieren können. Aus diesem Grund haben so viele Leute das Gefühl, daß sie heute Coca-Cola-Spiele sehen, selbst wenn innerhalb des Stadions keine aufdringliche Werbung erlaubt ist.

Es ist unwahrscheinlich, daß einer der Verdächtigen, die gern Samaranchs Nachfolge anträten, in der Lage ist, die olympischen Ställe auszumisten. Spitzenreiter wie Dick Pound, ehemals Adidas-Anwalt in Kanada, Kevan Gosper und Richter Keba Mbaye bekennen sich voll und ganz zu dem neuen Kurs der Bewegung unter Samaranch.

Als Pound noch Adidas vertrat, leugnete er jeden Interessenkonflikt mit dem Hinweis, er habe keinen Anteil an den Gewinnen seiner Anwaltsfirma durch diesen Auftraggeber.[15] Inzwischen hat er sich ein Image zurechtgezimmert, das recht sympathisch wirken könnte. Er ist der harte Finanzexperte, der die großen TV-Sender und Konzerne so lange bearbeitet, bis sie Milliarden Dollar rüberschieben. Aber sein rauher Ton hat seine Freunde verschreckt, und hinter ihm steht kein ethnischer Machtblock.

Gosper, der eine Spitzenposition bei dem Ölmulti Shell innehatte, ist zwar ehemaliger Olympia-Athlet, hat aber ebenfalls keine einflußreichen Leute im Hintergrund. Mbaye wird 1996 zweiundsiebzig und ist vielleicht nicht gerade an einer Vollzeitbeschäftigung interessiert. Anita DeFrantz findet zur Zeit mit der Verwaltung der Stiftung, die aus dem Gewinn der Spiele von Los Angeles hervorging, kein schlechtes Auskommen.[16] Wer sie kennt, weiß, daß sie davon träumt, IOC-Präsidentin zu werden, doch ein Komitee, das nur hin und wieder Frauen in seinen Kreis aufnimmt, wird sich nicht durchringen können, eine Frau in die Spitzenposition zu wählen.

Mickey Kim wäre der ideale Nachfolger, um Samaranchs Tradition fortzuführen. Stimmen aus Asien, vielleicht auch aus Afrika, und bestimmte beeinflußbare Mitglieder hätte er wohl hinter sich. Mario Vazquez Raña ist angeblich ehrgeizig, aber da er die Mitglieder nicht einmal dazu bewegen konnte, für seine Aufnahme ins IOC zu stimmen, wird er sich schwertun, sie für sich zu gewinnen und ihnen den Treueeid abzuverlangen. Primo Nebiolo bemerkte unlängst: «Ich habe nicht vor zu kandidieren.» Daraus dürfen wir schließen, daß er sich auf alle Fälle bewerben wird. Er wird noch höhere Einnahmen versprechen als Pound, ist aber noch verhaßter als Raña. Die jüngere Generation möglicher Kandidaten – der Belgier Jacques Rogge, der Deutsche Thomas Bach und der Norweger Gerhard Heiberg – muß vielleicht noch Jahrzehnte auf ihre Chance warten. Bei einer Altersgrenze von achtzig sollten sie sich in Geduld üben.

Es besteht jedoch keine Veranlassung, daß sich der Rest der Welt in Geduld übt. Die Besitzansprüche und die Kontrolle über die Olympischen Spiele in andere Hände zu legen könnte so leicht sein. Die multinationalen Sponsoren machen es sich in Atlanta auf den besten Plätzen bequem, aber sie sind überaus verwundbar. Es sind ihre Dollars, die den internationalen Jet-set-Lifestyle der Herren der Ringe und die Vertuschung der Boxskandale ermöglichen. Noch gefährlicher kann ihnen werden, daß sie die Augen verschließen, wenn das IOC positive Dopingtestergebnisse verheimlicht.

Im Lauf des Jahres 1995 haben viele Athleten und Trainer, vor allem aus dem Schwimmsport, wiederholt angeprangert, daß Samaranch und das IOC die Sperre für gedopte Sportler auf zwei Jahre herabsetzen wollen, statt sie für vier Jahre oder sogar lebenslänglich von Wettkämpfen auszuschließen. Sie sind verärgert über Samaranch, weil er China vorbehaltlos unterstützt und leugnet, daß Peking ernsthafte Dopingprobleme verursacht. Für viele amerikanische und australische Spitzenschwimmer ist es praktisch zwecklos, ins Flugzeug nach Atlanta zu steigen, solange keine ernsthafte Lösung der Dopingfrage in Sicht ist. Einer der führenden Schwimmtrainer der Welt erklärte Ende 1995: «Wenn ich Statements von Samaranch höre, wie z. B., daß die Chinesen sauber sind, löst das bei mir einen Brechreiz aus.»[17]

Samaranch merkt, daß ihm der Wind ins Gesicht weht. Im Dezember 1995 beteuerte er bei einer Ansprache in Berlin: «In Atlanta wird es nur wenige – oder gar keine – Dopingfälle geben.»[18] Das wollen die Sponsoren hören, aber viele Sportler haben die Nase voll. Sie wissen, daß das Doping immer mehr um sich greift, und verachten das Olympische Komitee, weil es diesen Mißstand vertuscht.

Wenn sie sich zusammentäten und dem Beispiel des norwegischen Starskiläufers Vegard Ulvang folgten, der Samaranch am Vorabend der Spiele in Lillehammer als Faschisten anprangerte, dann würde sich die politische Landschaft für die Olympier über Nacht ändern. Es gibt noch andere Vorbilder: Die afroamerikanischen Läufer, die in Mexiko vom Siegertreppchen aus klarstellten, daß sie sich nicht länger von den Sportfunktionären ausbeuten lassen wollen, ernteten überwältigende internationale Sympathien. Würde sich einen Sommer lang die Wut der Sportler über das IOC ergießen, könnte ein schlichtes klärendes Gewitter am Himmel der öffentlichen Meinung aufziehen und dem Olympische Komitee die Olympiade entreißen.

Die multinationalen Konzerne, deren Scheckbuch dem IOC ermöglicht, saubere Sportler mit Verachtung zu strafen, könnten sehr schnell reagieren. Unsere Helden und Heldinnen auf der Aschenbahn, im Schwimmbecken, im Boxring und auf allen anderen Austragungsstätten in Atlanta haben große Macht. Würden sie sich weigern, ihre Medaillen von IOC-Mitgliedern entgegenzunehmen und offen verurteilen, daß Coke, Visa, die NationsBank, Kodak, Panasonic und wie sie alle heißen, Spiele finanzieren, bei denen saubere Athleten nicht siegen können – das würde die Aufmerksamkeit und die Sympathie der Weltöffentlichkeit wecken und vielleicht wirklich entschlossene Maßnahmen nach sich ziehen. Keinem Sponsor würde der Vorwurf gefallen, einen schmutzigen Sport zu unterstützen.

Vor zehn Jahren erkannte einer der integersten Sportfunktionäre, der verstorbene Thomas Keller, den Trend. Der Präsident der Internationalen Vereinigung der Ruderverbände sagte damals: «Wir müssen die Olympischen Spiele abschaffen, um den Sport zu schützen.»[19] Wieviel besser wäre es, wenn wir eine letzte Chance hätten, sie zu reformieren.

24 | Wir gewinnen den Samaranch-Literaturpreis

Nach der Veröffentlichung der ersten Ausgabe von «Geld, Macht und Doping. Das Ende der olympischen Idee» verurteilte Samaranch das Buch als einen Trick, durch den Prinzessin Anne an seiner Statt an die Spitze der Olympischen Bewegung gelangen sollte. Er brachte auch die Behörden in Lausanne dazu, gegen mich und meinen Mitautor Vyv Simson Anklage wegen verbrecherischer Verleumdung zu erheben... und in einem Büro in Barcelona ging ein sehr seltsamer Anruf ein...

«Hallo, hier ist Juan Antonio. Ich rufe an, um Sie um einen Gefallen zu bitten. Ich bin hinter diesen englischen Journalisten her, und die rufen oft eine bestimmte Nummer in Barcelona an. Könnten Sie nachsehen, wessen Anschluß das ist?»

Am Apparat war der Oberste Gralshüter. Er glaubte, einen der ranghöchsten Mitarbeiter des spanischen Geheimdienstes angerufen zu haben, hatte sich jedoch vertan und war nun mit der Nummer verbunden, nach der er sich erkundigen wollte. Das war alles andere als geschickt. Der Anschluß gehörte dem Nachrichtenmagazin *El Triangle*, das wöchentlich in Barcelona erscheint, und Samaranch sprach mit dem Chefredakteur Jaume Reixach, der seine Stimme sofort erkannte. Nach einem ausgesprochen kurzen Gespräch legte Samaranch wieder auf.

Um herauszufinden, daß ich und mein Mitautor Vyv Simson häufig mit dem Magazin telefoniert hatten, muß er in England Privatdetektive engagiert haben, um an unsere Telefonprotokolle zu kommen. Was auch immer Samaranch sonst noch über uns herausgefunden haben mag – sicher ist jedenfalls, daß der Geheimdienstmann, den er hatte anrufen wollen, für seine Verdienste um die olympische Sicherheit den Olympischen Orden erhielt. Reixach veröffentlichte die Geschichte schadenfroh unter der Überschrift «Samaranch spielt Spion».[1]

Dann riefen die wirklichen Detektive an. «Hallo, hier Scotland

Yard, Dezernat für internationale und organisierte Kriminalität. Es geht um Ihr Buch.» Die Männer waren sehr höflich und vermutlich nicht gerade erbaut über ihren Auftrag. Die Mitarbeiter des Dezernats befassen sich fast ausschließlich mit weltweit agierenden Gangstern, Geldwäschern, illegalen Waffenhändlern – und nun setzte man sie auf ein paar freche Reporter an!

Wie kam Scotland Yard bloß dazu, britische Steuergelder zu verschwenden, um im Namen eines ehemaligen Faschisten Rache zu nehmen? Ganz einfach: Sie hatten keine andere Wahl. Die teuren Rechtsanwälte Samaranchs in Lausanne hatten ihm geraten, sich die steinzeitliche Schweizer Gesetzgebung gegen verleumderische Angriffe auf die Ehre Prominenter zunutze zu machen. Diese Straftat wird mit bis zu sechs Monaten Gefängnis bestraft, und fast jedes Jahr wandert ein halbes Dutzend Schweizer Journalisten hinter Gitter, weil sie über wahre Sachverhalte berichtet haben, die den Reichen und Mächtigen ihres Landes nicht schmecken.

Staatsanwalt Roland Chatelain aus Lausanne war der gleichen Meinung, und man setzte Anklageschriften auf. Samaranch machte nicht einmal den Versuch, zu behaupten, unsere Darstellung entspräche nicht der Wahrheit; er war lediglich der Meinung, es dürfe nicht zulässig sein, seine faschistische Vergangenheit offenzulegen.

Das Schweizer Justizministerium berief sich auf die europäische Konvention über gegenseitige Unterstützung bei der Verbrechensbekämpfung; daher wurde die Anklage an das britische Innenministerium und anschließend an Scotland Yard weitergeleitet, dessen Mitarbeiter sich um uns kümmern sollten. Ich rief die Bürokraten im Innenministerium an und fragte sie, warum sie nicht die Pressefreiheit verteidigten – und warum sie sich zu Handlangern bei der Durchsetzung einer repressiven Gesetzgebung machen ließen, wie sie in England nicht existiert. Die Antwort war, sie täten bloß ihre Pflicht.

Wir waren nicht weiter überrascht, daß Samaranch weder in England klagte noch in den meisten anderen Ländern der Welt, wo das Buch verkauft wurde. In England hätte er sich nämlich einem öffentlichen Kreuzverhör stellen müssen: über seine Vergangenheit, seine Lieblingsfarbe bei Hemden und den wahren Verbleib all der olympischen Gelder. In der Olympiastadt Lausanne, wo Lokalpolitiker und Zeitungsbosse im olympischen Büro Tee trinken, blieben ihm solche Demütigungen erspart.

Es dauerte mehr als zwei Jahre, bis der Fall vor Gericht kam. In der Zwischenzeit wurde Samaranch im Schweizer Parlament ziemlich in Verlegenheit gebracht. Der Genfer Abgeordnete Professor Jean Ziegler ersuchte die Regierung, eine Untersuchung über «die korrupten Machenschaften des Herrn Samaranch und seine zweifelhafte politische Vergangenheit» in die Wege zu leiten.[2] Das käme nicht in Frage, wurde Ziegler mitgeteilt. Warum nicht? In einem geschickten Schachzug hatte Samaranch, nachdem er 1980 die Olympische Bewegung übernommen hatte, die Regierung überredet, dem IOC – ähnlich wie dem Roten Kreuz – per Gesetz Immunität zu gewähren. Schweizer Strafverfolger dürfen also die Schwelle zum Olympia-Haus nicht überschreiten.

Staatsanwalt Roland Chatelain schien blind für die Ironie des Ganzen: Samaranch konnte ihn zwar einspannen, um sich die Schweizer Strafgesetzgebung gegen respektlose Journalisten zunutze zu machen – er aber durfte die olympischen Büros nicht einmal betreten, um die Vorlage der Belege aus der Portokasse zu verlangen.

Die Verhandlung war für die erste Dezemberwoche 1994 anberaumt und sollte in den Gerichtsräumen des Palais de Montbenon in Lausanne stattfinden. Tagsüber hat man von dort aus einen herrlichen Blick über den Genfer See. Nachts wird der Park um das Palais zum Revier der Huren aus der Umgebung.

Ich recherchierte gerade in Amerika die schaurige Geschichte von Mickey Kim, und mein Mitautor sah keine zwingende Notwendigkeit, England zu verlassen. Keiner von uns beiden hatte Lust, in der olympischen Stadt bei einem Rechtsstreit gegen das Olympische Komitee aufzutreten – besonders, nachdem Staatsanwalt Chatelain am Vorabend der Verhandlung mit den Worten zitiert wurde, wir hätten «tiefe Verachtung für das IOC, seinen Präsidenten und seine Mitglieder» bewiesen, «indem wir ihre Persönlichkeit, ihr Benehmen und ihre Führung kritisiert hätten».[3] Ich hätte für schuldig plädiert – wenn ich nicht der Meinung wäre, daß die Verachtung von Verachtenswertem keine Straftat darstellt.

Richter Jean-Daniel Martin tat alles, was von ihm verlangt wurde. Ehrfürchtig lauschte er dem wesentlich ranghöheren Richter Keba Mbaye vom Olympischen Komitee. Mbaye war zutiefst beunruhigt. Er befürchtete, das Buch könnte seinen unschuldigen Enkeln in die Hände fallen, die womöglich sagen würden: «Aber ich dachte immer, das IOC sei eine ehrenwerte Einrichtung und kein Gaunerverein.»

Dann trat der Präsident selbst in den Zeugenstand. Wir hätten ihn völlig mißverstanden. Den Berichten zufolge sah er dem Richter in die Augen und schwor, er habe in Francos Spanien niemals politische Macht ausgeübt. «Ich war ein hochrangiger Staatsbeamter», erklärte er dem Gericht.[4] Das sollte der gleiche Politiker sein, der sich Jahre zuvor in der vom IOC herausgegebenen *Olympic Review* damit gebrüstet hatte, daß er zweimal in Francos Jasager-Parlament gewählt worden war? Der spanischen Presse gegenüber rechtfertigt Samaranch seine Jahre in der faschistischen Falange regelmäßig mit der Behauptung, er habe immer die Politik benutzt, um den Sport zu fördern – und nicht umgekehrt. Am gleichen Tag, während er dies im Gerichtssaal behauptete, bereitete ein paar Straßen weiter sein Büro die Ausgabe 1995 der *Olympischen Biografien* – aufpolierte biografische Einzelheiten über die IOC-Mitglieder – vor. Auf Seite achtzehn gibt Samaranch an, er sei Stadtrat und auch «Abgeordneter» gewesen. Davon, daß er Staatsbeamter war, ist nirgendwo die Rede.

Als in Barcelona darüber berichtet wurde, lösten Samaranchs Behauptungen große Heiterkeit aus. Aber Richter Jean-Daniel Martin lachte nicht. Er akzeptierte Samaranchs Wort und verurteilte uns zu fünf Tagen Gefängnis, ausgesetzt für drei Jahre[5], und zur Zahlung von etwa 1000 Pfund Gerichtskosten. Wenn dieser Richter wirklich glaubt, Samaranch sei während der Franco-Diktatur nur Staatsbeamter gewesen, dann glaubt er wahrscheinlich auch, daß es in seinem Garten Elfen gibt, daß der Mond aus grünem Käse besteht und daß das IOC einen Kampf gegen das Doping führt.

Ich hoffe, er hat Spaß beim Lesen dieses neuen Buches. Und ich hoffe, Sie hatten ihn auch.

Anhang

Mitglieder des Internationalen Olympischen Komitees

Name	Beruf	Beitrittsjahr
1. Großherzog Jean von Luxemburg	Monarch	1946
2. Alexandru Siperco (Rumänien)	Exkommunistischer Bürokrat	1955
3. Syed Wajid Ali (Pakistan)	Geschäftsmann	1959
4. Wlodzimierz Reczek (Polen)	Anwalt	1961
5. Hadj Mohammed Benjelloun (Marokko)	Geschäftsmann	1961
6. João Havelange (Brasilien)	Geschäftsmann / Chef des Internationalen Fußballverbands	1963
7. Marc Hodler (Schweiz)	Anwalt / Präsident des Internationalen Skiverbands	1963
8. Prince Alexandre de Merode (Belgien)	Geschäftsmann	1964
9. Major Silvio de Magalhaes Padilha (Brasilien)	Offizier im Ruhestand	1964
10. Gunnar Ericsson (Schweden)	Geschäftsmann	1965
11. Mohamed Mzali (Tunesien)	Politiker im Ruhestand	1965

Datum des Ausscheidens	Alter in Atlanta	Mögliche Dauer der Mitgliedschaft
Mitglied auf Lebenszeit	75	
Mitglied auf Lebenszeit	76	
Mitglied auf Lebenszeit	85	
Mitglied auf Lebenszeit	85	
Mitglied auf Lebenszeit	84	
Mitglied auf Lebenszeit	80	
Mitglied auf Lebenszeit	78	
Mitglied auf Lebenszeit	62	
Mitglied auf Lebenszeit	87	
Mitglied auf Lebenszeit	77	
Mitglied auf Lebenszeit	71	

Name	Beruf	Beitrittsjahr
12. Juan Antonio Samaranch (Spanien)	Geschäftsmann	1966
13. Jan Staubo (Norwegen)	Geschäftsmann	1966
14. Augustin Carlos Arroyo (Ecuador)	Geschäftsmann	1968
15. Louis Guirandou-N'Diaye (Elfenbeinküste)	Diplomat	1969
16. Witali Smirnow (Rußland)	Ehemaliges Mitglied des Moskauer Sowjets	1971
17. Roy Anthony Bridge (Jamaika)	Geschäftsmann	1973
18. Ashwini Kumar (Indien)	Offizier im Ruhestand	1973
19. Keba Mbaye (Senegal)	Jurist	1973
20. Oberst Mohamed Zerguini (Algerien)	Offizier im Ruhestand	1974
21. Peter Tallberg (Finnland)	Geschäftsmann	1976
22. José D. Vallarino Veracierto (Uruguay)	Großgrundbesitzer	1976
23. Bashir Mohamed Attarabulsi (Libyen)	Sportfunktionär	1977
24. Kevan Gosper (Australien)	Geschäftsmann	1977

Datum des Ausscheidens	Alter in Atlanta	Mögliche Dauer der Mitgliedschaft
2000	76	34
2000	76	34
2003	73	35
2003	73	34
2015	61	44
2001	75	28
2000	76	27
2004	72	31
2002	74	28
2017	59	41
2000	76	24
2017	59	40
2013	63	36

Name	Beruf	Beitrittsjahr
25. Generalmajor Niels Holst-Sorensen (Dänemark)	Offizier im Ruhestand	1977
26. Lamine Keita (Mali)	Ingenieur	1977
27. Schagdarjaw Magwan (Mongolei)	Geschäftsmann	1977
28. Philipp von Schoeller (Österreich)	Geschäftsmann	1977
29. Prof. René Essomba (Kamerun)	Chirurg	1978
30. Datuk Seri Hamzah (Malaysia)	Minister im Ruhestand	1978
31. Richard W. Pound (Kanada)	Jurist / ehemaliger Adidas-Anwalt	1978

Samaranch beginnt, Mitglieder auszuwählen

Name	Beruf	Beitrittsjahr
32. Vladimir Cernusak (Slowakei)	Lehrer im Ruhestand	1981
33. Nikos Filaretos (Griechenland)	Manager	1981
34. *Pirjo Haggman* (Finnland)	Lehrerin	1981
35. Zhenliang He (China)	Politiker	1981
36. *Flor Isava Fonseca* (Venezuela)	Ehemalige Springreiterin	1981
37. Franco Carraro (Italien)	Politiker	1982

Datum des Ausscheidens	Alter in Atlanta	Mögliche Dauer der Mitgliedschaft
2002	74	25
2013	63	36
2007	69	30
2001	75	25
2012	64	34
2004	72	26
2022	54	44
2001	75	20
2005	71	24
2031	45	50
2009	67	28
2001	75	20
2019	57	37

Name	Beruf	Beitrittsjahr
38. Phillip Walter Coles (Australien)	Sportfunktionär	1982
39. Ivan Dibos (Peru)	Geschäftsmann, Politiker	1982
40. Chiharu Igaya (Japan)	Geschäftsmann	1982
41. Prinz Faisal Fahd Abdul Aziz (Saudi-Arabien)	Regierungsmitglied	1983
42. Anani Matthia (Togo)	Apotheker	1983
43. R. Napoleon Muñoz Pena (Dominikanische Republik)	Geschäftsmann	1983
44. Pal Schmitt (Ungarn)	Diplomat	1983
45. *Prinzessin Nora von Liechtenstein*		1984
46. David Sibandze (Swasiland)	Geschäftsmann	1984
47. Generalmajor Henry Adefope (Nigeria)	Regierungsmitglied	1985
48. Francisco Elizalde (Philippinen)	Geschäftsmann	1985
49. Carlos Ferrer (Spanien)	Geschäftsmann	1985
50. Prinz Albert von Monaco		1985

Datum des Ausscheidens	Alter in Atlanta	Mögliche Dauer der Mitgliedschaft
2011	65	29
2019	57	37
2011	65	29
2026	50	43
2007	69	27
2008	68	25
2022	54	39
2030	46	46
2012	64	28
2006	70	21
2012	64	27
2011	65	26
2038	38	53

Name	Beruf	Beitrittsjahr
51. Dr. Kim Un Yong (Korea)	unbekannt, Taekwondo-Chef	1986
52. Lambis Nikolaou (Griechenland)	Bauingenieur	1986
53. *Anita DeFrantz* (USA)	Sportverwaltungsbeamtin	1986
54. Jean-Claude Ganga (Kongo)	Sportminister	1986

1987: Horst Dassler stirbt und fällt damit als Ratgeber für Samaranch aus

55. Ivan Slavkov (Bulgarien)	Exkommunistischer Bürokrat	1987
56. Anton Geesink (Holland)	Sportfunktionär	1987
57. Paul Wallwork (Westsamoa)	Sportfunktionär	1987
58. *Prinzessin Anne* (Großbritannien)		1988
59. Fidel Mendoza Carrasquilla (Kolumbien)	Arzt im Ruhestand	1988
60. Edward Wilson (Neuseeland)	Geschäftsmann	1988
61. Ching Kuo-Wu (Taiwan)	Architekt	1988
62. Rampaul Ruhee (Mauritius)	Sportfunktionär	1988
63. Sinan Erdem (Türkei)	Geschäftsmann	1988

Datum des Ausscheidens	Alter in Atlanta	Mögliche Dauer der Mitgliedschaft
2011	65	25
2015	61	29
2032	44	46
2014	62	28
2020	56	33
2014	62	27
2022	54	35
2030	46	42
2005	71	17
2005	71	17
2026	50	38
2007	69	19
2007	69	19

Name	Beruf	Beitrittsjahr
64. Willi Kaltschmitt Lujan (Guatemala)	Geschäftsmann	1988
65. Generalmajor Francis Nyangweso (Uganda)	Offizier im Ruhestand / Geschäftsmann	1988
66. Borislav Stankovic (Jugoslawien)	Sportfunktionär	1988
67. Fernando Ferreira Lima Bello (Portugal)	Geschäftsmann	1989
68. Walther Tröger (Deutschland)	Sportfunktionär	1989
69. Philippe Chatrier (Frankreich)	Sportfunktionär	1990
70. *Carol Anne Letheren* (Kanada)	Marketingexpertin	1990
71. Shun-Ichiro Okano (Japan)	Geschäftsmann	1990
72. Richard Carrion (Puerto Rico)	Banker	1990
73. General Zein El Abdin Gadir (Sudan)	Offizier im Ruhestand	1990
74. Dr. Nat Indrapana (Thailand)	Sportfunktionär	1990
75. Charles Mukora (Kenia)	Direktor von Coca-Cola Afrika	1990
76. Oberst Antonio Rodriguez (Argentinien)	Offizier im Ruhestand	1990

Datum des Ausscheidens	Alter in Atlanta	Mögliche Dauer der Mitgliedschaft
2019	57	31
2019	67	31
2005	71	17
2011	65	22
2009	67	20
2008	68	18
2022	54	32
2011	65	21
2032	44	42
2020	56	30
2019	57	29
2014	62	24
2006	70	16

Name	Beruf	Beitrittsjahr
77. Denis Oswald (Schweiz)	Anwalt	1991
78. Dr. Jacques Rogge (Belgien)	Chirurg	1991
79. Mario Vazquez Raña (Mexiko)	Geschäftsmann	1991
80. Thomas Bach (Deutschland)	Anwalt	1991
81. Primo Nebiolo (Italien)	Geschäftsmann / Präsident des Internationalen Leichtathletikverbandes	1992
82. Sergio Santander Fantini (Chile)	Wirtschaftsprüfer	1992
83. Scheich Ahmad Al-Sabah (Kuwait)	Mitglied der Herrscherfamilie	1992
84. James Easton (USA)	Geschäftsmann	1994
85. Craig Reedie (Großbritannien)	Geschäftsmann	1994
86. Mohamad (Bob) Hasan (Indonesien)	Geschäftsmann	1994
87. Mario Pescante (Italien)	Sportfunktionär	1994
88. Gerhard Heiberg (Norwegen)	Geschäftsmann	1994
89. Arne Ljungqvist (Schweden)	Arzt	1994

Datum des Ausscheidens	Alter in Atlanta	Mögliche Dauer der Mitgliedschaft
2027	49	36
2022	54	31
2012	64	21
2033	43	42
2003	73	11
2006	69	14
2041	35	49
2015	61	21
2021	55	27
2011	65	17
2018	58	24
2018	57	24
2011	65	17

Name	Beruf	Beitrittsjahr
90. Austin Llewellyn Sealy (Barbados)	Diplomat	1994
91. Robin Mitchell (Fidschi)	Arzt	1994
92. Alpha Ibrahima Diallo (Guinea)	Staatsbeamter im Höheren Dienst	1994
93. Alex Gilady (Israel)	Leitender Angestellter bei NBC-TV	1994
94. Schamil Tarpischew (Rußland)	Tennistrainer	1994
95. Waleri Borsow (Ukraine)	Sportminister	1994
96. René Fasel	Sportfunktionär (Eishockeyverband)	1995
97. Jean-Claude Killy (Frankreich)	Direktor von Coca-Cola Frankreich	1995
98. Sam Ramsamy (Südafrika)	Sportfunktionär	1995
99. Reynaldo Gonzales Lopez (Kuba)	Geschäftsmann	1995
100. Olegario Vazquez Raña (Mexiko)	Geschäftsmann	1995
101. Antun Vrdoljak (Kroatien)	Leitender Angestellter beim Fernsehen	1995
102. Patrick Hickey (Irland)	Geschäftsmann	1995

Datum des Ausscheidens	Alter in Atlanta	Mögliche Dauer der Mitgliedschaft
2019	57	25
2026	50	32
2012	64	18
2022	54	28
2028	48	34
2029	47	35
	46	
2023	53	28
2018	58	23
2028	48	33
2015	61	20
2011	65	16
2025	51	30

Name	Beruf	Beitrittsjahr
103. Toni Khouri (Libanon)	Geschäftsmann	1995
104. *Vera Caslavska* (Tschechische Republik)	Sportfunktionärin	1995
105. Yuri Titov	(Turnverband)	1995
106. Mustapha Larfaoui	(Schwimmverband)	1995

Die Mitglieder Nummer 96, 105 und 106 geben ihren Sitz im IOC auf, wenn sie vom Vorsitz ihres Verbandes zurücktreten.

Datum des Ausscheidens	Alter in Atlanta	Mögliche Dauer der Mitgliedschaft
2015	61	20
2022	44	27
	61	
	64	

Ehrenmitglieder

	Beitritts-jahr	Jahr des Ausscheidens	Alter 1996	Dauer der Mitgliedschaft
Lord Killanin (Irland)	1952	1980	82	28
Lord Luke (Großbritannien)	1951	1988	91	37
Count Jean de Beaumont (Frankreich)	1951	1990	92	39
Willi Daume (Deutschland)	1956	1991	83	35
Ahmed Eldemerdash Touny (Ägypten)	1960	1993	89	33
König Konstantin (Griechenland)	1963	1974	56	11
James Worrall (Kanada)	1967	1989	82	22
Abdel Mohamed Halim (Sudan)	1968	1982	86	14
Raymond Gafner (Schweiz)	1969	1991	81	22
Masaji Kiyokawa (Japan)	1969	1989	83	20
Virgilio de Leon (Panama)	1969	1995	77	26
Maurice Herzog (Frankreich)	1970	1995	77	25
Henry Hsu (Taiwan)	1970	1988	84	18

	Beitritts-jahr	Jahr des Ausscheidens	Alter 1996	Dauer der Mitgliedschaft
Berthold Beitz (Deutschland)	1972	1988	83	16
Pedro Ramirez Vazquez (Mexiko)	1972	1995	77	23
Manuel Gonzalez Guerra (Kuba)	1973	1993	79	20
General der Luftwaffe Marshall Dawee Chullasapya (Thailand)	1974	1989	82	15
Dr. Eduardo Hay (Mexiko)	1974	1991	81	17
Matts Wilhelm Carlgren (Schweden)	1976	1993	79	17
Dr. Kevin Patrick O'Flannagan (Irland)	1976	1995	77	19
Robert Guillermo Peper (Argentinien)	1977	1988	83	11
German Rieckehoff (Puerto Rico)	1977	1990	81	13
Generalleutnant Dadong Suprayogi (Indonesien)	1977	1989	82	12
Günter Heinze (DDR/Deutschland)	1981	1992	73	11
Mary Glen-Haig (Großbritannien)	1982	1994	78	12

Die Olympischen Spiele

Sommerolympiade		Winterolympiade	
1896	Athen		
1900	Paris		
1904	St. Louis		
1908	London		
1912	Stockholm		
1920	Antwerpen		
1924	Paris	1924	Chamonix
1928	Amsterdam	1928	St. Moritz
1932	Los Angeles	1932	Lake Placid
1936	Berlin	1936	Garmisch-Partenkirchen
1948	London	1948	St. Moritz
1952	Helsinki	1952	Oslo
1956	Melbourne	1956	Cortina
1960	Rom	1960	Squaw Valley
1964	Tokio	1964	Innsbruck
1968	Mexiko	1968	Grenoble
1972	München	1972	Sapporo
1976	Montreal	1976	Innsbruck
1980	Moskau	1980	Lake Placid
1984	Los Angeles	1984	Sarajevo
1988	Seoul	1988	Calgary
1992	Barcelona	1992	Albertville
		1994	Lillehammer
1996	Atlanta	1998	Nagano
2000	Sydney	2002	Salt Lake City

**Die Olympischen
Ringe auf deutschen
U-Booten 1936**
*(Quelle: U-Boot-
Archiv, Cuxhaven)*

Zum Komplex sportpolitische Gruppe adidas

Am 29. und 30. 5. 1989 fand in Landersheim eine Beratung
der sportpolitischen Gruppe adidas statt. An ihr nahmen
nach meinen Informationen teil:

███████████, ████████████, ████████████████████,
██████████████ - es ist ein neuer Mannn, der in der adidas-
Leitung Frankreich arbeitet, ████████ und ████████████.
Eingeladen zur Beratung dieser Gruppe war auch ████████████,
Präsident des nationalen Olympischen Komitees der USA. Bei
dieser Beratung ging es um eine Reihe wichtiger Probleme.

1. Die Wahlen zum Mitglied der Exekutive des IOC, die
   in Pouerto Rico Ende August 1989 durchgeführt werden

Das Anliegen der sportpolitischen Gruppe adidas besteht
darin, den Präsidenten des NOK und IOC Mitglied, ████████████
in diese freigewordene Position zu schieben. Es war auch
die Ursache, warum ████████ nach Landersheim eingeladen wurde.
Es wurde dort gemeinsam beraten, wie die Wahl organisiert
wird - wobei sich adidas völlig darüber im Klaren ist, daß
sie bei ihrer Arbeit keine erneute Niederlage erleiden kann.
Man ist sich auch nicht ganz sicher, ob das Vorhaben gelingt, ████████ wählen zu lassen, hat einige Recherchen
angestellt und will über den weiteren Verlauf der Wahl-
bewegung im Juni Anfang Juli noch einmal beraten. Einen
großen Komplex der Beratung nahm die Tatsache ein, daß
Präsident Samaranch zwischen der Beratung in Barcelona
und bei seinem Besuch in Paris zwei ████████████ zu über-
winden hatte, die seine Ärzte veranlaßten, ihn zum Schon-
gang aufzurufen, während seine Frau seinen sofortigen Rücktritt von der Funktion des IOC-Präsidenten fordert.

Die sportpolitische Gruppe hat sich mit dieser Situation
beschäftigt und mehrere Stunden über den zu wählenden
Nachfolger von Samaranch diskutiert. Es sind fünf Kandidaten im Gespräch, Paunt/Kanada, Coates/Australien, Peter
Thalberg/Schweden und Bob Helmick/USA.
Die afrikanische Gruppe kämpft für den Vorsitzenden der
juristischen Kommission des IOC aus Senegal, der nach ihrer
Auffassung der geeignetste Kandidat für den Posten des IOC-
Präsidenten sein soll und nach Auffassung unseres Informanten während dieser Situation gar nicht so aussichtslos,
wenn sich Afrika und der spanisch sprechende Block zusammmen-
tun könnten.

Man ist aber bei dieser Beratung in Landersheim noch zu
keiner Entscheidung gekommen und will bei der schon ange-
kündigten folgenden Sitzung dieses Problem weiter diskutieren.

onbandbericht IMB "Möwe" vom 29. 3. 1989

ericht
über Gespräche im Zusammenhang mit meiner Teilnahme
an der EC-Tagung der AIBA in Nairobi/Kenia

: Einschätzung der wesentlichen Ergebnisse der EC-Tagung
in Nairobi/Kenia

In Nairobi/Kenia fand vom 13. bis 20. 3. 1989 eine Beratung
der Internationalen Boxföderation statt. Im Rahmen dieser
Beratung wurde eine intensive Auswertung der Vorkommnisse
bei den Olympischen Spielen vorgenommen und entsprechende
Schlußfolgerungen gezogen sowie Bestrafungen gegenüber
Kampfrichtern und koreanischen Funktionären ausgesprochen.

Bei der Beratung zum Strafmaß für eine Anzahl Kampfrichter
gab es im Vorfeld des Exekutivkomiteesitzung eine Reihe von
individuellen Beratungen, die sich im wesentlichen mit den
Vorkommnissen in Südkorea beschäftigten und die zu einer
Abstimmung hinsichtlich der Höhe der Strafe führten.

Das Büro der Vizepräsidenten hatte in Frankfurt/a.M. die
Empfehlung gegeben, die der im Finale tätigen Punktrichter,
die das Fehlurteil gebracht haben, auf Lebenszeit von
der Liste zu streichen. Diese Festlegung konnte aus folgenden Gründen nicht eingehalten werden.
(Über das, was ich jetzt berichte, gibt es in keinem offiziellen
Dokument eine Information, lediglich Vizepräsident Günter
Heinze vom DTSB wurde mündlich über folgendes in Kenntnis gesetzt):

Bei der Diskussion zum Strafmaß wurde bekannt, daß ███████
███████ / ███████ vom koreanischen Veranstalter
10 000 Dollar erhalten hat, von den er je 300 Dollar an
drei afrikanische Kampfrichter auszahlte, mit der Bitte, auf
jeden Fall die Koreaner als Sieger zu bringen. ███████████
███████ / ███████, ███████ des Kontinentalbüros Südamerikas, hat 5 000 Dollar erhalten, davon an zwei Kampfrichter
jeweils 500 Dollar mit der Weisung ausgezahlt, auf alle
Fälle die koreanischen Boxer als Sieger zu bringen.

Der ███████ Vertreter im Exekutivkomitee, ███████ -
verwandt mit dem ███████, -weil sein Sohn die Tochter des
███████ geheiratet hat - war bereit, diese Angelegenheit auf
den Tisch des Hauses zu packen, weil er über eidesstattliche
Erklärungen seines Kampfrichters verfügte, der ausgesagt hat,
daß er 300 Dollar mit der genannten Weisung von ███████ erhalten hatte.

(Auszüge aus den Stasi-Protokollen von Karl-Heinz Wehr)

Anmerkungen / Quellen

1 | Unsere Spiele! Wirklich?

[1] Produzent der Eröffnungsfeier ist Don Mischer.

[2] Die Olympischen Eide sind zitiert nach Karl-Heinz Frenzen: *Olympische Spiele. Geschichte, Regeln und Einrichtungen*. Aachen 1988.

[3] Die meisten hier zusammengefaßten Themen werden in den folgenden Kapiteln ausführlicher behandelt; dort finden Sie auch jeweils die entsprechenden Zitate und Quellenangaben.

[4] Die Bemerkung, nur fünfzehn Journalisten auf der Welt seien in der Lage, über das IOC zu berichten, machte François Carrard auf einer Fachkonferenz in Lausanne im April 1994.

2 | Norwegen sagt nein zu Faschismus, Raffgier und schicken Mänteln – Lillehammer 1994

[1] Die *VG*-Umfrage erschien am 3. Februar 1994 und wurde von Scan-Fact durchgeführt. 1047 norwegische Bürger über fünfzehn wurden zwischen dem 10. und 17. Januar 1994 zu Hause interviewt. Die befragten Männer und Frauen repräsentierten einen Querschnitt durch die norwegische Bevölkerung und wurden sorgfältig aus städtischen und ländlichen Gebieten sowie verschiedenen sozialen und ökonomischen Gruppen ausgewählt.

[2] Gerhard Heibergs Kritik am IOC erschien in der norwegischen Wirtschaftstageszeitung *Dagens Naeringsliv* und wurde von *Reuter* am 10. Februar 1994 zitiert.

[3] Zitiert nach *AP*, 9. Februar 1994.

[4] *AP*, 6. Februar 1994.

[5] TV-2; Aufzeichnung 8. Februar 1994.

[6] *Reuter*, 9. Februar 1994.

[7] *Dagbladet*, 10. Februar 1994.

[8] *Dagbladet*-Umfrage über Ulvang: 11. Februar 1994.

[9] *Reuter*, 10. Februar 1994.

[10] *AP*, 9. Februar 1994.

[11] Gerhard Heiberg in seinem Bericht über die Spiele 1994: *Et Eventyr Blir Til – Veien Til Lillehammer* (Ein Märchen wird wahr auf dem Weg nach Lillehammer). Cappelen, Oslo 1995.

[12] Interview mit Jorunn Veiteberg während der Spiele in Lillehammer.

[13] Das Interview mit den IOC-Mitgliedern Arroyo und O'Flannagan wurde vom norwegischen Radio aufgezeichnet und in der ersten Olympiawoche zweimal ausgestrahlt.

[14] Teil eines vorläufigen Berichts von Professor Arne Martin Klausen, Fachbereich Sozialanthropologie, Universität Oslo, der sich in seiner 1993 erschienenen Untersuchung mit der Rolle der Mexikaner beim Entwurf des Maskottchens für Lillehammer auseinandersetzt.

[15] Bente Erichsen: *Culture Collision*, Oslo 1994.

[16] *AP*, 9. Februar 1994.

[17] *AP*, 14. Februar 1994.

[18] *Reuter*, 17. Februar 1994.

[19] *Dagbladet*, 19. Februar 1994.

[20] Kommentar im *Daily Telegraph* vom 18. Februar 1994.

3 | Alte Freunde und gute Nazis halten zusammen

[1] Samaranchs Erhebung in den spanischen Adelsstand wurde am 31. Dezember 1991 bekanntgegeben.

[2] Die hervorragende Biografie *Franco* von Paul Preston (Harper Collins, 1993) ist das maßgebliche Werk zu dem Thema; hier wird die korrupte Gesellschaft skizziert, in der Samaranch Karriere machte. Siehe auch Paul Preston: *Spanien. Der Kampf um die Demokratie*. Münster 1987.

[3] *Solidaridad Nacional*, 13. Juli 1973.

[4] Zur Fahnenflucht des noch nicht zwanzigjährigen Samaranch von der Armee der Republik und zu weiteren Informationen über seine Karriere als Immobilienspekulant: Siehe die Zeitschrift *Arreu*, 21. Februar 1977, erscheint in Barcelona auf katalanisch.

[5] Manuel Vázquez Montalbán: *Barcelonas*. Mannheim 1992. Ein wunderbares Buch über die Stadt, die Nationalgerichte, die Menschen und ihren jahrhundertelangen Kampf gegen die Unterdrückung.

[6] Montalbán, S. 109: «Als Francos Truppen die Stadt besetzten, stand der Fußballclub Barcelona als vierte auf der Liste der Gruppen, die den Säuberungen zum Opfer fielen – nach den Kommunisten, den Anarchisten und den Separatisten.»

[7] In den Archiven der Zivilregierung von Barcelona findet sich eine Reihe interessanter Dokumente, die Samaranchs Bemühungen belegen, in den frühen fünfziger Jahren in der faschistischen Politik Fuß zu fassen.

– 22. Oktober 1951: Samaranch schreibt an den Gouverneur von Katalonien und bittet ihn um einen Sitz im Stadtrat von Barcelona.

– In einem undatierten, um 1951 entstandenen Bericht der Geheimpolizei heißt es, er sei aufgrund seiner Frauengeschichten nicht reif genug, um ein öffentliches Amt zu erhalten.

– 6. November 1954: Ein weiterer Bericht der Geheimpolizei über Samaranch. Hier heißt es, «politisch identifiziert er sich mit der machthabenden Regierung»; es wird erwähnt, daß er eine Junggesellenwohnung für seine Affären hat. Kurze Zeit später gab ihm die faschistische Falange einen Sitz im Stadtrat von Barcelona, Samaranchs erste Sprosse auf der politischen Karriereleiter.

– 12. November 1956: Ein Brief von Samaranch an die Regierung in Madrid, der mit den Worten endet: «Ich stehe Ihnen stets zu Diensten mit erhobenem Arm.»

8 Im Januar 1967 wurde Samaranch von der faschistischen Falange zum Nationaldelegierten für Sport ernannt. Dieses Amt entsprach dem eines Sportministers.

9 In den Archiven von *Vanguardia* (Barcelona), *Diario de Barcelona*, *Nuevo Diario*, *Correo Catalan* und *Mundo Diario* liegen zahlreiche Berichte, die von Mitte der sechziger Jahre an Samaranchs Karriere unter faschistischer Herrschaft belegen.

10 In zwei wichtigen Publikationen wird skizziert, wie sich Francos Diktatur des Sports bediente und welche Rolle Samaranch bei der Verwirklichung falangistischer Politik spielte:

– Dissertation im Archiv der Universität von London: Duncan R. Shaw: *The Political Instrumentalisation of Professional Football in Francoist Spain, 1937–77*. Queen Mary College, März 1988.

– Ders.: *The Politics of Futbol*. History Today, August 1995.

11 Shaw, Diss., S. 94 (siehe Anm. 10).

12 1967 führte Franco streng kontrollierte «Wahlen» für siebzehn Prozent der Sitze im Cortes ein. Nur rechtsgerichtete Kandidaten durften aufgestellt werden; die Macht und die Finanzmittel der Regierung standen hinter den «offiziellen» Kandidaten. Samaranch war einer von ihnen.

Ergebnis der ersten Cortes-Wahlen im September 1967:

| «Offizieller» | J. A. Samaranch | 526367 | gewählt |
| «Unabhängiger» | Eduardo Tarragona | 435275 | gewählt |

53 % Wahlbeteiligung.

Die Behörden taten alles Erdenkliche, um Tarragonas Wahlkampf zu behindern. So erlaubte man ihm erst fünf Tage vor der Wahl, in Barcelona Versammlungen abzuhalten. Von 1967 bis 1969 prangerte Tarragona die Steuerflucht an und setzte sich für die Beseitigung von Slums, für billige Wohnungen und mehr Schulen ein. 1969 legte er sein Mandat im Cortes nieder – das war noch nie dagewesen –, weil die Regierung seine Forderung ablehnte, eine Bürgerunion von Katalonien einzurichten, die sich um die soziale, kulturelle und wirtschaftliche Entwicklung, aber auch um Wohnungsbau, Stadtplanung, Arbeitsbedingungen, medizinische Versorgung und das Schulwesen kümmern sollte.

Am selben Tag billigte die Regierung Franco die Gründung des Clubs Siglo XXI «zur Förderung des kulturellen Wohls und der sozialen Harmonie innerhalb der Ordnung». Zu den Sponsoren gehörten Francos künftiger

Premier Carlos Arias Navarro, Francos künftiger Informationsminister Pio Cabanillas und J. A. Samaranch.

Ergebnis der zweiten Cortes-Wahlen im September 1971:

| «Unabhängiger» | Eduardo Tarragona | 389 159 | gewählt |
| «Offizieller» | J. A. Samaranch | 273 495 | gewählt |

Samaranch erhielt nur noch halb so viel Stimmen, und die Wahlbeteiligung sank von 53 % auf 35 %.

[13] Samaranchs Korrespondenz mit Avery Brundage befindet sich im Brundage-Archiv der University of Illinois campus at Urbana-Champaign. Die beiden hier zitierten Briefe wurden im September 1960 und im Dezember 1966 verfaßt.

[14] Mrs. Brundage machte 1961 in Madrid und Barcelona und an der Costa Brava Urlaub.

[15] Das IOC hielt seine Jahresversammlung 1965 in Madrid ab.

[16] Brief und Zeitungsausschnitt wurden 1959 von IOC-Sekretär Otto Mayer an Avery Brundage geschickt.

[17] Samaranch wurde 1966 in Rom in das IOC aufgenommen.

[18] Karl Ritter von Halt, ehemaliges NSDAP-Mitglied, SA-Mann und Hitlers letzter Reichssportführer. Er gehörte von 1929 bis 1964 dem IOC und von 1957 bis 1963 dem Exekutivkomitee an. Zu Halts Vergangenheit siehe John Hoberman: «Towards a Theory of Olympic Internationalism», *Journal of Sport History*, Bd. 22, Nr. 1 (Frühjahr 1995).

[19] *Olympic Review*, 1995.

[20] Zu einer ausführlicheren Darstellung der antiken griechischen Spiele siehe die Aufsätze von Jennifer Hargreaves und Bruce Kidd in *Five-Ring Circus*. Hg. Alan Tomlinson und Garry Whannel, Pluto Press, 1984.

[21] Duff Hart-Davis: *Hitler's Games*. Harper & Row, New York 1986, S. 45.

[22] Brundages Rang innerhalb der Freimaurer – er hatte den 32. Grad inne – erwähnt Allen Guttman: *The Games Must Go On: Avery Brundage and the Olympic Movement*. Columbia University Press, 1984, S. 40. Allen Guttman: *Vom Ritual zum Rekord. Das Wesen des modernen Sports*. Schorndorf 1979.

[23] Zitiert nach Hart-Davis, *Hitler's Games*, S. 107.

[24] In den Memoiren des ehemaligen IOC-Präsidenten Lord Killanin, *My Olympic Years*, findet sich eine Fotografie aus dem Jahr 1961, die eine Gruppe fröhlicher IOC-Mitglieder zeigt: Kronprinz Franz Joseph (Liechtenstein); Karl Ritter von Halt (Deutschland); Lord Aberdare (Großbritannien); Avery Brundage; Herzog Paolo Thaon di Revel (Italien, Mussolinis ehemaliger Finanzminister); Lord Killanin und J. Jewitt Garland (USA).

[25] Siehe Bildunterschrift in David Miller: *Die Olympische Revolution*. (Olympia-Biografie J. A. Samaranchs) Bertelsmann, 1994, mit einem Vorwort des Königs von Spanien.

[26] Richard Mandell: *The Nazi Olympics*. MacMillan, New York 1971, S. 155.

[27] Der Bericht – mit Foto – stammt aus der *Olympic Review*, 1977, S. 504/526.

[28] Offizieller Bericht von Brundage an das Amerikanische Olympische Komitee, zitiert nach Guttman: *The Games Must Go On*, S. 78.

[29] Eine ausführlichere Darstellung der Arbeiterspiele liefert der Aufsatz von James Riordan in *Five-Ring Circus* (s. Anm. 20).

[30] Siehe John Hoberman: «Toward a Theory of Olympic Internationalism».

[31] Zitiert in Guttman, S. 102 (s. Anm. 22).

[32] Zitiert in Guttman, S. 101 (s. Anm. 22).

4 | Sex in Tokio, Tod in Mexiko, und Horst macht Karrieren

[1] Ich danke Dr. Eric Aldin, daß er mir seine Erinnerungen an Tokio 1958 mitgeteilt hat.

[2] Schaap, Dick: *The Perfect Jump*. (Biografie Bob Beamons) Zitiert in David Wallechinsky: *The Complete Book of the Olympics*. Little Brown, Neufassung nach jeder Sommerolympiade.

[3] Coote, James, in *Olympic Report*, 1968, Hg. Robert Hale, Seite 23; Killanin, *My Olympic Years*, Seite 49.

[4] Der Slogan bei der Eröffnung der Spiele in Mexiko lautete: «Alles ist möglich, wenn Frieden herrscht.» *The Olympic Games*, Hg. Lord Killanin und John Rodda. Mac Donald and Jane's 1979, Seite 35.

[5] Killanin, Seite 50 (s. Anm. 3).

[6] Coote, Seite 23 (s. Anm. 3).

[7] Killanin, Seite 50 (s. Anm. 3).

[8] Coote, Seite 28 (s. Anm. 3).

[9] USOC-Bericht über die Olympiade 1968, Hg. USOC 1969.

[10] Allen Guttman: *The Olympics*. University of Illinois Press, Urbana & Chicago 1992.

[11] Coote, Seite 137 (s. Anm. 3).

[12] Siehe seine Botschaft an die Leiter der sportlichen Delegationen in *Olympic Review*, 1972.

[13] *Independant*, 27. August 1988.

[14] 1991 und 1992 geführte Interviews mit Christian Janette.

[15] John Hennessy in *Times*, 16. Juli 1980.

[16] *Arreu*, 21. Februar 1977.

[17] Der deutsche Wissenschaftler Arnd Krüger faßte sein Urteil über Samaranch so zusammen: Es ist ihm «gelungen, sein Blauhemd weißzuwaschen».

5 | Hereinspaziert und mitgemacht, Ideale zu verkaufen – TOP-Deal in Lausanne 1985

[1] Die Mitglieder der Olympischen Bewegung haben ihren Segen wie folgt erteilt: Wodka – Olympisches Komitee Rußlands; koffeinhaltige Zuckerlimonade – Coca-Cola, der größte Sponsor des IOC; steroidfreies Rindfleisch – USOC; die übrigen Produkte genießen den Segen des Olympischen Organisationskomitees in Atlanta.

[2] *Olympic Review*, 1980, Seite 26.

[3] *IOC Marketing Matters*, Heft 4, Frühjahr 1994.

[4] *Olympic Review*, Dezember 1991, Seite 552.

[5] Pound, Dick: *Five Rings Over Korea*. Little Brown 1994, Seite 40.

[6] *Olympic Review*, 1992, Seite 100.

[7] Killanin, *My Olympic Years*, Seite 9: «Als 1980 meine Präsidentschaft beendet war, verfügte das IOC über eine solide finanzielle Grundlage, während es bei meiner Amtsübernahme 1972 noch ein sehr schmales Budget besaß. Im Dezember 1972 hatte das IOC ein Vermögen von 2 084 290 Dollar. Im Dezember 1980 waren es 45 142 752,21 Dollar.»

[8] Die Aussage über Masaji Kiyokawa und die übrigen Informationen in diesem Kapitel über die Geheimhaltung der IOC-Finanzen wurden mir von einer vollkommen zuverlässigen Quelle vertraulich mitgeteilt und sind überprüft worden.

6 | Das Leben ist hart

[1] David Pickup bei einem Reebok-Lunch in Hongkong. Zitiert in *Sport Intern*, Nummer 3, 20. Februar 1991.

[2] Guttman, Allen: *The Games Must Go On: Avery Brundage and the Olympic Movement*, Seite 49.

[3] *Sport Intern*, Nummer 19/29, 29. Oktober 1994.

[4] Reebok nahm Ende 1992 den Platz von Adidas als Sponsor des Nationalen Olympischen Komitees Rußlands ein.

[5] Das IOC heuerte die New Yorker Kunstberatungsfirma Ruder Finn an, um für das Museum zu werben. Im Justizministerium in Washington aufbewahrte Dokumente zeigen, daß sich die Vertragssumme auf 350 000 Dollar belief und die zusätzlichen Ausgaben insgesamt auf 190 000 Dollar. Möglicherweise erfolgten später noch weitere Zahlungen.

[6] Richard Morrison, *Times*, 19. August 1995, Kunstfeuilleton.

[7] Die Informationsschrift fiel zufällig einem Journalisten in die Hände, der bei der Museumseröffnung zugegen war und sie mir freundlicherweise zusandte.

7 | Spione, Lügen und wie man eine Prinzessin mundtot macht

1 Der Großteil der Informationen in diesem Kapitel kann in den Stasi-Akten von Karl-Heinz Wehr in Berlin nachgelesen werden.

2 Die in der Zeit der DDR erschienenen Ausgaben der Zeitschriften *World Amateur Boxing* und *European Amateur Boxing* vermitteln ein anschauliches Bild, wie die Nachrichten über den Sport, über Chowdhry und Wehr von der Stasi aufpoliert wurden. Die sportpolitische Gruppe bei Adidas existiert nicht mehr. Es gibt ein neues Management, und das Unternehmen hat inzwischen zweimal den Besitzer gewechselt.

3 Eine detaillierte Schilderung der Ereignisse findet sich in Simpson/Jennings: *Geld, Macht und Doping. Das Ende der olympischen Idee.* München 1992.

4 *Times* und *Daily Mail*, 27. April 1989.

5 *Daily Mail*, 30. Juni 1989.

6 *Guardian*, 19. Oktober 1989.

7 Zitiert in einem Artikel von Mary Hutchinson Tone in *The Iowan*.

8 Im *Independant* vom 20. Juli 1992 wurde dazu Samaranch wie folgt zitiert: «Bei der Affäre Helmick handelt es sich ganz und gar um den Einzelfall einer Person, die nicht begriff, daß sie in einen Interessenkonflikt verwickelt war. Er benutzte sein Büro (er war Rechtsanwalt), um als Verteidiger im Sportrecht zu arbeiten. Bei den Fällen, an denen er arbeitete, geriet er in Konflikt mit den Ämtern, die er damals innehatte. Ich persönlich bin der Ansicht, daß er einen sehr hohen Preis dafür gezahlt hat.»

9 Helmicks Reaktion auf Wehrs Behauptungen findet sich in einem Fax an den Autor vom 30. November 1995.

8 | Eine Goldmedaille kann man kaufen – Seoul 1988

1 Die Informationen zu diesem Kapitel stammen zum größten Teil aus den Stasi-Akten von Karl-Heinz Wehr in Berlin.

2 *New York Times*, 24. September 1988.

3 *Boxing USA*, Dezember 1988.

4 *Boxing USA*, Dezember 1988.

5 *New York Times*, 24. September 1988.

6 *Boxing News*, 7. Oktober 1988.

7 *The Olympian* (Monatszeitschrift des USOC), November 1988.

8 *New York Times*, 2. Oktober 1988.

9 *Boxing News*, 7. Oktober 1988.

10 *World Boxing News*, Nr. 18, 1989.

11 *The Olympian*, Juli 1989. Der Artikel von Wehr war zuvor schon erschienen in *European Boxing*, Nr. 16, 1989.

[1] Ein großer Teil der Informationen in diesem Kapitel sind entnommen aus:
– *Washington Post* und *New York Times*, die Anfang der siebziger Jahre ausführlich über den KoreaGate-Skandal berichteten.
– Anhörungen vor dem Unterausschuß für internationale Beziehungen des Repräsentantenhauses, 95. Kongreß, 1977. Der Unterausschuß hatte die Aufgabe, «eine gründliche Untersuchung der Aktivitäten von Geheimdiensten, Beamten, Angestellten und Agenten der koreanischen Regierung durchzuführen».
– Bericht des Repräsentantenhauses über die Untersuchung der koreanisch-amerikanischen Beziehungen, 31. Oktober 1978.
– Boettcher, Robert, in Zusammenarbeit mit Gordon L. Freedman: *Gifts of Deceit*. Das Buch geht dem KoreaGate-Skandal nach.
– Kim Un Yong: *The Greatest Olympics*. Si-sa-yong-o-sa, Seoul 1990. Das Buch enthält Kim Un Yongs eigene Version seiner Biografie sowie zahlreiche interessante Fotos, zum Beispiel von Kim, Samaranch und dem in Ungnade gefallenen Expräsidenten Roh Tae Woo.
– Park Seh-Jik: *The Seoul Olympics, the inside story*. Bellew Publishing, London 1991.
– Die erste öffentliche Erwähnung von Mickey Kims Vergangenheit als Spitzel in Zusammenhang mit der Olympischen Bewegung habe ich gefunden in: Hoberman, John M., «Human rights: the shadow side of the Seoul Olympiad», *Christian Science Monitor*, 20. September 1988. Der Artikel ist offenbar von Sportreportern und Experten übersehen worden.
– Die Rolle Mickey Kims bei der Olympiade in Seoul und im IOC wird auch behandelt in: Simson, Vyv, und Andrew Jennings: *Geld, Macht und Doping. Das Ende der olympischen Idee*. München 1992.
[2] Der ehemalige koreanische Diplomat, der anonym bleiben wollte, wurde mir von zahlreichen amerikanischen Wissenschaftlern und Anwälten empfohlen, die seine Integrität und Korrektheit bescheinigten.
[3] Kim Un Yong: *The Greatest Olympics*, Seoul 1990, Seite 166.
[4] Die Entscheidung, die Zahl der US-amerikanischen Truppen in Asien zu reduzieren, wurde von Präsident Nixon am 25. Juli 1969 in Guam verkündet.
[5] Anhörungen vor dem Unterausschuß für internationale Beziehungen des Repräsentantenhauses, 95. Kongreß, Zweite Sitzung, Teil 4, 15./16./21./22. März, 11./20. April und 20. Juni 1978, Seite 178.
[6] Untersuchung der koreanisch-amerikanischen Beziehungen, Bericht des Unterausschusses für internationale Organisationen des Ausschusses für internationale Beziehungen, Repräsentantenhaus der USA (95. Kongreß, 2. Sitzung), 31. Oktober 1978, S. 241.

[7] Das Maryville-College in St. Louis, das Mickey Kim den Doktortitel verlieh, heißt mittlerweile Maryville University. Das Zitat befindet sich aber immer noch im dortigen Archiv. Die ehemalige College-Präsidentin Switzer ist mittlerweile an der Washington University in St. Louis tätig.

[8] Das Zitat stammt aus einer Petition des ITF-Präsidenten Choi Hong Hi an das Exekutivkomitee des IOC und ist auf den 29. September 1981 datiert.

[9] *AP*, 28. April 1960; Brundage-Archiv.

[10] Brief von Brundage an das Nationale Olympische Komitee Südkoreas, 13. Mai 1960, in dem er den Tod Lee Ki-Poongs beklagt.

[11] Killanin, *My Olympic Years*, Seite 19.

[12] *Olympic Review*, 1984, Seite 738.

[13] Anhörungen vor dem Unterausschuß für internationale Beziehungen des Repräsentantenhauses, 95. Kongreß, Erste Sitzung, Teil 3, 29.–30. November 1977, Seite 41.

[14] Interview des Autors mit dem ehemaligen CIA-Beamten Phil Liechty. Ausführlichere Darstellung siehe: *Geld, Macht und Doping*. München 1992.

[15] Peter Ueberroth: *Made in America*. William Morrow, 1985, Seite 106.

[16] Kim Un Yong: *The Greatest Olympics*, Seoul 1990, Seite 57.

[17] A.a.O., Seite 61.

[18] A.a.O., Seite 72.

[19] Hoberman, John M.: «Human rights: the shadow side of the Seoul Olympiad», *Christian Science Monitor*, 20. September 1988.

[20] Pound, Dick: *Five Rings Over Korea*. Little Brown 1994, Seite 393.

[21] Hoberman, John M.: «Human rights: the shadow side of the Seoul Olympiad», *Christian Science Monitor*, 20. September 1988.

[22] *Olympic Review*, 3. Oktober 1988, Seite 198; siehe auch: Kim Un Yong: *The Greatest Olympics*, Seite 229.

[23] *Sport Intern*, Nr. 12/3, 25. Juni 1990.

[24] Pound scheint ebenfalls über die Spitzeltätigkeit Kims informiert gewesen zu sein. In seinem Buch (s. Anm. 20) wird beiläufig «der koreanische Einfluß auf den in den Vereinigten Staaten aufgedeckten Drogenskandal, unter anderem durch illegale Aktivitäten der KCIA», erwähnt.

10 | Schwarze Gürtel und schmutziges Geld – Taekwondo wird olympisch

[1] Aus einem Dossier, das die WUKO Ende 1992 an die Medien verteilte – nachdem ihr Samaranch die Anerkennung entzogen hatte.

[2] Bericht von Louis Guirandou-N'Diaye an die Berliner Session 1985; Appendix 24 C.

[3] Brief von General Choi an Samaranch; 27. April 1988.

[4] Die Einzelheiten der Hauptversammlung der WTF in Seoul, Oktober 1989, zeigen, daß Mickey Kim den Verband völlig unangefochten beherrscht.

[5] Sang Kyu Shim im Leitartikel der *Taekwondo Times*, Januar 1992.

[6] *Taekwondo Times*, Dezember 1994.

[7] Daß Mickey Kim offenbar niemals Taekwondo praktiziert hat, wird in der *Taekwondo Times* von den Großmeistern häufig erwähnt.

[8] Interview, das vom Autor auf Band aufgezeichnet wurde.

[9] *Reuter*-Bericht aus Seoul, 30. Dezember 1994.

[10] *Taekwondo Journal* der US Taekwondo Union, Bd. 4, Nr. 2, Herbst 1985.

11 | Keine Lady, keine Stimme: Anmache und Erpressung in der Bewerbungsarena

[1] Lars Eggertz und Stig Hedlund: *The Olympic Games*, 1987. Darin wird nicht nur über die harte Arbeit des Falun-Teams berichtet, das sich mehrmals für die Winterolympiade bewarb, sondern auch darüber, wie das Team ausgenutzt, übers Ohr gehauen und eine Hosteß belästigt wurde.

[2] Die Stadtverwaltung von Falun in Schweden gewährt Einblick in sämtliche Archive der Stadt. Ein Großteil der Informationen für dieses Kapitel stammt aus dieser Dokumentensammlung.

[3] Aus zuverlässiger geheimer Quelle in Lausanne.

[4] *Anchorage Daily News*, 13. September 1988.

[5] *Anchorage Daily News*, 13. September 1988.

[6] W. O. Johnson und Anita Verschoth: «Olympic Circus Maximus», in *Sports Illustrated*.

[7] Der Brief Staubos befindet sich im Archiv von Falun.

[8] Zitiert in Eggertz und Hedlund: *The Olympic Games*.

[9] Die geheimen Aufzeichnungen des IOC-Exekutivkomitees sind nicht zugänglich. Dennoch gibt es in schwedischen Olympiakreisen eine Seite – Nr. 39 – von ihrem Tagungsprotokoll in Stockholm im April 1988, die vermutlich von einem Freund in Lausanne eingeschleust wurde. Der entscheidende Abschnitt lautet: «Buch von Mr. Eggertz: Der Präsident bat die Mitglieder des Exekutivkomitees um Rat, ob das IOC einen Brief an das schwedische NOC aufsetzen solle, in dem es sein Erstaunen und seine Unzufriedenheit mit den Äußerungen in Eggertz' Buch zum Ausdruck bringt. Mr. Pound vertrat die Auffassung, daß es ratsam sei, nichts zu unternehmen. Entscheidung: Das IOC ergreift keine Maßnahmen in Hinblick auf das von Mr. Eggertz veröffentlichte Buch.»

[10] *Anchorage Daily News*, 13. September 1988.

[11] *Anchorage Daily News*, 13. September 1988.

12 | Sie haben ausgedient, Reverend King.
Billy hatte einen neuen Traum – Atlanta 1996

[1] Die politische Situation in Atlanta ist komplexer, als die vereinfachenden Slogans von der Harmonie zwischen Schwarzen und Weißen nahelegen. Einen hervorragenden Überblick bietet Clarence Stone: *Régime Politics*. University Press of Kansas, 1989.

[2] Die Geschichte, wie Payne dazu kam, die Bewerbung für die Spiele zu übernehmen, erzählte er bei einer Tagung im Oktober 1994 am Georgia Tech in Atlanta über «Sport in der Welt von morgen».

[3] Colin Campbell in *Atlanta Constitution*, 2. September 1992.

[4] *Atlanta Constitution*, 9. März 1988.

[5] *Atlanta Constitution*, 28. April 1988.

[6] *Atlanta Constitution*, 30. Juni 1988.

[7] *Atlanta Constitution*, 10. Januar 1991.

[8] Bruce Kidd in *The Toronto Olympic Commitment: Towards a Social Contract for the Olympic Games*. Olympika, Bd. 1, 1992, Seite 154–167.

[9] *Atlanta Constitution*, 12. Februar 1989.

[10] *Atlanta Constitution*, 25. August 1989.

[11] *Atlanta Constitution*, 3. September 1989.

[12] *Atlanta Constitution*, 27. August 1989.

[13] *Atlanta Constitution*, 21. Februar 1990.

[14] Eine vertrauliche Quelle in Lausanne.

[15] *Atlanta Constitution*, 10. April 1990.

[16] Die Aussagen Wehrs sind seinen Stasi-Akten in Berlin entnommen.

[17] *Atlanta Constitution*, 20. April 1990.

[18] *Atlanta Constitution*, 21. September 1990.

[19] *Spiegel*, 24. November 1990.

[20] Vertrauliche Quelle.

[21] Das Mitglied des Exekutivkomitees Marc Hodler äußerte gegenüber der *Frankfurter Allgemeinen Zeitung*, daß die Klagen der Bewerberstädte über die IOC-Mitglieder «minimal» gewesen seien. Er habe mit seinen Kollegen ein «ernstes Wort» gesprochen, habe aber «nicht einmal Samaranch» die Namen genannt.

[22] *AP*, 23. Juni 1995.

[23] *AP*, 23. Juni 1995.

[24] *Atlanta Constitution*, 11. Mai 1994.

[25] *Atlanta Constitution*, 9. Dezember 1992.

[26] *Atlanta Constitution*, 8. November 1992.

[27] *Atlanta Constitution*, 29. Januar 1993.

[28] *Atlanta Constitution*, 18. Januar 1992.

[29] *Atlanta Constitution*, 19. November 1994.

[30] *Atlanta Constitution*, 23. Oktober 1994.
[31] *Atlanta Constitution*, 16. Juli 1993.
[32] *Atlanta Constitution*, Juli 1994.
[33] Rede am Georgia Tech im Oktober 1994.
[34] *Atlanta Constitution*, 7. Juli 1995.
[35] *AP*, 10. Mai 1995.
[36] *AP*, 9. Juni 1995.

13 | Der reichste Mann der Welt gewinnt olympisches Gold – Nagano bekommt Olympia 1998

[1] Ich bin verschiedenen Wissenschaftlern und Journalisten in Japan zu Dank verpflichtet für ihre Hilfe und Unterstützung bei der Abfassung dieses Kapitels. Außerdem habe ich den Veröffentlichungen von Umweltschutzorganisationen und Gegnern der olympischen Bewerbung Naganos Informationen entnommen.
[2] Die Informationen über die IOC-Mitglieder im Hyatt-Hotel stammen von Hotelangestellten.
[3] Die Informationen über Tsutsumi stammen zum größten Teil aus: Gentaro Taniguchi: *Yoshiaki Tsutsumi and the Olympics*. San-ichi shoho 1992, zitiert in Lesley Downer: *The Brothers*. Chatto & Windus 1994.
[4] Lesley Downer: *The Brothers*. London 1994. Weitere Einzelheiten zur Bewerbung Naganos sind den veröffentlichten Plänen und Etats des Bewerbungskomitees entnommen.
[5] *Olympic Review*, 1989, Seite 495.
[6] *Sport Intern*, Nummer 9/10, 8. Juni 1991.
[7] Die ersten Berichte in *USA Today* erschienen am 5. September 1991. Weitere Artikel folgten bis zu Helmicks Rücktritt vom IOC im Dezember.
[8] *New York Times*, 5. September 1991.
[9] Es handelt sich um Mike Lenard, einen Rechtsanwalt aus Los Angeles; *Chicago Tribune*, 6. September 1991.
[10] *Los Angeles Times*, 8. September 1991.
[11] *The Guardian*, 5. Dezember 1991.
[12] Seit der Veröffentlichung der ersten Ausgabe unseres Buches *Geld, Macht und Doping* (1992) wurde Vyv Simson und mir die Akkreditierung bei olympischen Tagungen und Veranstaltungen verweigert.

14 | Ein altes Blauhemd kehrt nach Hause zurück – Barcelona 1992

[1] Brief von Pound vom 4. November 1986, Falun-Archiv.
[2] *International Herald Tribune*, 11. Juli 1992.
[3] *Olympic Review*, Nummer 294, April 1992.

4 Vertrauliches Gespräch mit einem Mitglied des IOC-Exekutivkomitees.

5 Vertrauliche Quelle in Lausanne.

6 David Miller: *Die Olympische Revolution*. Im Nachwort der Ausgabe von 1994 bezeichnete Miller die erste Ausgabe von *Geld, Macht und Doping* (1992) als «literarisches Gegenstück zum Rowdytum der Fußballhooligans».

7 *Daily Telegraph* und *Times*, 9. Juni 1992.

8 TV-AM, 8. Juni 1992.

9 *Time-Magazine*, Olympia-Beilage, Sommer 1992, Bd. 139, Nummer 27.

10 *Sport Intern*, Nummer 4/5, 22. Februar 1993.

11 *Marketing*, 16. Juli 1992.

12 Manuel Vázquez Montalbán: *Barcelonas*. Mannheim 1992.

13 *Independent on Sunday*, 26. Juli 1992.

14 *Olympic Review*, Oktober 1992, Seite 473.

15 Robert Hughes: *Barcelona*. London 1992, Seite 8.

16 *Olympic Review*, Oktober 1992, Seite 473.

17 *Olympic Review*, 1992, Seite 419.

18 *Daily Telegraph*, 27. Juli 1992.

19 *Times*, 5. August 1992.

20 *Daily Telegraph*, 27. Juli 1992.

21 *International Herald Tribune*, 10. August 1992.

22 *Olympic Review*, 1992, Seite 412.

15 | Zwischenaufenthalt in Berlin

1 Brief von Samaranch an alle IOC-Mitglieder, Nationalen Olympischen Komitees, die Internationalen Sportverbände und Bewerberstädte, 3. Juli 1991.

2 *AFP*, 28. Januar 1994, sowie zahlreiche andere Quellen.

3 *Spiegel*, 16. September 1991.

4 Aus einem mitgeschnittenen Interview mit Mathew D. Rose.

5 Alle Wirtschaftsverträge befinden sich im Archiv der Partner für Berlin Gesellschaft für Hauptstadt-Marketing mbH, ehemals Berlin-2000-Marketing-GmbH.

6 *Der Tagesspiegel*, 31. August 1993.

7 Siehe Anm. 5, im Archiv befindliche Verträge.

8 «Glänzen für Olympia», in *Die Tageszeitung*, 18. August 1993.

9 Nahezu alle vorhandenen Kopien wurden später in den Reißwolf gesteckt, eine jedoch befindet sich im Besitz von Mathew D. Rose.

10 Aus einem mitgeschnittenen Interview mit Mathew D. Rose.

11 Diese Behauptung von Fuchs wurde dementiert.

12 Offizielle Abschrift der Anhörungen vor dem parlamentarischen Untersuchungsausschuß Berlins, 23. Juni 1995.

334

13 Die Rechnung landete im Reißwolf, Kopie im Besitz von Mathew D. Rose.

14 Peter Ball in der *Times*, 7. August 1992.

15 Ein eigens gedrucktes Programm für den Besuch von Frau Isava Fonseca befindet sich im offiziellen Archiv der Olympia Berlin 2000 Gesellschaft zur Vorbereitung der Olympischen Spiele mbH, i. L.

16 Viele der beim Berlin-Besuch der IOC-Mitglieder entstandenen Rechnungen befinden sich im Besitz von Mathew D. Rose.

17 Aus einem mitgeschnittenen Interview mit Mathew D. Rose.

18 Die Einladung befindet sich im Besitz von Mathew D. Rose.

19 Brief von Ivan Dibos an Carlos Ferrer, 19. Juli 1993.

20 Fax von Ivan Dibos an Brigitte Schmitz, 20. Juli 1993.

21 Brief von Carlos Ferrer an Volkswagen, 26. Juli 1993.

22 Fax der Berlin-2000-Marketing-Gesellschaft an Thomas Bach, 11. August 1993.

23 Rechnung, datiert auf den 22. August 1993, im Besitz von Mathew D. Rose.

24 Walter Tröger im Zeugenstand bei den Anhörungen vor dem parlamentarischen Untersuchungsausschuß Berlins, 29. Juni 1995.

25 Brigitte Schmitz im Zeugenstand bei den Anhörungen vor dem parlamentarischen Untersuchungsausschuß Berlins, 9. Oktober 1995.

26 Offizielle Abschrift der Anhörungen vor dem parlamentarischen Untersuchungsausschuß Berlins, 23. Juni 1995.

16 | Auf die Plätze,
fertig, Lunch – Olympia 2000: Peking nein, Sydney ja

1 *The Nation*, 19. Juni 1995, Seite 889, sowie zahlreiche andere Quellen.

2 *Guardian*, 24. September 1993.

3 *New York Times*, 16. Februar 1993.

4 Die sexuellen Annäherungsversuche wurden einem deutschen Reporter detailliert geschildert.

5 *Times*, 14. Juli 1993.

6 Rod McGeoch: *The Bid*. Heinemann 1994 (Die Geschichte der Bewerbung Sydneys aus der Warte des Vorsitzenden des Bewerbungsteams McGeoch), Seite 218.

7 *Guardian*, 14. Juli 1993.

8 *Sport Intern*, Nummer 18/19, 5. November 1991.

9 McGeoch, *The Bid*, Seite 96.

10 McGeoch, *The Bid*, Seite 204.

11 McGeoch, *The Bid*, Seite 106.

12 McGeoch, *The Bid*, Seite 221.

13 McGeoch, *The Bid*, Seite 153.

14 *Sport Intern*, 11/12, 5. Juni 1993.

[15] *Sydney Morning Herald*, 16. Mai 1993.
[16] McGeoch, *The Bid*, Seite 227 f.
[17] *Olympic Review*, 1991, Seite 328.
[18] *Olympic Review*, 1991, Seite 329.
[19] *Sunday Telegraph*, 2. August 1992.
[20] Die in diesem und dem folgenden Kapitel zitierte chinesische Quelle existiert. Die Informanten müssen jedoch um Leben und Freiheit fürchten, falls ihre Namen jemals genannt werden.
[21] *Times*, 25. Juni 1993.
[22] *Sunday Telegraph*, 16. Mai 1993.
[23] *Telegraph-Mirror*, Sydney, 17. Mai 1993.
[24] *Times*, 24. Juni 1993.
[25] *Daily Telegraph*, 21. September 1993.
[26] Miller in *Times*, 28. Juni 1993.
[27] *New York Times*, 11. März 1993.
[28] *Daily Telegraph*, 19. März 1993.
[29] *Guardian*, 26. Juni 1993.
[30] *Daily Telegraph*, 19. März 1993.
[31] Robert Hardman in *Daily Telegraph*, 8. September 1993.
[32] David Miller in *Times*, 22. September 1993.
[33] *AP*, 8. Mai 1995.

17 | Schlüpfer runter, Mädels, die Olympier kommen!

[1] Ich danke Michelle Verroken für ihren Vortrag über Geschlechtstests bei der Frauenkonferenz in Brighton im Mai 1994.
  Desgleichen Sarah Marris, der Produzentin von *Sex Games*, das am 11. August 1993 in der BBC-Serie *On The Line* lief; Redaktion Vyv Simson.
  Von großer Hilfe waren zwei Artikel von Dr. Elizabeth Ferris:
  – «Attitudes to Women in Sport», *Medicine Sport*, 1981
  – «Gender Verification Testing in Sport», *British Medical Bulletin*, 1992.
[2] Zitiert von Michelle Verroken.
[3] Protokolle des Wissenschaftlertreffens in Lausanne, April 1994.
[4] Von Sarah Springman stammt die Schilderung der Frauenkonferenz in Brighton.
[5] Presseerklärung des IOC, 26. September 1995.
[6] *AP*, 26. September 1995.

18 | Zu wenige Tränen für die Behinderten

[1] Ich danke einzelnen Mitgliedern des Organisationsteams der Paralympics in Lillehammer sowie Tony Sainsbury, die freundlicherweise dieses Kapitel gelesen und sich dazu geäußert haben. Sie sind jedoch in keiner Weise für die Daten und die daraus gezogenen Schlußfolgerungen verantwortlich.

[2] Laut Erling Stordahl, Direktor des Beitostolen Healtsport Zentrums in Norwegen.

[3] *The Cord*, 24. März 1949.

[4] *Olympic Review*, 1982, Seite 298.

[5] Die Informationen über den Haushalt des IOC sind zum Teil nicht geschützt, zum Teil stammen sie aus einer vertraulichen Quelle in Lausanne.

[6] Das Treffen in Lausanne fand am 29. Januar 1991 statt; aus den Protokollen des IOC.

[7] Punkt 9 der Tagesordnung der IPC-Versammlung in Budapest.

[8] Das Treffen fand am 4. Mai 1992 in Lausanne statt; aus den Protokollen des IOC.

[9] Brief Stupps vom 17. Juni 1993.

[10] *Atlanta Constitution*, 1991.

[11] *AP*, 27. April 1995.

19 | Schluckt ruhig eure Medizin, aber laßt euch nicht von uns erwischen

[1] Ich schulde Jim Ferstle, Jonathan Jones und Brendan Pittaway, die für die – inzwischen abgesetzte – BBC-Sendung *On The Line* der Vertuschung der Dopingskandale in Los Angeles nachgingen, sowie deren Redakteur Vyv Simson Dank für ihre Hilfe bei diesem Kapitel.

Weitere wichtige Informationen habe ich entnommen aus John Hoberman: *Mortal Engines*. The Free Press, New York 1992.

[2] *Reuter*, 5. Oktober 1994.

[3] *Reuter*, 6. Oktober 1994.

[4] *Reuter*, 6. Oktober 1994.

[5] *Reuter*, 6. Oktober 1994.

[6] *Reuter*, 8. Oktober 1994.

[7] *Reuter*, 4. November 1994.

[8] *AP*, 8. September 1994.

[9] *UPI*, 17. November 1994.

[10] *Reuter*, 14. Dezember 1994.

[11] *UPI*, 30. März 1995.

[12] *UPI*, 3. April 1995.

[13] *AP*, 3. April 1995.

[14] *AP*, 23. August 1995.

[15] Der Oberst des KGB wurde 1993 von einem russischen Kollegen in Moskau aufgespürt.

[16] Rede in Lausanne, 30. Oktober 1980.

[17] *Olympic Review*, 1981, Seite 158.

[18] Gespräch mit *Sport in the USSR*, zitiert in *Sport Intern*, 15. Februar 1983.

[19] Rede in Lausanne, 24. November 1983.

[20] Dr. Robert Voy in *Drugs, Sport and Politics*. Leisure Press 1991, Seite 89.

[21] Der Disput in Los Angeles zwischen Nebiolo und Donike wurde in den Stasi-Protokollen von Dr. Manfred Höppner aufgezeichnet. Er war Direktor des Sportmedizinischen Dienstes der DDR. Sein Deckname war «Technik».

[22] Interview, erstmals in *BBC-TV*, 1994. Darin auch weitere Interviews zu den Dopingtests in Los Angeles.

[23] Interview, erstmals in *BBC-TV*, 1994.

[24] *AP*, 22. August 1994.

[25] Johnson soll davon ausgegangen sein, er habe Dihydrotestosteron genommen, das damals noch nicht aufgespürt werden konnte. Tatsächlich wurde ihm aber Stanozolol gegeben.

[26] Dank an Ron Wall im Pariser Büro von AFP für die Hilfe bei dem Abschnitt über Seoul.

[27] *Olympic Review*, 1988, Seite 692.

[28] Bericht der Untersuchungskommission, Ottawa 1990, Seite 397.

[29] *Globe & Mail*, Toronto, 20. Oktober 1990.

[30] *Times*, 28. August 1989.

[31] *AP*, 5. Dezember 1994, zitiert aus *Swimming World*.

[32] *Olympic Review*, 1992, Seite 143.

[33] *Drugs in Sport*, Band 1, Nummer 1, Februar 1992.

[34] *Daily Telegraph*, 21. Juli 1992.

[35] *Olympic Review*, 1992, Seite 412.

[36] *Independent*, 10. August 1992.

[37] *Independent*, 11. August 1992.

[38] *Belgian Olympic News*, Dezember 1992, Seite 12; sowie in *AP*, 11. Januar 1993.

[39] Interview, erstmals in *BBC-TV*, 1994.

[40] Interview, erstmals in *BBC-TV*, 1994.

[41] *Olympic Review*, Januar 1991, Seite 279.

[42] Der erste Medizinische Direktor war Dr. Patrick Schamasch, *Olympic Review*, Juli/August 1993.

20 | Die Jagd nach dem Friedensnobelpreis

1 Das IOC hat die Kampagne um den Friedensnobelpreis geleugnet. Das hat einen geheimen Informanten in Lausanne bewogen, mich über die entsprechenden Daten und die vom Exekutivkomitee zwischen 1986 und 1990 getroffenen Entscheidungen zu informieren, durch die beschlossen wurde, genau das zu tun, was jetzt geleugnet wird.

2 Pressemitteilung auf der IOC-Session in Birmingham, Juni 1991.

3 *Olympic Review*, 1992, Seite 141.

4 *Olympic Review*, 1992, Juli / August, Seite 345.

5 *Guardian*, 11. August 1992.

6 *Sport Intern*, Nummer 1 / 2, Januar 1993.

7 Eidsvag in Gesprächen mit dem Autor und Kollegen, 1992–94.

8 *Atlanta Constitution* supplement «The Selling of the Olympics», 12. Juli 1992.

9 *Arbeiderbladet*, 3. Februar 1993.

10 *AP*, 4. Februar 1993.

11 *Times*, 25. Juni 1993.

12 *USA Today*, 4. Februar 1993.

13 Samaranch schrieb im Mai 1993 an Frau Brundtland. Sie antwortete am 14. Oktober 1993.

14 *Guardian*, 6. April 1993.

15 Abschrift der Rede von John Major in Monaco, 23. September 1993.

16 Robert Hardman in *Daily Telegraph*, 22. September 1993.

17 *Continental Sports*, Nummer 35, Januar–März 1987.

18 *Olympic Review*, Dezember 1993.

19 *Times*, 10. Dezember 1993.

20 *AP*, 3. Februar 1993.

21 | 100 Jahre IOC – leere Säle in Paris

1 Mandela, Mitterrand und Domingo sollten, wie in zahlreichen IOC-Pressemitteilungen angekündigt, in Paris erscheinen. Über ihre Absage wurde in den Medien vielfach berichtet, z. B. *Reuter*, 28. August 1994.

2 Von Samaranchs Forderung, die japanischen Steuerzahler sollten seinen Kongreß 1990 subventionieren, erfuhr ich durch einen Informanten in Lausanne.

3 *AP*, 21. Juni 1993.

4 *Reuter*, 30. August 1994.

5 Rede Samaranchs am 30. August 1994.

6 *Reuter*, 3. September 1994.

7 *AP*, 15. Februar 1995.

8 *Olympic Message*, Nummer 39, S. 6.
9 *AP*, 29. August 1994.
10 Die meisten Reden sind nach den IOC-Handouts zitiert.
11 *Reuter*, 2. September 1994.
12 *Guardian*, 12. Februar 1994.
13 Samaranch-Interview in der ABC-Sendung *Day One* in Lausanne, 24. Januar 1994.
14 *Reuter*, 4. September 1994.
15 *Reuter*, 4. September 1994.
16 *Reuter*, 5. September 1994.
17 *Financial Times*, 24. Juni 1994.
18 *Reuter*, 19. März 1995.

22 | Der Jungbrunnen

1 *Sport Intern*, Nummer 7, 22. April 1995.
2 *Reuter*, 5. November 1994.
3 *AP*, 11. Juni 1995.
4 *AP*, 11. Juni 1995.
5 *UPI*, 12. Juni 1995.
6 *UPI*, 12. Juni 1995.
7 *Reuter*, 13. Juni 1995.
8 *Reuter*, 13. Juni 1995.
9 *Reuter*, 15. Juni 1995.
10 *Reuter*, 15. Juni 1995.
11 *AP*, 15. Juni 1995.
12 *Sport Intern*, Nummer 12/13, 15. Juni 1995.
13 *Sport Intern*, Nummer 12/13, 15. Juni 1995.
14 Anonymes Zitat, *UPI*, 17. Juni 1995.
15 *UPI*, 17. Juni 1995.
16 *Reuter*, 18. Juni 1995.
17 *Reuter*, 18. Juni 1995.
18 *AP*, 19. Juni 1995.
19 *New York Times*, 12. Juni 1995.

23 | Kauf eine Coke, zahl mit Visa, steck dein Geld in den Doping-Zirkus

1 *Atlanta Constitution*, 12. Juli 1992.
2 Der dänische Radrennfahrer Knud Jensen brach bei einem Straßenrennen in Rom 1960 zusammen und starb. Bei der Obduktion wurden Spuren von Nikotinylalkohol und Amphetaminen gefunden.
3 *Atlanta Constitution*, 1. Februar 1990.

[4] *Reuter*, 17. November 1995.

[5] *AP*, 8. November 1995.

[6] *AP*, 15. November 1995.

[7] Protokoll einer Expertentagung in Lausanne, April 1994.

[8] *AP*, 12. Dezember 1995.

[9] *Sport Intern*, Beilage, 1. Mai 1994.

[10] *AP*, 12. Dezember 1995.

[11] *AP*, 26. September 1995.

[12] Pounds Rede ist vollständig abgedruckt in *Sport Intern*, Nummer 11, 6. Juni 1994.

[13] Aus «The Olympic Renaissance», in *The Independent Belge*, 1906; zitiert nach *Olympic Review*, 1969, S. 125.

[14] Richard Pound, *Five Rings Over Korea*, Little Brown, 1994, S. 121.

[15] *Wall Street Journal*, 23. Januar 1986.

[16] Anita DeFrantz ist Präsidentin der Amateur Athletic Foundation of Los Angeles, die aus den Gewinnen der Spiele von 1984 Stipendien verteilt. Die Steuererklärung der Stiftung des Jahres 1990 weist für Ms. DeFrantz ein Gehalt von 141 377 Dollar für eine Vierzigstundenwoche aus. 1991 stiegen ihre Bezüge auf 150 129 Dollar. Wieviel sie in den vergangenen Jahren verdient hat, ist nicht bekannt, da dem Autor noch keine Bescheide des Finanzamts vorliegen.

[17] Don Talbot, australischer Schwimmtrainer, im Interview mit CBC in Rio de Janeiro, 2. Dezember 1995.

[18] Samaranch wich bei seiner Rede in Berlin am 13. Dezember 1995 von seinem Skript ab, um zu bemerken, daß es in Atlanta möglicherweise kein Doping geben werde.

[19] *Continental Sports*, Nummer 25, April 1984.

24 | Wir gewinnen den Samaranch-Literaturpreis

[1] *El Triangle*, 18. Dezember 1992.

[2] Parlamentssitzung in Bern am 24. September 1992.

[3] *AP*, 5. Dezember 1994.

[4] *AP* und *Reuter*, 7. Dezember 1994.

[5] *Reuter*, 8. Dezember 1995.

Brigitte Berendonk
Doping
Von der Forschung zum Betrug
rororo sport 8677

Ist der Spitzensport noch zu retten? Brigitte Berendonk - Olympiateilnehmerin, Deutsche Meisterin, Jugendmeisterin in der früheren DDR und der Bundesrepublik - schildert zusammen mit ihrem Mann Prof. Dr. Werner Franke das erschreckende Ausmaß des jahrelangen Dopingschwindels im Sport. Immer unglaublichere Tatsachen kommen ans Licht, und fast kann man davon ausgehen, daß kaum eine Spitzenleistung sich noch ungedopt realisieren läßt. Lange geheimgehaltene Dokumente zeigen das bestürzende Ausmaß des Dopingbetrugs in der unheiligen Allianz von Sportlern, Trainern, Medizinern und Funktionären.
Die aktualisierte Taschenbuchausgabe des wichtigsten Werkes zur deutschen Dopingproblematik gibt den Blick frei auf einen wahrhaft olympischen Alptraum.

Menschen, die die Welt bewegten

Wer waren die wichtigsten Persönlichkeiten, die das 20. Jahrhundert bestimmt haben? Eine neue Reihe bei «rororo handbuch» stellt die «100 des Jahrhunderts» mit Bild und biographischen Porträts in kompakter, präziser Form vor. Die Bücher bieten mehr Information als gewöhnliche Lexikon-Artikel und sind hilfreich für alle, die privat oder beruflich schnelle Informationen benötigen.

Die 100 des Jahrhunderts: Politiker

(rororo handbuch 6450)
Sie haben den Lauf der Welt bestimmt, ihre Namen sind mit Krieg und Frieden, mit politischen Systemen und sozialen Konflikten, mit internationalen Bündnissen und wirtschaftlichem Aufstieg verknüpft: Konrad Adenauer, Benazir Bhutto, Willy Brandt, Winston Churchill, Friedrich Ebert, Mahatma Gandhi, Michail Gorbatschow, Adolf Hitler, Benito Mussolini, Franklin D. Rossevelt und 90 weitere Politiker.

Die 100 des Jahrhunderts: Naturwissenschaftler

(rororo handbuch 6451)
Physiker, Chemiker, Biologen und Mediziner haben in unserem Jahrhundert ein neues Bild der Welt geschaffen und unsere Lebensbedingungen verändert: Adolf Friedrich Butenandt, Marie Curie, Albert Einstein, Enrico Fermi, Werner Forßmann, Otto Hahn, Werner Heisenberg, Max von Laue, Konrad Lorenz, Robert J. Oppenheimer und 90 weitere prominente Wissenschaftler.

Die 100 des Jahrhunderts: Filmregisseure

(rororo handbuch 6452)
Sie haben aus einer Jahrmarktsattraktion ein Medium der Kunst und Unterhaltung gemacht. Ihre Filme entführen in Bildwelten, deren Faszination sich niemand entziehen kann: Luis Bunuel, Sergej Eisenstein, R.W. Fassbinder, Federico Fellini, Peter Greenaway, Alfred Hitchcock, Fritz Lang, Steven Spielberg, Margarethe von Trotta, François Truffaut und 90 weitere Regisseure.

Themen weiterer Bände:

Die 100 des Jahrhunderts: Sportler

(rororo handbuch 6453)

Die 100 des Jahrhunderts: Unternehmer und Ökonomen

(rororo handbuch 6454/ März 95)

rororo sport

rororo sport wird herausgegeben von Bernd Gottwald. Ein Gesamtverzeichnis der Reihe finden Sie in der *Rowohlt Revue*. Jedes Vierteljahr neu. Kostenlos. In Ihrer Buchhandlung.

rororo sport wird herausge-
geben von Bernd Gottwald.
Ein Gesamtverzeichnis der
Reihe finden Sie in der
Rowohlt Revue. Jedes
Vierteljahr neu. Kostenlos.
In Ihrer Buchhandlung.

rororo sport

Akrobatik
von Bennie und Gerard
Huisman
(rororo sport 8628)

Jazztanz
von Inge Mißmahl
(rororo sport 7025)

Bewegungsspiele
von Andreas Brinckmann /
Uwe Treeß
(rororo sport 7043)

Rhythmische Sportgymnastik
von Sibylle Gienger
(rororo sport 8610)

Bewegung von Kopf bis Fuß
Fitness für Körper und Sinne
von Dorothea Jöllenbeck
(rororo sport 8670)

Radsport
von Henk Zorn
(rororo sport 7618)

Einradfahren
von Sebastian Höher
(rororo sportbuch 8654)

Reiter-Handbuch
von Mary Gordon-Watson
(rororo sport 8613)

Bergwandern
von Gustav Harder
(rororo sportbuch 8635)

Leichtathletik
*Die offiziellen Lehrbücher
des Weltleichtathletik-
Verbandes IAAF*
Ulrich Jonath / Rolf Krempel /
Eduard Haag / Harald Müller
Band 1 Laufen
(rororo sport 8660)
Band 2 Springen
(rororo sport 8661)
Band 3 Werfen und Mehrkampf
(rororo sport 8662)

Laufen, Springen, Werfen
von G. Frey / D. Kurz / E.
Hildenbrandt
(rororo sport 7616)

rororo sport wird herausgegeben von Bernd Gottwald. Ein
Gesamtverzeichnis der Reihe
finden Sie in der *Rowohlt
Revue*. Jedes Vierteljahr neu.
Kostenlos. In Ihrer Buchhandlung.

Fußball-Funktionsgymnastik
von Karl-Peter Knebel / Bernd
Herbeck / Gerhard Hamsen
(rororo sport 8631)

Fußball-Jugendtraining
von Gerhard Hamsen / Jörg
Daniel
(rororo sport 8645)

Konditionstraining Fußball
von Norbert Auste
(rororo sport 8605)

Fußball
von Gero Bisanz / Gunnar
Gerisch
(rororo sport 7039)

Spieltraining Fußball
von Rolf Mayer
(rororo sport 8674)

Jonglieren mit dem Fußball
von Mark Steiger
(rororo sport 9404)

Basketball-Handbuch
von G. Hagedorn / D.
Niedlich / G. Schmidt
(rororo sport 7624)

Basketball-Technik
von G. Hagedorn
(rororo sport 8685)

Basketball
von Lothar Waldowski
(rororo sport 7023)

Volleyball-Handbuch
von E. Christmann / K. Fago /
DVV
(rororo sport 7640)

Volleyball
von Günter Blume
(rororo sport 7011)

Handball
von Hans-Dieter Trosse
(rororo sport 7004)

Handball-Praxis
von Hans-Dieter Trosse
(rororo sport 8630)

rororo sport wird herausgegeben von Bernd Gottwald. Ein
Gesamtverzeichnis der Reihe
finden Sie in der *Rowohlt
Revue*. Jedes Vierteljahr neu.
Kostenlos. In Ihrer Buchhandlung.

Schwimmen
von Werner Freitag
(rororo sport 7003)

Anfängerschwimmen
von Kurt Wilke
(rororo sport 7032)

Schwimmsport-Praxis
*Offizielles Lehrbuch
des DSV*
herausgegeben von Kurt
Wilke
(rororo sport 8608)
Ein Buch für Übungsleiter,
Trainer, Sportlehrer und
Autodidakten mit konkreten
Anleitungen, praktischen
Hilfen und Übungssammlun-
gen zum Lehren, Lernen,
Üben und Trainieren aller
schwimmsportlichen Diszi-
plinen.

Wassergymnastik
von Karen Beigel / Andreas
Brinckmann
(rororo sport 8639)
Dieses Buch stellt ein um-
fassendes und vielfältiges
Angebot vor und bietet für
jeden etwas: sanfte Beweglich-
keitsübungen, Powergymna-
stik als Fitnesstraining,
schwimmerische Ausdauer-
gymnastik, Spaß und Gesellig-
keit bei vielseitiger Belastung
u.v.m.

Aqua-Training
von Margot Zeitvogel
(Großformat)
(rororo sport 8698)

Tauchen
von Erhard Schulz
(rororo sport 9418)

Segeln
von Horst Schlichting
(rororo sport 8643)

Rudern
von Walter Schröder
(rororo sport 7010)

rororo sport wird herausgegeben von Bernd Gottwald. Ein
Gesamtverzeichnis der Reihe
finden Sie in der *Rowohlt
Revue*. Jedes Vierteljahr neu.
Kostenlos. In Ihrer Buchhandlung.

L. Ashner / M. Meyerson
Wenn Eltern zu sehr lieben
(rororo sachbuch 9359)

George R. Bach / Laura Torbet
Ich liebe mich - ich hasse mich
Fairness und Offenheit im
Umgang mit sich selbst
(rororo sachbuch 7891)

Nathaniel Branden
Liebe für ein ganzes Leben
Psychologie der Zärtlichkeit
(rororo sachbuch 7867)

Kathleen Gose/Gloria Levi
Wo sind meine Schlüssel?
Gedächtnistraining in der
zweiten Lebenshälfte
(rororo sachbuch 8756 und
als Großdruckausgabe 33109)

Thomas A. Harris
Ich bin o.k. - Du bist o.k.
Wie wir uns selbst besser
verstehen und unsere Ein-
stellung zu anderen
verändern können - Eine
Einführung in die
Transaktionsanalyse
(rororo sachbuch 6916)

Raymond Hull
Alles ist erreichbar *Erfolg kann*
man lernen
(rororo sachbuch 6806)

Gerhard Krause
Positives Denken - der Weg zum
Erfolg *13 Bausteine für ein*
erfülltes Leben
(rororo sachbuch 7952)

Abraham H. Maslow
Motivation und Persönlichkeit
(rororo sachbuch 7395)

Erhard Meueler
Wie aus Schwäche Stärke wird
Vom Umgang mit Lebens-
krisen
(rororo sachbuch 8540)

John Selby
Einander finden *Übungen zur*
Psychologie der Begegnung
in Freundschaft, Beruf und
Liebe
(rororo sachbuch 7991)

Martin Siems
Dein Körper weiß die Antwort
Focusing als Methode der
Selbsterfahrung - Eine
praktische Anleitung
(rororo sachbuch 7968)

Frauke Teegen / Anke
Grundmann / Angelika Röhrs
Sich ändern lernen *Anleitungen*
zur Selbsterfahrung und
Verhaltensmodifikation
(rororo sachbuch 6931)

Weitere Bücher und Taschen-
bücher zum Thema finden Sie
in der *Rowohlt Revue.* Jedes
Vierteljahr neu. Kostenlos in
Ihrer Buchhandlung.

Nathaniel Branden
Ich liebe mich auch *Selbst-*
vertrauen lernen
(rororo sachbuch 8486)

David Cooper
Der Tod der Familie *Ein*
Plädoyer für eine radikale
Veränderung
(rororo sachbuch 8560)

Wayne W. Dyer
Der wunde Punkt *Die Kunst,*
nicht unglücklich zu sein.
Zwölf Schritte zur
Überwindung unserer
seelischen Problemzonen
(rororo sachbuch 7384)

Erich Fromm
Anatomie der menschlichen
Destruktivität
(rororo sachbuch 7052)
Märchen, Mythen, Träume *Eine*
Einführung in das Ver-
ständnis einer vergessenen
Sprache
(rororo sachbuch 7448)

Klaus D. Heil
Programmierte Einführung in die
Psychologie *Ein Lern-*
programm
(rororo sachbuch 6930)

Muriel James /
Dorothy Jongeward
Spontan leben *Übungen zur*
Selbstverwirklichung
(rororo sachbuch 8301)

Hans-Peter Nolting
Lernfall Aggression *Wie sie*
entsteht – Wie sie zu
vermindern ist. Ein Über-

blick mit Praxisschwer-
punkt Alltag und Erziehung
(rororo sachbuch 8352)

Friedemann Schulz von Thun
Miteinander reden 1 *Störungen*
und Klärungen. Allgemeine
Psychologie der Kommu-
nikation
(rororo sachbuch 7489)
Miteinander reden 2 *Stile,*
Werte und Persönlichkeits-
entwicklung. Differentielle
Psychologie der Kommu-
nikation
(rororo sachbuch 8496)

Dieter E. Zimmer
Tiefenschwindel *Die endlose*
und die beendbare
Psychoanalyse
(rororo sachbuch 8775)